Ein Fantasy-Spielbuch

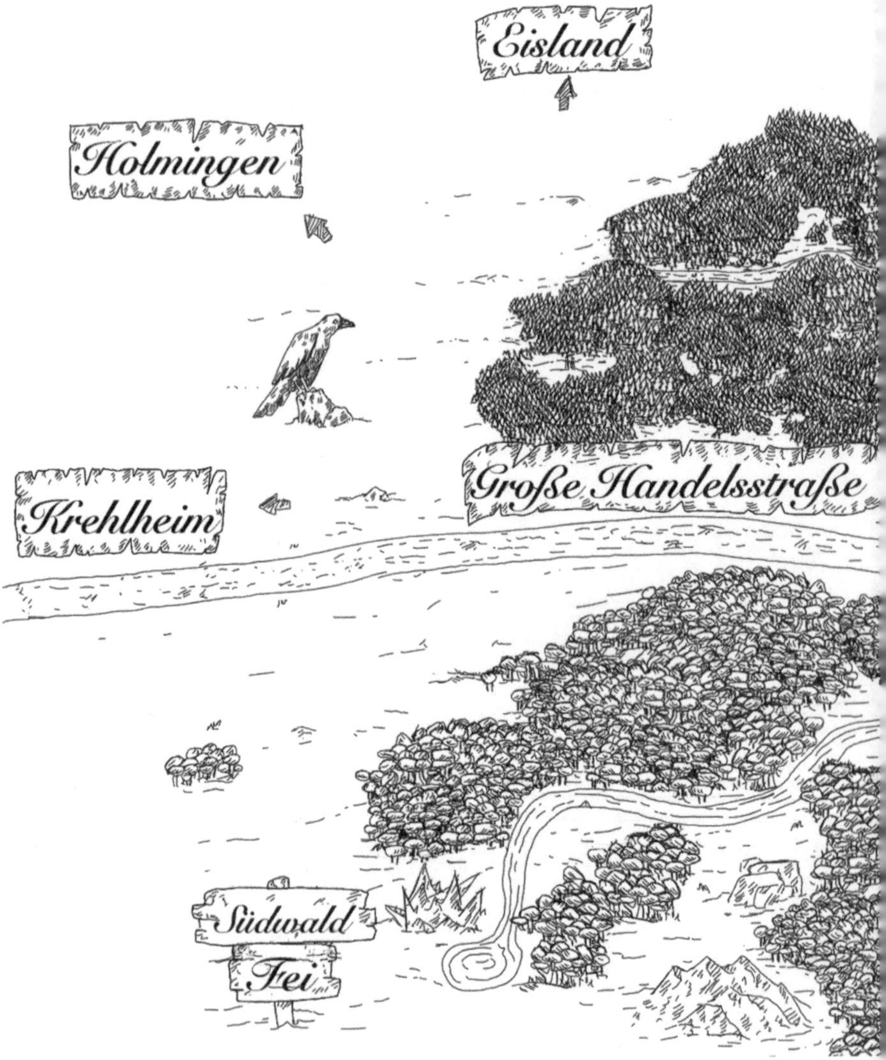
Eisland
Holmingen
Große Handelsstraße
Krehlheim
Südwald
Fei

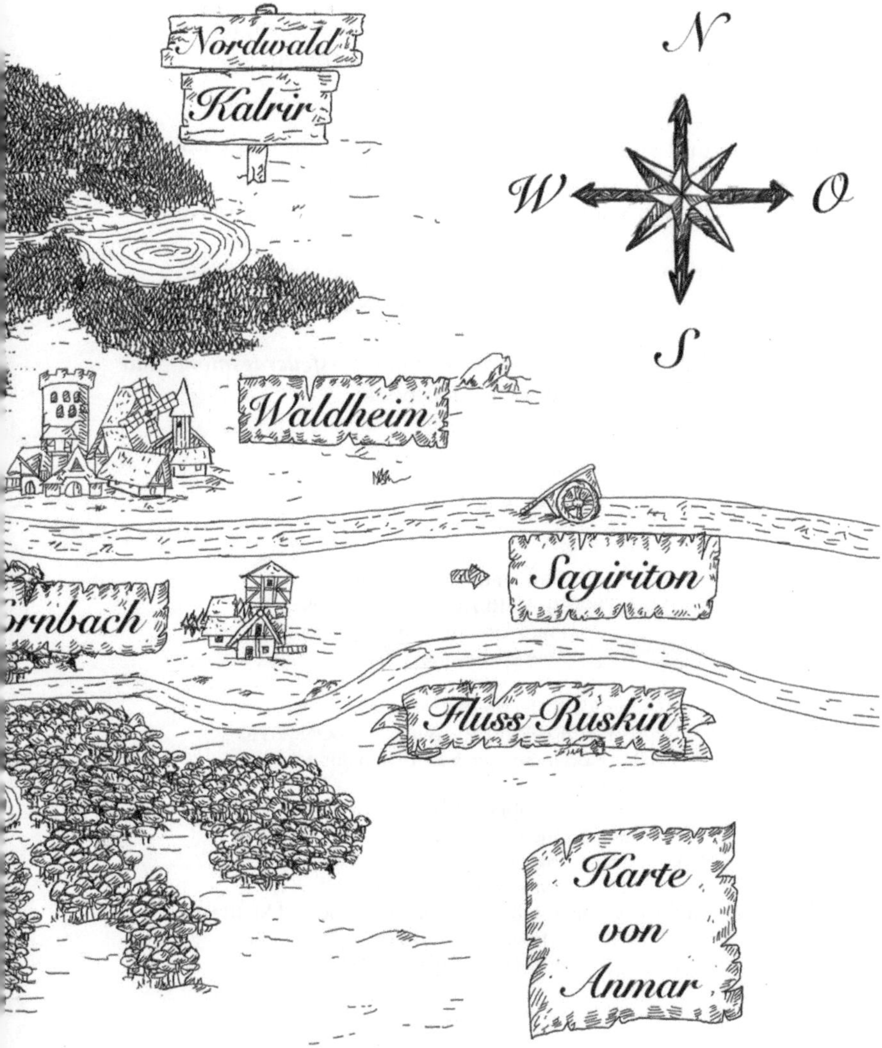
Nordwald
Kalrir
N
W
O
S
Waldheim
Sagiriton
rnbach
Fluss Ruskin
Karte
von
Anmar

Die Autoren danken:
Michaela Danzl, Dominik Fischer, Swen Harder, Reinhard Kotz, Alexander Kühnert, Moritz Mehlem, Sonja Rüther, Ines Scholl, Sharine Sußner und Oliver Traxel.

Autoren:
Christian und Florian Sußner sind, genau wie ihre Schwester Julia, am 11. Dezember 1979 in Erlangen geboren.
Christian kümmert sich um Unternehmen, Tore und Körbe.
Er wohnt in Stuttgart.
Florian arbeitet mit Existenzgründern, Tänzern und Schauspielern. Er lebt in Nürnberg.

Weitere Infos und Downloads auf ***www.dasfeuerdesmondes.de***
oder auf facebook.

Deutsche Erstausgabe

7. Auflage
Veröffentlicht durch den
MANTIKORE-VERLAG NICOLAI BONCZYK
Frankfurt am Main 2016
www.mantikore-verlag.de

Titelbild: Helge Balzer
Karten und Innenillustrationen: Valèri Ostrowski
Lektorat: Niels Breidenstein & PD Dr. Oliver M. Traxel
Satz: Karl-Heinz Zapf
Cover- und Umschlaggestaltung: Slobodan Cedic und Matthias Lück
Bildbearbeitung: Karl-Heinz Zapf
VP: 412-214-07-02-1224

Printed in the EU

ISBN: 978-3-939212-63-8

Das Feuer des Mondes

Christian und Florian Sußner

Mantikore Verlag

Willkommen in Anmar, Reisender.

In diesem Land bist du ein Fremder. Noch nie sahst du die Gipfel des Zornorisgebirges, die reißenden Fluten des Ruskin oder die grünen Ebenen Holmingens. Und dennoch bist du hier schon gewesen, irgendwann. Dies ist das Land, von dem du geträumt hast, damals, weißt du noch? Das Land, in dem du sein kannst, was immer du willst.

Das Land der Zauber und Wunder.

Doch sei gewarnt, Reisender!

Anmar ist auch das Land der Schatten, das Reich der gehörnten Bestien und die Heimat seelenfressender Geister. Wer Anmar betritt, kann seine ganze Herrlichkeit erfahren – oder wird von den Kreaturen, die in der Dunkelheit lauern, gepackt, hinfort gezerrt und verscharrt.

Überlege dir also genau, ob du Anmar betreten willst.

Inhalt:

Einführung

Das Feuer spendet kein Licht, nur Schatten.

Der Mann, der ihn gefangen hält, entkorkt die Phiole mit dem Nagel seines kleinen Fingers. Der Inhalt ist dickflüssig wie der Schlamm seines Verlieses. Er fügt einen Tropfen klarer Flüssigkeit dazu. „Das Blut der schwarzen Fee des Kalrir. Dazu das Wasser. Der Quell' einer Kraft, die lange erloschen war." Er bedeutet zwei Dienern, ihn zu ihm zu bringen. „Du, mein Freund, wirst ihre ganze Herrlichkeit erfahren."

In diesem Augenblick ist dem Gefangenen klar, dass es keine Hoffnung mehr gibt, nicht für ihn und auch nicht für die Weiße Eule.

Sein Peiniger flüstert fremde Silben voller Zorn, Neid und Niedertracht. Seine Augen glänzen wie die Schuppen eines Drachen, der bald mit seiner alles vernichtenden Kraft über die Welt fegen wird.

Der Mann nimmt einen Schluck aus der Phiole und verschließt sie wieder. „Dies ist der Anfang." Er streicht ihm mit dem Fingernagel über die Wange.

Dann packen die Diener den Gefangenen und werfen ihn in das Feuer des Mondes.

„Eher wird ein Hagol tanzen lernen, als dass dieser Narr einen Fehler zugibt!“ Wilhelms Gesicht hat die Farbe des Rotweines angenommen, den er so gerne trinkt. „Mörder und Monster schleichen durch die Stadt, und wir bekommen nicht einmal neue Hellebarden! Ich habe im Stadtrat nur ausgesprochen, was jeder gute Nachtwächter denkt.“

Seit er den Stadtverweser Bezilor öffentlich als Wurzelgnom bezeichnet hat, ist dein Onkel Wilhelm vom Dienst ausgeschlossen – nicht zum ersten Mal. Zu gerne legt er sich mit den Stadtoberen an.

Du reichst ihm ein Stück Brot. „Sind das dieselben Monster, die nachts in den Wäldern Reisende überfallen?“ Wie erwartet, lässt sich dein Onkel von seiner Wut ablenken. Einem eifrigen Zuhörer konnte er noch nie widerstehen. Du liebst die Erzählungen deines Onkels seit deiner Kindheit.

Die Flammen werfen bizarre Gebilde an die Steinwand und erwecken im Dämmerlicht des einbrechenden Abends die Fabelwesen zum Leben, von denen die Geschichten Wilhelms handeln – Hexen, Kobolde, Riesen und Lahme Dämonen. Dein alter Onkel legt ein Scheit in das Feuer. Funken tanzen im Kamin der engen Stube, in der ihr die Mahlzeit vor deinem Dienst als Nachtwächter einnehmt. Wilhelm beginnt mit Worten, wie du sie schon oft gehört hast.

„Waldheim im Lande Anmar. Unsere Stadt grenzt im Norden an den finsteren Wald Kalrir und im Süden an die geheimnisumrankten Urwälder der Fei. Warum hier Wald und Dschungel so dicht beieinander wachsen: ein altes Wunder unserer Heimat.“ Wilhelm streicht sich durch den struppigen grauen Bart, den er hat, solange du ihn kennst.

„Waldheim. Alleinige Bastion gegen das Dunkel entlang der Großen Handelsstraße, die das Westreich Anmars mit dem Ostreich verbindet. Auf dem Weg durch die Wälder gibt es sonst nur wenige befestigte Siedlungen und ein paar Gasthöfe, die nachts die Türen verrammeln. Tagsüber sichern Patrouillen des Königs die Handelsstraße, doch auch sie ziehen sich bei Sonnenuntergang in die Sicherheit der Stadt und der Gasthöfe zurück. Auch sie fürchten, was nach Einbruch der Dämmerung aus den Wäldern gekrochen kommt.“ Im Feuer knackt heißes

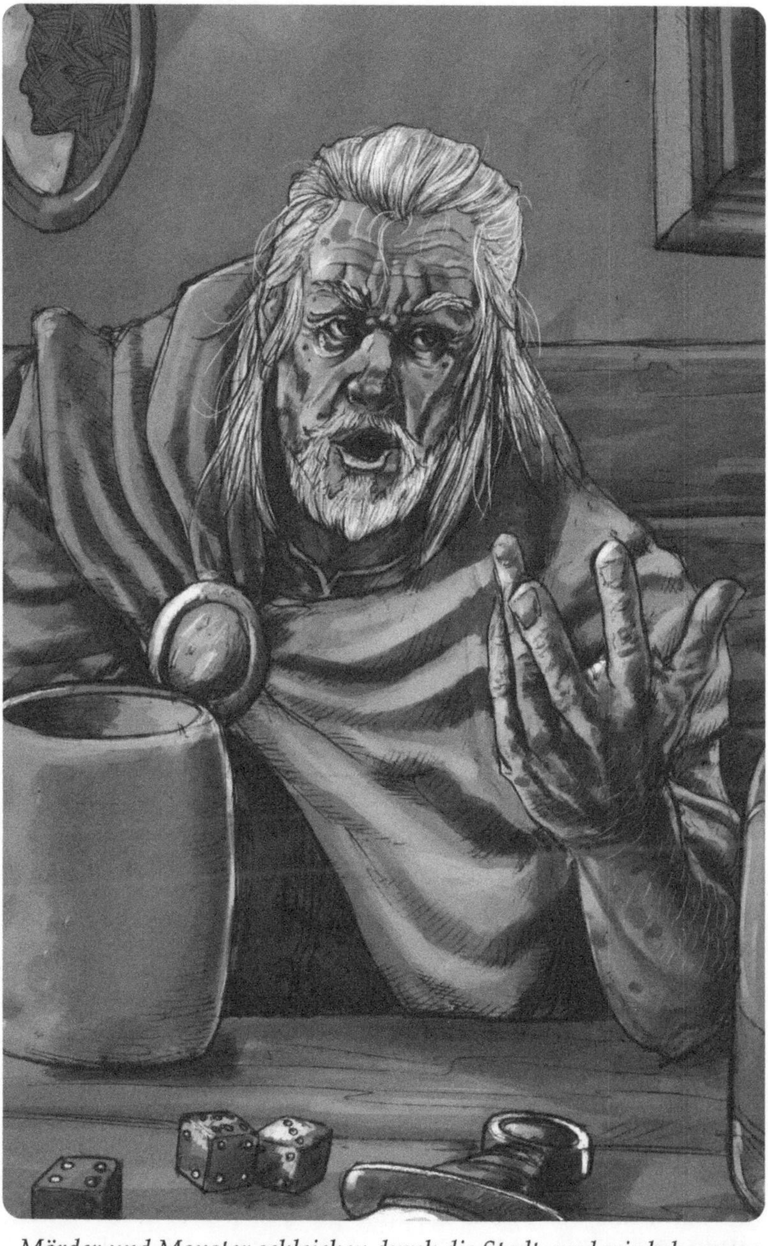

„Mörder und Monster schleichen durch die Stadt, und wir bekommen nicht einmal neue Hellebarden."

Holz. Wilhelm lässt den Löffel sinken und beugt sich in deine Richtung. Seine Stimme ist nurmehr ein heißeres Flüstern.
„Unheimliche Geschichten hört man. Das Grauen, das sich im Norden eingenistet haben soll. Dort ist seit Wochen mitten im Sommer tiefster Winter. Du hast doch von Kandal dem Jäger gehört. Er prahlte damit, im Nordwald Kalrir Hexen und Vampire töten zu wollen. Nach einer dunklen Neumondnacht fand ich seinen Leichnam am Wegesrand. Er war kurz vor den Toren der Stadt an einen Baum genagelt worden. Statt seiner Augen hatte er zwei blutige Höhlen."
Wilhelm sieht dich mit aufgerissenen Augen an und beißt von einer Brotkante ab. Du kannst dir ein Lachen nicht verkneifen: So gerne Wilhelm seine Geschichten erzählt, so theatralisch verhält er sich dabei.
Das letzte Licht des Tages schwindet. Du ziehst deine Stiefel an, setzt deine Lederkappe auf und legst dir deinen weiten schwarzen Mantel mit dem Wappen der Stadt Waldheim um – zwei gekreuzte Äxte, unterlegt mit dem Blau der Nachtwache.
„Ohne dich wird es eine lange Nacht", sagst du zu Wilhelm, der dir bei deinen Vorbereitungen zusieht. Er ist der Mann, dem du alles verdankst: Er nahm dich auf, als du niemanden mehr hattest, bildete dich zum Nachtwächter aus, lehrte dich sogar Lesen und Schreiben.
Du nimmst den Schlüsselbund, die Öllaterne, das schwere Signalhorn und die Hellebarde. Im Hinausgehen rufst du deinem Onkel einen letzten Gruß zu und gehst in Richtung Westtor, nur begleitet von den hallenden Geräuschen deiner Absätze auf nacktem Pflasterstein. Von dort wendest du dich nach Norden. Du gehst durch die schmale Gasse zwischen den zweistöckigen Häusern der Schuster und Weber bis hinauf zum Marktplatz, der verlassen vor dir liegt. Außer ein paar Betrunkenen, die du nach Hause schickst, geschieht die Nacht hindurch nicht viel.
Doch als die ersten Sonnenstrahlen des Tages über Waldheim scheinen und das Ende deiner Schicht ankündigen, hörst du jemanden schreien: „Nein, niemals werde ich ... oh nein, das ist ... das kann nicht sein, das ist unmöglich ... wer seid Ihr? Nein! HILFE! Neeeeiiinn!" Die Stimme überschlägt sich und erstickt dann in einem Röcheln.

Über dir hängt tief die Sichel des zunehmenden Mondes. Er taucht die Stadt in seinen silbernen Schein, der sich mit dem ersten Licht des neuen Tages mischt.

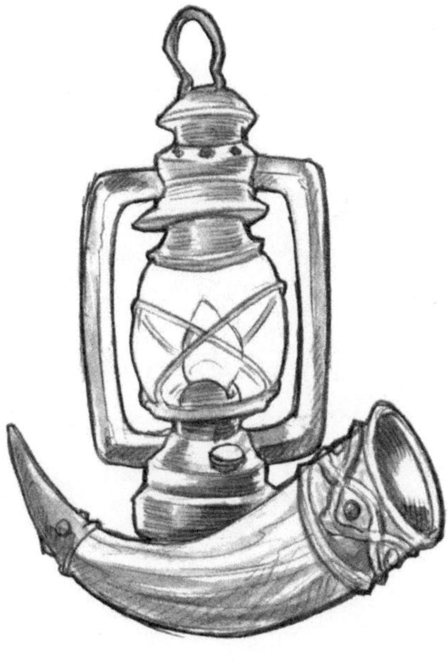

Die Regeln im Schnellüberblick

Willkommen im Abenteuer. Hier in aller Kürze das Wichtigste zur Spielweise.

1. Die oberste Regel in diesem Spielbuch ist: Alles, was du wissen musst, steht im Text. Folge den Anweisungen. Lies nur die Abschnitte, zu denen du verwiesen wirst. Um Hinweise nicht zu vergessen, solltest du dir diese sorgfältig notieren. Führe genau Buch über deine Werte und deine Ausrüstung. Trage alle Ereignisse in den Bogen ein, den du direkt im Anschluss an diese Kurzanleitung findest.

2. Du brauchst einen **Stift** und einen (besser zwei) **sechsseitige Würfel**.

3. Dieses Spielbuch besteht aus **drei Teilen, Bücher genannt**. Wenn nicht anders angegeben, bleibst du immer in dem Buch, in dem du dich gerade befindest. Am Anfang von **Buch 1** beginnt dein Abenteuer. Du wirst immer wieder in dieses Buch zurückkehren, Buch 2 und 3 musst du jeweils erfolgreich abschließen, damit es weitergeht.

4. Weitere Regeln findest du am Ende des Spielbuches. Lies diese, sobald du im Text darauf hingewiesen wirst. So wirst du die Regeln nach und nach kennenlernen.

5. Alle Bögen und Karten findest du zum Download und Ausdrucken auf A4 unter **www.dasfeuerdesmondes.de.**

Name: ______________________

Rucksack

Gegenstand	Effekt/Wert

Max. 6 Gegenstände gleichzeitig!

Aktive Ausrüstung

	Ausrüstung	Effekt
Waffe		
Schild		
Körper		
Kopf		
Hände		
Ring 1		
Ring 2		
Amulett		

Effekte aus Fertigkeiten:

Summe Schaden =

Summe Rüstung =

(Bei zweihändigen Waffen kann kein Schild benutzt werden.)

- Portalring ☐
- Silberner Kompass ☐
- Kristallfläschchen leer ☐
- Kristallfläschchen gefüllt ☐
- Ring der Eule ☐
- Segen der Natur ☐

Menschlichkeit

Anfangswert: 0

-5 ——|—— +5

Gewandtheit

Anfangswert: Gewandtheit = 15

neuer Wert: ______

Kleingegenstände

Heilmittel / Nahrung

Ronahi-Heilkraut erhalten ☐☐ benutzt ☐☐

Lebensenergie

Anfangswert: Lebensenergie = 60

neuer Höchstwert:

Aktueller Wert:

60									

Gold

 *Download der Bögen unter **www.dasfeuerdesmondes.de.***

Ausbildung auf dem Weg der Krallen

Rätsel in Waldheim

1. Rätsel ☐ Ohne Hilfe gelöst: Lebensenergie +20
☐ Mit Hilfe gelöst: Lebensenergie +10

2. Rätsel ☐ Ohne Hilfe gelöst: Lebensenergie +20
☐ Mit Hilfe gelöst: Lebensenergie +10

Grundfertigkeiten

☐ Angriff (Schaden +1)
☐ Verteidigung (Rüstung +1)
☐ Bogenschießen

Ausbildungspfad und Sonderfertigkeiten

☐ Pfad des Berserkers	☐ Doppelhandwaffen einhändig nutzen ☐ Belrics Reif
☐ Pfad des Kampfmönchs	☐ Hilfe der Eule (Lebensenergie +8) ☐ Ronahi-Bolzen (Schaden =10) ☐ Meisterarmbrust (Schaden =15)
☐ Pfad des Waldläufers	☐ Doppelschuss ☐ Pfeil der Gerechtigkeit (Schaden =30)

Rätsel in Kornbach

Rätsel ☐ Ohne Hilfe gelöst: Lebensenergie +20 ☐ Mit Hilfe gelöst: Lebensenergie +10

Ausbildung auf dem Weg der Schwingen

Grundfertigkeiten

		1	2
Schlangenwendigkeit (Gewandtheit +2)	2x		
Flammenwaffe (Schaden +9)	2x		
Schattenschild (Rüstung +5)	2x		
Vision	2x		
Innerer Frieden (Menschlichkeit +1)	1x		X
Gegengift	1x		X

Rätsel in Waldheim

1. Rätsel ☐ Ohne Hilfe gelöst: Lebensenergie +20
☐ Mit Hilfe gelöst: Lebensenergie +10

2. Rätsel ☐ Rätsel gelöst: Lebensenergie +10

Ausbildungspfad und Sonderfertigkeiten

		1	2	3	4
☐ Pfad der Geister					
☐ Geister-Schattenschild (Rüstung +8)	4x				
☐ Geister-Schattenschild verbessert (Rüstung +8, unbegrenzt einsetzbar)	X	X	X	X	X

		1	2	3	4
☐ Pfad der Natur					
☐ Hilfe der Natur (Lebensenergie +10)	X	X	X	X	X
☐ Höhlenbär (Gewandtheit +2, Rüstung =10, Schaden =17)	4x				
☐ Mythenwesen (Gewandtheit +2, Rüstung =10, Schaden =17)	1x		X	X	X

		1	2	3	4
☐ Pfad des Kampfmagiers					
☐ Flammenwaffe des Kampfmagiers (Schaden +12)	4x				
☐ Flammenwaffe des Kampfmagiers verbessert (Schaden +12, unbegrenzt einsetzbar)	X	X	X	X	X

Rätsel in Kornbach

Rätsel ☐ Ohne Hilfe gelöst: Lebensenergie +20 ☐ Mit Hilfe gelöst: Lebensenergie +10

BUCH 1

Schatten

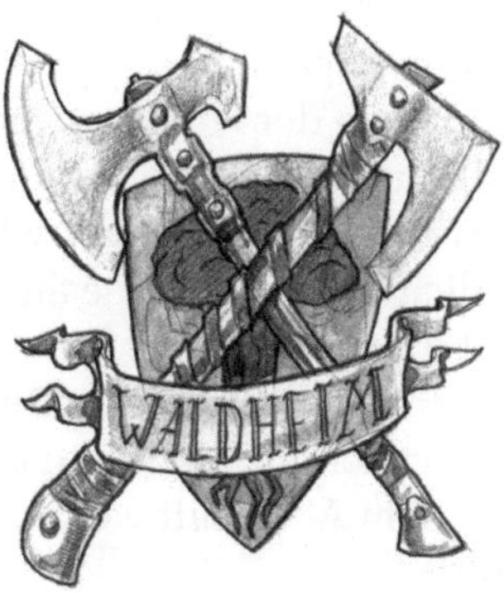

Schreie dringen nachts aus dem Kalrir nach Waldheim.
Wabernde Schemen erheben sich im Zwielicht des Fei.
Die Alten flüstern Geschichten von Untoten, Menschenfressern, Zwischenwesen und von Wölfen, so groß wie Schlachtrösser.
Etwas hat den Weg in die Stadt gefunden und kauert verborgen, lauert gekrümmt, Krallen auf Stein.

(Aus: „Schattenflamme“, Hakûn-Chronik, Stadtarchiv von Waldheim)

Als die ersten Sonnenstrahlen des Tages über Waldheim erscheinen und das Ende deiner Schicht ankündigen, hörst du schrille Hilferufe. Du musst deine erste Entscheidung treffen. Weiter bei **1**.

1 Willst du helfen (weiter bei **52**)?
Oder gehst du in die andere Richtung weiter, damit sich in deinem geregelten und beschaulichen Leben als Mitglied der Nachtwache nichts ändert (weiter bei **144**)?

2 Vor deinem Aufbruch macht dir Samos ein paar Geschenke.
Lies jetzt **Block 2** in den Regeln.
Er zeigt dir die Grundlagen der Heilkunst und händigt dir eine Portion Ronahi-Heilkräuter aus. Damit kannst du einmal die Lebensenergie bis zu ihrem Höchstwert wiederherstellen (du kannst also ein Mal dich selbst oder eine andere Person heilen).
Schließlich überreicht dir Samos noch einen Portalring. Wenn du ihn an deinem Finger drehst, kannst du in **Buch 2** und in **Buch 3** an jede Kreuzung zurückkehren, an der du bereits gewesen bist. Lies in diesem Fall an dem Abschnitt weiter, der dem jeweiligen Wegpunkt entspricht.
Du kannst den Ring beliebig oft einsetzen, allerdings nur, wenn du alleine bist.
Du erhältst ein Schwert (Schaden 7) und einen kleinen Schild (Rüstung 1, nicht benutzbar bei zweihändigen Waffen).
Du hast einen Rucksack und trägst deine normale Kleidung. Samos überreicht dir außerdem einen Lederbeutel mit 20 Goldstücken.
Vermerke alle Änderungen in deinem Spielbogen.
Deine übrige Nachtwächterausrüstung lässt du zurück.
„Arumnas ist ein Runenmeister der Weißen Eule. Bereits vorhin, als du schliefst, legte er für die nächsten Stunden einen Zauber über dich. Vertraue mir, dies ist der sicherste Weg."
Ino reicht dir einen letzten Becher mit Wein. „Lass dich nicht vom Tiger fressen, und grüß mir den Silenus", sagt er. Du nimmst den Wein und trinkst ihn in einem Zug.

Deine Augen werden schwer, du spürst, wie deine Beine unter dir einsacken. Der Wein! Ino hat dich betäubt. Du hörst Ino singen, als dir die Sinne schwinden:
„Suche die Magie Alter.
In zwei der Nachtwächter ..."
Lies weiter am Anfang von **Buch 2: Feuer.**

3 Als du fast oben bist, greifst du mit der Hand nach einem der Fensterflügel. Dieser bewegt sich quietschend, du verlierst den Halt und stürzt kopfüber zwei Schritt in die Tiefe.
Wirf einen Würfel (Lebensenergie -3 pro geworfenem Auge).
Als du dich wieder aufgerappelt hast, ist das Fenster über dir geschlossen. Du überprüfst die übrigen Fenster des Hauses, doch hast du kein Glück.
Willst du nun doch vorne an der Tür klopfen, in der Hoffnung, eingelassen zu werden (nur, wenn du das noch nicht getan hast), dann gehe zu **163**.
Oder verlässt du diesen Ort und versuchst ohne Salters Hilfe, Farons Anwesen zu betreten (weiter bei **147**)?

4 Ohne Zögern schreit er aus Leibeskräften: „Alarm! Alarm! Einbrecher!"
Du springst auf und wendest dich zur Flucht. Bevor du auch nur die Mauer erreicht hast, bist du von einer Handvoll Wachen umringt. Ein junger Wächter springt vor und bohrt dir seinen Spieß in den Bauch.
So kommt es, dass du auf dem Gelände vor Farons Haus, so kurz vor dem Ziel, erbärmlich verblutest.

5 „Ein Einzelkämpfer bist du also. Vergiss nicht: Auch die Mächtigsten sind ohne Hilfe verloren! Aber gut, es ist deine Entscheidung. Farons Haus ist nicht weit von hier. Es liegt an der Straße, die vom Marktplatz nach Osten führt. An der Rückseite solltest du eine Hintertür finden. Und jetzt: Geh!"
Weiter bei **133**.

6 Salter flüstert: „Alle Reichtümer, die ich habe, wenn Euch das gelingt!"
Und schon wirst du herein gebeten. Salter erläutert dir, dass seine Tochter schon lange krank ist und ihr keine Medizin der Welt hilft.
Er führt dich, begleitet von drei Wachen, in den ersten Stock in ein geräumiges Zimmer im hinteren Teil des Hauses. Sofort bemerkst du den sauren Geruch von Krankheit. Das Mädchen, das du vorher an der Tür gesehen hast, liegt in einem riesigen Himmelbett. Es hat tiefe Augenringe in ihrem fahlen, schweißgebadeten Gesicht. Die Haare stehen strähnig in alle Richtungen ab. Sie nimmt dich nicht wahr.
Du holst das Fläschchen mit dem Quellwasser hervor und gibst drei Tropfen davon in ein halbvolles Wasserglas, das neben dem Bett steht. Dieses Glas reichst du Salter.
Das Mädchen trinkt mit Hilfe ihres Vaters zwei Schlucke von dem Wasser. Sofort kehrt Farbe in ihr Gesicht zurück. Der Blick des Mädchens klärt sich.
„Papa? Was ... was ist geschehen? Ich … ich habe solchen Hunger ... Papa, könntest du …?"
Salter fällt dir mit Tränen in den Augen um den Hals (Menschlichkeit +1). Weiter bei **69**.

7 „Du frecher Kerl!" Plötzlich zuckt ihre Hand vor, in der sie einen Dolch mit wellenförmiger Klinge hält. Sie streift dich an der Seite (Lebensenergie -8).

Fremde Frau			
Kampfkraft	Schaden	Rüstung	Lebensenergie
27	**15**	**1**	**35**

(Bogenschütze: kein Schuss möglich)

Wenn die Lebensenergie deiner Gegnerin auf unter 20 sinkt, lies weiter bei **148**.

8 Salter blickt dich erstaunt an. „Aber weshalb sagtet Ihr mir das nicht an der Eingangstür? Wenn es Euch gelingt, meine

Tochter zu heilen, werde ich Euch reich belohnen!" Du trittst an das Bett des Mädchens heran. Deine medizinische Erfahrung reicht bei weitem nicht, um zu erkennen, was dem Mädchen fehlt. Du musst improvisieren: Daher gibst du drei Tropfen des Wassers der Reinen Quelle in ein halbvolles Wasserglas, das neben dem Bett steht. Dieses Glas reichst du Salter.
Die Kleine trinkt mit Hilfe ihres Vaters zwei Schlucke von dem Wasser. Sofort kehrt Farbe in ihr Gesicht zurück. Ihr Blick klärt sich.
„Papa? Was ... was ist geschehen? Ich ... Ich habe solchen Hunger ... Papa, könntest Du ...?"
Salter fällt dir mit Freudentränen in den Augen um den Hals (Menschlichkeit +1).
Weiter bei **69**.

9 Du drehst und wendest dein improvisiertes Werkzeug. Es klickt, und die Tür ist offen. Weiter bei **34**.

10 Du springst auf, wirfst den Kompass so auf den Tisch, dass ihn alle sehen können, und führst einen Überraschungsangriff gegen Arumnas. Dieser hat kaum Zeit, die Hände vor die weit aufgerissenen Augen zu heben, da bricht er auch schon unter deiner Attacke zusammen.
Kudubar flucht laut und zieht einen Dolch. Unsichere Blicke huschen umher, zu dir, zum Kompass, zu Samos, wieder zum Kompass. Einen Moment bewegt sich niemand. Dann flüstert Samos: „Nicht Arumnas, mein Junge. Faron ist es, Faron."
Faron springt zum Tisch und greift nach dem Kompass. Marina ruft ein Wort, das du nicht verstehst, und schleudert einen Lichtblitz in seine Richtung. Mit einem Kampfschrei stürzt sich Kudubar auf ihn. Samos wirft ein Glasgefäß mit einer grünen Flüssigkeit.
Alle drei Angriffe werden von einer unsichtbaren Mauer abgefangen, die Faron umgibt. Dieser zuckt mit dem Kopf und Kudubar wird auf dich geschleudert, so dass er dich unter sich begräbt. Faron zischt ein Wort, „Nadra", und deutet auf Samos. Ein Knäuel aus schwarzem Rauch schießt aus seiner Hand auf

diesen zu und trifft ihn mitten auf der Brust. Samos schreit, reißt die Hände nach oben und presst sie auf die getroffene Stelle. Du rappelst dich auf. Lächelnd taxiert Faron nacheinander Marina, Samos und dann dich. Er hat den Kompass nicht erreicht. „Ihr Narren. Wir führen Waldheim ins Licht. Und deinem Onkel", er blickt dich an, „werde ich deine Grüße bestellen, mein Freund."

Blaue, kalte Flammen züngeln um Faron herum auf, lodern um seine Beine, seinen Körper, schließlich seinen Kopf. Er schreit noch: „Möge der Fluch des Raben dich zu mir führen!" Für einen Moment ist der Raum von blauem Flackern erleuchtet. Dann ist er verschwunden.

Nur wenige Augenblicke sind vergangen, seit du den Kompass aufklapptest, doch erscheinen sie dir wie ein Zeitalter. Noch kannst du kaum fassen, dass der Verräter direkt unter euch war. Arumnas krümmt sich auf dem Boden. Samos und Marina stürzen zu ihm und beugen sich über ihn. Arumnas stöhnt. Er flüstert etwas, das du nicht verstehst. Samos und Marina wenden sich zu dir um. Der Bibliothekar erhebt eine zittrige Hand und deutet auf dich.

„Halte ihn auf, Nachtwächter!"

Seine Hand erschlafft und fällt zu Boden. Seine Augen schließen sich. Marina horcht an seiner Brust und fühlt seinen Puls. Sie schüttelt sanft den Kopf. Arumnas hat den Kampf gegen die Karben mit seinem Leben bezahlt. Du selbst hast es ihm genommen (Menschlichkeit -1).

Dein Blick fällt auf den geöffneten Kompass, der noch immer auf dem Eichentisch liegt. Die Nadel dreht sich nicht mehr. Sie deutet in Richtung von Samos, Marina und Arumnas. Du nimmst ihn in die Hand und bewegst dich zwei Schritte, und die Nadel deutet noch immer auf die Drei. Du kannst nicht sagen, auf wen genau.

Plötzlich steht Kudubar hinter dir. Er nimmt den Kompass, klappt ihn zu und reicht ihn dir wieder.

„Nimm ihn, du wirst ihn brauchen."

Marina erhebt sich energisch, du erkennst Tränen in ihren Augen. „Vater, wir können ihm nicht einfach ..."

„Schluss damit!“ Er steht auf und tritt auf dich zu, eine Hand auf seine Brust gepresst. „Was soeben passiert ist, ist ein schwerer Schlag. Faron ein Verräter ... Dennoch bleibt deine Aufgabe, wie sie ist.“

Dir fällt ein, dass du noch nicht berichtet hast, welch seltsame Worte dir Ténoch mit auf den Weg gab. Als du davon erzählst, atmet Samos erleichtert durch.

„Der Schutz der Eule war mit uns. Wenigstens das hat Faron nicht gehört. Möge dies unser schwacher Hauch der Hoffnung sein, der das Feuer des Mondes zum Erlöschen bringt. Weißer Schatten gelüftet, Nacht des Nordens erstickt – das muss sich auf den Kalrir beziehen. Er ist von dunkler Magie befallen und liegt unter einer dichten Schneedecke. Finde heraus, was die Reine Quelle in seiner Macht hält, und befreie sie. Kind der Macht dein Führer, der Kompass des Wassers Heilung – ich kann nicht sagen, was Ténoch damit meinte.“ Samos hebt die Schultern.

„Außerdem wird es Faron ...“ Er zögert, als würde er nachdenken. Dann sagt er zu dir: „Du solltest bald aufbrechen.“

Lies weiter bei **105**.

11 Als Inos Blick auf die Scheibenhälften fällt, springt er auf sie zu und ergreift sie.

Mit zitternden Händen hält er die beiden Teile zusammen – sie passen zueinander. „Die Himmelsscheibe von Sagiriton!“, schreit er. „Da soll mir gleich ein Horn ausfallen!“ Mit diesen Worten stürmt er aus dem Haus. Du rennst hinterher, Samos folgt humpelnd.

Draußen hält Ino die Scheibe dicht vor seine Augen und bewegt sich ein paar Sekunden nicht. „Die Himmelsscheibe von Sagiriton hat große Macht. Sie speichert die Bewegungen der Himmelskörper in sich und erlaubt so einen Blick auf die Ereignisse der letzten Stunden.“

Wieder schweigt er.

Dann flüstert er: „Das ist merkwürdig ... Faron hat doch die Magie des Mondes benutzt, um ...“ Er blickt dich an.

„Mein Fohlen!“, schreit er dann. „Wilhelm muss leben! Faron

hat heute das Feuer des Mondes nicht genutzt. Wenn es aber für dich so aussah, als hätte er damit deinen Onkel getötet, so kann das nur eine Täuschung gewesen sein!"
Zu zweit rennt ihr in das Leichenhaus, in das Wilhelm gebracht wurde. Als ihr endlich vor dem leblosen Körper steht, legt ihm Ino die Hand auf die Brust und flüstert ein paar Worte. Mit einem Mal schlägt Wilhelm die Augen auf und blickt sich orientierungslos um.
Du springst auf ihn zu.
Als er dich erkennt, werden seine Augen feucht. Erleichtert fallt ihr euch in die Arme.
Später sitzt ihr zu dritt bei Samos und nehmt ein Mahl zu euch. Ino trägt Speisen herein und Wilhelm schlingt, als hätte er seit Tagen nicht gegessen.
Schließlich wiederholst du deine Frage von zuvor:
„Wie geht es jetzt weiter?"
Samos zwinkert dir zu. „Das liegt ganz bei dir. Du willst bestimmt deine alten Freunde treffen. Lynn wird sich freuen. Wenn ihr wollt, könnt ihr euer Haus wieder aufbauen. Und natürlich wird es viele Würdenträger in Waldheim und im Orden der Weißen Eule geben, die dich kennenlernen wollen!"
Du nickst. Du bist für deine nächsten Aufgaben im Dienste der Weißen Eule gut gerüstet.
„Und nun, mein Junge, wollen wir doch mal sehen, in welche Richtung dich dein Weg führen wird."
Ihr lasst Wilhelm mit einem Diener zurück und geht wieder in den Raum, in dem du zuvor deine Ausrüstung ausgebreitet hast.
Lies weiter bei **199**.

12 Kudubar kratzt sich an der Stirn.
„Die Karben sind eine Sekte, und eine verfluchte Mörderbande dazu! Eine eiserne Faust, Terror und Unterdrückung, gewürzt mit scheinheiligen Versprechungen, das sind ihre Mittel, und das wollen sie für ganz Anmar." Er spuckt auf den Boden. „Ich hasse die Karben. Sie haben schon so viel Leid verbreitet. Ich habe manches Karben-Schwert schartig geschlagen, und doch

werden sie immer mächtiger!" Er blickt dich zornig an. „Hätte ich geahnt, dass Faron einer von ihnen ist, hätte sein Kragen mit meinem Schwert Bekanntschaft gemacht, und nach seinem Verrat an ...", er zögert, „... an ... der Stadt hat er das auch verdient!" Als er deinen fragenden Blick bemerkt, packt er dich am Ärmel und zieht dich zurück ins Haus. „Wir müssen zurück zu Samos, er ist bestimmt schon ungeduldig."
Lies weiter bei **37**.

13 Noch bevor du die Feder in das Loch steckst, fällt ein Brett von innen vor das Loch und versperrt es. Du wartest noch einen Augenblick, doch nichts geschieht. Du verstehst, dass Amiriolla einen Schutz gegen Dinge wie die Harpyienfeder eingebaut hat. Auch im Nachhinein bist du froh, die Begegnung mit diesem grauenhaften Wesen überlebt zu haben. Wenn du willst, kannst du die Feder wieder einstecken.
Wohin geht es weiter?
Zum Hause Samos', falls du dort noch nicht warst (weiter bei **138**)?
Zum Schmied Magnusson (weiter bei **142**)?
In den unheimlichen Nordwald Kalrir, aber nur falls du Samos bereits von deinem Erfolg im Urwald der Fei berichtet hast (weiter am Anfang von **Buch 3**)?
Du kannst auch den Portalring benutzen, um kurz zum Handelsstützpunkt von Mansur zu reisen. Dann gehe zu **97** (das geht nicht, wenn du bei Mansur Hausverbot hast).

14 Flüsternd erläuterst du dem jungen Nachtwächter, dass du im Interesse aller handelst. Dieser blickt dich zögernd an. Dann aber fällt er eine Entscheidung. „Also gut. Ich glaube dir. Hau ab, und zwar schnell."
Du ziehst dich an der Mauer nach oben und verschwindest auf der anderen Seite.
Weiter bei **189**.

15 Du schleichst zum Treppenabgang und gehst die Stufen nach unten. Plötzlich dringt oben durch das Küchenfenster ein

Lichtschein. Die Küchentür öffnet sich und ein Diener tritt heraus. Du verharrst regungslos, während er gemütlich seine Pfeife raucht.
Bald geht der Mann wieder hinein und schließt die Tür hinter sich. Auch das Licht erlischt.
Lies weiter bei **91**.

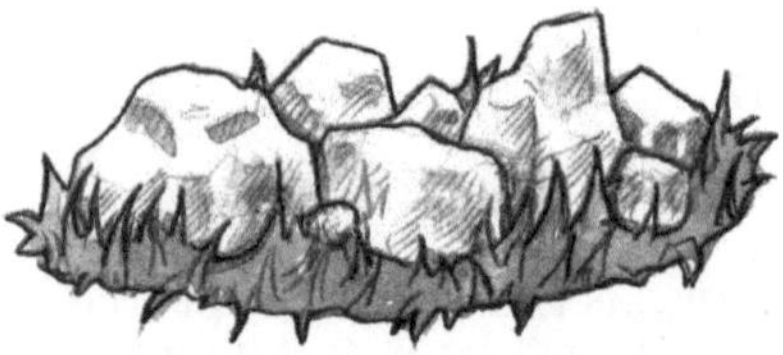

16 Faron hält seine Hand erhoben. Du bist dir sicher, dass er jeden Augenblick Wilhelms Leben nehmen wird.
„Wartet!", schreist du. „Ich bin es, den ihr sucht."
Du drückst dich durch die Menschen nach vorne und springst auf die Bühne. Mit der Waffe in der Hand stellst du dich vor Faron, der dich mit blitzenden Augen anlächelt.
„Sei gegrüßt, mein Freund. Wie schön, dass du es rechtzeitig geschafft hast. Ich befürchtete schon, wir müssten ohne dich weitermachen." Er gibt den Wachen ein Zeichen, deinen Onkel abzuführen, und wendet sich wieder dir zu. „Aber was soll denn die Waffe?"
Du willst sie heben, dem Unhold den Kopf einschlagen, Gerechtigkeit für Wilhelm und Waldheim herstellen; doch siehst du zu deinem eigenen Entsetzen, wie du die Waffe von dir wirfst und auf die Knie sinkst. Eine fremde Macht hat von deinem Körper Besitz ergriffen, weitaus kraftvoller als der Zauber, mit dem dich die dunkle Fee des Kalrir einfangen wollte. Du senkst in einer demütigen Geste den Kopf.
Du fühlst den Fluch des Raben auf deiner Brust stärker als je zuvor. Faron wendet sich der Menge zu und erklärt, dass er Wilhelms Leben schonen darf, nachdem sich der Anführer der Verschwörung gestellt hat. Doch das bekommst du kaum noch mit. Etwas in deinem Inneren scheint zu brennen und sich dann aufzulösen, bis nur noch ein Glühen übrig ist. Deine Menschlichkeit sinkt auf -6.

Es ist dir in der Tat gelungen, Wilhelms Leben zu retten – wenn du ihm auch die Freiheit nicht schenken konntest. Doch für dich, die Weiße Eule, Waldheim und das ganze Land zerbricht in diesem schwarzen Augenblick die letzte Hoffnung, die es noch gab, verkörpert durch einen einfachen Nachtwächter, durch dich. Doch nimmt außer dir niemand Notiz davon.

17 Marlus erklärt kurz, wo du Samos' Haus findest: direkt am Marktplatz, wenige Schritte vom Rathaus entfernt.
„Eines solltest du noch wissen." Er händigt dir den unbeschrifteten Umschlag aus. „Der Brief trägt einen magischen Schutz. Beim Versuch ihn zu öffnen würdest du ihn zerstören."
Bevor du gehst, legt dir dein Onkel Wilhelm eine schwielige Hand auf die Schulter. „Komm gesund wieder, Junge." Die Falten um seine Augen sind tiefe Schatten.
Um keine Aufmerksamkeit zu erregen, lässt du deine Hellebarde und dein Horn zurück.
Du findest Samos' Haus in einer Ecke des Marktplatzes. Es duckt sich neben ein benachbartes Gebäude, so dass du es trotz zweier Stockwerke beinahe übersehen hättest. An seiner weiß gestrichenen Vorderfront rankt sich Efeu nach oben und umrahmt ein Wandgemälde, das einen fliegenden Vogel abbildet. Die frische Luft des Morgens lässt die Blätter des Efeus leicht zittern.
Du siehst keinen Eingang, doch schließt links an das Haus eine breite Mauer an. In dieser befindet sich fünf Schritt weiter eine Tür aus Eichenholz, in die dasselbe Bild des Vogels geschnitzt ist.
Du betätigst den schweren eisernen Klopfer. Trotz der frühen Stunde dauert es nicht lange, bis ein Diener eine Klappe in der Tür aufschiebt. „Hallo Nachtwächter, solltest du bei Tageslicht nicht dein Bett bewachen?" Er hat strubblige braune Haare, eine auffällige runde Nase und auf der Stirn kleine Hörner. Die Tür öffnet sich und er stellt sich als Ino vor. „Du darfst eintreten, Kleiner. Wir haben entschieden, dass du keine Gefahr für das Haus darstellst." Er bleckt die Zähne und stemmt die Arme in die Hüften. Unter seinem offenen grünen Mantel erkennst du

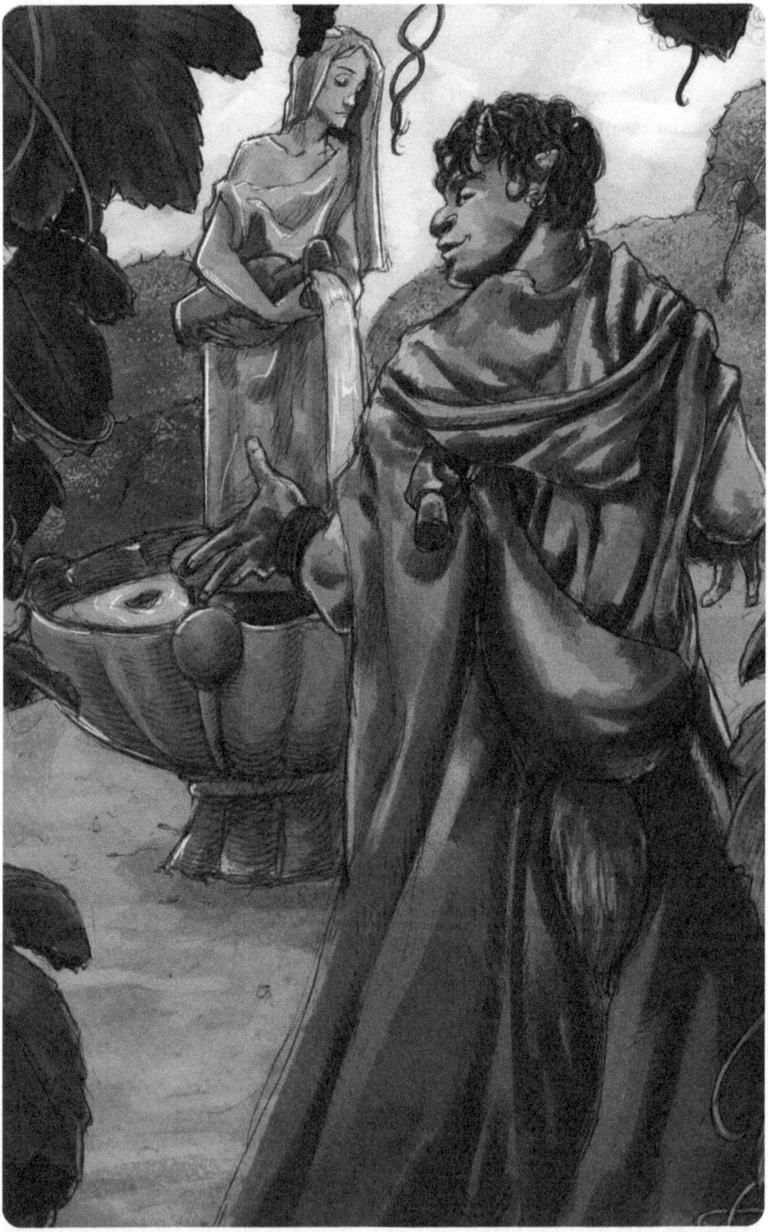

„Hallo Nachtwächter, solltest du bei Tageslicht nicht dein Bett bewachen?"

einen nackten Oberkörper. Seine Beine haben Fell und statt Füße hat er Hufe. Als Ino sich umdreht und vor dir hergeht, entdeckst du einen langen schwarzen Schweif, der wie der Schwanz eines Esels aussieht.
Du folgst ihm über den Hof, in dem bunte Schmetterlinge zwischen Weinstöcken flattern und in einem Brunnen aus grauem Stein Wasser plätschert. Ihr betretet einen mit wertvollen Teppichen ausgelegten Wohnraum. Der Geruch von Gebratenem steigt dir in die Nase. Ein opulentes Frühstück aus unterschiedlich zubereiteten Fleischsorten, Früchten und Brot ist aufgetragen. An dem Tisch sitzt ein breitschultriger Mann mit dichten weißen Locken und üppigem Schnurrbart. Er trägt eine lange, helle Tunika, die um die Hüfte von einem braunen Gürtel zusammengerafft ist. Neben ihm lehnt ein Gehstock am Tisch. In der Hand hält er Weintrauben. Ino deutet auf dich und sagt: „Dieses Fohlen wünscht Euch zu sprechen, Meister Samos." Samos blickt auf und lächelt.
„Am besten schmecken die Trauben frisch gepflückt. Ich mag das Saure. Leider bleibt nie viel Zeit für ein gemütliches Frühstück." Er führt eine der Trauben zum Mund, kaut sie und schluckt sie bedächtig herunter.
„Ich hatte niemanden zu dieser Stunde erwartet. Was lässt ein Mitglied der ehrenwerten Nachtwache auf die verdiente Ruhe nach getaner Arbeit verzichten?" Er nickt in Richtung des blauen Wappens auf deinem Mantel. „Nimm Platz." Ino reicht dir einen Becher mit Wein.
Du setzt dich und händigst Samos den Brief aus. Schnell berichtest du ihm, was vorgefallen ist. Bei der Nennung des düsteren Unbekannten verfinstert sich sein Blick. Er verlangt, das schwarze Zeichen auf deiner Brust zu sehen.
„Bei der Eule!"
Du schweigst. Die Erinnerung an die Berührung des dunklen Wesens lässt dich frösteln.
Er ergreift den Brief mit der linken Hand, erhebt die Rechte darüber und verharrt eine Sekunde mit geschlossenen Augen. An seiner Hand siehst du einen silbernen Ring, in den eine sitzende Eule eingraviert ist. Mit einem Jagdmesser öffnet er den Um-

schlag, nimmt ein gefaltetes Blatt heraus und überfliegt dieses schweigsam. Seine Augen huschen noch einmal zu deiner Brust. Dann ballt er die Hand zu einer Faust und zerknüllt darin den Brief.

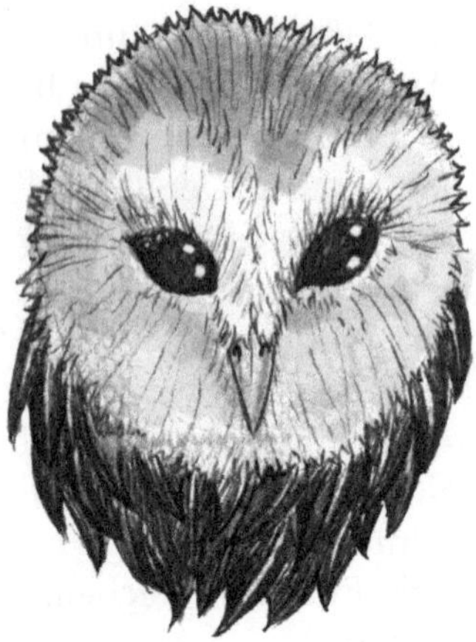

„Die verfluchten Karben! In Waldheim und vielleicht sogar im Stadtrat! So weit ist es gekommen! Doch bevor wir weiter reden – warum hast du Marlus und deinen Onkel zurückgelassen? Das war leichtsinnig. Sie werden nach dir suchen. Das Wappen der Nachtwache übersieht nicht einmal der blinde Sohn des Königs."

„Ich muss zu Wilhelm!", rufst du aus und willst sofort aufbrechen, doch Samos hält dich auf.

„Das solltest du dir besser überlegen. Wenn das Wesen dich in die Hände bekommt, hilft dir keine Hellebarde dieser Welt!"

Wie entscheidest du dich?

Willst du zurückeilen, um deinen Onkel zu retten? Dann gehe zu **23**.

Oder hörst du auf Samos' Rat? Dann gehe zu **102**.

18

Du pochst darauf, dass dir geholfen werden muss.

Wirf einen Würfel und zähle das Ergebnis zu deinem Menschlichkeitswert hinzu (ein negativer Wert wird vom Ergebnis abgezogen). Wenn das Ergebnis 5 oder höher ist, gehe zu **191**. Ist es 4 oder weniger, dann lies bei **75** weiter.

19 Der Mann mit der schwarzen Maske blickt auf. Er seufzt, legt das Buch beiseite und erhebt sich von seinem Thron.
Er macht eine ausholende Handbewegung, als würde er einen unsichtbaren Gegenstand auf dich schleudern. Nichts passiert.
Im selben Augenblick erlischt hinter ihm das blaue Feuer.
Seine Augen weiten sich. „Bei den Schatten! Das ist nicht möglich!“, zischt er tonlos.
Er eilt zurück zum Tisch und zerrt ein bläulich schimmerndes Schwert hervor.
Lies weiter bei **185**.

20 Mit reichlich Schwung klemmst du die Brechstange zwischen Tür und Türrahmen und drückst. Es dauert nur kurz, bis die Tür mit einem Krach aufschwingt. Du hältst inne und horchst, ob dein Einbruch bemerkt worden ist.
Wirf einen Würfel.
Wenn du eine 3 oder mehr wirfst, lies weiter bei **60**.
Bei einer 1 oder 2 geht es weiter bei **117**.

21 Vielleicht kannst du dem Mann ja Geld anbieten? Oder ihn überreden, dir zu helfen? Oder aber es passiert ein Wunder, und er beschließt, dich einfach zu übersehen?
Bevor du eine Entscheidung treffen kannst, stimmt der Mann ein furchtbares Gebrüll an. Der Diener auf der anderen Seite der Tür kommt sofort angerannt. Kurz darauf umringt dich eine Horde Wachen. Da du in einem Bereich des Hauses bist, in den du niemals hättest gelangen dürfen, machen sie kurzen Prozess mit dir. Mehrere Spieße durchbohren dich, und so ist dein Todeskampf kurz, aber schmerzhaft.

22 Du nimmst die Mantelbrosche und wirfst sie mit den Goldstücken in das Loch. Sofort hörst du ein leises Summen, dann steigt grüner Rauch auf. Die Brosche fällt aus einer weiteren Öffnung, die du vorher nicht gesehen hast, vor dir zu Boden. Sie hat ein leicht grünes Funkeln bekommen und hat nun magische Kräfte (Lebensenergie-Höchstwert +3, solange du sie trägst).
Gehe zu **71** und entscheide, wie es weitergehen soll.

23 Du verlässt Samos und rennst zurück zu deinem Häuschen. Du riechst den Rauch, bevor du um die letzte Ecke biegst. Vor dir brennt dein Heim. Heiße Feuerzungen lodern in den Morgenhimmel, die Hitze ist kaum auszuhalten. Warum versucht keiner den Brand zu löschen, wo sind die Nachbarn?
Die Tür fliegt auf, und heraus torkelt Wilhelm. Hustend schwankt er auf dich zu, sein Haar versengt, seine Haut gerötet. „Wie kommst du ... Das Feuer ... Marlus ist tot. Die Flamme ... sie war ..."
Er stockt und du eilst zu ihm, um ihn zu stützen. Er krallt sich in deinen Arm und zieht dich an sich. Sein Blick wird zornig. „Diese Karben", sagt er, „die hinter Marlus her waren. Er hat gesagt, dass sie kommen. Dass sie alle jagen, die von ihnen wissen. Sie beherrschen die Magie." Seine Augen weiten sich, er packt dich am Kragen. „Magie. Deswegen kommt niemand, um zu helfen! Die Steinwände brennen! Die Karben waren es, die Karben! Lauf! Versteck dich. Ich sage, dass du verbrannt bist, genauso verkohlt wie dieser Marlus." Er lacht irre. „Ja ... Das machen wir. Mein armer Neffe, nur noch eine schwarze Leiche. Los! Worauf wartest du?" Er versucht dich wegzuschieben, doch fehlt ihm die Kraft.
Vielleicht willst du bei ihm bleiben und ihm helfen. Vielleicht willst du ihn forttragen. Doch all diese Möglichkeiten bleiben dir verwehrt: Du hörst, lauter als die Geräusche des Feuers, das Stampfen von Stiefeln – die Stadtwache kommt.
„Los, mein guter Junge, renn, sonst hängen sie dir Brandstiftung an, oder Mord! Sie werden dich zu ihnen bringen!" Du tust, was er sagt. Du rennst durch die Straßen und Gassen der Stadt, zu Samos. Deinen alten Onkel, der dich aufgezogen hat, lässt du hinter dir zurück. Bei Samos' Haus angekommen, lässt dich Ino wortlos ein. Als Samos erfährt, was passiert ist, erspart er sich jeden Kommentar. Eines ist klar: Dein Leben, wie du es kanntest, ist vorüber. Weiter bei **177**.

24 Du rüttelst und ruckelst mit deinem improvisierten Werkzeug im Türschloss, doch nichts passiert. Enttäuscht steckst du den Gegenstand wieder ein.

Wenn du einen anderen Gegenstand versuchen möchtest, kehre zu **91** zurück. Ansonsten überlege dir bei **179** etwas Neues.

25 Im Schutz der einsetzenden Dämmerung schleichst du durch die Gassen. Die Geräusche des Abends begleiten dich, das Klappern von Töpfen, das Schreien eines Kindes. Du wirst Lynn nicht mehr zu Hause antreffen. Aber natürlich kennst du seine Route.
Wird sich dein alter Freund über ein Wiedersehen freuen? Vielleicht ist es besser, wenn er dich weiterhin für tot hält?
Verlässt dich nun doch der Mut? Dann lass ab von deiner Suche nach Lynn und versuche auf einem anderen Weg, in Farons Anwesen zu gelangen (weiter bei **172**).
Oder bist du entschlossen, Lynn entgegenzutreten? Dann gehe zu **178**.

26 Du setzt dich nach einem kurzen Gruß zu den Männern an den Tisch und bestellst dir einen Humpen „Zombiestoff". Sie riechen nach Schweiß und Alkohol. Dir wird keine weitere Beachtung geschenkt, Teile des Gespräches hörst du jedoch unweigerlich mit.
„... wurde bis nach Krehlheim gesendet ... Lieferung abgeben ... seltsame Geschichte ... im Wald ... sicher tot ... Kopfgeld ... vom reichen Faron ..." Plötzlich bist du hellwach. Du versuchst, dir deine Überraschung nicht anmerken zu lassen, sondern heimlich zu lauschen. Doch auf einmal wenden die drei sich in deine Richtung.
„Er müsste in etwa so wie der da aussehen. Dieselbe Haarfarbe, die Größe müsste auch ähnlich sein, und die Statur."
Du erstarrst und hoffst, dass der Moment vorübergeht. Doch deine Hoffnung wird enttäuscht. „Warte mal, das ist er! Auf ihn!", und schon stürzen die drei Gesellen sich auf dich. Du setzt zu einer verzweifelten Flucht an.
Wirf zwei Würfel und zähle 12 zum Ergebnis hinzu. Ist das Ergebnis höher als deine Gewandtheit, dann lies bei **104** weiter. Sonst gehe zu **49**.

27 Salter durchschaut deinen Bluff als erfahrener Händler sofort. Mit einem grimmigen Gesichtsausdruck öffnet er die Tür, und zwei bewaffnete Wachen stürmen in den Raum.
Du musst durch das Fenster flüchten, verlierst den Halt und fällst zwei Schritt tief auf den Steinboden (Lebensenergie -15).
Du rappelst dich stöhnend auf und eilst durch die Nacht davon.
Du machst dich auf den Weg zu Farons Anwesen, um dort einen anderen Weg hineinzufinden.
Weiter bei **147**.

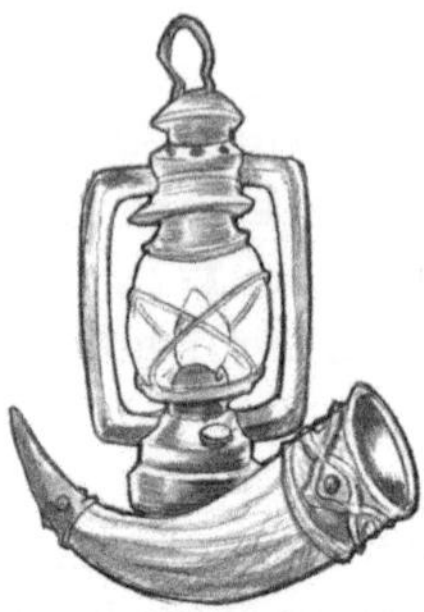

28 Samos ergreift eine vergilbte Pergamentrolle, die auf dem Tisch bereit liegt. Als er sie ausrollt, knistert sie, du kannst Staub riechen. Die Rolle zeigt eine Karte von Anmar, in der Mitte siehst du Waldheim, umgeben vom Kalrir und vom Fei.
„Die Kampfmönche spielten eine wichtige Rolle während der Zazara-Invasion, von der Kudubar dir bereits erzählte. Der Kampf gegen diesen mächtigen Feind prägte das Leben der jungen Mönche. Als die feindlichen Reiter endlich zurückgeschlagen waren, hatten viele einen neuen und fremden Weg beschritten. Es war ihnen unmöglich geworden, ihr altes Leben wieder aufzunehmen.
Eine große Gruppe Kampfmönche begann, ihre gemeinsame Kampferfahrung zu nutzen, um neue Kampftechniken zu schaffen. Sie entwickelten Waffen und schulten gleichzeitig ihren Geist. Über die Jahre wurde daraus eine eigene Schule des Kampfes und der Reflektion. Sie waren die ersten Wächter Anmars. Heute unterstehen sie direkt dem König, die besten unter ihnen dienen in seiner Leibgarde. Man verehrt sie besonders in Krehlheim als Kämpfer für das Gute."

Samos deutet auf die Karte. „Dort in Krehlheim ist die Schule der Wächter. In der Tradition der alten Kampfmönche erwartet man von einem Wächteranwärter, dass er Jahre auf der Straße verbringt und so seine Fähigkeiten, seinen Mut und seine gute Gesinnung unter Beweis stellt. Genau dies wird dein Weg sein. Ziehe hinaus, lerne die Welt kennen und verdiene dir den Zugang zur großen Schule der Wächter."
Die Erde mag beben, der Ritter mag fallen, der Wächter steht, der König muss leben! Du hast dieses Abenteuer als Wächter abgeschlossen (weiter beim Epilog am Ende von **Buch 1**).

29 Du ziehst die schmale Klinge hervor, die du bei dem Aufeinandertreffen mit der Diebin gefunden hast. Vorsichtig steckst du sie in das Schloss und versuchst, den Mechanismus irgendwie zu überlisten. Schon nach kurzer Zeit ist das Messer völlig verkeilt. Ärgerlich rüttelst du daran.
Als du mit aller Kraft nach unten drückst, bricht die Klinge und schneidet dir in die Hand (Lebensenergie -7).
Wenn du einen anderen Gegenstand benutzen möchtest, kehre zu **91** zurück. Oder überlege dir bei **179** etwas anderes.

30 Es ist später Nachmittag, als du an die Tür zu Samos' Anwesen klopfst. Du hast die Rätsel des Urwaldes der Fei gelöst, den Gefahren des Kalrir getrotzt und einen Weg gefunden, wie Faron besiegt werden kann – und doch konntest du den Tod deines alten Onkels nicht verhindern.
Ino öffnet. „Bei der Mutter aller Weintrauben!", ruft er, als er dich erkennt. Er geleitet dich durch den Innenhof mit dem Brunnen und führt dich in eine Bibliothek, vollgestopft mit Büchern und Waffen. Es ist nicht Samos, der dich erwartet, sondern Kudubar, der Krieger aus Krehlheim.
„Der Eule sei Dank!" Er kommt auf dich zu und drückt kurz deine Hand, wobei er dich genau mustert. „Du willst zu Samos, ich weiß. Faron, der Verräter, hat ihn mit einem Zauber belegt. Samos nennt ihn den Fluch der Schlange, es ist ein weiterer Zauber aus der Hexenküche des alten Königs des Ostreichs. Seit du in den Kalrir gereist bist, wächst die Kraft des Fluches. Es ist, als

hätte Samos Säure in den Adern, die ihn von innen heraus auffrisst. Nicht mehr lange, und er stirbt." Kudubar senkt den Blick. „Seit drei Tagen liegt jeden Morgen eine große Eulenfeder auf Samos' Türschwelle. Wir wissen nicht, wer sie dorthin legt. Am ersten Tag war es eine einfache weiße Feder. Gestern war die Feder mit Kohle schwarz gefärbt. Heute war sie in Blut getaucht, als stehe Samos' Ende kurz bevor. Irgendjemand scheint sich seiner Sache sehr sicher zu sein." Der Krieger lässt die Schultern hängen.

„Doch nun zu dir. Du siehst mitgenommener aus als ein schartiges Schwert. Was hast du erlebt?"

„Wilhelm ist tot!" Du spuckst die grausame Wahrheit wie saure Milch aus. „Er hat ihm seine eigenen Verbrechen angelastet und hingerichtet. Das Volk hält Faron für den Beschützer Waldheims."

Kudubar flucht laut. „Schon wieder sind wir zu spät, wie ein Knappe, der den Schild noch nicht halten kann. Faron muss endlich aufgehalten werden." Er schlägt so heftig mit der Faust auf den Tisch, dass sein Weinbecher umkippt. „Er muss endlich für alles bezahlen! Faron, immer wieder Faron. Es muss enden, und zwar heute Nacht." An seiner linken, geballten Faust siehst du die Knöchel weiß hervortreten. Er öffnet langsam die Hand, streicht sich nachdenklich übers Gesicht und wendet sich ab. Der Krieger erhebt sich und legt dir seine schwere Hand auf die Schulter. Nach zwei Sekunden zieht er sie weg und nimmt wieder Platz. „Um unsere Gefallenen müssen wir später trauern. Es ist selbst für Faron ungewöhnlich, dass er so öffentlich auftritt. Vielleicht spürt er, dass wir ihm auf den Fersen sind, und dies war eine Warnung an uns. Doch komm, wir sollten Samos aufsuchen. Er muss wissen, wie es dir im Kalrir erging."

Kudubar führt dich in einen Raum, der mit dicken Tüchern abgedunkelt ist. Der Geruch nach Schweiß und Erbrochenem schlägt euch entgegen. Auf dem Bett liegt Samos, doch fällt es dir schwer, den Mann zu erkennen, den du in Kornbach zurückgelassen hast. Samos' Gesicht ist eingefallen und bleich, seine Gestalt zeichnet sich schmal und knochig unter der grauen Wolldecke ab.

Als du näher trittst, öffnet Samos die Augen. Mit einem leichten Nicken zeigt er, dass er dich erkennt.
Kudubar schließt die Tür und stellt sich vor diese, als müsste er sie bewachen. Du setzt dich auf einen Schemel und erzählst von deinen Erlebnissen im Nordwald. Zu dem Kampf mit Arumnas nickt Samos. „Nun wissen wir also, warum das Grab geschändet war. Hätten wir doch nach seinem Tod einen Blick auf seine Brust geworfen, dann hätten wir das Zeichen des Raben entdeckt."
Als du auf deinen Kampf mit der schwarzen Fee zu sprechen kommst, weiten sich Samos' Augen. Er richtet sich leicht auf, als du von deinem Gespräch mit Mart berichtest. Kudubar gibt einen Schrei der Erkenntnis von sich: „Weißt du denn nicht, mit wem du es zu tun hattest? Mart ist der blinde Sohn des Königs von Anmar."
Samos hebt seine Hand und flüstert: „‚Kind der Macht dein Führer'. Ténoch wusste, dass dir der Königssohn offenbaren würde, wie du das Feuer des Mondes besiegen kannst."
Du ziehst das Fläschchen hervor, in dem du das Reine Wasser aufbewahrst, und hältst es vor Samos in die Höhe.
„Du hast es geschafft. Mein Schüler, du hast dir die Aufnahme in unseren Orden verdient. Kudubar!" Er gibt ihm ein Zeichen mit der Hand.
Der Krieger verlässt den Raum. Während du schweigend wartest, schließt Samos die Augen. Du bist dir nicht sicher, ob er schläft.
Als Kudubar zurückkehrt, folgt ihm Ino. Der Diener trägt einen silbernen Pokal in Form einer Eule. Er reicht ihn Samos, der ihn mit zitternder Hand ergreift.
„Du wurdest als Schüler der Weißen Eule aufgenommen. Ich, Samos, habe dich erwählt, habe dir genommen und dir dafür gegeben. Ich band dich an mich durch Magie und verlieh dir Kraft für deine Aufgaben. Du hast alle Prüfungen bestanden und gezeigt, dass ich mich nicht in dir getäuscht habe." Er erhebt den Pokal.
„Nun heiße ich dich im Bund der Weißen Eule willkommen. Trinke mit mir auf unser Wohl und das der Eule und trete ein in

den Pakt, dass deine Taten stets im Sinne der Eule erfolgen werden."
Mit diesen Worten hält dir Samos das Gefäß hin.
Willst du trinken und damit das Band zu Samos und der Weißen Eule besiegeln? Dann ergreife den Pokal und gehe zu **90**.
Ist dir das alles nicht geheuer? Misstraust du Samos oder der Weißen Eule? Oder willst du nur einfach nicht zur Weißen Eule gehören? Dann lies bei **192** weiter.
Ist deine Menschlichkeit -5, dann hast du keine Wahl: Lies in diesem Fall bei **168** weiter.

31 Du murmelst eine Entschuldigung und gehst. Salter schaut dir enttäuscht nach.
Wenn du das noch nicht getan hast, kannst du dich nun auf die Suche nach einem anderen Weg in Salters Haus machen (weiter bei **44**).
Oder du versuchst, auf eigene Faust und ohne Salters Hilfe in Farons Anwesen zu gelangen (weiter bei **147**).

32 Samos lässt deine Schultern los und lehnt sich wieder zurück.
„Als ich dich kennenlernte, traute ich dir viel zu. Doch das, was du erreicht hast, ist mehr als ich für möglich gehalten hätte. Denn du hast nicht nur Faron besiegt. Du hast einen Weg gefunden, dafür keinen Unschuldigen leiden zu lassen. Du hast schon jetzt der Eule und Anmar viel Gutes getan. In deinem Wesen schwingt die reine weiße Energie, die die Wurzel der Eule ist. Dies ist so selten, dass es in jeder Generation nur einmal vorkommt."
Während Samos spricht, holt er ein Stäbchen aus hellem Holz hervor und entzündet es. Dichter Qualm steigt auf und hüllt euch ein. Dir wird schwindlig und du schließt die Augen, die du jedoch sofort wieder aufreißt, als dir ein eiskalter Windhauch ins Gesicht bläst.
Du stehst auf einem schneebedeckten Berg. Samos ist neben dir und zwinkert dir zu. „Willkommen im Zornoris-Gebirge, der alten Heimat der Eisfürsten. Einst herrschten sie hier in der Stadt

aus Schnee. Sie waren mächtige Herrscher, doch das ist lange her."

Ihr steht auf einem Eisplateau, von dem du einen Ausblick auf zahlreiche kleinere Berge hast. Über euch ragt der Gipfel des höchsten Berges empor, des Glacinolis, wie dir Samos erklärt. Und ihr seid nicht alleine: Am Rand des Plateaus wartet ein hagerer Mann mit langem weißem Haar und einem hellgrauen Gewand. „Und das ist Ildelancat, der Seher der Weißen Eule. Er ist ein Nachfahre von Aldelot, von dem auch dein Ring stammen soll. Sein Name bedeutet Der über Allem steht."

Der weißhaarige Mann hebt den Arm und führt eine gleichmäßige Bewegung aus, als wollte er dich auf die Aussicht hinweisen. Dann sagt er:

„Der Pfad der Geister war der Beginn deiner Reise als Schamane. Doch wartet mehr auf dich. Mein junger Freund Samos hier wird dich noch eine Weile begleiten. Aber bald wirst du deiner eigenen Vision von dieser Welt folgen. Gehe auf Pilgerreise. Entscheide selbst, ob du alleine bleiben, mit Menschen in Kontakt treten oder Aufträge übernehmen willst. Finde die Quelle deiner Macht in den Elementen und den Geistern der Ahnen. Mein Weg hat mich in das Zornoris-Gebirge geführt, in den Palast der Winde, dem Schloss aus Sturm auf dem Dach Anmars. Doch diese Reise nähert sich ihrem Ende. In Kürze werde ich neben Aldelot sitzen. Am Ende deiner Reise kann auch ein großes Ziel stehen, aber es wird ein anderes sein als bei mir. Nur die Aufgabe bleibt dieselbe: Werde zum Seher und bringe uns allen das göttliche Licht der Erkenntnis.

Dies soll dich kennzeichnen als einen, der die Erleuchtung sucht."

Er gibt dir eine kleine, knorrige Scheibe, deren Holz wulstig und verwachsen ist. Sie ist an einem langen Lederband befestigt.

„Dies ist das Siegel des Sehers. Er wird von Wissenden erkannt."

Ildelancat ergreift dein Handgelenk und bindet das Lederband mehrmals darum, bevor er es sorgfältig verknotet. Dann murmelt er ein paar Worte und bläst eine eisige Wolke in eure Richtung. Plötzlich stehen du und Samos wieder in dessen Haus.

Nur wer sieht, kann sehen! Du hast dieses Abenteuer als Seher der Weißen Eule abgeschlossen (weiter beim Epilog am Ende von **Buch 1**).

33 „Du hast zwei Möglichkeiten", fährt Kudubar fort. „Du kannst versuchen, das Anwesen heimlich durch eine Hintertür zu betreten. Oder du suchst einen der geladenen Teilnehmer auf und nimmst an seiner Statt teil. Das jedoch könnte mit Erpressung oder, nun ja, gewaltsameren Methoden verbunden sein."
Ein Geistesblitz schießt dir durch den Kopf. „Ich kann meinen Freund Lynn aufsuchen. Er ist Nachtwächter, wir kennen uns, seit wir Kinder waren. Vielleicht kann er mir helfen, einen Eingang zu finden!"
Kudubar neigt den Kopf. „Das ist eine interessante Idee. Ich hoffe, du kannst diesem Lynn vertrauen."
Für welche Möglichkeit entscheidest du dich?
Willst du Lynn aufsuchen? Wenn du +3 oder mehr Punkte Menschlichkeit hast, wirst du diesem Wiedersehen nicht widerstehen können und auf jeden Fall zu deinem Freund gehen. Weiter bei **106**.
Oder wählst du den Weg, der zu Gewalt und dunkleren Methoden führen könnte? Falls deine Menschlichkeit -2 oder schlechter ist, wirst du dich auf jeden Fall dafür entscheiden. Gehe zu **42**.
Stattdessen kannst du auch ohne fremde Hilfe versuchen, in das Anwesen einzudringen. Gehe in diesem Fall zu **5**.

34 Du befindest dich endlich in Farons Haus.
Vor dir liegt ein Abstellraum mit großen Holzkisten und einer Reihe von Statuen, die zum Teil mit Leinentüchern abgedeckt sind.
An der gegenüberliegenden Wand befindet sich eine Tür. Sie ist nicht verschlossen.
Möchtest du sofort durch die Tür hindurchtreten (gehe zu **81**) oder einen Blick in die Kisten und unter eines der Laken werfen (weiter bei **93**)?

35 Du suchst dir ein dunkles Plätzchen, von dem aus du einen guten Blick auf die Straße hast. Dort wartest du den Einbruch der Nacht ab. Als es dunkel ist, begibst du dich zu Farons Anwesen.
Weiter bei **147**.

36 Du hastest um ein paar Häuserecken, bis du sicher bist, nicht verfolgt zu werden.
Willst du zu Lynn? Dann lies bei **25** weiter.
Bist du auf dunkleren Pfaden unterwegs, um einen Händler zu „überreden", dir zu helfen? Dann gehe zu **186**.
Wenn du auf eigene Faust arbeitest, dann versuche dein Glück bei **172**.

37 Die Zeit des Abschieds naht. Samos holt eine weitere Karte hervor und reicht sie dir (auch diese Karte findest du am Ende des Spielbuchs).
„Wie du siehst, haben wir über den Kalrir nur wenige Informationen. Hoffen wir, dass du einen Weg findest. Doch wird dir dein Kompass Hilfe leisten und anzeigen, wo du auf Angehörige der Karben treffen wirst." Aus der Schublade eines Schränkchens holt Samos ein Kristallfläschchen.
„Falls es dir gelingt, die Quelle zu befreien: Nimm dieses Fläschchen, um etwas Wasser abzufüllen. Man sagt ihm heilende Kräfte nach."
Er packt dich mit seinen prankenartigen Händen bei den Schultern. „Faron wird die Reine Quelle nicht unbewacht lassen, doch mag auch manch finster dreinblickender Weggeselle zu deinem besten Freund werden! Höre stets auf dein Herz und treffe deine Entscheidungen weise. Möge die Macht der Weißen Eule mit dir sein. Wenn du im Kalrir Erfolg hast, komm in mein Haus in Waldheim."
Du wirfst einen letzten Blick auf den Leichnam des alten Bibliothekars, der jetzt von einem weißen Leinentuch bedeckt ist. Dann verabschiedest du dich auch von Marina und Kudubar und verlässt das Haus.
Weiter bei **51**.

38 Der Wächter bittet dich, kurz zu warten. Als sich die Tür wieder öffnet, steht Salter persönlich vor dir. Im Hausflur kannst du die Schemen weiterer Wachen erkennen.
„In welcher Sache verlangt Ihr, mich zu sprechen?"
Wie ist deine Antwort?
„Ich möchte mit Euch über Eure Gesundheit sprechen, Meister Salter." (weiter bei **56**)
„Wegen Eurer Tochter bin ich hier." (weiter bei **158**)
„Es geht um Eure Vergangenheit." (weiter bei **169**)

39 Der Wachmann dreht seinen Kopf in deine Richtung. Natürlich entdeckt er dich sofort. Beträgt deine Menschlichkeit -3 oder weniger, dann lies weiter bei **122**. Sonst erfährst du bei **4**, wie der Mann reagiert.

40 Lynn überlegt. Dann boxt er dir gegen die Schulter. „Du lebst! Ich dachte du bist tot!" Er glaubt dir und wird dir helfen (Menschlichkeit +1).
Schnell erklärst du, dass du in Farons Haus gelangen musst, ohne gesehen zu werden. Er runzelt kurz die Stirn, dann hat er einen Plan. „Ich tausche mein Gebiet mit einem der Nachtwächter, die in der Gegend von Farons Anwesen Dienst haben, jetzt sofort. Du weißt ja, um die hübsche Natalia zu treffen!" Er zwinkert dir zu. „Triff mich in einer halben Stunde hinter Farons Haus!" Mit diesen Worten eilt er davon.
Weiter bei **82**.

41 Du besprichst mit Salter deinen Wunsch, an seiner Stelle Farons Haus zu betreten.
„Bei dem Treffen soll ich eine goldene Maske und einen Umhang mit Kapuze tragen. Niemand wird wissen, wer sich tatsächlich unter der Maske verbirgt."
Salter bietet dir an, dich in seinem Zweispänner direkt bis zu Farons Haus bringen zu lassen. Das Treffen wird bereits in Kürze beginnen, daher machst du dich sofort auf den Weg. Eine Eintrittskarte brauchst du nicht, der Kutscher wird dies für dich regeln.

Du schlüpfst in den Mantel und legst die Maske an, die nur den Mund freilässt. Deine Ausrüstung kannst du behalten, da sie vom Umhang verborgen wird. Dann verabschiedest du dich von Salter und besteigst die Kutsche.
Du fährst durch die Schatten der Nacht.
Nach kurzer Zeit bleibt der Wagen stehen. Der Kutscher öffnet die Wagentür. Zerknirscht erläutert er dir: „Eines der Pferde hat sich einen Dorn eingetreten. Wartet kurz hier, ich muss dafür sorgen, dass das Pferd versorgt wird."
Es dämmert bereits, als er wieder erscheint. „Wir können nun weiter. Die Kutsche kann auch von nur einem Pferd gezogen werden."
Farons Anwesen ist umfasst von einer Mauer aus schwarzem Stein, dahinter nichts als dunkle Schatten. Ihr passiert das mächtige Tor und erreicht das Gebäude, in dem du Faron zu finden hoffst. Auf den Zinnen sitzen Wasserspeier mit riesigen Mündern und wulstigen Lippen. Der Wagen nähert sich dem Eingang, wo Diener und Wachen mit Fackeln in der Hand die letzten Gäste der Zusammenkunft erwarten. Sobald die Kutsche hält, öffnet ein Diener die Kutschentür und hilft dir beim Aussteigen. „Werter Herr, Ihr seid spät. Sputet Euch, Meister Faron schätzt Verzögerungen nicht."
Ihr betretet das Haus durch die imposante Eingangstür und durchquert mehrere Räume. Du siehst Ölgemälde, Kerzenleuchter aus Gold, edle Teppiche und mit Schnitzereien verzierte Sessel und Tische. Ihr erreicht schließlich einen Flur. „Die Versammlung findet im Saal am Ende des Ganges statt. Wir Diener sind dort nicht gestattet. Geht einfach durch die große Tür. Eilt Euch, man wird jeden Moment beginnen."
Du gehst, maskiert wie du bist, an langen Spiegelreihen entlang auf die beiden Flügeltüren zu.
Weiter bei **85**.

42 „Diesen Weg also. Wie ...", Kudubar zögert kurz, „ungewöhnlich." Er blickt dich an und zuckt mir den Schultern.
„Zu unserem Plan: Du solltest den Gewürzhändler Salter aufsuchen. Wir haben eine Informantin, die uns auch von der Ze-

remonie heute Abend berichtete. Sie hat herausgefunden, dass Salter nach einer langen Reise durch das Feinostal anwesend sein soll." Mit der linken Hand streicht er kurz über seinen Mund.

„Er ist erst vor zwei Tagen nach Waldheim zurückgekehrt. Deswegen besteht Hoffnung, dass Faron noch keine Macht über ihn hat und du ihn überreden kannst, uns zu helfen. Mit welchen Mitteln auch immer.

Nun aber: Geh!"

Weiter bei **133**.

43 Samos lässt deine Schultern los und legt eine Hand auf deine Wange, wo er sie einen Augenblick liegen lässt. Dann ergreift er seinen Stock und springt auf. „Komm!"

Er führt dich vor sein Anwesen, wo eine zweispännige Kutsche bereitsteht. Der Kutscher sitzt auf dem Kutschbock, bereit loszufahren. Ihr steigt ohne ein Wort ein und der Wagen setzt sich in Bewegung. Das Innere ist vornehm gestaltet, du versinkst in weichen, roten Polstern.

„Du hast Wunderbares vollbracht. Du hast Faron überwunden, ohne dass deine Seele Schaden nahm, das ist mehr, als ich jemals vollbracht hätte. Zudem bist du bereit, jedes erforderliche Opfer zu erbringen. Ich habe nicht zu hoffen gewagt, jemanden wie dich zu finden. Was Faron dem Kalrir angetan hat, ist fürchterlich. Einst wurde der Wald von der Kraft der Reinen Quelle genährt. Ein Hüter wachte über die Quelle. Er sorgte dafür, dass das Böse, das immer schon im Kalrir existierte, nicht überhandnahm. Durch ihn hielten sich Gut und Böse die Waage. In den vergangenen Jahrhunderten gab es immer einen Hüter, Männer wie Frauen. Ihnen gemein war, dass sie ein reines Herz hatten und als Druiden Wissen über Wälder und Tiere besaßen. Der letzte Hüter war ein Mann namens Gyrik. Faron muss ihn, von uns unbemerkt, schon vor Monaten ermordet haben, vielleicht sogar vor Jahren. Gyrik war mein Lehrer. Heute frage ich mich, warum ich ihn nie besuchte. Ich hätte viel früher bemerkt, dass etwas im Kalrir nicht stimmt. Vermutlich war ich zu beschäftigt, oder ..." Er umklammert seinen Stock.

„Er hat mir nie verziehen, dass ich Faron zum Schüler nahm, gegen seine Warnung."
Samos hält inne und blickt aus dem Fenster, wo die Häuser Waldheims an euch vorüberziehen. Er bleibt schweigsam, und auch du machst keinen Versuch, das Gespräch wieder in Gang zu setzen. Ihr lasst die Mauern der Stadt hinter euch und fahrt in Richtung des Kalrir.
Die Kutsche hält an der Kreuzung, an der du einst den Nordwald betreten hast. Samos steigt aus, du folgst ihm. Ihr seid an der Stelle, an der du den seltsamen alten Mann getroffen hast. Ein schlanker Baum steht dort in voller Blüte. Sein Stamm sieht kräftig aus und seine Äste tragen hunderte rosafarbene Blüten. Die Luft riecht nach jungem Gras. Du hörst eine Amsel zwitschern.
Samos deutet mit der offenen Hand auf den Baum und lacht.
„Sieh her, mein Junge. Der Kalrir kann wieder aufatmen, das Leben erwacht von neuem! Du hast das vollbracht. Doch bleibt viel zu tun, allein der Dämon in seinem Laboratorium wird bald wieder nach unschuldigen Opfern suchen. Mach aus dem Kalrir das, was er einst war: ein Reich, in dem der Frieden, die Magie und das Leben mit voller Kraft gegen den Tod und das Verderben stehen. Werde der neue Hüter des Kalrir. Eigentlich ist es die Aufgabe des alten Hüters, seinen Nachfolger zu finden und auszubilden. Doch dieses Mal müssen wir wohl eine Ausnahme machen. Du wirst mein Schüler bleiben. Du musst, bevor du dich um den Kalrir kümmerst, die Welt sehen. Den Dämon können wir schon noch einige Zeit in Schach halten."
Beim Barte Gyriks! Du hast dieses Abenteuer als Hüter der Quelle abgeschlossen (weiter beim Epilog am Ende von **Buch 1**).

44 Du schleichst an der Seitenwand entlang und suchst einen Weg in Salters Haus.
Die Fenster im Untergeschoss sind fest verschlossen und vergittert. Auch eine Hintertür findest du nicht.
Plötzlich vernimmst du eine männliche Stimme, nicht weit über deinem Kopf: „... ein wenig Luft herein, mein Schatz."
Du blickst nach oben. Im ersten Stock steht ein Fenster offen.

Möchtest du versuchen, an der Hauswand nach oben zu klettern, um in das geöffnete Fenster zu gelangen? Dann gehe zu **78**. Oder willst du weiter um das Haus herumgehen, um nach einer anderen Möglichkeit zu suchen? Dann geht es bei **193** weiter.

45 Plötzlich ist es totenstill im Wirtshaus. Alle Köpfe drehen sich in deine Richtung. Vielleicht hättest du darauf achten sollen, nicht aufzufallen?
Eine kräftige Hand legt sich auf deine Schulter. Es ist der Wirt, der wie aus dem Nichts hinter dir steht. „Niemand hat das Wirtshaus der Zombies betreten und kann davon berichten – niemand außer mir! Raus mir dir!"
Damit packt er dich und befördert dich unsanft auf die Straße. Um keine Aufmerksamkeit zu erregen, wehrst du dich nicht (Lebensenergie -10).
Außerdem hast du etwas verloren, als du so unerwartet nach draußen gebeten wurdest – streiche einen beliebigen Gegenstand von deiner Inventarliste.
Du machst dich nun auf zu Farons Anwesen. Weiter bei **147**.

46 Die Frau neben dir gibt dir in diesem Augenblick den Pokal, damit du daraus trinkst. Der kleine Zeremonienmeister verlässt die Bühne und wendet sich dir zu. Du stehst ihm von Angesicht zu Angesicht gegenüber, getrennt nur durch deine goldene Maske.
Er ist kaum älter als du und riecht nach fauligen Datteln. Seine dunklen Augen blicken dich streng an.
„Hier Freund, trinkt!", sagt er zu dir. Damit dreht er dir den Rücken zu und geht zur Bühne zurück. Die meisten der Anwesenden schauen ihm hinterher. Ein paar jedoch blicken weiterhin dich an und warten darauf, dass du aus dem Pokal trinkst.
Wenn du das Wasser im Mund hast, gelingt es dir leicht, dieses in den Pokal zu spucken (weiter bei **59**). Hast du es nicht im Mund, so würfle 6 mal. Wenn das Ergebnis höher als deine Gewandtheit ist, gehe zu **128**.
Ansonsten lies weiter bei **59**.

47 Keuchend schleppst du dich in einen Hinterhof und sinkst zu Boden. Wilhelm, dein Onkel, der dich großgezogen hat und dem du so vieles verdankst, ist tot. Ermordet von Faron, dem doppelzüngigen Führer der Karben Waldheims. Hingerichtet für eine Tat, die er nicht begangen hat, nicht begehen konnte. Hingerichtet für eine Lüge. Hingerichtet vom wahren Feind Waldheims, doch außer dir und Samos scheint das niemand zu wissen. Der Trauer folgt unbändige Wut. „Ich werde dich finden", flüsterst du.
Weiter bei **30**.

48 Du schleichst die Treppe hinauf. Sie endet an einer weiteren Tür aus dunklem Holz. Du lauschst einen Augenblick und öffnest sie – sie ist unverschlossen.
Du betrittst einen langen, breiten Flur, der von hunderten Kerzen in silbernen Ständern erhellt wird. Er ist noch aufwändiger und teurer gestaltet als der Kellerflur. Auf der gesamten Länge sind hohe, goldgefasste Spiegel angebracht. Von dem Flur führen nicht weit von dir eine kleine Tür und am anderen Ende eine riesige, vergoldete Flügeltür ab.
Plötzlich schwingt die kleine Tür in deine Richtung auf, so dass du dahinter verborgen bist. Du hörst eine helle Männerstimme aus dem Zimmer: „... Durch die große Tür, ihr solltet Euch eilen, man wird jeden Moment beginnen." Eine Gestalt tritt, den Blick nach hinten gewandt, aus dem Raum und schließt die Tür hinter sich.
Es handelt sich um einen rundlichen Mann. Er trägt einen braunen Umhang mit Kapuze und eine goldene Maske über dem Gesicht, die nur den Mund freilässt. Es dauert nur einen kurzen Moment, da erblickt er dich, wie du hinter der Tür stehst und ihn beobachtest. Er sieht dich fragend an. Du musst schnell handeln.
Willst du den Mann niederschlagen? Dann gehe zu **87**.
Oder willst du zunächst abwarten, um zu sehen, ob es eine andere Lösung gibt? Dann lies bei **21** weiter.

49 Du springst vom Tisch auf und sprintest in Richtung Tür. Einer der Männer wirft sich von hinten auf dich, der Zweite hechtet nach deinen Beinen, der Dritte versucht dir den Weg abzuschneiden.

Du wirfst dich rücklings gegen den Tresen, um den Ersten abzuschütteln, trittst nach dem Zweiten und schlägst einen wilden Haken um den Dritten herum. Dann bist du an der Tür, reißt sie auf und rennst in die Dämmerung hinaus. Du biegst um mehrere Ecken, bis du dir sicher bist, die drei abgehängt zu haben.

Du überprüfst deine Habseligkeiten und stellst fest, dass du bei der Flucht etwas verloren hast – streiche zwei beliebige Gegenstände von deiner Inventarliste.

Du hältst dich noch eine kurze Weile versteckt und machst dich dann auf in Richtung Farons Anwesen, um dort einen Weg hineinzufinden. Weiter bei **147**.

50 Du wendest dich an Bezilor. Dieser nickt, als du von den Gefangenen sprichst. „Faron hat hier im Haus einen Kerker. Folgt mir."

Ihr eilt durch die große Flügeltür, den Gang mit den Spiegeln entlang und durch die kleinere Tür. Dort findet ihr einen Diener. Bezilor macht seiner Position als Stadtverweser alle Ehre. Es bedarf nur weniger Sätze im Befehlston und er erhält den Kerkerschlüssel.

Kurz darauf seid ihr im Keller des Anwesens. Bezilor öffnet eine schwere Tür, hinter der ein Zellentrakt liegt. Ein Geruch wie nach altem Fleisch schlägt euch entgegen. Hinter den Gittern kauern mehrere Gefangene, die orientierungslos in das Licht eurer Lampen blinzeln.

Unter ihnen findet ihr auch deinen alten Freund Lynn, der dünn und schwach aussieht und sich kaum auf den Beinen halten kann. „Du!", ruft er, als er dich erblickt. „Sie haben mich gerade erst in den Kerker geworfen, ich hätte mich wohl nicht in die Nähe von Farons Haus wagen sollen. Zuerst haben sie mich nach dir befragt und dann hat dieser verrückte Sajak begonnen, mir die Lebensenergie zu rauben. Wärst du nicht rechtzeitig gekommen ..."

Bezilor schüttelt es, als würde er frieren.
„Bei Akardos' Erben! Faron hat Bürger Waldheims hier unten gefangen gehalten!" Er wendet sich dir zu. „Glaubt mir, ich werde mich um Euren Freund kümmern. Er wird beste medizinische Versorgung erhalten, so wie alle anderen hier auch. Helft mir."
Ein weißhaariger Greis mischt sich ein: „Faron hat menschliche Lebensenergie gebraucht, als Brennstoff für das Feuer des Mondes. Von seinen Opfern blieben am Ende nur Steinstatuen übrig."
Bezilor nickt. „In der letzten Zeit sind viele Bürger Waldheims verschwunden. Einige kehrten als hirnlose Monster zurück."
„Nun mach schon", meldet sich Lynn wieder, „lass uns von hier verschwinden!" Sein schwacher, gebeugter Körper straft seine muntere Stimme Lügen. Dennoch bist du froh, deinen Freund lebend wiederzusehen.
Gemeinsam mit den Dienern des besiegten Faron bringt ihr die Gefangenen zu den Heilern Waldheims. Als du dich versichert hast, dass Lynn gut versorgt ist, machst du dich auf zu Samos.
Weiter bei **121**.

51 Du bist aufgebrochen und um die nächste Ecke gebogen, als dich jemand am Ärmel packt. „Pst, nicht erschrecken! Auf ein Wort!" Du fährst herum und blickst in das Gesicht einer rothaarigen Frau. Sie ist so schlank und zierlich, dass du sie beinahe für ein Kind gehalten hättest. Nur der tiefe Klang ihrer Stimme verrät, dass sie wesentlich älter ist als du. Was willst du antworten?
„Scher dich zum Teufel, Weib, ich habe keine Zeit!" (weiter bei **154**)
„Was willst du von mir?" (weiter bei **83**)

52 Rennend folgst du den panischen Rufen, biegst um eine letzte Ecke, und stehst vor dem Umriss eines großen Mannes mit Umhang und weiter Kapuze. Der Geruch verbrannten Fleisches liegt in der Luft. Die dunkle Gestalt beugt sich über einen auf dem Boden liegenden Mann, der um sein Leben fleht.

Du trittst mit vorgehaltener Hellebarde auf den Angreifer zu und rufst: „Halt!"
Der Mann wirbelt herum. Du kannst unter seiner Kapuze kein Gesicht erkennen.
„Du wagst es?" Seine Stimme brennt in deinen Ohren wie Säure. Geräuschlos schnellt er auf dich zu. Du schreist noch einmal „Halt!", diesmal lauter ... schriller. Direkt vor dir hebt der Unbekannte die Hand. Mit der Kraft eines Wirbelsturmes wirst du von den Füßen gerissen. Auf deiner Brust fühlst du die Berührung eines eisigen Hauchs, kaum länger als ein Wimpernschlag, schon ist es vorbei.
Mühsam rappelst du dich auf. Der Mann murmelt eine Formel aus Lauten, die klingen, als stammten sie aus den tiefsten Gruben des Toten Landes.
Plötzlich flackert glutheißer Schmerz auf deiner Brust auf. Dir drohen die Sinne zu schwinden (Lebensenergie -10). **Schlage jetzt am Ende des Spielbuches den Anhang auf und lies in den Regeln Block 1.**
Was willst du unternehmen?
Ihn mit der Hellebarde angreifen (weiter bei **70**)?
Oder deine Öllaterne auf ihn werfen (weiter bei **125**)?

53

„Du bist zu einem geschickten Kämpfer geworden. Der Bogen ist dir so vertraut wie dem Ritter das Schwert. Du bewegst dich schnell und lautlos und überwindest deine Gegner nicht mit Gewalt, sondern mit List. Zugleich hast du bewiesen, dass dein Herz rein und dein Charakter gefestigt ist. Du bekämpfst mit aller Macht die Ungerechtigkeit dieser Welt und stehst den Hilflosen und Hilfsbedürftigen zur Seite, wo du nur kannst."
In diesem Augenblick erhebt sich neben dir ein Mann von der Bank, der einen weiten grünen Kapuzenumhang trägt und den du bisher nicht bemerkt hast – wie konntest du ihn übersehen? Du willst schon nach der Waffe greifen, doch Samos winkt lachend ab.
„Kudubar hat dir bereits von den Anroih, den Waldläufern des Königs berichtet. Es gibt sie tatsächlich noch. Sie sind nicht sehr

zahlreich, weil nur wenige Waldläufer sich die Aufnahme verdienen. Obwohl zu den Aufgaben der Anroih auch Entführungen, Täuschung und Morde im Dunkeln zählen, werden nur Menschen mit dem edelsten Gemüt aufgenommen. Es gibt kaum jemanden, dem die Führer der Weißen Eule oder gar der König mehr vertrauen würden als einem Anroih. Schon früher galten sie als eine geheime Eliteeinheit des Reiches."

Der Fremde streift sich die Kapuze vom Kopf. Er hat pechschwarze Haare. Unter seinem Mantel siehst du an seinem Gürtel eine Krone aus Knochen hängen. Samos erhebt sich und umarmt den großen Mann. Dann wendet er sich wieder dir zu.

„Lut, der Sohn des Königs. Er ist ihr Führer und wird mich bei deiner Ausbildung unterstützen."

Lut blickt dich direkt an. „Ein Waldläufer bist du also geworden! Nach deinen ersten Schritten im Fei hätte wohl niemand auch nur ein Kugelhähnchen auf dich gewettet!" Er lächelt breit und schlägt dir wuchtig auf die Schulter. „Doch hat mir Samos alles berichtet. Du hast dir die Aufnahme bei uns wahrlich verdient." Lut hält dir eine Hand entgegen, in die du erleichtert einschlägst. „Wir müssen bald mit deiner Ausbildung fortfahren!"

Schnell wie ein Pfeil, leise wie der Wind! Du hast dieses Abenteuer als Waldläufer des Königs abgeschlossen (weiter beim Epilog am Ende von **Buch 1**).

54 Du zählst die Münzen ab und überreichst sie Salter. Du kannst ihm jetzt trauen – er sieht in dir nichts anderes als einen Geschäftspartner.

Salter klingelt nach einem Diener, der sich um das Mädchen kümmern soll. Dann begebt ihr euch in ein Arbeitszimmer im Erdgeschoss des Hauses. Weiter bei **41**.

55 Du wartest, bis ein vorbeigehender Nachtwächter außer Sichtweite ist. Dann sprintest du auf die Mauer zu. Auf halber Strecke siehst du denselben Nachtwächter zurückkommen. Er erblickt dich und rennt mit erhobener Hellebarde auf dich zu.

„Halt!", ruft er. An der Stimme erkennst du ihn sofort als einen

der jungen Nachtwächter, dessen Namen du dir nie merken konntest.
Du bleibst mit erhobenen Händen stehen. Er blickt dich mit aufgerissenen Augen an – auch er scheint dich zu erkennen.
Wirf zwei Würfel. Zähle zum Ergebnis deine Menschlichkeit dazu (bzw. ziehe sie ab, wenn sie im negativen Bereich ist). Wenn das Ergebnis mindestens 4 ist, dann lies bei **14** weiter.
Ist das Ergebnis kleiner als 4, gehe zu **170**.

56 „Meine Gesundheit interessiert mich nicht. Ich bin ein alter Mann. Einen schönen Abend noch." Damit schließt er die Tür.
Wenn du das noch nicht getan hast, kannst du dich nun auf die Suche nach einem anderen Weg in das Haus machen (weiter bei **44**).
Oder du versuchst doch, auf eigene Faust und ohne Salters Hilfe in Farons Anwesen zu gelangen (weiter bei **147**).

57 Was willst du sagen?
„Weißt du mehr über das Feuer des Mondes?" (weiter bei **68**)
„Was weißt du über Faron und die Karben?" (weiter bei **12**)
„Erzähl mir mehr über Samos!" (weiter bei **113**)

58 Halb rennst du, halb stürzt du die Treppe hinab (Lebensenergie -7), doch hast du Erfolg: Der Diener, der soeben aus der Küchentür getreten ist und eine Pfeife raucht, bemerkt dich nicht. Nach wenigen Minuten schließt er die Tür wieder, und kurz darauf erlischt das Licht in der Küche.
Dir bleibt nur der Weg durch den Keller. Lies weiter bei **91**.

59 Dir ist es gelungen, das Reine Wasser in den Pokal zu schütten. Als du ihn weitergeben willst, wird dir klar, dass dich immer noch ein paar der Anderen beobachten. Nun hat sich auch der Zeremonienmeister, der wieder auf der Bühne steht, umgedreht. Alle warten, dass es weitergeht.
Du hoffst, dass die Macht der Reinen Quelle die Wirkung des Trankes neutralisiert.

Langsam schließt du die Augen und trinkst.
Weiter bei **88**.

60 Du hast Glück: Niemand hat das Krachen der Tür gehört.
Weiter bei **34**.

61 Samos erwartet dich wieder am Kopfende der Tafel. Rechts von ihm sitzen zwei Männer: Der eine ist groß und hager. Seine steil nach unten gebogene Nase und die dunklen Augen erinnern an einen Falken. Er ist jünger als Samos, doch um die Mundwinkel und auf der Stirn erkennst du feine Falten.
Samos deutet auf ihn.
„Dies ist Faron, mein Vertrauter im Stadtrat. Er ist ebenso überrascht wie ich von der Anwesenheit der Karben. Doch er hat gute Nachrichten für dich."
Faron erhebt sich und schüttelt lächelnd deine Hand. „Hoch erfreut. Die Nachtwache kann stolz auf solche Männer sein. Ich werde meinen Einfluss bei Bezilor geltend machen. Wir holen deinen Onkel Wilhelm aus dem Kerker der Stadtwache heraus."
Mit einem Blick auf Samos fügt er hinzu: „Seid ganz beruhigt."
Er setzt sich wieder. Du nickst ihm dankbar zu.
Der andere Mann ist alt und gebeugt. Er hat tiefe Furchen im Gesicht, ein Netz blauer Adern bedeckt den kahlen Kopf. Vor ihm auf dem Tisch liegen zwei alte Folianten.
„Und dies hier ist Arumnas, Bibliothekar von Waldheim", fährt Samos fort. „Er hütet längst nicht so viele Bände wie seine Kollegen in Krehlheim oder Sagiriton, dafür aber ein paar sehr seltene."
Arumnas blickt finster und schürzt den Mund, als trinke er saure Milch. Mit dem Finger deutet er auf dich.
„Folglich kommen wir nicht umhin, dir zu danken, Nachtwächter. Mutig von dir, die Kreatur zu vertreiben. Vorausgesetzt, deine Geschichte vom jähen Auftauchen der Karben in unseren Gefilden stimmt."
Samos räuspert sich und bedeutet dir, dich zu setzen. Ino setzt dir eine Mahlzeit aus Haferflocken und Früchten vor. Die drei Anderen lassen sich Wein nachschenken.

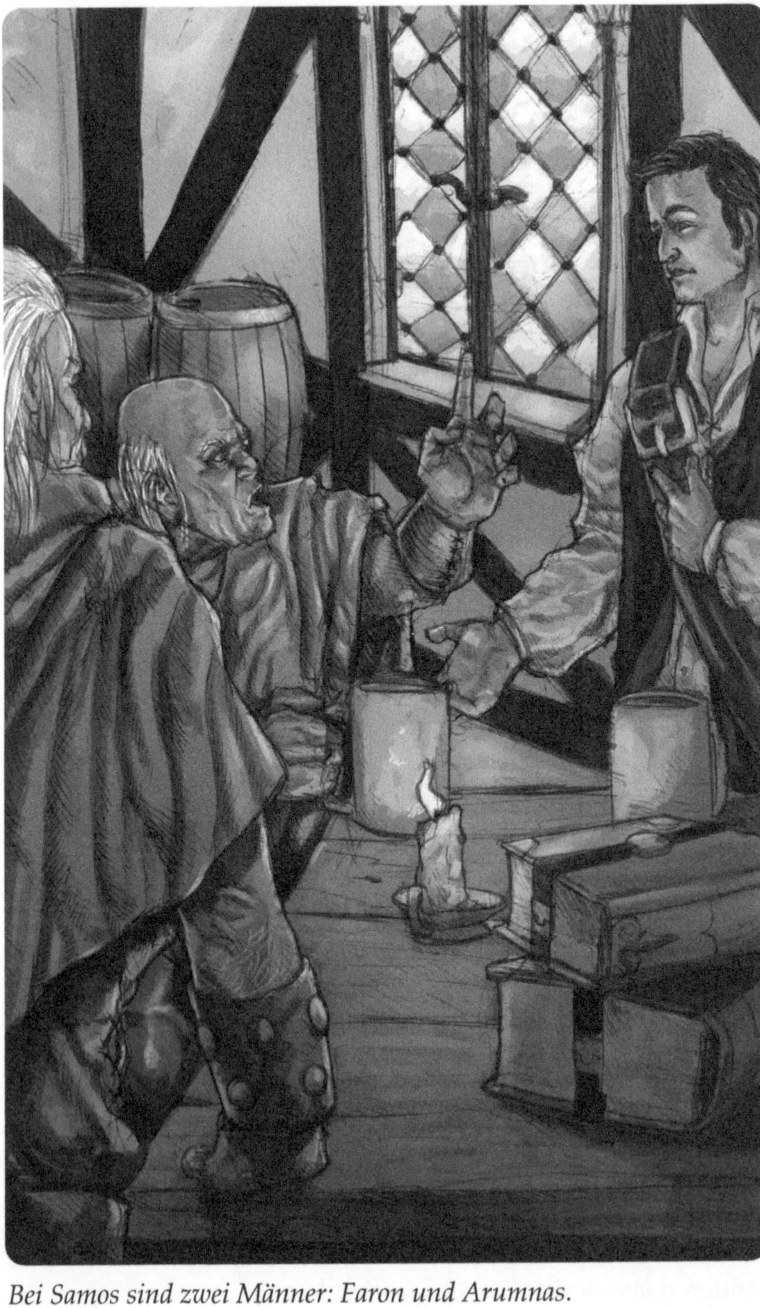

Bei Samos sind zwei Männer: Faron und Arumnas.

„Während du geschlafen hast, haben wir Erkundigungen eingeholt", beginnt Samos. „Von dem Wesen, das dich angriff, wird in den Mythen Anmars erzählt: ein Schattendiener. Glaube nicht, dass du ihn schwer verwundet hast. Feuer bereitet ihm Schmerzen, ja, aber das nächste Mal wird er vielleicht keinen Umhang tragen, der sofort Feuer fängt. Da du ihm in die Quere gekommen bist, wird er dich jagen, solange du lebst. Und dazu das Zeichen auf deiner Brust ... Flüche dieser Art waren lange nicht mehr gesehen. Wir nennen ihn den Fluch des Raben."
„Samos, der Nachtwächter tischt dir eine leidlich glaubhafte Geschichte auf, und du ..."
„Marinas Brief bestätigt es, Arumnas. Der Fluch des Raben wird an seiner Menschlichkeit fressen, die Hakûn-Chronik lässt keinen Raum für Zweifel. Du hast sie doch soeben gelesen."
„Aber selbst wenn er die Wahrheit spricht", brummt Arumnas, „ist das noch lange kein Grund, ihm unser Vertrauen zu schenken."
Samos schüttelt den Kopf. „Er ist bereits mittendrin. Nach Hause kann er nicht mehr, dort warten die Karben auf ihn. Glaube mir, in diesem Jungen steckt mehr als nur ein Nachtwächter. Und niemand weiß, was der Fluch des Raben aus ihm macht."
Er hustet, als hätte er sich verschluckt. Er greift nach seinem Becher und leert diesen in einem Zug. „Wir müssen herausfinden, welche Magie die Karben nutzen, um ein Wesen wie den Schattendiener beschwören zu können."
Faron räuspert sich. „Die Karben greifen nach den höchsten Ämtern Anmars. Im Stadtrat diskutieren wir diese Bedrohung hinter vorgehaltener Hand. Bisher waren Bezilor und ich uns einig, dass die Karben von Waldheim so weit entfernt sind wie der Lahme Dämon des Fei von Waldheims Stadtarchiven."
„Bezilor ist ein spröder Narr, und du ebenso, Faron, wenn du auf ihn hörst!", entgegnet Arumnas. „Meine Bibliothekare hüten sich, über die Karben zu schreiben. Die Straßen wispern, dass sie längst unter uns sind, ihre Ohren sollen überall sein. Selbst die feisten Weiber vom Tuchmarkt wagen darüber kaum zu flüstern. Dabei schreien sie ihre Meinung doch zu allem heraus! Vielleicht ist unser tapferer Nachtwächter hier einer von

ihnen? Ich sage euch: Die Karben finden jeden, der von ihrem Treiben weiß. Und sie bringen ihn zum Schweigen."
„Nicht alle denken so, Arumnas. Selbst Samos hielt Waldheim für sicher vor den Karben. Aber dennoch glaube ich unserem unerschrockenen Freund hier."
Samos nickt und wendet sich dir zu. „Eine uralte Gesellschaft bekämpft die Karben. Sie nennt sich die Weiße Eule."
Ino bringt Samos einen neuen Becher Wein, von dem dieser einen großen Schluck nimmt.
„Ein paar Mitglieder der Weißen Eule leben hier, zu wenig, wie sich nun zeigt."
„Wer sind sie?", fragst du. „Wir müssen sie verständigen!"

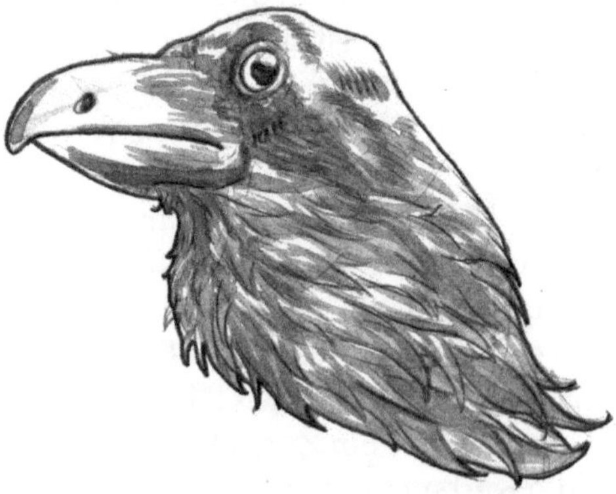

Arumnas blickt zu Samos und schüttelt energisch den Kopf, doch der lächelt. „Die Mitglieder der Weißen Eule in Waldheim sind wir drei." Er führt den Becher zum Mund, zögert kurz und trinkt doch nicht. „Leider habe ich viel meiner Kraft verloren. Aber zum Glück habe ich Arumnas und Faron." Seine Hand wandert zu seinem Gehstock. „Ohne dich hätten wir nie erfahren, dass die Karben ihre Finger nach Waldheim ausstrecken. Dies ist mein Angebot: Folge mir, und ich helfe dir zu überleben."
Ino trägt deine Essensreste ab. Er flüstert im Vorbeigehen „Die Karben kommen, mein Fohlen. Greif nach Schwert und Schild und ziehe in den Kampf!"
Dein Onkel verwundet, dein Haus niedergebrannt, die Karben hinter dir her. Und du: Mit dem schlimmsten aller Flüche belegt.

Du überlegst nur eine Sekunde. Dann schaust du Samos an und sagst: „Gut. Was muss ich tun?"
Lies weiter bei **131** um herauszufinden, was Samos für dich plant.

62 Im Inneren des Schlosses rastet etwas ein. Es ist offen! Du ziehst die Tür auf und betrittst den Keller. Weiter bei **34**.

63 Kudubar blickt dich an. „Vor langer Zeit, als unsere Welt geschaffen wurde und es Anmar und Waldheim noch nicht gab, lebte ein mächtiger Mann namens Aldelot. Einige sagen, er war kein Mensch, sondern ein Geist, der Geist, der die Welt geschaffen hat. Andere halten ihn für einen Gott. Und wieder andere können nicht erkennen, was zum Teufel zwischen beiden Meinungen der Unterschied sein soll. Es wird berichtet, dass er zuerst die Elemente geschaffen hat, das Feuer, den Wind, das Wasser, die Erde. Später kamen Geist und Blut hinzu. Zugleich schuf er den Tod und das Leben, die Sonne und den Schatten, das Entstehen und die Zerstörung.
Wahrscheinlich ist es nur eine Legende, die in ein paar alten Folianten im Stadtarchiv von Waldheim niedergeschrieben steht. Und vielleicht ist das hier –", plötzlich hält Kudubar einen silbernen Ring in der Hand, auf dem ein gezackter Blitz eingraviert ist, „nur ein gewöhnlicher Ring, den ein Zauberer aufgeladen hat."
Der Krieger senkt die Stimme und beugt sich dir entgegen.
„Aber vielleicht ist es tatsächlich so, wie es das alte Pergament behauptet, das um den Ring gewickelt war, als Arumnas ihn fand: Dies ist der Ring Aldelots, der Ring, in den er einen Teil seiner Macht legte, der Ring der Elemente. Er gibt seinem Nutzer hohe Macht, wenn auch nicht ohne einen Preis."
Durch dieses Artefakt aktiviert sich der Zauber ‚Schattenschild' zu Beginn eines jeden Kampfes von selbst, ohne dass du Lebensenergie opfern musst. **Gleichzeitig reduziert er den Höchstwert deiner Lebensenergie um 3, solange du ihn trägst.**
Du steckst den Ring an einen deiner Finger.
Lies weiter bei **33**, um mit Kudubar zu planen, wie du in das Anwesen Farons gelangst.

64 Worüber möchtest du mit Marina sprechen?
„Was weißt du über die Karben und den Fluch des Raben?" (weiter bei **139**)
„Erzähle mir von der Weißen Eule." (weiter bei **100**)
„Erzähle mir mehr über dich." (weiter bei **173**)

65 In knappen Worten erläuterst du, dass du an seiner Stelle zu Faron gehen möchtest. Er beugt sich mit leuchtenden Augen nach vorne. Du erkennst schnell, dass du es mit einem erfahrenen Händler zu tun hast.
„30 Goldstücke, dann kommen wir ins Geschäft", lautet seine Antwort.
Wenn du so viel besitzt und den Handel eingehen willst, dann gehe zu **54**.
Wenn nicht, kannst du auch eine der anderen Möglichkeiten wählen (wenn du dies noch nicht getan hast):
„Wenn Ihr nicht tut, was ich Euch befehle, stirbt das Mädchen." (weiter bei **165**) Diese Wahl triffst du auf keinen Fall, wenn du +1 oder mehr Menschlichkeit hast.
„Ich würde gerne versuchen, das Mädchen zu heilen." (weiter bei **8**) Wenn du -1 oder weniger Menschlichkeit hast, wirst du diese Wahl nicht treffen.
Wenn für dich keine dieser Möglichkeiten in Frage kommt, lässt du Salter stehen und verschwindest aus seinem Haus (weiter bei **134**).

66 Vor deinen Augen erscheinen rote Schlieren. Der Rabe auf deiner Brust brennt wie das Feuer der Hölle. Eine unheimliche Macht geht von ihm aus, eine Macht so dunkel wie deine Seele. Du willst, dass sie Besitz von dir ergreift und dich steuert. Du spürst ein Verlangen, das körperlich ist, aber auch aus tiefer Liebe entspringt, wie du sie noch nie zuvor gefühlt hast.
Und dein Wunsch wird erfüllt: In einem Blitz von schwarzem Licht entflammt dein Körper im Feuer des Mondes und verbrennt. Die Flamme verzehrt deine Haare und deine Haut, sie zeichnet dich und nimmt dir den letzten Rest Menschlichkeit. Du verwandelst dich in einen Schattendiener, einen düsteren

Schergen der Karben, so wie der, von dem du einst die Kennzeichnung des Raben erhalten hast und der dich jetzt zu seinesgleichen gemacht hat – für die Ewigkeit.
Schon bald wird dein Herr nach dir rufen. Dann wirst du endlich deine wahre Bestimmung finden, für immer in den Schatten wandeln und als schwarzer Dämon dem Bösen dieser Welt dienen.

67 Im Moment des tödlichen Treffers blickt der rote Drache dich für einen Augenblick an. Dir ist, als würdest du neben Verachtung und grenzenlosem Hass noch etwas anderes in seinen Augen lesen. Respekt?
Das Ungetüm geht vor dir zu Boden. Hast du tatsächlich Faron getötet?
Der riesige Körper verwandelt sich zurück in den hageren Mann mit der Hakennase. Sein Körper ist voll dunklem Blut, das aus vielen Wunden schießt, doch ist er noch am Leben. Seine Augen sind bereits matt, und die letzten Atemzüge des Sterbenden reichen nur noch für wenige Silben.
„Komm ins Licht ... Marina!"
Faron, der so viel Leid über Waldheim und über dein Leben gebracht hat, stirbt. Seine Haut färbt sich dunkel. Dann entzündet sich der Körper im schwarzen Feuer des Mondes und ist innerhalb weniger Momente komplett verbrannt. Als die Flamme verebbt und für immer erlischt, wird es im Saal spürbar heller und wärmer. Das Einzige, das von Faron bleibt, ist der Ring mit der fliegenden Eule, der Ring eines Schülers. Du hebst ihn auf und steckst ihn ein.
Du hast das Feuer des Mondes gelöscht und Faron vernichtet.
Vielleicht konntest du dich an Samos' Hinweis erinnern, dass Faron auch nach dem Trinken des Reinen Wassers noch über Zauberkraft verfügt. Er nutzte sie für seinen Illusionszauber und dann, um sich in den Drachen zu verwandeln, ein mächtiger Druidenzauber. Oder vielleicht hat dich Farons Posse einfach nicht überzeugt.
Du reißt dein Oberteil auf und betrachtest deine Brust. Der schwarze Rabe ist verschwunden (Menschlichkeit +1)! Der Fluch

des Raben ist durch den Tod Farons gebannt. Als du den Kopf hebst, blickst du in fragende Gesichter. Der Zeremonienmeister hat sich zu Boden geworfen und windet sich wimmernd auf den Knien. Irgendjemand murmelt: „Wo bin ich?"
Die Würdenträger Waldheims sind soeben aus einem bösen Traum erwacht. Sie nehmen ihre Masken ab und schauen sich um. Dann sehen sie dich an.
Einer von ihnen tritt an dich heran. Er hat ein rundes Gesicht und blickt dich aus weit aufgerissenen Augen an. „Mein Name ist Bezilor, Ihr werdet von mir gehört haben, ich leite den Stadtrat. Ich weiß nicht mehr, wie ich hierherkam. Aber ich weiß, was ich gesehen habe. Faron war also ... ein Hexer?"
Du bejahst.
„Und er hat uns alle zu Marionetten gemacht … er hätte der Stadt Unheil, ja sogar den Untergang bringen können, und wir sind ihm einfach in die Falle getappt."
Die anderen Ratsmitglieder nicken zustimmend.
„Dann stehen wir, die ganze Stadt Waldheim, tief in Eurer Schuld. Doch sprecht – wer seid Ihr?"
Du erzählst von deinem früheren Leben als Nachtwächter, dem Tod deines Onkels und von den Ereignissen, die dich in die Wälder im Süden und Norden trieben, bis du schließlich zurückkehren und Faron herausfordern konntest. Die Augen von Bezilor werden noch größer. Bei der Erwähnung Wilhelms krächzt er überrascht. „Der Neffe des alten Wilhelm!"
Endlich bist du mit deiner Erzählung fertig. Mehrmals wiederholt er deinen Namen, als wollte er ihn niemals wieder vergessen. Du verabschiedest dich, jedoch nicht ohne vorher Bezilor und mehreren anderen zu versprechen, bald ihr Gast zu sein. Außerdem besteht Bezilor darauf, dass du offiziell durch die Stadt geehrt wirst.
„Das können wir besprechen, wenn Ihr mich besuchen kommt!"
Eines bleibt noch zu tun – du erinnerst dich, dass Faron in seiner Rede auf dem Marktplatz einen Kerker erwähnte. Du bist überzeugt, dass dort Unschuldige sitzen.
Lies weiter bei **50**, um sie zu befreien.

62

68 „Davon hörte selbst Marina vor kurzem zum ersten Mal. Verglichen mit ihr bin ich in solchen Dingen kaum mehr als ein Knappe bei seinem ersten Waffengang. Doch wenn der Fluch vom alten König des Ostreiches kommt, heißt das nichts Gutes – kennst du eigentlich die alte Legende?“ Du schüttelst mit dem Kopf. Davon hat dir Wilhelm nie erzählt.
„So viel Zeit haben wir gerade noch“, sagt er und zieht dich neben sich auf eine Bank. „Ist eine alte Geschichte, die ich von einer hässlichen Wirtin in Sagiriton gehört habe.“
Kudubar erzählt:
„Das Gebiet im Osten war nicht immer so unwirtlich und verlassen, wie es heute ist. In seinem kühlen und trockenen Klima wohnten dereinst viele Lebewesen.
Es herrschte dort ein weiser und gerechter König. Er hatte drei Schwestern. Alle drei waren wunderschön, jedoch falsch und verschlagen. Ihre Namen waren Zorn, Neid und Niedertracht. Sie stifteten Unheil, wann immer sie nur konnten, und labten sich am Unglück ihrer Mitmenschen. Der König wusste um die Eigenheiten seiner Schwestern, dennoch liebte er sie. Vielleicht lag es daran, dass es ihnen eines Tages gelang, ihn in einen Hinterhalt zu locken und zu ermorden.
Die Schwestern hatten einen Ziehsohn. Niemand weiß, wer seine Eltern waren oder wo er herkam. Nach dem Tod der drei Schwestern bestieg er den Thron der Länder des Ostens. Unter der Schreckensherrschaft des neuen Königs hielten Hunger und Elend Einzug in die einst wohlhabenden Länder.
Wer nicht verhungerte oder an Krankheiten starb, verrottete im königlichen Kerker oder starb bei Versuchen des Königs mit schwarzer Magie. Das einst stolze und prächtige Königreich wurde so zu einem Gebiet der Verzweiflung und des Unglücks. Heute ist das Land verlassen und menschenleer. Der König wurde seit hundert Jahren nicht mehr gesehen. Niemand weiß, was aus ihm geworden ist. Doch sagt die Legende, dass er dereinst wieder erscheinen wird, um von neuem Neid, Zorn und Niedertracht über die Völker zu bringen. Nun, zumindest scheint seine Magie, das Feuer des Mondes, wiedergekehrt zu sein.“

Kudubar springt auf und zieht dich ins Haus. „Den Rest erzähle ich dir mal bei einem Humpen Bier, du musst jetzt aufbrechen."
Lies weiter bei **37**.

69 Der überglückliche Salter klingelt nach einem Diener, damit seiner Tochter etwas zu essen zubereitet wird. Dann führt er dich in sein Arbeitszimmer im Erdgeschoss des Hauses. Er setzt sich hinter seinen Schreibtisch und gibt dir einen Schnaps aus Wildkirschen zu trinken (Lebensenergie +3). Du nimmst auf einem der Besucherstühle Platz.
Weiter bei **41**.

70 Du willst mit deiner Hellebarde gegen ihn vorrücken – doch ist diese plötzlich heiß wie Feuer! Mit einem lauten Aufschrei schmeißt du deine einzige Waffe zu Boden (Lebensenergie -5).
Um nun doch deine Öllaterne nach dem Wesen zu werfen, lies weiter bei **125**.

71 Du findest die Tür des Ladens verschlossen vor, Amiriolla ist nicht zuhause. Du willst dich abwenden, da fällt dir eine merkwürdige Apparatur neben dem Haus auf: eine Holzkiste, die zwei Schritt hoch und ebenso breit ist. An der Front ist in Augenhöhe eine Öffnung in Form eines Halbkreises eingeschnitzt.
Als du hineinblickst, erkennst du nur ein schwaches violettes Leuchten, sonst ist das Innere schwarz. Neben der Öffnung steht in schwarzen Lettern:
„Gegenstand einwerfen. 5 Goldstücke einwerfen. Viel Erfolg."
Was willst du machen (natürlich nur, sofern du die entsprechenden Gegenstände hast)?
Einen Trollorden des 26. Regiments mit 5 Goldstücken hineinwerfen (weiter bei **162**)?
Eine Waffe mit 5 Goldstücken einwerfen (weiter bei **129**)?
Eine Mantelbrosche in Form einer Lilie mit 5 Goldstücken einwerfen (weiter bei **22**)?

Eine Harpyienfeder mit 5 Goldstücken einwerfen (weiter bei **13**)?
Einen Trank mit 5 Goldstücken einwerfen (weiter bei **123**)?
Wenn du nichts davon tun willst, bleiben die folgenden Optionen (du kannst den Kasten nicht mit Gewalt öffnen – du musst jedes Aufsehen vermeiden):
Zum Hause Samos', wenn du dort noch nicht warst (weiter bei **138**)?
Zum Schmied Magnusson (weiter bei **142**)?
In den unheimlichen Nordwald Kalrir, wenn du Samos bereits von deinem Erfolg im Urwald der Fei berichtet hast (weiter am Beginn von **Buch 3**)?
Du kannst auch den Portalring benutzen, um kurz zum Handelsstützpunkt von Mansur zu reisen. Dann gehe zu **97** (das geht nicht, wenn du bei Mansur Hausverbot hast).

72 Mit Hilfe des improvisierten Gegenstandes und viel Kraft versuchst du, das Schloss zu knacken. Verzweifelt stocherst du im Schlüsselloch herum.
Wirf einen Würfel. Bei einer 5 oder 6 geht es bei **9** weiter. Ist das Ergebnis 4 oder kleiner, gehe zu **24**.

73 Du springst auf, wirfst den Kompass so auf den Tisch, dass ihn alle sehen können, und führst einen Überraschungsangriff gegen Faron. Plötzlich dreht sich alles, und du findest dich auf dem Boden wieder. Ein mächtiger Energiestoß hat dich von den Füßen gerissen (Lebensenergie -12).
Kudubar flucht laut und zieht einen Dolch. Unsichere Blicke huschen umher, zu dir, zum Kompass, zu Samos, wieder zum Kompass. Einen Moment bewegt sich niemand. Dann knurrt Arumnas „Unter uns ist ein Verräter und Lügner. Faron."
Faron springt in Richtung des Tisches und greift nach dem Kompass.
Arumnas zeichnet mit den Händen Runen in die Luft. Schemen folgen seinen Händen, ein nebliges Bild entsteht vor ihm.
Samos ruft: „Arumnas, nicht!" Faron wirbelt herum und streckt seine rechte Hand nach Arumnas aus. Ohne ihn zu berühren,

schließt er seine Hand zu einer Faust. Arumnas wird von einer unsichtbaren Kraft gepackt und einen halben Schritt in die Luft gehoben. Seine Arme werden nach hinten gezogen, sein Runenbild vor ihm verblasst. Aus seinen Augen und Ohren leuchtet es bläulich, immer stärker, doch wird es um ihn herum nicht heller. Einen Moment erinnert er dich an die Laterne eines Nachtwächters, kurz bevor sie erlischt und die Dunkelheit sie umschließt. Arumnas schreit auf, als das dunkle Licht aufflackert und sogar aus seiner Haut, aus jeder Pore zu dringen scheint.

Marina ruft ein Wort, das du nicht verstehst, und schleudert einen Lichtblitz auf Faron. Mit einem Kampfschrei stürzt sich Kudubar auf ihn. Samos wirft ein Glasgefäß mit einer grünen Flüssigkeit. Alle drei Angriffe werden von einer unsichtbaren Mauer abgefangen, die Faron umgibt. Dieser zuckt mit dem Kopf und Kudubar wird in deine Richtung geschleudert, so dass er dich unter sich begräbt. Faron zischt ein Wort, „Nadra“, und deutet mit der freien Hand auf Samos. Ein Knäuel aus schwarzem Rauch schießt aus seiner Hand auf diesen zu und trifft ihn mitten auf der Brust. Samos schreit, reißt die Hände nach oben und presst sie auf die getroffene Stelle.

Du rappelst dich auf. Lächelnd taxiert Faron nacheinander Marina, Samos und dann dich. Seine Hand hat er immer noch erhoben, Arumnas hängt besinnungslos in der Luft.

„Ihr Narren. Wir führen Waldheim ins Licht. Und deinem Onkel“, er blickt dich an, „werde ich deine Grüße bestellen, mein Freund.“

Blaue, kalte Flammen flackern um Faron herum auf, lodern um seine Beine, seinen Körper, schließlich seinen Kopf. Er schreit noch: „Möge der Fluch des Raben dich zu mir führen!“ Dann ist er verschwunden.

Nur wenige Augenblicke sind vergangen, seit du den Kompass aufklapptest, doch erscheinen sie dir wie ein Zeitalter. Noch kannst du kaum fassen, dass der Verräter direkt unter euch war. Arumnas kracht auf den Boden. Samos und Marina stürzen zu ihm, du hörst ein Stöhnen, als sie sich über ihn beugen. Er flüstert etwas, das du nicht verstehst. Samos und Marina wenden sich zu dir um.

Arumnas hat eine zittrige Hand erhoben und deutet auf dich. „Halte ihn auf, Nachtwächter!“

Seine Hand erschlafft und fällt zu Boden. Seine Augen schließen sich. Marina horcht an seiner Brust und fühlt seinen Puls. Sie schüttelt sanft den Kopf. Arumnas hat den Kampf gegen die Karben mit seinem Leben bezahlt.

Dein Blick fällt auf den geöffneten Kompass, der noch immer auf dem Eichentisch liegt. Die Nadel dreht sich nicht mehr. Sie deutet in Richtung von Samos, Marina und Arumnas. Du nimmst den Kompass in die Hand und bewegst dich zwei Schritte. Die Nadel bewegt sich – noch immer deutet sie auf die Drei. Du kannst nicht sagen, auf wen genau.

Plötzlich steht Kudubar hinter dir. Er nimmt den Kompass, klappt ihn zu und reicht ihn dir wieder.

„Nimm ihn, du wirst ihn brauchen.“

Marina erhebt sich energisch, du erkennst Tränen in ihren Augen. „Vater, wir können ihm nicht einfach ...“

„Schluss damit!“ Er steht auf und tritt auf dich zu, eine Hand auf seine Brust gepresst. „Was soeben passiert ist, ist ein schwerer Schlag. Faron ein Verräter ... Dennoch bleibt deine Aufgabe, wie sie ist.“

Dir fällt ein, dass du noch nicht berichtet hast, welch seltsame Worte dir Ténoch mit auf den Weg gab. Als du davon erzählst, atmet Samos erleichtert durch.

„Der Schutz der Eule war mit uns. Wenigstens das hat Faron nicht gehört. Möge dies unser schwacher Hauch der Hoffnung sein, der das Feuer des Mondes zum Erlöschen bringt. Weißer Schatten gelüftet, Nacht des Nordens erstickt – das muss sich auf den Kalrir beziehen. Er ist von dunkler Magie befallen und liegt unter einer dichten Schneedecke. Finde heraus, was die Reine Quelle in seiner Macht hält, und befreie sie. Kind der Macht dein Führer, der Kompass des Wassers Heilung – ich kann nicht sagen, was Ténoch damit meinte.“ Samos hebt die Schultern.

„Außerdem wird es Faron ...“ Er zögert, als würde er nachdenken. Dann sagt er zu dir: „Du solltest bald aufbrechen.“

Lies weiter bei **105**.

74 Lynn schaut dich erstaunt an, als du wie aus dem Nichts um Hilfe bittest. In seinem Gesicht arbeitet es. „Warum sollte ich dir helfen?"
Willst du dich bedeckt zeigen und lediglich deine Bitte wiederholen (gehe zu **18**)?
Willst du nun doch in knappen Worten erläutern, warum du dein Leben als Nachtwächter hinter dir lassen musstest? Dann gehe zu **96**.
Oder willst du eindringlich darauf hinweisen, wer du bist, und ihn an eure Freundschaft erinnern, dann geht es bei **86** weiter.

75 Er schaut dich mit verschlossener Miene an.
„Weißt du, du erinnerst mich an jemanden. Nun, ich kann dir nicht helfen, ich habe hier meinen Dienst zu erfüllen. Lebe wohl."
Er geht davon. Von Lynn kannst du keine Hilfe mehr erwarten.
Du musst ohne Hilfe einen Weg in Farons Anwesen finden.
Weiter bei **147**.

76 Samos lässt deine Schultern los und sagt: „Du kennst ja bereits meine Tochter. Wir sind nicht immer einer Meinung. Doch ist sie ohne jeden Zweifel eine der mächtigsten Zauberinnen der Weißen Eule." Dann ruft er: „Marina!"
Kurze Zeit später betritt Samos' Tochter den Raum. Sie geht grußlos auf dich zu, legt eine Hand auf deine Wange und flüstert: „Kalyrios."
Plötzlich verschwimmen die Wände des Zimmers, in dem du gerade noch mit Samos gestanden bist. Eine sonnendurchflutete Waldlichtung nimmt Gestalt an. Zwischen dichtem dunkelgrünem Gras und hochgewachsenen Sonnenblumen führt ein Pfad zu einem hohen Steinturm, der keine Tür hat.
„Willkommen im Kalrir. So sah es hier aus, bevor das Böse überhandnahm. Seit Farons Tod ist das Leben zurückgekehrt", sagt Marina, ohne die Hand von deiner Wange zu nehmen. Dann flüstert sie ein weiteres Wort: „Sagyrios". Der Wald verschwimmt wieder. Eine mächtige Burg aus rotem Stein nimmt Kontur an, die über einer weitläufigen Stadt thront. Goldene Kuppeln glän-

zen in der Sonne, du riechst Zimt und Kardamom. „Willkommen in Sagiriton, dem Herz des Ostreiches." Wieder flüstert Marina ein Wort: „Lyrios". Die Burg verschwindet und vor euch entsteht ein hoher Turm, der blendend weiß ist. „Der Turm der Zauberer der Weißen Eule."

Du siehst dich um. Der Turm liegt auf einem Hügel, von dem aus du die Stadt Sagiriton und die Burg erkennen kannst.

Marina nimmt die Hand von deiner Wange und schiebt dich durch das offene Tor in das Innere des Turms.

Ihr betretet eine runde Halle, die nur wenige Schritt Durchmesser hat. Die Innenwände sind dunkel und ohne Fenster. Zuckende Flammen schwarzer Fackeln erleuchten die Treppen aus schwarzem Holz, die sich an die Wände klammern und hinauf zu niedrigen Türen führen. Dein Blick wandert nach oben und verliert sich schließlich im Dämmerlicht. Fledermäuse flattern in den Höhen des Turmes. Das Treppengerüst schlängelt sich weiter nach oben, als du sehen kannst.

„Hier, im Turm der Zauberer, ist das Zentrum unserer Zauberkraft. Hier weben wir neue Zauber, erforschen neue Bereiche der Magie und entwickeln magische Waffen."

Marina führt dich zum Treppenabsatz und ihr beginnt den Aufstieg. Ihr steigt Treppe um Treppe nach oben, manchmal durchquert ihr kleine Räume, ein paarmal führen Stufen wieder abwärts. Schließlich kommt ihr, ganz oben, an eine Tür. Sie ist größer als die anderen. Ein rotes, pulsierendes Licht geht von ihr aus, und auf deiner Haut spürst du Wärme, wie von Glut.

Marina wendet sich dir zu. „Lange haben wir auf jemanden gewartet, der reinen Herzens ist wie du. Hinter dieser Türe ist die Essenz der Magie der Eule, doch kann sie nur durchqueren, wer frei von Zweifeln ist. Niemand von uns kann sie auch nur öffnen. Ich spüre, dass in dir schon jetzt der reine Strom der Magie fließt. Ich bitte dich, öffne die Tür, um deinem Schicksal zu begegnen."

Sie schaut dich erwartungsvoll an. Du trittst vor die Tür und hebst die Hand. Du spürst die Hitze hinter der Tür, sie ist heiß und lodernd und brennt auf deiner Haut. Doch als du die Tür berührst, ist sie kalt. Du drückst dagegen und sie schwingt nach innen auf.

Hinter der Tür liegt ein enger Raum. Er ist leer. Ohne Marina anzusehen, betrittst du ihn. Als hinter dir die Tür zuschlägt und Marina aussperrt, offenbaren sich vor dir in Bildern die Mysterien der Weißen Eule, die in deinem Kopf wie heiße Träume entstehen. Du verbringst mehrere Stunden darin und beginnst Geheimnisse zu entdecken, die sich nur dir, sonst niemandem, offenbaren.

Schließlich verlässt du den Raum wieder und kehrst zu Marina zurück. „Die Macht der Fackel von Sagiriton hat sich mit dir verbunden“, erklärt sie dir. „Du erhältst Zugang zu einer Zauberkraft, die einem gewöhnlichen Zauberer, und mag er noch so talentiert sein, für immer verschlossen bleiben wird.“ In ihren Augen erkennst du ein unbestimmtes Flackern. „Doch hast du noch einen weiten Weg vor dir. Wir müssen deine Bestimmung geheim halten. Sobald unsere Feinde erfahren, dass die Fackel von Sagiriton einen neuen Schüler hat, wird dich jeder Rabe der Welt jagen. Bevor du selbst als *Fackel von Sagiriton* vor die Welt treten kannst, bist du daher ein gewöhnlicher Zauberschüler und musst dich auch so verhalten.“

Schließlich berührt Marina dich wieder an der Wange. Ihr kehrt gemeinsam zu Samos zurück.

Bei der reinen Flamme der Magie! Du hast dieses Abenteuer als Fackel von Sagiriton abgeschlossen (weiter beim Epilog am Ende von **Buch 1**).

77 Samos greift nach deiner Waffe, die griffbereit bei deinen Sachen liegt. „Eine gute Waffe, mit der du jeden Schurken das Fürchten lehrst. Dein Mut und deine Standhaftigkeit werden schon bald legendär sein.“

Er schwingt die Waffe, du hörst ein Sirren.

„Du hast deine aufrechte Gesinnung mehr als einmal unter Beweis gestellt. Deine Waffe ist tödlich, deine Rüstung undurchdringbar. Du stellst dich vor den Unschuldigen und bestrafst den Bösen. Du erfüllst wie kein anderer die Anforderungen, um zu einem Ritter der Weißen Eule ausgebildet zu werden.“

Samos erhebt sich und geleitet dich in die Waffenkammer des Hauses. Harnische und beringte Panzerhemden, Bastardschwerter und Nierendolche, Eisenhüte und Visierhelme blitzen silbern und golden. Auf einem Turmschild siehst du das Wappen der Weißen Eule.

„Unsere Ritter sind das Herz unserer Streitmacht, die Schlachtenwüter im Zentrum der Gefahr. Doch auch, wenn ein Ritter nicht Seite an Seite mit seinesgleichen in die Schlacht zieht, erteilt die Weiße Eule oder sogar der König ihnen Aufgaben, die Mut und Durchschlagkraft erfordern. Kudubar, den du bereits kennst, ist unter den Rittern der Weißen Eule einer der Mächtigsten. Er wird mich bei deiner Ausbildung unterstützen.

Dein General wird Prinz Mart sein, den du im Kalrir kennengelernt hast. Er ist nicht nur der Sohn des Königs, sondern auch der Ritter, in dessen Hand du dein Leben legen wirst, wenn du für Eule und Königreich in die Schlacht ziehst."

Samos legt dir eine Hand auf die Schulter.

„Doch dahin ist es noch ein weiter Weg. Wir müssen deine Ausbildung fortsetzen. Viel hast du schon gelernt, doch gibt es noch mehr, das du nicht weißt."

Schwert und Ehre! Du hast dieses Abenteuer als Ritter der Weißen Eule abgeschlossen (weiter beim Epilog am Ende von **Buch 1**).

78 Es stellt sich als schwierig heraus, an der Hauswand nach oben zu gelangen. Hast du ein Hanfseil, kannst du dieses über einen Balken in der Hauswand werfen, um hochzuklettern (weiter bei **94**).

Wenn nicht, musst du ohne Seil die Wand erklimmen: Wirf drei Würfel und zähle 10 dazu.

Ist das Ergebnis höher als deine Gewandtheit, dann lies bei **3** weiter.

Sonst gehe zu **94**.

79 Hell wie die Todesglocken des Waldheimer Friedhofes hallt der Klang durch den Kellerraum und die Gänge des Hauses. Wenige Augenblicke später packen dich zwei kräftige Wachen und fesseln dich. Kurz darauf stehst du vor Faron. Er ist begeistert, dich gefangen zu haben. Nachdem er alles in Erfah-

rung gebracht hat, was er wissen wollte, übergibt er dich wieder dem Runenmeister. Du kannst die diebische Freude in seinen Augen lesen, die es ihm bereitet, dich in seiner Gewalt zu haben. Mit beiden Händen malt er Figuren in die Luft. Funken regnen auf dich nieder. Deine Beine werden schwer, dann deine Arme. Du wirst müde, so müde. Schließlich verwandelst du dich – nachdem dir Sajak, der Runenmeister der Karben, die Lebensenergie geraubt hat – in eine weiße Statue.
Dein Abenteuer ist hier, kurz vor dem Ziel, zu Ende.

80 Bevor du Salina den tödlichen Streich zufügen kannst, wirbelt sie herum und ist schnell wie der Wind in den Schatten verschwunden.
Du betrachtest den toten Mann, der vor dir liegt. Du kannst seinen Säbel an dich nehmen (Schaden 17). In einer eingenähten Tasche in seinem Gürtel findest du einen Zettel:
„Wenn er in der Stadt auftaucht, wisst Ihr, was Ihr zu tun habt."
Du schaust dich noch kurz in dem Innenhof um, der nun ruhig und schattig daliegt. Bei ihrer Flucht hat Salina ihr Bündel fallen lassen. Gegenstände liegen verteilt über den Hof. Auf den ersten Blick passen die Sachen nicht zu der zierlichen Frau: Es handelt sich um Teile einer Diebesausrüstung.
Da vernimmst du Stimmen in der Nähe. Salina hat sich Verstärkung geholt! Nur einen weiteren Blick riskierst du, dann musst du verschwinden. Du kannst auf die Schnelle eine Börse mit 11 Goldstücken sowie *nur einen* der folgenden Gegenstände einstecken:
Ein rostiger Eisenschlüssel, eine Brechstange, eine verbogene Haarnadel, Nadel und Faden, ein Dolch mit besonders schmaler Klinge (Schaden 2).
Entscheide dich, verlasse dann den Innenhof und eile zu **36**.

81 Vor dir liegt ein langer Flur, dessen Boden mit dunklem Teppich ausgelegt ist. An den Wänden sind dicke Stofftapeten. In bronzenen Haltern stecken lange Kerzen.
Der Flur ist 10 Schritt lang. An der linken Wand befinden sich vier schlichte Holztüren, an der rechten drei. In der Mitte des

Flurs führen nach rechts Stufen nach oben. Am Ende des Ganges erblickst du eine schwere Eichentür mit Eisenbeschlägen.
Was willst du tun? Möchtest du bei **116** versuchen, eine der Türen zu öffnen?
Oder folgst du bei **48** der Treppe nach oben?

82 Du triffst Lynn wie vereinbart in der Nähe von Farons Anwesen, einer weitläufigen parkähnlichen Anlage, in deren Mitte das verwinkelte Haus steht. Das Grundstück ist von einer mannshohen Steinmauer umgeben. Lynn erklärt dir, dass vor dem Tor zu viele Wachen stehen, da derzeit die letzten Teilnehmer der Zusammenkunft eintreffen.
Ihr umrundet das Gelände, bis ihr an der Hinterseite angekommen seid.
„Hier verrichte ich heute den Rest meines Dienstes. Auf mein Zeichen kletterst du über die Mauer und läufst zum Haus. Betritt es durch den Kellereingang." Er zwinkert dir zu. „Das ist der sicherste Weg."
Und da gibt er dir schon das Zeichen. Du rennst auf die Mauer zu, springst nach oben und ziehst dich auf die andere Seite.
Weiter bei **189**.

83 Du drehst dich zu der Frau um. „Was willst du von mir?" Sie kneift die Augen zu Schlitzen zusammen. Trotz ihrer geringen Größe strahlt sie Autorität aus. „Samos, der Teppichhändler, handelt nicht nur mit Geknüpftem. Der Halunke weiß, wie er seinen Willen durchsetzt. Und glaube nicht, er hilft dir aus reiner Freundschaft! Er ist es, den du fürchten solltest!"
„Wie meinst du das?", herrschst du sie an.
Sie lächelt geheimnisvoll. „Bevor es zu spät ist, werden wir dich finden, keine Sorge."
Abrupt dreht sie sich um und verschwindet um die Häuserecke.
Du gehst ihr zwei Schritte nach, doch hörst du plötzlich Stimmen. Um kein Risiko einzugehen, wendest du dich in die andere Richtung.
Weiter bei **111**.

84 Die Küchentür öffnet sich. Du stolperst zurück, verlierst den Halt und polterst schreiend die Treppe hinab. Dein Bein macht ein hässliches Geräusch, als es bricht.
Der Diener, der nur in Ruhe seine Pfeife rauchen wollte, kann gar nicht anders, als dich zu entdecken. Er rennt sofort los, um Wachen zu holen.
Kurz darauf wirst du festgenommen. Faron ist begeistert, dich in seiner Gewalt zu haben. Er bringt alles in Erfahrung, was er wissen will. Danach lässt er dich in den Kalrir schleifen, wo sich schon bald jemand finden wird, der dich von deinen Qualen erlöst.
Dein Abenteuer ist hier, kurz vor dem Ziel, zu Ende.

85 Während du die letzten Schritte zurücklegst, versicherst du dich, dass das Quellwasser aus dem Kalrir griffbereit ist. Du streckst deine Hand nach einer der Türen aus und drückst sie auf. Sie schwingt nach innen und du betrittst einen Saal, in dem 20 Menschen stehen, Männer wie Frauen. Alle sind auf dieselbe Weise wie du maskiert und völlig schweigsam. Wachen siehst du nicht.

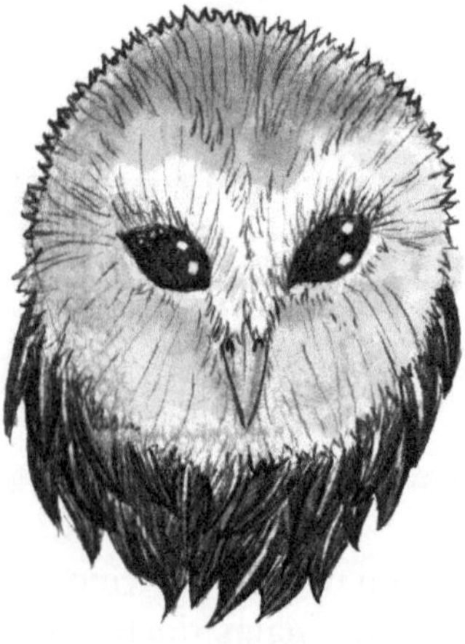

Die Wände und die Decke des Saals sind, anders als der teuer eingerichtete Flur, aus grauschwarz glänzendem Stein. Zahllose Fackeln flackern in goldenen Fassungen, dennoch ist es kühl. Der Boden ist mit blutrotem Teppich aus Sagiriton ausgelegt.

Die Anwesenden stehen im Halbkreis um eine Bühne, die an der linken Saalwand aufgebaut ist. Auf der Bühne steht vor einem wuchtigen, mit Kerzen erleuchteten Tisch ein schwarzer Thron. Darauf sitzt ein Mann mit schwarzem Umhang und schwarzer Maske – Faron?
Die Maske bedeckt sein ganzes Gesicht, nur der Mund ist ausgespart. Hinter ihm lodert in einer mächtigen Schale ein Feuer, das dunkel flackert, doch kein Licht verstrahlt: das Feuer des Mondes.
Als man dich bemerkt, wenden sich alle Blicke dir zu. Du hastest über den roten Teppich, um dich in den Halbkreis einzureihen. Es ist nur noch ein Platz ganz links im Kreis frei.
Ein gedrungener Mann mit rabenschwarzen Haaren und goldener Kleidung tritt hinter dem Thron hervor und lächelt in die Runde: der Zeremonienmeister.
„Liebe Freunde. Wir stehen am Beginn einer Erfolgsgeschichte. Waldheim wird gedeihen und wachsen, und Wohlstand wird uns allen zuteilwerden. Doch leider liegt auch ein Schatten über unseren Plänen. Eine Organisation betätigt sich im Untergrund, um sich selbst zu bereichern. Bestechung, Erpressung, ja sogar Mord sind ihre Werkzeuge. Nur wenn wir gemeinsam stark sind, können wir unsere schöne Stadt retten!"
Gemurmel erhebt sich unter den Anwesenden, zornige Worte werden geflüstert. Eine Frau ruft: „Niemand soll sich nehmen, was uns zusteht!" Der Mann rechts neben dir schreit: „Wer sind diese Schurken? Ich erwürge sie!"
Der Kleine hebt beschwichtigend die Hand, während sich der Mann auf dem Thron nicht rührt. „Ich verstehe Eure Besorgnis, Freunde. Doch sollten wir überlegt und weise handeln. Wir können die nächsten Schritte planen, ohne dass die Gegner Waldheims davon erfahren."
Der Zeremonienmeister fährt fort zu reden. Viel dreht sich um Einzelheiten der Stadtverwaltung. Die Anwesenden liefern Berichte ab, sei es über Geschehnisse im Stadtrat, auf dem Marktplatz, in der Bücherei oder bei privaten Treffen. Niemand der Maskierten wird mit Namen angesprochen, dennoch begreifst du, dass hochrangige Bürger neben dir stehen.

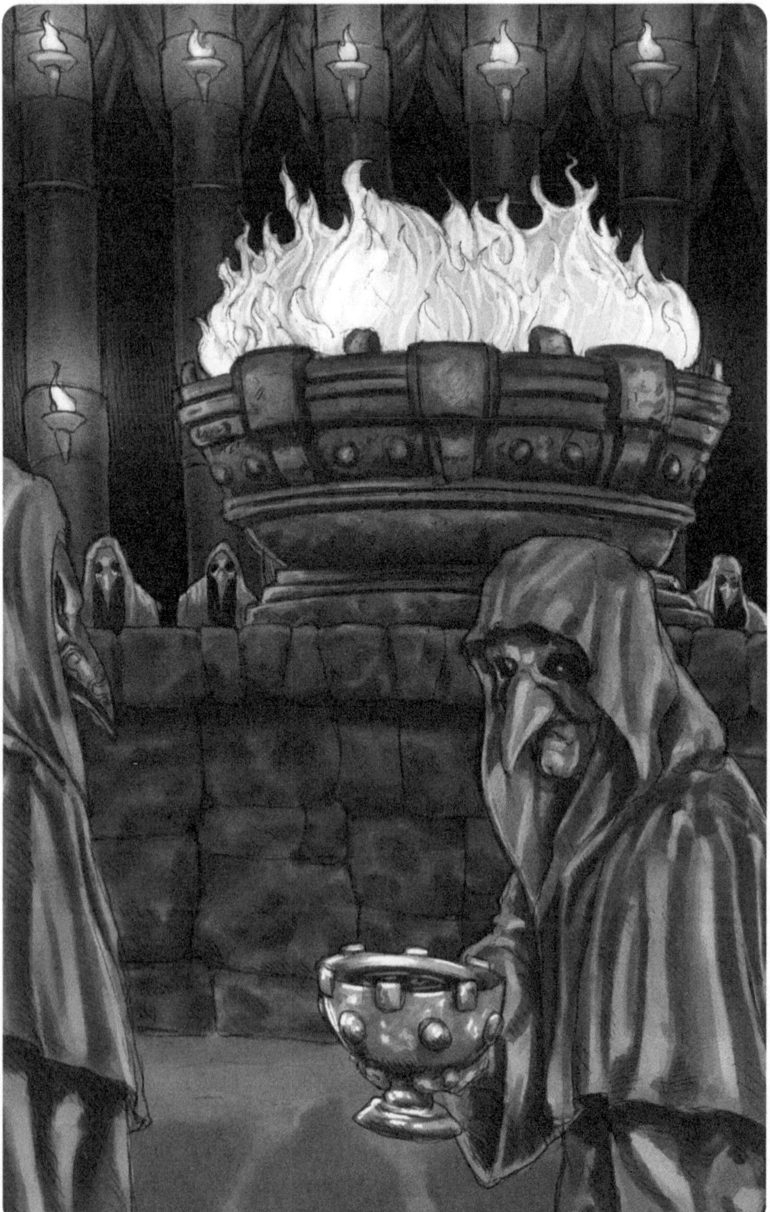

Das Feuer flackert dunkel, doch verstrahlt es kein Licht: das Feuer des Mondes.

Als die Besprechung andauert, wird dir bange. Was, wenn jemand das Wort an dich richtet? Wirst du eine passende Antwort kennen? Erkennt Faron deine Stimme?
Wie als Reaktion auf deine Sorgen wechselt der Mann das Thema. „Meine Freunde. Unter uns ist einer, der nach langer Reise in unseren Kreis eintreten möchte." Er deutet auf dich.
„Sprich, mein Freund, bist du bereit, dem geheimen Rat des Raben beizutreten? Willst du Teil der schönen neuen Welt Waldheims werden?"
Alle blicken dich an. Du zögerst, doch dann nickst du – was sonst bleibt dir übrig?
Der Mann lächelt. „Lasst uns nun unsere Gemeinschaft besiegeln. Als Symbol der Verschwiegenheit trinken wir gemeinsam! Unser neuer Freund wird zuletzt trinken, bevor unser Führer als demütiges Mitglied dieser Runde den Kelch ergreift." Er deutet in Richtung des Mannes auf dem Thron.
Damit wendet er sich um und greift nach einem Pokal. Dies ist deine einzige Gelegenheit, dass Faron das Wasser der Reinen Quelle trinkt. Du musst es irgendwie in den Pokal schütten.
Und du musst dich schnell entscheiden, was du tun willst. Gerade jetzt flüstert der Zeremonienmeister dem schwarz Maskierten etwas zu, während die ersten Teilnehmer aus dem Pokal trinken. Du kannst diesen Moment nutzen und das Wasser der Quelle in den Mund nehmen, um es später in den Pokal zu spucken. Oder aber du hältst das Fläschchen zunächst nur in der Hand und hoffst auf eine andere Möglichkeit, den Inhalt in den Pokal zu schütten.
Wenn du dich entschieden hast, lies weiter bei **46**.

86 Du erzählst schnell ein paar Schwänke aus eurer gemeinsamen Vergangenheit als Nachtwächter. Lynn grinst breit und nimmt dich freudig in den Arm. „Du lebst!" (Menschlichkeit +1)
Du berichtest, wie es kam, dass dein Onkel eingesperrt wurde, und warum es eine Leiche gab, die man für dich hielt. Du erwähnst auch Samos, deine Reisen in die Wälder, den Schattendiener und Faron, den du zur Strecke bringen willst.
Lynn ist vollkommen überwältigt. Dann wird er traurig.

„Der Hauptmann der Wache hat mich damals befragt, wo du wohnst, kurz bevor euer Haus niedergebrannt ist. Ich habe mich nie darüber gewundert – aber nun befürchte ich, dass ich das Böse zu euch geschickt habe. Auch in der Zeit danach hatte ich das Gefühl, beobachtet zu werden. Jetzt wird mir klar, warum: Man hat mich beschattet, um dich zu finden. Das hat erst nach ein paar Tagen aufgehört."
„Aber warum wurdest du dann nicht einfach gefragt?", unterbrichst du ihn.
„Immerhin dachten alle, du bist unter der Erde. Wie hätten sie die Nachfragen erklären sollen?"
Du sagst ihm, dass du in Farons Anwesen gelangen musst. Lynn überlegt kurz, dann hat er einen Plan. „Ich tausche meine Route mit einem der Nachtwächter, die in der Gegend Dienst haben, jetzt sofort. Du weißt ja, um die hübsche Veronika zu treffen!" Er zwinkert dir zu. „Triff mich in einer halben Stunde hinter Farons Haus!"
Mit diesen Worten eilt er davon. Weiter bei **82**.

87

Reflexartig schlägst du ihn mit einem harten Hieb gegen die Schläfe bewusstlos.
Du zerrst ihn hinab in den Keller und legst seinen Umhang und die Maske selbst an. Dann kehrst du nach oben zum Gang zurück. Du beschließt, nun zu der großen Flügeltür zu gehen, zu welcher der von dir niedergeschlagene Mann wollte. Du willst endlich Faron gegenübertreten (weiter bei **85**).

88

Du schluckst die dicke Flüssigkeit herunter. Nichts passiert. Du händigst den Pokal dem kleinen Mann aus, der ihn zu dem Mann auf dem Thron bringt. Dieser blickt in die Runde und hebt den Kelch an die Mundöffnung der schwarzen Maske. Er leert ihn in einem Zug, bis auf den letzten Tropfen.
Der Zeremonienmeister fährt fort, ohne dass jemand eine Reaktion zeigt. Er nimmt ein schweres, in schwarzen Samt gebundenes Buch vom Tisch und reicht es dem Mann mit der schwarzen Maske. Dieser beugt sich nach vorne und beginnt zu lesen. Du verstehst kein Wort, doch erkennst du, dass es sich um eine Be-

schwörung handeln muss. Sie soll die Macht, die die Karben über die Herrscher Waldheims halten, erneuern und festigen.
Du trittst aus dem Halbkreis nach vorne, reißt Umhang und Maske herunter und sagst:
„Stirb, Schuft! Für meinen Onkel Wilhelm!“ (weiter bei **19**)
„Ich fordere dich hier und jetzt zum Duell, Faron! Im Namen der Weißen Eule!“ (weiter bei **145**)
„Dein Treiben hat nun ein Ende. Dafür werde ich sorgen, für Waldheim!“ (weiter bei **171**)

89 Du lässt die Frau stehen und eilst um die nächste Ecke. Weiter bei **36**.

90 Du führst den Pokal an den Mund und trinkst. Die dunkle Flüssigkeit ist nichts anderes als Rotwein. Er ist süß und schmeckt nach Beeren. Du gibst das Gefäß wieder Samos. Er nimmt zwei tiefe Schlucke. Ino tritt hinzu und reicht ihm eine Metallschachtel.
In ihr befinden sich zwei Ringe.
Beide sind aus Silber gefertigt, in einen ist das Bild einer sitzenden Eule, in den anderen das einer fliegenden eingraviert.
„Dies“, erläutert Ino, „sind die Ringe der Eule. Jeder erfolgreiche Schüler erhält die fliegende, sein Lehrer die sitzende Eule. Sie sind Symbol für die Verbundenheit von Lehrer und Schüler.“
Damit überreicht dir Samos den Ring mit der fliegenden Eule und streift sich selbst den Ring mit der sitzenden Eule über. Dir fällt auf, dass er bereits einen anderen Ring mit einer sitzenden Eule trägt.
„An diesem Ring erkennst du die Mitglieder der Weißen Eule, und auch du kannst dich damit zu erkennen geben.“
Nach dieser kurzen Zeremonie sinkt Samos keuchend in seine Kissen und schläft sofort ein. Kudubar will dich zurück führen, da hält dich Ino zurück. Er reißt sich eines seiner aschblonden Haare aus und nimmt es in seine Faust, die er fest zusammendrückt. Er hebt die Faust über deinen Kopf, und ein feiner, golden funkelnder Schauer rieselt auf dich herab.

Du blickst fragend Kudubar an, doch der blickt mit offenem Mund zurück. Dann gibt er sich einen Ruck. Er zieht dich mit sich in den Saal mit der Tafel zurück, an der nun ein kaltes Mahl bereitsteht. Ino bleibt bei Samos zurück. Während ihr esst (Lebensenergie +8), besprecht ihr das weitere Vorgehen.
Weiter bei **112**.

91 Du stehst an der Kellertür zu Farons Haus. Nur an dieser Stelle kannst du ohne Aufsehen in das Haus des Sektenführers gelangen.
Es handelt sich um eine massive, dunkle Holztür mit einem schweren Messingknauf. Unter dem Knauf ist ein rundes Schlüsselloch. So stabil die Tür aussieht, so vernachlässigt ist der Kellerabgang: Herausgebrochene Pflastersteine liegen herum, der Boden ist mit feuchtem Moos und Unkraut bewachsen.
Du kannst einen der folgenden Gegenstände einsetzen, um die Tür zu öffnen (nur wenn du ihn hast):

- Eine Brechstange (weiter bei **20**)
- Nadel und Faden (weiter bei **108**)
- Einen Schlüssel (weiter bei **127**)
- Eine verbogene Haarnadel (weiter bei **110**)
- Einen Dolch mit besonders schmaler Klinge (weiter bei **29**)
- Einen Metallhaken zum Räuchern von Fischen, eine Stricknadel oder einen Spieß zum Braten von Hühnern (weiter bei **72**)

Wenn du nichts davon hast oder verwenden möchtest, überlege dir bei **179** etwas anderes.

92 Samos lässt deine Schultern los und lehnt sich wieder zurück.
„Du hast viel erreicht. Deine Entscheidung, den Pfad der Geister zu beschreiten, war gut, wenn auch deine Taten in eine andere Richtung deuten. Wollen wir mal sehen, welche Zukunft dich in der Weißen Eule erwartet."
Er führt dich in einen Raum im Erdgeschoss seines Hauses. Er ist quadratisch und hat eine Seitenläge von fünf Schritt. An den

Wänden stehen deckenhohe Regale. In ihnen türmen sich Schriftrollen, Masken, Gefäße, bauchige Gläser mit eingelegten Insekten, ausgestopfte Tiere und allerlei seltsame Artefakte. In der Mitte des Raumes steht ein Studiertisch mit einem einfachen Holzstuhl davor. Samos wendet sich dir zu.
„Mein Junge, die Weiße Eule ist keine Religion. Dennoch befassen wir uns mit vielen Fragen geistlicher Natur, und dies ist die Aufgabe des Schamanen. Viele dieser Fragen hängen mit Magie zusammen, andere mit der Suche nach Göttlichem. Und glaube mir: Zwischen Göttern und Menschen gibt er mehr, als du dir vorstellen kannst." Samos schmunzelt. „Und vor allem darunter."
Er deutet auf die angesammelten Gegenstände.
„Die meisten Schamanen der Weißen Eule wenden sich diesen Studien zu. Sie beschäftigen sich mit geistigen und übersinnlichen Erscheinungen. Für dich jedoch, mein Junge, ist ein anderer Weg geeigneter. Nicht jeder hat die Fähigkeit, Opfer zu erbringen."
Samos greift in eines der Regale, du hörst ein Klicken, und schon schwingt das Regal nach hinten. Dahinter siehst du im Zwielicht einen Raum, vollgestopft mit Kräutern und Zweigen. Es riecht nach verbranntem Holz und alten Steinen.
„Willkommen im Labor des Geisterbeschwörers", sagt Samos mit leiser Stimme und bedeutet dir einzutreten. Du machst einen Schritt an ihm vorbei und blickst dich um. Der Raum ist winzig, am Boden steht eine Feuerschale, daneben Gefäße aus Ton und Eisen. In der Feuerschale siehst du ein Messer, dessen Klinge scharf funkelt.
Samos nimmt ein paar der Gefäße und schüttet graue und grüne Flüssigkeiten in die Schale. Ein strenger Geruch nach Kräutern und etwas anderem steigt dir in die Nase – Räucherfleisch? Samos spricht ein paar Worte. Das Gemisch fängt stark zu qualmen an, wie feuchtes Holz, das brennt. Der Rauch beißt in den Augen, dennoch reißt du sie plötzlich auf, als du inmitten des Rauches Schemen erkennst. Sie bewegen sich auf dich zu, einander umkreisend, als würden sie tanzen. Ferne Stimmen dringen an dein Ohr, Gesänge und Klagen. Beinahe kannst du

verstehen, was sie sagen, nur noch einen Augenblick, dann sind sie da, dann werden sie dich ansprechen.
Samos flüstert wieder ein paar Worte, und sofort verschwindet der Rauch und die Erscheinungen mit ihm.
„Erkunde die Welt der Geister. Erblicke Zwischenwelten, die anderen verborgen sind. Sprich mit den Toten."
Samos verlässt den Raum wieder und führt dich zurück in den Saal.
„Ich werde dir beibringen, was ich über die Beschwörung der Geister weiß. Doch bald werde ich nach einem der Geisterbeschwörer aus Ma Kolka senden, damit er dich in die Lehre nimmt. Erforsche mit ihm das Haus der Zwischenwelten und die Geheimnisse der jenseitigen Welt."
Weißer Geist und schwarzer Rauch! Du hast dieses Abenteuer als Geisterbeschwörer abgeschlossen (weiter beim Epilog am Ende von **Buch 1**).

93 Du trittst auf eine der Kisten zu. Sie ist einen Schritt breit und unverschlossen. In ihr findest du Steinbrocken in Form menschlicher Körperteile. Du siehst Hände, Arme, Beine, Füße, sogar Köpfe.
Danach wendest du dich einer der mit Tüchern bedeckten Statuen zu. Du ziehst das Laken herunter und stehst vor einer Steinstatue, gänzlich unbeweglich, und dennoch ... In den Augen liegt ein menschlicher Glanz. Dein Blick zuckt zurück zu der Kiste mit den Steinbrocken, zu einem der Steinköpfe, der darin liegt. Bei diesem sind die Augen stumpf, sie sind ... tot.
Du zerrst das Laken wieder über die unheimliche Statue und eilst zur Tür, die dich weiter in das Haus führt.
Weiter bei **81**.

94 Geschickt kletterst du die Hauswand empor. Mit einer Hand ergreifst du den Fenstersims und ziehst dich mit einer kraftvollen Bewegung nach oben. Du stützt dich mit einem Fuß ab und springst durch das Fenster in den dahinterliegenden Raum. Du landest direkt neben einem breiten Himmelbett. Salter, der auf der Bettkante sitzt und verquollene Augen hat,

springt auf. Sein Blick streift die Tür, doch traut er sich nicht, um Hilfe zu rufen.
Der Grund für sein Zögern befindet sich vor dir im Bett: Dort liegt das blasse Mädchen, das du kurz vor dem Haus gesehen hast. Es hat tiefe Augenringe in einem fahlen, kalkweißen Gesicht. Die Haare stehen strähnig in alle Richtungen ab. Die Augen glänzen fiebrig, sie nimmt dich nicht wahr.
„Was wollt Ihr?", stammelt Salter, während er sich zwischen dich und das Bett zu schieben versucht.
Wie lautet deine Antwort?
„Ich habe Euch Geld zu bieten. Viel Geld. Dafür erwarte ich natürlich eine Gegenleistung." (weiter bei **65**).
„Wenn Ihr nicht tut, was ich Euch befehle, stirbt das Mädchen." (weiter bei **165**) Diese Wahl wirst du auf keinen Fall treffen, wenn du 1 oder mehr Menschlichkeit hast.
„Ich würde gerne versuchen, das Mädchen zu heilen." (weiter bei **8**) Wenn du -1 oder weniger Menschlichkeit hast, wirst du diese Wahl nicht treffen.
Oder kommt für dich keine dieser Möglichkeiten in Frage? Dann verschwinde wieder durch das offene Fenster (weiter bei **134**).

95 Samos greift nach deiner Waffe, die bei deinen Sachen liegt. „Diese Klinge hat viel Blut gesehen. Dämonenblut, Wolfsblut, Vampirblut. Und auch Menschenblut. Nicht immer hast du unterschieden zwischen solchen, die auch dir nach dem Leben trachteten, und denen, die es verdient haben zu leben. Die Weiße Eule ist eine Gemeinschaft, die für das Gute einsteht. Doch gibt es auch bei uns Aufgaben, die eine gewisse Entschlossenheit den Lebenden gegenüber erfordern."
Der weißhaarige Mann erhebt sich und geleitet dich in die Waffenkammer des Hauses. Harnische und beringte Panzerhemden, Bastardschwerter und Nierendolche, Eisenhüte und Visierhelme blitzen silbern und golden. Auf einem Turmschild siehst du das Wappen der Weißen Eule.
„Die Ritter sind das Herz unserer Streitmacht, die Schlachtenwüter im Zentrum der Gefahr." Samos zieht die Tür der Waf-

fenkammer wieder zu. „Doch für dich haben wir andere Pläne." Er greift in ein Loch in der Wand und zieht an einem versteckten Hebel. Neben der Tür zur Waffenkammer bewegt sich eine Mauer und gibt eine Treppe frei, die steil und eng nach unten führt. Er entzündet eine Fackel und führt dich hinab. Euch schlägt ein fauliger Geruch wie in einem Kerker entgegen. Nach 30 Stufen gelangt ihr in einen Raum mit tiefer Decke, dessen Boden mit Stroh ausgelegt ist. Dazwischen siehst du den Eisenring einer Falltür herausragen – ein geheimer unterirdischer Ausgang aus seinem Anwesen, wie dir Samos erklärt.
Der Raum ist wie die Waffenkammer mit Waffen und Rüstungen vollgestopft. Sie sind aus einem Stahl geschmiedet, der dunkler als der wie Morgentau glänzende Stahl der Ritterwaffen ist.
Samos greift nach einem Springmesser. „Unter den Rittern gibt es Einzelgänger, die nicht mit dem Ritterheer in die Schlacht ziehen. Sie stehen für den grimmigen Schatten der Weißen Eule, für ihre dunkle Seite. Anders als die Ritter der Weißen Eule tragen sie schwarze Rüstungen. Manche sagen, die roten Verzierungen seien in Wahrheit Blutspritzer des letzten Opfers.
Du wirst ein solcher Schwarzer Ritter werden, ein düsterer Klingenmeister, gleichermaßen gefürchtet bei Freund und Feind, tödlich mit dem Schwert und der Axt. Ein Außenseiter bei der Weißen Eule, doch berüchtigt in der ganzen Welt. So effektiv wie ein Heer, wenn du dich ohne Gedanken an deine eigene Sicherheit auf den Gegner stürzt." Samos legt das Messer wieder zur Seite und mustert dich.
„Doch dahin ist es noch ein weiter Weg. Deine Ausbildung hat gerade erst begonnen."
Blut, Beil und Bastardschwert! Du hast dieses Abenteuer als Schwarzer Ritter abgeschlossen (weiter beim Epilog am Ende von **Buch 1**).

96 Du fasst in aller Kürze deine bisherigen Abenteuer zusammen. Du beendest deine Geschichte mit dem Plan, in Farons Haus zu gelangen, um ihn aufzuhalten.
Lynn schaut dich misstrauisch an. Er scheint zu überlegen, ob er dir glauben kann.

Wirf einen Würfel und zähle den Wert zu deiner Menschlichkeit hinzu (ein negativer Wert wird vom Würfelergebnis abgezogen). Wenn das Ergebnis 3 oder höher ist, gehe zu **40**. Ist es 2 oder weniger, dann lies bei **175** weiter.

97 Du betrittst Mansurs Handelsposten. Viele große und kleine Kisten stehen im Eingangsbereich herum. „Willkommen! Einer meiner besten Kunden! Neue Ware, aus den exotischen Ländern außerhalb von Anmar und nur für dich zum Sonderpreis!"
Er reibt seine Hände übermütig.

- Stab des Kriegers (zweihändig, 35 Goldstücke, Schaden 20)
- Kriegshammer des Südens (zweihändig, 20 Goldstücke, Schaden 22, Gewandtheit -1)
- Krummsäbel des Wüstenvolkes (37 Goldstücke, Schaden 18)
- Langbogen (24 Goldstücke, Schaden 11, nur wenn du die Fertigkeit „Bogenschießen" beherrschst)
- Lederhemd (12 Goldstücke, Rüstung 1)
- Fellmütze (15 Goldstücke, kein Verlust von Lebensenergie bei Kälte, nicht in Kombination mit einem Helm)
- Goldener Schild (35 Goldstücke, Rüstung 2)
- Heiltrank (15 Goldstücke, Lebensenergie +25, jedoch nicht über den maximalen Wert hinaus)
- Heilwurzel (6 Goldstücke, Lebensenergie +7, jedoch nicht über den maximalen Wert hinaus)
- Oranger Trank (35 Goldstücke, Lebensenergie-Höchstwert +7)
- Für nur 2 Goldstücke kannst du jeden beliebigen Gegenstand mit deinem Namen beschriften lassen – vielleicht hast du ja eine Vorliebe für personalisierte Waffen.

Alle Waren sind jeweils einmal auf Lager. Jeder Gegenstand, für den dir ein konkreter Wert mitgeteilt wurde, kann zum genannten Preis verkauft werden. Darüber hinaus nimmt Mansur nur Waffen und Rüstungsgegenstände und zahlt dir dafür jeweils 1 Goldstück.

Alle sonstigen Gegenstände wird Mansur dir nicht abkaufen.
Wenn du grüne Perlen gefunden hast, auf denen ein „M" eingraviert ist, kannst du diese an Mansur für jeweils 3 Goldstücke verkaufen.
Wohin willst du dich als nächstes wenden?
Zu Samos' Landhaus (weiter bei **138**)?
Zur Kräuterhexe Amiriolla (weiter bei **71**)?
Zum Schmied Magnusson (weiter bei **142**)?
In den unheimlichen Nordwald Kalrir – nur, wenn du schon in Samos' Landhaus warst (weiter am Anfang von **Buch 3**)?

98 Deine Hellebarde hat dir noch immer gute Dienste geleistet. Für dich kommt nur das Waffenhandwerk in Frage.
Samos lächelt verstehend. Er führt dich humpelnd ins Freie zu einem kleinen Innenhof hinter dem Gebäude.
Am Rand des Hofes stehen Regale, in denen verschiedene Klingenwaffen lehnen und hängen. Samos führt dich zu der anderen Seite des Hofes und öffnet einen Schrein mit einem goldenen Schlüssel. Er nimmt daraus eine Karaffe und gießt eine milchige Flüssigkeit in einen Becher.
„Trink das!"
Die Flüssigkeit ist sehr dick und schmeckt nach Met. Sofort breitet sich Wärme in dir aus. Samos holt einen Dolch aus dem Schrein, packt dich und stößt dir die Klinge zwischen die Rippen.
Weiter bei **167**.

99 Du schleichst zum Kücheneingang und lauschst an der Tür. Plötzlich flackert ein Licht in der Küche auf. Du erschrickst und wirbelst herum, um dich in den nahen Treppenabgang zu retten. Schon hörst du, dass sich hinter dir die Tür öffnet. Du musst die Treppe hinunterspringen, um nicht entdeckt zu werden.
Wirf zwei Würfel und zähle 10 hinzu. Ist das Ergebnis höher als deine Gewandtheit, dann gehe zu **84**.
Sonst gehe zu **58**.

100 Marina lächelt. „Die Weiße Eule schützt das Gute und Gerechte. Woher genau die Kräfte der Eule kommen, weiß ich nicht. Dennoch geben wir seit vielen Generationen das Wissen weiter, das uns zu dem macht, was wir sind. Ich selbst habe vor einigen Jahren den Schülerring gegen den Ring des Lehrers getauscht, um mein Wissen den neuen Mitgliedern weiterzugeben. Es wird nur selten jemand in den Orden aufgenommen, und noch seltener, wenn er wie du ein vollkommen Unbekannter ist. Doch mein Vater vertraut dir. Ich wünschte nur, er wäre nicht so ..." Marina blickt dich schulterzuckend an. „Du hast viel im Dschungel erreicht, und den Schattendiener zu vernichten, war eine bemerkenswerte Leistung. Dennoch wird sich erst noch zeigen, ob wir unser Vertrauen nicht leichtfertig verschenkt haben."
Bevor du etwas erwidern kannst, wendet sie sich von dir ab. „Lass uns zu meinem Vater in die Eingangshalle zurückkehren, er wird schon auf uns warten."
Lies weiter bei **37**.

101 Du springst auf, wirfst den Kompass so auf den Tisch, dass ihn alle sehen können, und führst einen Überraschungsangriff gegen Samos. Dieser müsste vollkommen überrascht sein, dennoch prallt dein Angriff an ihm ab, als wäre nichts passiert. Die Waffe in deiner Hand zerbröselt, als wäre sie aus Sand (streiche sie vom Spielbogen). Samos zeigt mit kaum einer Regung, dass er von deiner Aktion überhaupt Kenntnis nimmt.
Kudubar flucht laut und zieht einen Dolch. Unsichere Blicke huschen umher, zu dir, zum Kompass, zu Samos, wieder zum Kompass. Einen Moment bewegt sich niemand. Dann knurrt Arumnas „Unter uns ist ein Verräter und Lügner. Aber es ist nicht Samos, Nachtwächter, oh nein. Es ist Faron."
Faron springt in Richtung des Tisches und greift nach dem Kompass.
Arumnas zeichnet mit den Händen Runen in die Luft. Schemen folgen seinen Händen, ein nebliges Bild entsteht vor ihm.
Samos ruft: „Arumnas, nicht!" Faron wirbelt herum und streckt seine rechte Hand nach Arumnas aus. Ohne ihn zu berühren,

schließt er seine Hand zu einer Faust. Arumnas wird von einer unsichtbaren Kraft gepackt und einen halben Schritt in die Luft gehoben. Seine Arme werden nach hinten gezogen und sein Runenbild vor ihm verblasst. Aus seinen Augen und Ohren leuchtet es bläulich, immer stärker, doch wird es um ihn herum nicht heller. Einen Moment erinnert er dich an die Laterne eines Nachtwächters, kurz bevor sie erlischt und die Dunkelheit sie umschließt. Arumnas schreit auf, als das dunkle Licht aufflackert und sogar aus seiner Haut, aus jeder Pore zu dringen scheint.
Marina ruft ein Wort, das du nicht verstehst und schleudert einen Lichtblitz auf Faron. Mit einem Kampfschrei stürzt sich Kudubar auf ihn. Samos wirft ein Glasgefäß mit einer grünen Flüssigkeit.
Alle drei Angriffe werden von einer unsichtbaren Mauer abgefangen, die Faron umgibt. Dieser zuckt mit dem Kopf und Kudubar wird in deine Richtung geschleudert, so dass er dich unter sich begräbt. Faron zischt ein Wort, „Nadra“, und deutet auf Samos. Ein Knäuel aus schwarzem Rauch schießt aus seiner Hand auf diesen zu und trifft ihn mitten auf der Brust. Samos schreit, reißt die Hände nach oben und presst sie auf die getroffene Stelle.
Du rappelst dich auf. Lächelnd taxiert Faron nacheinander Marina, Samos und dann dich. Seine Hand hat er immer noch erhoben, Arumnas hängt besinnungslos in der Luft.
„Ihr Narren. Wir führen Waldheim ins Licht. Und deinem Onkel“, er blickt dich an, „werde ich deine Grüße bestellen, mein Freund.“
Blaue, kalte Flammen flackern um Faron herum auf, lodern um seine Beine, seinen Körper, schließlich seinen Kopf. Er schreit noch: „Möge der Fluch des Raben dich zu mir führen!“ Dann ist er verschwunden.
Nur wenige Augenblicke sind vergangen, seit du den Kompass aufklapptest, doch erscheinen sie dir wie ein Zeitalter. Noch kannst du kaum fassen, dass der Verräter direkt unter euch war. Arumnas kracht auf den Boden. Samos und Marina stürzen zu ihm, du hörst ein Stöhnen, als sie sich über ihn beugen. Er flüstert etwas, das du nicht verstehst. Samos und Marina wenden

sich zu dir um. Arumnas hat eine zittrige Hand erhoben und deutet auf dich. „Halte ihn auf, Nachtwächter!“
Seine Hand erschlafft und fällt zu Boden. Seine Augen schließen sich. Marina horcht an seiner Brust und fühlt seinen Puls. Sie schüttelt sanft den Kopf. Arumnas hat den Kampf gegen die Karben mit seinem Leben bezahlt.
Dein Blick fällt auf den geöffneten Kompass, der noch immer auf dem Eichentisch liegt. Die Nadel dreht sich nicht mehr. Sie deutet in Richtung von Samos, Marina und Arumnas. Du nimmst den Kompass in die Hand und bewegst dich zwei Schritte, und die Nadel bewegt sich. Noch immer deutet sie auf die Drei – du kannst nicht sagen, auf wen genau.
Plötzlich steht Kudubar hinter dir. Er nimmt den Kompass, klappt ihn zu und reicht ihn dir wieder.
„Nimm ihn, du wirst ihn brauchen.“
Marina erhebt sich energisch, du erkennst Tränen in ihren Augen. „Vater, wir können ihm nicht einfach ...“
„Schluss damit!“ Er steht auf und tritt auf dich zu, eine Hand auf seine Brust gepresst. „Was soeben passiert ist, ist ein schwerer Schlag. Faron ein Verräter ... Dennoch bleibt deine Aufgabe, wie sie ist.“
Dir fällt ein, dass du noch nicht berichtet hast, welch seltsame Worte dir Ténoch mit auf den Weg gab. Als du davon erzählst, atmet Samos erleichtert durch.
„Der Schutz der Eule war mit uns. Wenigstens das hat Faron nicht gehört. Möge dies unser schwacher Hauch der Hoffnung sein, der das Feuer des Mondes zum Erlöschen bringt. Weißer Schatten gelüftet, Nacht des Nordens erstickt – das muss sich auf den Kalrir beziehen. Er ist von dunkler Magie befallen und liegt unter einer dichten Schneedecke. Finde heraus, was die Reine Quelle in seiner Macht hält, und befreie sie. Kind der Macht dein Führer, der Kompass des Wassers Heilung – ich kann nicht sagen, was Ténoch damit meinte.“ Samos hebt die Schultern.
„Außerdem wird es Faron ...“ Er zögert, als würde er nachdenken. Dann sagt er zu dir: „Du solltest bald aufbrechen.“
Lies weiter bei **105**.

102 Samos schickt Ino zu deinem Häuschen. Der Diener schlüpft in Hose und Stiefel, setzt sich einen Hut auf und rennt los.
Samos blickt dich an. „Du hast einen Weg eingeschlagen, von dem es keine Rückkehr gibt. Dein Leben als Nachtwächter endet. Vergiss, wen du als Freund kanntest."
Nach wenigen Minuten kommt Ino zurück. „Sie sind ..." Er stockt und schaut von Samos zu dir.
„Ich kam zu spät. Alles brannte, Marlus ist tot. Den alten Mann haben sie abgeführt – er sagte, dass du", dabei blickt er dich an, „im Haus verbrannt bist."
Dein Onkel Wilhelm schützt dich, er will nicht, dass man dich sucht. Vielleicht hättest du doch zurückeilen sollen – vielleicht hättest du all das verhindern können?
Weiter bei **177**.

103 Du wendest dich von der Kellertür ab und kehrst zurück nach oben. Die Küchentür meidest du, aus Angst, dass der Diener zurückkehren könnte, und schleichst in die andere Richtung an der Hauswand entlang. Du passierst mehrere dunkle, vergitterte Fenster, an denen du gefahrlos vorbeikommst.
Du folgst der Hauswand für 15 Schritte. Als du die Hausecke erreichst, verlässt dich dein Glück. Eine Hausmagd kommt um die Ecke, erblickt dich und fängt sofort an zu kreischen. Nicht lange, und schon bist du von einer Horde Wachen umringt. Einer von ihnen, vielleicht der Freund des Mädchens, stürzt sich besonders wütend auf dich. Es gelingt dir, seinen Spieß beiseite zu stoßen. Als du einen Gegenangriff führen willst, durchzuckt ein scharfer Schmerz deinen Rücken. Die hinter dir stehenden Wachen haben dir schwere Verletzungen zugefügt. Du brichst zusammen.
Das Letzte, was du siehst, ist der neugierige Blick einiger junger Wachmänner, die zum ersten Mal einen Menschen sterben sehen. Dein Abenteuer – und dein Leben – enden hier.

104 Du springst vom Tisch auf und startest in Richtung Tür. Einer der Männer wirft sich von hinten auf dich, der Zweite

hechtet nach deinen Beinen, der Dritte versucht dir den Weg abzuschneiden.
Du wirfst dich rückwärts gegen den Tresen, um den Ersten abzuschütteln, trittst nach dem Zweiten und schlägst einen wilden Haken um den Dritten herum. Dabei stolperst du über einen Stuhl, strauchelst einen Moment, und schon sind alle drei über dir. Etwas Schweres trifft deinen Kopf, dann umgibt dich Schwärze.
Du erwachst in einem Kerker. Dort lässt man dich für ein paar Tage bei völliger Dunkelheit und ohne Essen liegen, nur eine Schale Wasser erhältst du jeden Tag.
Danach wirst du zu Faron gebracht. Dieser ist begeistert, dich endlich in seiner Gewalt zu haben. Er bringt alles in Erfahrung, was er wissen möchte. Danach lässt er dich in den Kalrir schleifen, wo sich schon bald jemand finden wird, der dich von deinen Qualen erlöst.
Dein Abenteuer ist hier, kurz vor dem Ziel, zu Ende.

105 „Eines noch." Samos scheint Schwierigkeiten zu haben, die richtigen Worte zu finden. Er kaut auf seiner Unterlippe und schaut blind an dir vorbei. „Damals in Waldheim musste ich schnell handeln. Die Karben waren dir auf den Fersen."
Du schweigst und wartest, was er dir sagen will.
„Die Betäubung war zu deinem Schutz. Und ich musste testen, ob ich dir vertrauen kann. Im Urwald der Fei hast du diese Probe bestanden. Durch die Zeremonie, die wir vor deinem Aufbruch in den Südwald durchgeführt haben, bist du ein Schüler der Weißen Eule geworden. Ich bin dein Lehrmeister, und deine Reise in den Fei war deine Initiationsreise."
Mit einem schnellen Blick prüft er deine Reaktion auf die Worte. Dann nimmt er wieder eine herrische Haltung an.
„Du bist stärker geworden. Nun obliegt es uns, dir das Rüstzeug für die kommenden Gefahren zu geben."
Du willst etwas erwidern, doch er wischt dies mit einer Handbewegung beiseite.
„Du wirst meine Gründe verstehen." Er nickt in die Richtung seiner beiden Begleiter. „Ich muss mich um die Beerdigung un-

seres Freundes kümmern. Für dich geht die Ausbildung weiter. Jetzt ist keine Zeit zu trauern."
Auf dem Weg der Krallen liest du weiter bei **119**.
Wenn du dem Weg der Schwingen folgst, lies weiter bei **194**.

106 Du kannst einfach nicht widerstehen, deinen Freund wieder zu sehen. Außerdem kann er dir eine wertvolle Hilfe sein. Bevor du aufbrichst, besprichst du mit Kudubar alle Details. „Finde gemeinsam mit Lynn einen Weg in das Anwesen Farons. Du musst heute Abend nach Anbruch der Dunkelheit dorthin gehen. Wenn du dann nicht zu Faron vordringst, sind all unsere Pläne zum Scheitern verurteilt.
Viel Glück."
Weiter bei **133**.

107 Der Wächter macht sich nicht die Mühe, seinen Herren zu fragen. Er sagt mit fester Stimme: „Das muss bis morgen Zeit haben. Meister Salter empfängt heute keinen Besuch mehr." Er schließt die Tür.
Du musst etwas anderes versuchen. Wenn du das noch nicht getan hast, kannst du dich auf die Suche nach einem anderen Weg in Salters Haus machen (weiter bei **44**).
Oder du versuchst nun doch, auf eigene Faust und ohne Salters Hilfe in Farons Anwesen zu gelangen (weiter bei **147**).

108 Du führst den Faden in das Schlüsselloch ein, was jedoch nicht weiterhilft. Danach versuchst du, mit der Nadel oder mit beidem irgendetwas zu erreichen. Du musst jedoch schnell einsehen, dass dir Nadel und Faden hier nichts nützen.
Versuch einen anderen Gegenstand (zurück zu **91**) oder überleg dir etwas anderes (weiter bei **179**).

109 Ohne zu wissen, wie du eigentlich hier gelandet bist, stehst du plötzlich in einer Meute johlender Männer in einer Kneipe in Waldheim. Als sie dich erkennen, nehmen sie dich in ihre Mitte und singen lauthals ihr Lied.

Ein Nachtwächter
Durch Sumpf und Sand für Ruhm und Rang
Für Gold und Tand und Heldgesang
Im Wagnis ohne Wiederkehr
Ein Nachtwächter, ja das war er.

Durch Eis und Schnee für Stolz und Ehr'
Vorbei an Fee und Wolf und Bär
Ein Nachtwächter, ja das war er
Befreit die Stadt und vieles mehr.

Das Herz des Bösen schlägt nicht mehr
Ein Nachtwächter, ja das war er
Des Mondes Zauber ist gebannt
Der Held des Landes wohlbekannt.

Ein Nachtwächter, ja das war er
Vom Wagnis ohne Wiederkehr
Kehrt er in uns're Stadt zurück
Drum hebt die Humpen auf sein Glück.

(Ein Kneipenlied des Wirtshausdichters aus dem „Toten Zombie", Raischtin Ressun)

110 Du versuchst, mit der verbogenen Haarnadel den Mechanismus des Schlosses zu betätigen. Vorsichtig führst du die Nadel in die Öffnung ein und bewegst sie in verschiedene Richtungen.
Wirf einen Würfel.
Bei einer 2 oder mehr geht es weiter bei **62**.
Würfelst du eine 1, musst du bei **140** weiterlesen.

111 Wohin willst du nun gehen?
Zur Kräuterhexe Amiriolla (weiter bei **71**)?
Zum Schmied Magnusson (weiter bei **142**)?
In den unheimlichen Nordwald Kalrir (weiter am Anfang von **Buch 3**)?

Du kannst auch den Portalring benutzen, um kurz zum Handelsstützpunkt von Mansur zu reisen. Dann gehe zu **97** (das geht nicht, wenn du bei Mansur Hausverbot hast).

112 Samos konnte abermals Neuigkeiten in Erfahrung bringen, bevor der Fluch zu stark wurde. Kudubar berichtet, was er herausgefunden hat:
„Faron muss bereits seit einiger Zeit mit den Karben in Kontakt stehen. Bislang ist er aber ihr einziger hochrangiger Führer in Waldheim. Können wir ihn ausschalten, so ist auch die Gefahr für unsere Stadt gebannt. Welche Pläne er im Einzelnen verfolgt, wissen wir nicht – letztlich geht es aber um Macht. Die Karben ermöglichen ihm, auf ein weit verzweigtes Netzwerk an Handlangern und Schergen zuzugreifen. Er wird es benutzen, um seinen Machthunger zu stillen, und ich glaube nicht, dass ihm Waldheim genügt. Ein Seelenräuber der Karben ist eingetroffen, ein gefährlicher Schamane namens Sajak. Hüte dich vor ihm. Faron hat außerdem bereits Macht über den Stadtrat. Auch Bezilor, der Stadtverweser, steht unter seinem Einfluss. In den Archiven des grauen Arumnas hat Samos eine vergessene Schrift gefunden, in der er auch vom Fluch der Schlange las. Der alte König des Ostreiches nutzte das Feuer des Mondes für ein dunkles Ritual. Damit machte er alle Mitglieder seines Hofstaates zu Marionetten. Um diesen Einfluss zu erhalten, wurden Zeremonien durchgeführt, deren Teilnehmer Masken trugen und bei denen aus einem gemeinsamen Gefäß getrunken wurde. Faron selbst hat auf dem Marktplatz angekündigt, dass heute in seinem Anwesen eine Zusammenkunft stattfindet. Ich wette, er wird mit dem Stadtrat Waldheims dieselbe Zeremonie abhalten. Du musst daran teilnehmen – mich würde er erkennen." Er lässt die Muskeln an seinen Oberarmen spielen.
„Du musst Faron überlisten. Doch sei achtsam: Wenn er vom Reinen Wasser trinkt, mag das vorübergehend das Feuer des Mondes löschen. Der Strom der Magie wird aber auch dann noch stark in ihm sein. Bevor wir weiter reden: Samos hat mir ein Geschenk für dich gegeben."

Je nach dem Pfad, den du eingeschlagen hast, geht es für dich bei einem der folgenden Abschnitte weiter:

- Pfad des Berserkers: **176**.
- Pfad des Kampfmönchs: **159**.
- Pfad des Waldläufers: **130**.
- Pfad der Geister: **63**.
- Pfad der Natur: **198**.
- Pfad des Kampfmagiers: **153**.

113 „Samos ... ich denke, du weißt alles über ihn, was du wissen musst. Du kannst dir keinen besseren Lehrer für deine Ausbildung wünschen. Er trägt den Ring des Lehrers schon sehr lange. Marina und ich haben den Schülerring erst vor ein paar Jahren abgelegt. Er dagegen hat so viel Erfahrung, dass sich sein Wissen längst nicht mehr nur auf sein eigenes Spezialgebiet erstreckt."

Er zieht dich wieder in das Haus. „Zeit für dein nächstes Abenteuer!"

Lies weiter bei **37**.

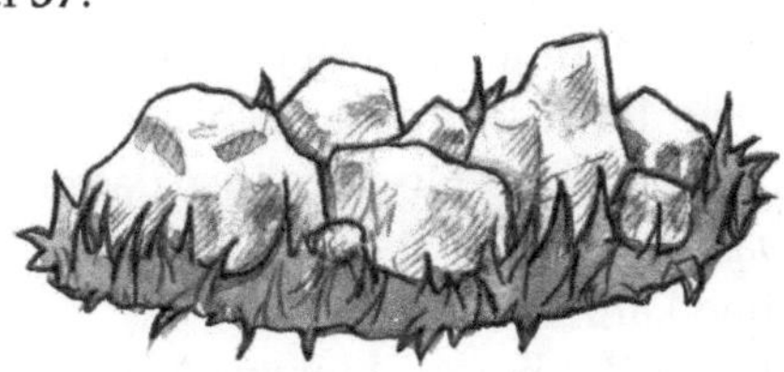

114 Samos lässt deine Schultern los und sagt: „Du kennst ja bereits meine Tochter. Wir sind nicht immer einer Meinung. Doch ist sie ohne jeden Zweifel eine der mächtigsten Zauberinnen der Weißen Eule." Dann ruft er: „Marina!"

Kurze Zeit später betritt Samos' Tochter den Raum. Sie geht grußlos auf dich zu, legt eine Hand auf deine Wange und flüstert: „Kalyrios."

Plötzlich verschwimmen die Wände des Zimmers, in dem du gerade noch mit Samos gestanden bist. Eine sonnendurchflutete Waldlichtung nimmt Gestalt an. Zwischen dichtem dunkelgrünem Gras und hochgewachsenen Sonnenblumen führt ein Pfad zu einem hohen Steinturm, der keine Tür hat. „Willkommen im Kalrir. So sah es hier aus, bevor das Böse überhandnahm. Seit Farons Tod ist das Leben zurückgekehrt", sagt Marina, ohne die Hand von deiner Wange zu nehmen. Dann flüstert sie ein weiteres Wort: „Sagyrios". Der Wald verschwimmt wieder. Eine mächtige Burg aus rotem Stein nimmt Kontur an, die über einer weitläufigen Stadt thront. Goldene Kuppeln glänzen in der Sonne, du riechst Safran und Koriander. „Willkommen in Sagiriton, dem Herz des Ostreiches." Wieder flüstert Marina ein Wort: „Lyrios". Die Burg verschwindet und vor euch entsteht ein hoher Turm, der blendend weiß ist. „Der Turm der Zauberer der Weißen Eule."

Du siehst dich um. Der Turm liegt auf einem Hügel, von dem aus du die Stadt Sagiriton und die Burg erkennen kannst.

Marina nimmt die Hand von deiner Wange und schiebt dich durch das offene Tor in das Innere des Turms.

Ihr betretet eine runde Halle, die nur wenige Schritt Durchmesser hat. Die Innenwände sind dunkel und ohne Fenster, so dass die gesamte Halle im Dämmerlicht liegt. Zuckende Flammen schwarzer Fackeln erleuchten die Treppen aus schwarzem Holz, die sich an die Wände klammern und hinauf zu niedrigen Türen führen. Dein Blick wandert nach oben und verliert sich schließlich im Dämmerlicht. Fledermäuse flattern in den Höhen des Turmes. Das Treppengerüst schlängelt sich weiter nach oben, als du sehen kannst.

„Dies ist der Sitz der Zauberergilde von Anmar. Hier unterrichten die alten Meister der Magie junge Zauberschüler. Ich wurde hier ausgebildet, und auch du wirst hier die Geheimnisse der Magie kennenlernen. Auch ich werde deine Lehrerin sein."

Als ihr vor einer Treppe steht, deutet Marina nach oben. „Dort oben sind die Räume der Zauberakademie von Anmar. Die mächtigsten Zauberer des Landes arbeiten, forschen und unterrichten dort. Doch dies ist nicht dein Weg."

Sie führt dich zu einer schmaleren Treppe und nach unten. „Dein Weg liegt unter der Oberfläche. Du wurdest ausgewählt, um den zerstörerischen Weg der Feuermagie zu erlernen. Dieser Weg erfordert viele Opfer. Nur, wer den Wert seines eigenen Lebens und seiner eigenen Gesundheit anderen Zielen unterordnet, kann diesen Weg beschreiten, ohne selbst zu verbrennen. Nur, wer schon Schlimmes gesehen hat, kann ertragen, was einem in dieser Ausbildung abverlangt wird.“ Sie bleibt stehen und blickt dich an. In ihren Augen spiegelt sich das Licht der Fackeln. „Du wirst zu einem Hexenmeister der Flamme der Weißen Eule ausgebildet, wie Zogar. Er war vor Langem der erste Hexenmeister und verfiel am Ende seiner Tage dem Wahnsinn.“

Nach einer endlosen Reihe von Stufen erreicht ihr schließlich den Fuß der Treppe und steht am Eingang zu einem quadratischen Raum, der 10 Schritt lang ist. Die hohen Wände sind mit Ruß bedeckt. In der Mitte lodert in einem Eisenkessel ein Feuer. Davor steht ein hagerer Glatzkopf, der sich in diesem Augenblick umdreht.

Marina deutet auf den Mann. „Das ist der Leiter der Zauberschule und unser Hexenmeister. Er nennt sich Larendon.“

„Im Namen der Fackel von Sagiriton und aller Zauberkundigen Anmars“, wendet sich der Mann an dich und deutet ein Kopfnicken an. „Wir grüßen dich.“

Du erwiderst den Gruß.

Larendon deutet mit einem langen Finger auf dich, doch vermagst du nicht den Blick von seinen stechenden Augen zu wenden. Sein lippenloser Mund verzieht sich zu einem Lächeln, das dich an das Grinsen eines Totenschädels erinnert. An seiner Fingerspitze entzündet sich eine kleine Flamme, die sich vom Finger löst und auf dich zu tanzt. Als sie dich erreicht, greifst du unwillkürlich nach ihr. Die Flamme lässt sich von dir einfangen. Du spürst ihre Hitze, doch verbrennt sie dich nicht. Zwar fangen deine Haare Feuer und verkohlen deine Augenbrauen. Du weißt jedoch, dass du auf deinem Weg keine Haare und Augenbrauen mehr brauchst.

Schließlich verlasst ihr Larendon wieder. Marina legt dir wieder eine Hand auf die Wange. „Samos Illyrios.“ Einen Augenblick später steht ihr wieder im Hause Samos'.

Beim flammenden Berg! Du hast dieses Abenteuer als Hexenmeister abgeschlossen (weiter beim Epilog am Ende von **Buch 1**).

115 Mit einem Schrei stößt du Marina weg und greifst sie an. *Die erste Kampfrunde gewinnst du automatisch.*

Marina

Kampfkraft	Schaden	Rüstung	Lebensenergie
27	**24**	**4**	**65**

(Bogenschütze: kein Schuss möglich)

Lies nach deinem nächsten Treffer sofort hier weiter:
In Marinas Augen blitzt es hasserfüllt auf, als sie sich den Schweiß von der Stirn wischt. Sie murmelt ein paar Worte. Mit jedem Wort wird ihre Stimme tiefer. Sie verwandelt sich. Für einen Augenblick steht Faron vor dir. Sein Rücken krümmt sich zu einem knochigen Buckel. Dann wird er größer. Seine Haut färbt sich rot. Arme und Beine verwandeln sich in Klauen mit Krallen, länger als Dolche. Als ihm auch noch ein Schwanz wächst und er sich auf alle vier Beine fallen lässt, erkennst du die Bestie vor dir. Ein Drache, ein Monster aus den Mythen Anmars. Das Ungetüm greift dich mit seinem Feuerodem an, der heißer ist als die Schmieden von Sagiriton.

Roter Drache

Kampfkraft	Schaden	Rüstung	Lebensenergie
28	**26**	**6**	**65**

(Nutzung eines Bogens ist jetzt möglich)

Vergiss nicht, den schon zugefügten Schaden abzuziehen.
Wenn du bereits früher ein paar Tropfen des Reinen Wassers verwendet hast (etwa bei Salter), so hat Faron eine Kampfkraft von 29.
Wenn du gewinnst, dann gehe zu **67**.
Verlierst du den Kampf, geht es weiter bei **66**.

116 Eine Kellertür nach der anderen versuchst du zu öffnen – und stellst fest, dass nur die schwere Tür am Flurende geöffnet ist. Als du dich mit der Schulter gegen die Eisenbeschläge lehnst, schwingt sie nach innen auf. Sie gibt den Blick auf eine Kammer frei, deren Wände aus nacktem Stein bestehen. Mit

dem Rücken zu dir steht ein hagerer, glatzköpfiger Mann in einem weiten, blauen Mantel und zeichnet mit den Armen Figuren in die Luft. Von seinen Fingerspitzen springen blaue Funken auf einen nackten, gefesselten Mann, dessen Haut sich in diesem Augenblick weiß verfärbt und zu Stein wird. Der Schamane fährt herum und faucht dich an: „Ja, was denn?" Dann zieht er die buschigen weißen Augenbrauen hoch. „Der Nachtwächter!"
Er ergreift einen dunkelblauen Zauberstab. „Faron wird mir die Runen vergolden, wenn ich ihm deinen Kopf bringe!" Er kichert. „Oder deine Statue!"
In diesem Augenblick springt er in Richtung eines Holztischchens, auf dem eine Glocke steht – er versucht, die Wachen zu rufen. Du springst ihm nach und packst ihn im letzten Moment an der Schulter. Du musst Sajak, den Seelenräuber der Karben, stoppen. Er greift dich mit einem mächtigen Zauber an – wenn er dich trifft, streift dich eine Macht aus der Welt der Dämonen. Gegen diesen Gegner hilft dir keine Rüstung – jeder Treffer verletzt dich mit seiner vollen Wucht.

Sajak

Kampfkraft	Schaden	Rüstung	Lebensenergie
27	**30**	**0**	**20**

(Bogenschütze: Schuss möglich)

Der Seelenräuber wird weiterhin versuchen, die Glocke zu läuten. Wirf am Ende einer jeden Kampfrunde, in der er noch lebt, einen Würfel. Bei einer 6 erreicht er die Glocke. In diesem Fall weiter bei **79**.
Wenn es dir gelingt, den Schamanen zu besiegen, ohne dass er Verstärkung ruft, lies hier weiter:
Sajak verdreht die Augen und sinkt in sich zusammen. Als du dich nach seinem Leichnam bückst, liegt dort nur noch der Mantel – von dem Zauberer keine Spur.
Von irgendwoher hörst du dumpfe Geräusche. Du beschließt daher, zügig den Raum mit der Statue zu verlassen und zu der Treppe zurückzukehren. Dir bleibt nur der Weg nach oben.
Weiter bei **48**.

117 Du musst nicht lange warten, bis du Schritte aus dem Inneren des Kellers hörst und ein Lichtschein auf der Türschwelle auftaucht. Du kauerst dich neben dem Eingang auf den Boden und hoffst, dass die Nacht ihr schwarzes Hemd über dich legt.
Ein Wachmann tritt heraus. Er schaut sich die aufgebrochene Tür an, dann dreht er sich langsam in deine Richtung.
Willst du kurzen Prozess mit ihm machen, bevor er dich entdeckt und Alarm schlagen kann (weiter bei **174**)?
Oder willst du ausharren in der Hoffnung, dass er dich übersieht (weiter bei **39**)?

118 Wie Wilhelm bist du der Meinung, dass ihr euch Ärger nicht leisten könnt.
„Es tut mir leid", sagst du zu Marlus. „Wir haben getan, was wir konnten. Morgen muss ich wieder pünktlich auf meinem Posten sein, und die Nacht war lang."
„Du verstehst nicht!", antwortet der verletzte Bote. „Es geht hier um mehr als nur einen nächtlichen Zwischenfall. Die Sicherheit Waldheims und des ganzen Landes steht auf dem Spiel. Ich kann nicht weiter. Wenn du es nicht für mich tun willst – tu es für alle, die dir lieb sind!"
Wie willst du nun reagieren?
Doch den Brief zu Samos bringen (weiter bei **17**)?
Oder endlich ins Bett gehen (weiter bei **149**)?

119 Kudubar erhebt sich und führt dich ins Freie. „Es gibt oft Streit zwischen Samos und seiner Tochter, gerade jetzt, nach ...", er stockt, „dem Auftauchen der Karben in Waldheim. Nimm ihnen das nicht übel, die vertragen sich wieder."
Er atmet einmal tief durch und zieht dann sein Schwert. „Diesen Nordwäldlern wirst du den Geschmack von blankem Stahl schon noch nahebringen, was?"
Ihr bleibt vor einem brusthohen Waffenständer stehen, auf dem Dolche und andere Waffen liegen. Kudubar stützt sich mit dem Ellbogen auf dem Ständer auf, mit der anderen Hand deutet er auf die Waffen.

„Vielleicht kann dir ein alter Recke der Weißen Eule noch was beibringen. Mit der Waffe umgehen kannst du ja, aber die Feinheiten der Ronahi-Kunst musst du erst noch meistern.
Auf dem Weg der Krallen kannst du Spezialfertigkeiten erlernen, je nachdem, welchen Pfad du wählst. Leider haben wir nicht viel Zeit."
Du kannst dich für einen der folgenden Pfade der Ronahi-Kampfkunst entscheiden:

- **Pfad des Berserkers (nur wenn du die Grundfertigkeit Angriff oder Verteidigung beherrschst):** Du wirst zu einem mächtigen Kämpfer, einem kraftstrotzenden Krieger wie Kudubar, der sich ohne Rücksicht auf seine eigene Sicherheit auf den Gegner wirft.
- **Pfad des Kampfmönchs:** Die Kampfmönche haben eine lange Tradition und sind in Anmar sehr angesehen. Sie sind geschickte Kämpfer, die sich mechanischer Hilfsmittel bedienen. Am Waffenarm wird eine Ronahi-Apparatur angebracht: ein Lederband, in das eine Federkonstruktion eingenäht ist. Als Kampfmönch erhältst du auf Grund deiner spirituellen Bindung an die Weiße Eule ihre Unterstützung, indem sie dir Lebensenergie spendet.
- **Pfad des Waldläufers (nur wenn du Bogenschießen beherrschst):** der geheimnisvollste Pfad der Weißen Eule. Auf diesem Pfad perfektionierst du die Nutzung deines Bogens.

Lies jetzt unter „Ausbildung" TEIL 3: Pfade auf dem Weg der Krallen, um Details über die Pfade zu erfahren.
Wenn du dich entschieden hast, zeigt dir Kudubar mehrere Stunden lang fortgeschrittene Kampftechniken und die Handhabung deiner neuen Fertigkeit. Schon durch wenige gezielte Ratschläge und Erläuterungen verbesserst du dich erheblich (Gewandtheit +2).
Als ihr mit den Übungen fertig seid, überprüft Kudubar, wie erfolgreich du in der Ausbildung warst. Lies hinten im Teil „Ausbildung" **TEIL 4: Rätsel auf dem Weg der Krallen.** Danach geht es hier weiter.

Außerdem gibt dir Kudubar eine Portion Ronahi-Heilkräuter, die du bereits kennst. Du kannst diese ein Mal einsetzen, um deine Wunden vollständig zu heilen.
Wenn du die Gelegenheit nutzen willst, um noch mit Kudubar zu plaudern, geht es weiter bei **57**.
Sonst kehrt ihr wieder in den Empfangssaal im Haus zurück. Weiter bei **37**.

120 Samos lässt deine Schultern los und legt eine Hand auf deine Wange.
„Du hast viel gesehen und gelernt. Du weißt, dass Wissen Macht verleiht. Doch hast du auch etwas ungewöhnliches an dir. Etwas, das du vermutlich aus den Tiefen des Kalrir mitgebracht hast. Etwas wildes, unkontrollierbares. Komm mit."
Samos führt dich in einen Raum im Erdgeschoss seines Hauses. Er ist quadratisch und hat eine Seitenläge von fünf Schritt. An drei Wänden stehen deckenhohe Regale. In ihnen türmen sich Schriftrollen, Masken, Gefäße, bauchige Gläser mit eingelegten Insekten, ausgestopfte Tiere und allerlei seltsame Artefakte. In der Mitte des Raumes steht ein Studiertisch mit einem einfachen Holzstuhl davor.
Hinter dem Tisch hängt ein breites, dunkles Tuch an der Wand, das Samos herunterzieht. Zum Vorschein kommt ein vergitterter Raum, in dem ein monströses schwarzes Tier mit langen Zähnen und Krallen kauert. „Eines der letzten der Zazara-Reittiere", erklärt dir Samos. „Du solltest mal die Geschichtenschreiber der Mönche danach fragen, sie haben ein paar unglaubliche Geschichten über diese Bestien auf Lager." Als das Tier Samos bemerkt, fletscht es die Zähne und wirft sich mit aller Macht gegen die Eisenstangen, die in den Verankerungen der Wand knirschen. Samos weicht zwei Schritte zurück. Als du näher trittst, erblickt es dich und verharrt auf der Stelle. Dann rollt es sich auf den Rücken, winkelt die Beine an und blickt dir stumm entgegen.
„Ich wusste, du bist der Richtige!" lacht Samos. „In unserer Welt gibt es viele Tiere und andere Wesen, die schwer kontrollierbar sind, aber über Macht verfügen. Ich beschritt selbst den Pfad

der Natur, bin jedoch schließlich Alchemist geworden. Dir steht ein anderer Weg offen. Studiere die Tiere, Bestien und Monster. Lebe mit ihnen. Verstehe sie. Und werde ihr Meister." Das riesige Tier erhebt sich und blickt in deine Richtung. Als du es durch die Gitterstäbe streichelst, schnurrt es wie eine Katze.
„Die Ausbildung zum Bestienmeister verläuft nicht nach festen Regeln. Du kannst hier, von mir, die Grundlagen lernen. Doch dann musst du dich selbst auf die Suche machen und herausfinden, welche Wesen Anmars ihre Geheimnisse mit dir teilen. Unser Freund hier", Samos deutet auf das schwarze Ungetüm, „dürfte dein erstes Studienobjekt werden."
Schöne Nixe, alte Harpyie! Du hast dieses Abenteuer als Bestienmeister abgeschlossen (weiter beim Epilog am Ende von **Buch 1**).

121 Als du dieses Mal an die Tür von Samos' Haus klopfst, öffnet er persönlich. Von seiner Schwäche ist nichts mehr zu sehen. Sie ist mit dem Erlöschen des Feuers genauso verflogen wie der Fluch, der auf dir lag. Freudestrahlend zieht er dich in die Arme – er weiß, dass du Erfolg hattest. Hinter ihm siehst du Ino, der breit grinst. „Glück gehabt?", ruft er.
Ihr sitzt die halbe Nacht zusammen. Samos verlangt immer wieder, dass du jedes Detail deiner Abenteuer berichtest. Schließlich breitest du die Gegenstände, die du auf deiner Reise gefunden hast, vor Samos und Ino aus. Du holst auch den Schülerring der Weißen Eule hervor, den du von Faron mitgebracht hast, und legst ihn auf den Tisch.
Samos seufzt und schaut dich stirnrunzelnd an. Den Ring berührt er nicht.
„Marina hatte Recht, sie wollte dir von Anfang an die ganze Geschichte erzählen. Verzeih mir." Er lächelt bitter, während er nach Worten sucht.
„Ich lehrte auch Faron die Geheimnisse der Weißen Eule, gemeinsam mit Marina. Er war ehrgeiziger als alle Schüler vor ihm. Doch wollte er nicht nur alles über die Magie und den Kampf lernen. Er begehrte meine Tochter. Marina mochte ihn, doch mehr auch nicht. Lange konnte er dies nicht akzeptieren, er dachte, ich hätte ihr verboten, ihn zu lieben. Schließlich muss-

te er jedoch einsehen, dass sie für ihn unerreichbar war, so oder so. Zumindest dachte ich das. Nach seinen letzten Worten zu schließen, liebte er Marina noch immer. Er wollte beweisen, wozu er fähig war, indem er der mächtigste Mann Waldheims wird. Er wollte mich so von seinem Wert überzeugen. Welchem Wahn er verfallen war!"

„Aber warum verfluchte er dich dann?", wendest du ein.

„Nun, vielleicht ärgerte es ihn, dass ich nach so langer Zeit einen neuen Schüler annahm. Oder er wollte einfach nur demonstrieren, über welche Macht er verfügte. Es wundert mich noch immer, wie blind ich war. Er muss sich heimlich schon kurze Zeit, nachdem er ein Alchemist der Weißen Eule geworden war, einem dunkleren Weg zugewandt haben. Zweige der Magie, die von den Mitgliedern unseres Ordens gemieden werden. Er wurde zu einem Schattenmagier, einem Ketzer der Weißen Eule auf der Suche nach noch größerer Macht, alles nur für Marina. Da er von mir die magische Weihe erhalten hat, zeigte der Kompass in Kornbach auf mich, nachdem Faron verschwunden war. Die Magie, die ich Faron lehrte, war ein wichtiger Bestandteil des Feuers des Mondes, das er entfachte. Mein eigener Schüler hat mich betrogen. In Kornbach war ich zu schwach, dir dies zu sagen." Er hält seinen Gehstock fest umklammert.

„Also, wirklich Glück wie Klee, das Fohlen!", kräht Ino.

„Den Illusionszauber, mit dem er dich täuschen wollte, habe ich ihm persönlich beigebracht", fährt Samos fort. „Er übte ihn zusammen mit Marina ein, sie imitierten sich gegenseitig. Durch seine Liebe zu ihr konnte er sie perfekt nachahmen, er kannte jede Pore, jedes Haar von ihr. Nie hätte ich geahnt, dass ihn immer noch die unglückliche Liebe zu meiner Tochter antrieb. Wir haben Glück, dass du ihn durchschaut hast." Ino nickt eifrig.

Samos blickt dich ernst an. „Ich bin sicher, er hat Wilhelm öffentlich hingerichtet, um uns anzulocken. Nun, das hat funktioniert. Im Kalrir hat er nicht nur die Kraft der Reinen Quelle gestohlen. Er nutzte den Wald für seine Versuche. Die Statue, die Zombies. All das waren Bürger unserer Stadt, bevor sie seinen Häschern in die Falle gingen, Opfer seiner Experimente und Beschwörungen. Wie er jemals annehmen konnte, auf diese Weise

Marina zu gewinnen ... Farons Tod ist ein herber Rückschlag für die Karben. Wir bewachen jetzt die Reine Quelle. Das Wissen um das Feuer des Mondes ist mit Faron gestorben. Doch ist unser Kampf noch nicht zu Ende."

„Wie geht es jetzt weiter?", fragst du. Samos und Ino lassen ihre Blicke abwesend über die vor ihnen ausgebreiteten Gegenstände schweifen. Wenn du auf deiner Reise zwei zerbrochene Scheiben gefunden hast, auf denen Sterne eingestanzt sind, dann zähle die Sterne auf beiden Scheiben zusammen. Lies sofort bei dem Abschnitt weiter, der der Summe der Sterne entspricht.

Befindet sich in deinem Inventar ein Holzschwert, ein Stück Käse oder ein alter Kochlöffel, so lies weiter bei **196**.

Wenn nicht, lies hier weiter.

Samos zwinkert dir zu. „Wie es weiter geht, liegt ganz bei dir. Du willst bestimmt deine alten Freunde treffen. Lynn wird sich freuen. Wenn du willst, kannst du das Haus deines Onkels wieder aufbauen. Und natürlich wird es viele Würdenträger in Waldheim und im Orden der Weißen Eule geben, die dich treffen wollen!" Samos Stimme wird sanft. „Es tut mir leid, dass wir deinen Onkel nicht retten konnten. Mit etwas Glück wäre uns dies vielleicht gelungen, bei all dem, was man in den Wäldern so findet." Auch Ino blickt betreten zu Boden.

Du nickst. Auch wenn du deinen alten Onkel nicht retten konntest (vielleicht wenn du das nächste Mal spielst?), bist du für deine nächsten Aufgaben im Dienst der Weißen Eule gut gerüstet.

„Und nun, mein Junge, wollen wir doch mal sehen, in welche Richtung dich dein Weg führen wird." Lies weiter bei **199**.

122 Die Augen des Wachmannes weiten sich vor Schreck, als er dich erblickt. „Oh nein", entfährt es ihm.

Der Mann ist völlig starr vor Angst, so dass du ihn bei **174** in aller Ruhe überwältigen kannst.

123 Du wirfst den Trank mit den Goldstücken ein. Nach einer Sekunde kommt das leere Gefäß wieder herausgeflogen. Das Gold nicht. Streiche den Trank von deiner Liste.

Gehe zurück nach **71** und triff eine bessere Entscheidung.

124 Samos ergreift eine vergilbte Pergamentrolle, die auf dem Tisch bereitliegt. Als er sie ausrollt, knistert sie, du kannst Staub riechen. Die Rolle zeigt eine Karte von Anmar, in der Mitte siehst du Waldheim, umgeben vom Kalrir und vom Fei.

„Die Kampfmönche spielten eine wichtige Rolle während der Zazara-Invasion, von der Kudubar dir bereits erzählte. Sie hatten eine Anführerin, die in dieser schwierigen Zeit oft einen Ausweg fand, wo alle Hoffnung verloren schien. Ihr Name war Gerin.

Gerin war eine der wenigen Frauen, die als Mönch leben durften. Sie galt vor der Invasion als rein, selten sah man sie zornig, niemals tat sie einem Menschen Unrecht an, heißt es. Als der Ansturm der Zazara-Reiter auch sie zu den Waffen zwang, entwickelte sie ein erstaunliches Talent. Die Entwicklung der Ronahi-Armbrust soll ihre Idee gewesen sein. Gegen die Zazara kämpfte sie verbissen wie kaum einer der Mönche, in Schlachten war ihre strategische Klugheit berühmt, ihre Wildheit gefürchtet.

Als die Zazara besiegt waren, besann sich Gerin ihres früheren Lebens. Reue erfüllte sie, sie grämte sich, dass sie getötet hatte. Trotz der Unausweichlichkeit ihres Handelns plagten sie Schuldgefühle, der Tod der unerbittlichen und grausamen Zazara-Reiter erfüllte sie mit Scham. So wendete sie ihren Kampfgenossen den Rücken zu."

Samos deutet auf den Urwald der Fei.

„Dort, im Fei, fand sie ihre neue Bestimmung. Sie nahm einen neuen Namen an, lebte fortan an der Quelle des Flusses Ruskin und wachte über den Urwald und seine Bewohner. Das Wasser der Quelle verlieh ihr ein langes Leben, und so lebt sie noch heute dort. Man nennt sie Rusalka."

Samos macht eine kurze Pause, seine Mundwinkel zucken nach oben.

„Du hast Faron besiegt. Dennoch ist deine Seele rein geblieben. Die Rusalka hat vom Ausgang deines Abenteuers gehört und will dir ihre Geheimnisse offenbaren. Das hat sie noch nie jemandem angeboten. Sie ist die Beschützerin des Fei. Vor allem der Schutz des Heiligtums obliegt ihr. Du sollst ihr Erbe wer-

den, der Paladin, der über die Welt des Südwaldes wacht. Bevor sie dich aufnimmt, wirst du Zeit haben, deine Ausbildung bei mir abzuschließen und die Welt zu sehen. Denn Zeit hat die Rusalka genug, und sie wartet gerne auf dich."
Bei den Fluten des Ruskin, du hast dieses Abenteuer als Paladin des Heiligtums abgeschlossen (weiter beim Epilog am Ende von **Buch 1**).

125 Du wirfst deine Öllaterne nach dem Fremden. Sie trifft ihn an der Schulter und zerbricht klirrend. Heiß loderndes Öl ergießt sich über ihn. Augenblicklich fängt sein Umhang Feuer. Er steht wie eine lebende Fackel vor dir – und ist im nächsten Moment verschwunden.
Du reißt dein Hemd auf und betrachtest im Schein der ersten Sonnenstrahlen deine Brust, in der stechender Schmerz pulsiert. Du siehst kein Blut, doch prangt darauf ein schwarzes Zeichen, eingebrannt wie mit glühendem Eisen. Es zeigt einen Vogel mit ausgebreiteten Schwingen – ein Rabe. Jetzt, nachdem das Wesen fort ist, ebbt der Schmerz ab und wird zu einem kalten Pochen, doch das Zeichen bleibt.
Du hast keine Ahnung, was dir gerade widerfahren ist. So etwas hast du noch nie erlebt. Du weißt zwar, dass Magie existiert – doch hat sie bisher in deinem Leben nur in den Geschichten deines Onkels eine Rolle gespielt.
Das Zeichen auf deiner Brust entstammt jedoch keiner Mär des alten Wilhelm. Es ist real, und es bedeutet nichts Gutes.
Du raffst dein Hemd über deine Brust, packst deine Hellebarde und wendest dich dem am Boden liegenden Mann zu. Er trägt einen braunen Reisemantel aus grobem Stoff. Neben ihm liegt eine Ledertasche auf dem Boden. Seine grauschwarzen Haare stehen wirr in alle Richtungen, der Vollbart ist struppig, sein Gesicht schmutzig.
„Ich muss ...! Schnell ... sonst werden sie auch Waldheim ... Bitte!", stammelt er.
„Ganz ruhig!", antwortest du, gefasster als du dich fühlst. „Ich bringe dich weg von hier. Bist du verletzt?" Der Mann schüttelt den Kopf und ergreift seine Tasche. Als er jedoch versucht auf-

zustehen, verzieht er ächzend den Mund. Er hat sich den Fuß gebrochen und muss sich bei dir aufstützen, um zu gehen. Während ihr den Weg zu deinem Häuschen zurücklegt, berichtet er in knappen Worten, was ihm geschehen ist.
„Mein Name ist Marlus. Ich wurde nach Waldheim gesandt, um eine Botschaft zu überbringen. Dann hat mich dieses Wesen angegriffen. Warum wussten sie von meinem Auftrag? Es ist ein Wunder, dass du ihn vertrieben hast. Wie ist es dir ..."
Ihr habt dein Häuschen erreicht. Die Tür fliegt auf und Wilhelm, dein alter Onkel, stürmt heraus, ein Stück Wurst in der Hand. „Welche Küchenschabe hast du denn da aufgeklaubt? Noch ein hungriges Maul können wir uns nicht leisten!" Er hält kurz inne und mustert Marlus. „Der ist aber nicht aus Waldheim! Woher wissen wir, dass der kein Dieb und Messerstecher ist?"
Du packst den brummenden Wilhelm mit deiner freien Hand am Arm und schiebst ihn zurück ins Haus. Den verdutzten Marlus ziehst du mit dir. Ihr setzt euch an den Tisch, an dem Wilhelm ein Frühstück für euch beide zubereitet hat.
Marlus blickt von dir zu Wilhelm, dann wieder zu dir. Dein Onkel betrachtet ihn misstrauisch, schweigt aber.
Du gießt Wasser in einen Becher und stellst ihn vor Marlus auf den Tisch.
„Also gut", beginnt Marlus und deutet zerknirscht auf seinen gebrochenen Fuß, „Mir bleibt wohl nichts anderes übrig, als dir zu vertrauen. Ich überbringe ein Schreiben für einen Teppichhändler namens Samos. In ihm wird berichtet, dass der Bund der Karben Waldheim erreicht hat. Samos muss sofort davon erfahren." Er blickt dich ernst an.
Du hast noch nie von Samos oder den Karben gehört.
Auf einmal mischt sich Wilhelm wieder ein: „Großartig! Ich sage, wir schmeißen ihn so schnell es geht aus der Stadt. Dann kann er zu seinen Karben zurück und mit denen machen, was er will! Und wir können in Ruhe frühstücken."
Dir scheint es, als könntest du etwas in Wilhelms Stimme erkennen, das zuvor nicht da war. Ist es Angst?
Bist du derselben Meinung wie Wilhelm (weiter bei **118**) oder willst du Marlus auch weiterhin helfen (weiter bei **132**)?

126 „Du hast gezeigt, dass du ein Meister der Tarnung und der Verkleidung bist. Verschlossene Türen halten dich nicht auf. Doch statt dich durch den Hintereingang einzuschleichen, vermagst du ebenso, in einer Maskerade den Haupteingang zu benutzen. Auch im Umgang mit dem Bogen bist du geschickt, doch hindert dich dein Gewissen daran, ein Menschenleben leichtfertig auszulöschen. Du bevorzugst die Kunst der Verstellung."

Für einen Augenblick bist du abgelenkt, als Ino eine Schale mit Obst hereinbringt. Als du dich wieder Samos zuwendest, sitzt plötzlich Kudubar vor dir. „Na, wollen wir ein paar Karben den Hintern versohlen?", fragt er. Du wunderst dich noch, wie Samos und Kudubar so schnell die Plätze tauschen konnten, als sich Kudubar mit der Hand über das Gesicht wischt. Plötzlich sitzt wieder Samos vor dir. Er zwinkert dir zu. „Die Kunst der Tarnung", sagt er achselzuckend und greift nach einem roten Apfel.

„In deiner Ausbildung werden wir deine Fertigkeiten als Waldläufer perfektionieren. Wenn du so weit bist, werden wir dir besondere Aufgaben übertragen, in denen du die Verstellungskunst des Scharlatans und die Etikette des Edelmannes gleichermaßen beherrschen musst.

Du wirst ein Spion im Dienst der Weißen Eule werden. Nach dem Ende deiner Ausbildung wirst du an fremden Orten unter fremdem Namen leben. Du wirst dich in das Vertrauen unserer Gegner einschleichen und kannst so zu einem unserer mächtigsten Werkzeuge im Kampf gegen die Karben werden."

Bei der Maske des Lächelns, du hast dieses Abenteuer als Spion der Weißen Eule abgeschlossen (weiter beim Epilog am Ende von **Buch 1**).

127 Du ziehst den Schlüssel hervor, den die Diebin verloren hat, und steckst ihn in das Türschloss – er passt!

Du öffnest die Tür. Weiter bei **34**.

128 Du versuchst, das Wasser unbemerkt in den Pokal zu schütten. Ein Mann, der ein paar Schritt von dir entfernt steht,

fragt plötzlich: „Was habt Ihr in der Hand? Warum trinkt Ihr denn nicht einfach?" Der Schwarzhaarige hört diese Worte und ist mit drei schnellen Schritten bei dir. Er nimmt dir das Fläschchen mit dem Reinen Wasser ab und blickt dich kurz mit offenem Mund an. Dann deutet er auf den Pokal und wartet, bis du einen Schluck genommen hast.
So schlimm war das gar nicht, denkst du, als die Zeremonie fortgesetzt wird. Und eigentlich hat er auch Recht, wenn er von den Feinden Waldheims spricht. Gerade du als ehemaliger Nachtwächter bist daran interessiert, Waldheim in Sicherheit zu wissen! Du entscheidest dich spontan, von nun an auf der Seite Farons zu kämpfen.
Er wird dich dazu benutzen, Samos auszuspionieren. Du wirst in seinem Dienst einigen Erfolg haben. Nie wirst du daran zweifeln, ob du dies alles aus eigenem Willen tust – und doch stehst du für den Rest deines Lebens unter Farons dunklem Einfluss, eine Marionette ohne lästige Fäden.

129 Hast du die Waffe, die du einwerfen willst, bereits einmal verbessert – durch Amiriollas Zauber oder auf andere Weise – dann lies bei **190** weiter. Wenn nicht, geht es hier weiter:
Du schmeißt die Waffe und die 5 Goldstücke in das Loch. Kurze Zeit geschieht nichts – dann hörst du ein Geräusch, als würde eine Flasche entkorkt. Die Waffe kommt aus der Öffnung geschossen. Du merkst, als du sie berührst, dass sich ihre Wirkung verbessert hat. Sie fügt jetzt einen Schadenspunkt mehr zu.
Willst du die soeben verbesserte Waffe ein zweites Mal einwerfen (wieder mit 5 Goldstücken), dann lies bei **190** weiter.
Oder gehe zu **71** und entscheide, was du als Nächstes tun willst.

130 Kudubar erhebt sich und holt aus einem schweren Eichenschrank eine Schatulle, die in lila Samt eingeschlagen ist. Er stellt sie vor dir auf den Tisch und setzt sich wieder.
„Man sagt, es gab einst eine geheime Einheit namens Anroih, die sich selbst auch die „Waldläufer des Königs" nannten. Die Anroih waren geschickte Krieger, die sich eher auf ihre Schnelligkeit denn auf pure Körperkraft verließen. Sie waren zustän-

dig für Spezialaufträge wie Bespitzelung, aber auch für zweifelhaftere Methoden wie Diebstahl oder gar Meuchelmord. Sie hatten eine eigene Kampfschule entwickelt. Die Ronahi-Kampfkunst, der alle Krieger der Weißen Eule folgen, soll auf alten Kampftechniken der Anroih beruhen."
Er öffnet die Schatulle und entnimmt ihr etwas, das wie ein langer Ast aussieht.
„Der Pfeil der Gerechtigkeit. Man sagt, er stamme von einem Führer der Anroih. Er kann nur ein Mal benutzt werden, verfehlt sein Ziel nie und richtet hohen Schaden an. Möge er dir von Nutzen sein (Ronahi-Meisterpfeil, einmalig Schaden 30 bei Bogenschuss.)
Kudubar greift nach deiner Hand und blickt dich mit glühenden Augen an. „Man sagt übrigens auch, dass es noch immer Waldläufer des Königs gibt." Sein Mund zuckt zu einem Lächeln, doch sein Blick bleibt durchdringend. „Vielleicht bist du bereits Lut, einem Sohn des Königs, begegnet. Ihn solltest du mal nach den Anroih fragen."
Lies weiter bei **33**, um mit Kudubar zu planen, wie du in das Anwesen Farons gelangst.

131 Samos beugt sich nach vorne und blickt dir in die Augen. „Unsere Brüder der Weißen Eule können uns nicht unterstützen, sie sind zu weit entfernt. Ein paar von Ihnen sind auf dem Weg hierher, aber so lange können wir nicht warten."
„Aber ihr drei könnt mir helfen!", rufst du.
Arumnas stößt ein kehliges Lachen aus. „Wozu hast du deine Hellebarde, Nachtwächter? Die Karben sind im Stadtrat. Wenn Faron Wölfe jagt, kann er keine Schafe hüten." Ino kichert. „Schafe mit Hüten", flüstert er.
Samos' Faust kracht auf den Tisch. „Wir scheren uns nicht um Jäger und Schafe, Arumnas!" Er atmet tief ein und wendet sich wieder dir zu.
„Du musst hier weg, und Arumnas hat in einem Recht: Du musst alleine gehen und dich verbergen. In Waldheim und auf der Großen Handelsstraße werden die Karben dich finden. Dir bleiben nur die Wälder."

Faron schreckt auf. „War ich denn mit Blindheit geschlagen? Im Nordwald ist vor ein paar Monaten der Winter ausgebrochen. Viel zu lange war ich nicht dort. Wir hätten die Zeichen erkennen müssen: Diese Kälte im Kalrir hat mit Hexerei zu tun! Leere und Dunkelheit, Arumnas, Kälte und Verzweiflung. Der Nordwald ist ein magischer Ort und der Hort großer Macht. Ich sage euch: Wenn er helfen will, sollte er dorthin reisen."
Arumnas lacht erneut auf. „Das ist nicht dein Ernst, Faron! Was wissen wir schon über die Magie des Kalrir? Zu vieles ist im Ungewissen. Er soll sich verstecken, nicht helfen. Einen Nachtwächter willst du dorthin schicken! Ein Sohn des Königs reiste dorthin und kehrte nicht wieder!"
Samos nickt. „Das stimmt. Bei der Eule, möge ihm eine Reise in den Kalrir erspart bleiben! Es bleibt nur die andere Richtung: die wilden Urwälder der Fei im Süden. Dort gibt es einen Ort des Wissens: das Heiligtum im Berg Ténoch. Befrage es, wie der Fluch gebrochen werden kann."
Faron streicht sich über das schwarze Haar. „Der Glaube der Fei existiert schon lange", sagt er zögernd. „Die Weisheit ihres Heiligtums ist so alt wie die Magie des Kalrir. Der Plan ist riskant, aber es könnte gehen. Und die Karben müssen ihn im Fei erst mal finden."
„Dann ist es beschlossen!", ruft Samos. „Suche das Heiligtum weit im Süden des Urwaldes. Sei auf der Hut, der Schattendiener wird dich jagen!" Samos leert seinen Becher in einem Zug. Arumnas zieht eine gefaltete Karte aus einem der Folianten und wirft sie vor sich auf den Tisch. Samos greift danach.
„Wir wissen nicht viel über den Fei. Einer unserer Waldläufer erforschte den Urwald. Nimm diese Kopie seiner Karte. Möge sie dir auf den verworrenen Pfaden des Dschungels eine Hilfe sein." (Du findest die Karte am Ende des Spielbuches.)
„Aber warum kannst nicht du mit mir kommen?", platzt du heraus.
Samos' Hände finden wieder seinen Stock. „Ich werde in der Stadt bleiben. Menschen müssen befragt und Archive durchsucht werden. In den Fei kann ich dich nicht begleiten."
„So alleine, armes Fohlen", singt Ino.

112

Samos mustert dich. „Sei vorsichtig, die Grausamkeit der Fei ist legendär. Suche nach Verbündeten.“
Faron erhebt sich. „Auf bald, mein Freund!“
Arumnas zischt und winkt nach Faron. Dieser hilft ihm auf und nimmt dessen Folianten unter den Arm. Sie flüstern gemeinsam, während Faron den alten Mann zur Tür führt. Du kannst ihre Worte nicht verstehen. Samos wartet, bis die beiden gegangen sind.
„Lass dich nicht in Waldheim blicken. Es gibt eine befestigte Siedlung am Rand des Fei. Sie heißt Kornbach. Dort steht mein Landhaus, das einzige zweistöckige Gebäude. Komm dorthin, wenn du deine Aufgabe erfüllt hast. Wir werden dich erwarten, sobald es unsere Angelegenheiten erlauben. Hast du noch Fragen?“
Die Ereignisse haben einen tosenden Sturm in deinen Gedanken hinterlassen. Trotzdem verneinst du.
Samos seufzt. „Uns bleiben nur die Stunden bis zum Sonnenuntergang, dann wirst du die Stadt verlassen. Um in der Wildnis jenseits der Stadtmauer bestehen zu können, werde ich dir etwas beibringen. Wähle eine der folgenden Möglichkeiten.“
Er nimmt seinen Gehstock und schmettert ihn gegen die Wand. „Auf dem Weg der Krallen lernst du die tieferen Geheimnisse der Waffenkunst. Du verlässt dich auf deine Körperkraft und deine Geschicklichkeit.“
Dann balanciert er den Stock waagerecht auf zwei Fingern. „Der Geist ist der andere Weg, wir nennen ihn den Weg der Schwingen. Du wirst geringere Kraft haben, doch kann dich die Macht der Gedanken im Kampf unterstützen.“
Entscheide dich jetzt, ob du den Weg der Krallen oder den Weg der Schwingen beschreiten willst. Im Kampf sind auf dem Weg der Krallen weniger Regeln zu beachten. Der Weg der Schwingen dagegen ist dann der richtige für dich, wenn du gerne mehrere Möglichkeiten abwägst.
Wählst du den Weg der Krallen, dann lies weiter bei **98**.
Tauchst du lieber in die mystische und komplexe Welt der Kraft des Geistes ein, dann wähle den Weg der Schwingen und lies weiter bei **195**.

132 „Ist ja gut, Wilhelm", mischst du dich ein. „Marlus kann doch nichts dafür, er ist schließlich nur der Bote."
Du wendest dich wieder an Marlus. „Der Brief sollte also schnellstens zu Samos gebracht werden?"
Marlus nickt zustimmend. „Ja. Aber mit meinem verletzten Fuß schaff' ich das nicht." Er seufzt. „Würde es dir etwas ausmachen ... Ich weiß, du hast damit nichts zu tun ... Aber du weißt ja, wie wichtig ..."
„Kein Problem. Der Brief ist schon so gut wie bei Samos."
Weiter bei **17**.

133 Als du das Haus verlässt, geht bereits die Sonne unter. Sie taucht die Stadt in tiefrotes Licht. Du biegst um ein paar Ecken und nimmst dann eine wenig benutzte Gasse, die dir als Abkürzung bekannt ist. Da vernimmst du, wie schon einmal vor nicht allzu langer Zeit, ein leises „Pst!". Die kleine Frau schält sich aus den Schatten zu deiner Linken.
„Na, immer noch Laufbursche für den Teppichhändler? Du solltest bei der Wahl deiner Freunde sorgsamer sein! Wenn du wissen willst, was in dieser Stadt wirklich vor sich geht, dann folge mir!"
Wie willst du reagieren?
Willst du ihr knapp antworten: „Aus dem Weg, ich habe keine Zeit!", und weitergehen? Dann lies bei **89** weiter.
Oder antwortest du: „Wage es nicht, mir noch mal so nahe zu kommen, stinkendes Weibsbild! Sonst wird es ungemütlich!" Dann geht es bei **7** weiter.
Natürlich kannst du auch einwilligen, ihr zu folgen. Dann gehe zu **160**.

134 Du gehst zum Fenster und kletterst hinab. Salter hält dich nicht auf. Er nutzt die erste Möglichkeit, das Fenster über dir zu schließen.
Unten angekommen machst du dich auf den Weg. Du musst nun auf eigene Faust versuchen, einen Weg in Farons Anwesen zu finden.
Weiter bei **147**.

135 „Die Regeln sind leicht. Du setzt so viel Geld, wie du möchtest. Dann würfelst du mit zwei Würfeln. Wenn du einen Pasch würfelst, gewinnst du den fünffachen Wert deines Einsatzes. Wenn du keinen Pasch würfelst, verlierst du deinen Einsatz. Bereit?"

Du kannst so oft und mit so hohen Beträgen spielen, wie es dir gefällt.

Wenn du fertig bist, ist es Zeit zu gehen. Du verabschiedest dich vom Würfelspieler und brichst auf in Richtung Farons Anwesen.

Weiter bei **147**.

136 Die Antwort gefällt dem Kerl. Er wendet sich triumphierend seinem Gesprächspartner zu, der nun schweigsam in seinen Krug schaut.

Nach einer Weile ist dein Getränk leer, und du verlässt das Wirtshaus, um zu Farons Anwesen zu gehen. Weiter bei **147**.

137 Du versuchst mit bloßen Händen und mit Hilfe deiner Waffen, irgendwie die Tür aufzubrechen.

Wirf zwei Würfel und addiere 10.

Bei einem Wert von 14 oder weniger gelingt es dir, die Tür aufzubrechen. Gehe zu **60**.

Ist der Wert über 14, aber noch kleiner oder gleich deiner Gewandtheit, gelingt es dir auch, die Tür aufzubrechen. Allerdings klingt das Krachen entschieden zu laut. Weiter bei **117**.

Ist der Wert größer als deine Gewandtheit, so schaffst du es nicht, die Tür zu öffnen. Du musst um das Haus schleichen, um einen anderen Weg zu finden. Weiter bei **103**.

138 Schon von weitem hörst du dröhnendes Lachen aus dem Landhaus. Du klopfst an die Tür und trittst ein.

An einem runden Eichentisch sitzt Samos mit Faron, Arumnas und zwei Fremden – und lacht, dass ihm die Tränen die Wangen herunterlaufen. Er ist in dunkles Grün gekleidet. Die schlanke Frau zu seiner Rechten trägt ein Jagdkleid aus Leinen. Auf der anderen Seite von Samos sitzt ein Mann, so massiv und breit-

schultrig wie ein Oger. Neben ihm wirkt selbst der imposante Teppichhändler schmächtig. Er trägt ein Lederwams, über das zottelige braune Haare hängen.
Als Samos dich erblickt, richtet er sich auf. „Du lebst!"
Er schüttelt überschwänglich deine Hand. Die Frau steht auf.
„Du musst meine Freunde kennen lernen! Sie sind vor Kurzem aus Krehlheim eingetroffen. Das hier", er deutet auf den Hünen, „ist Kudubar. Er ist ein Ronahi, ein Ritter der Weißen Eule. Es gibt keinen besseren Schwertkämpfer diesseits der Wüstenlande." Der Krieger zwinkert dir zu. „Kudubar erzählt gerade, wie er eine Einheit der Karben beim Baden überrascht hat."
„Du hättest das Gesicht ihres Hauptmannes sehen sollen!", sagt Kudubar. „Leider lebt er nicht mehr, um davon zu berichten."
„Und diese wunderschöne junge Dame", Samos ergreift die Hand der Frau, die lächelnd zu dir aufblickt – sie reicht dir bis zum Kinn –, „ist Marina. Sie ist magiekundig und", seine Stimme wird leise, „meine Tochter."
Marina hat lange blonde Haare. Sie reicht dir die Hand: „Der künftige Held der Weißen Eule also." Ihre Stimme ist warm und tief. „Möge die weise Mutter der Nacht über deine Wege wachen."
Du nickst Faron und Arumnas zu und setzt dich. Der Jüngere nickt zurück. Der alte Bibliothekar runzelt die Stirn und lächelt verbissen. In kurzen Worten fasst du deine Erlebnisse im Südwald zusammen. Du erzählst, dass du den Schattendiener niedergerungen hast. Samos strahlt über das ganze Gesicht, als du von der Reinen Quelle berichtest. „Ich habe mich nicht in dir getäuscht! Die alten Chroniken im Archiv erwähnen eine solche Quelle. Ich hatte befürchtet, sie sei versiegt." Als du das Feuer des Mondes erwähnst, blickt Faron mit aufgerissenen Augen zu Samos. Der Bibliothekar Arumnas sagt: „Das Feuer des Mondes ist seit den Tagen des alten Königs ein Rätsel, von dem nur noch wenige wissen. Kaum etwas steht darüber in den Archiven. Der große Nachtgänger verleiht seine Kraft nicht, ohne einen hohen Preis zu fordern. Er bringt nichts als Tod und Verderben. Das sind verdrießliche Neuigkeiten, Nachtwächter. Ganz und gar verdrießliche Neuigkeiten."

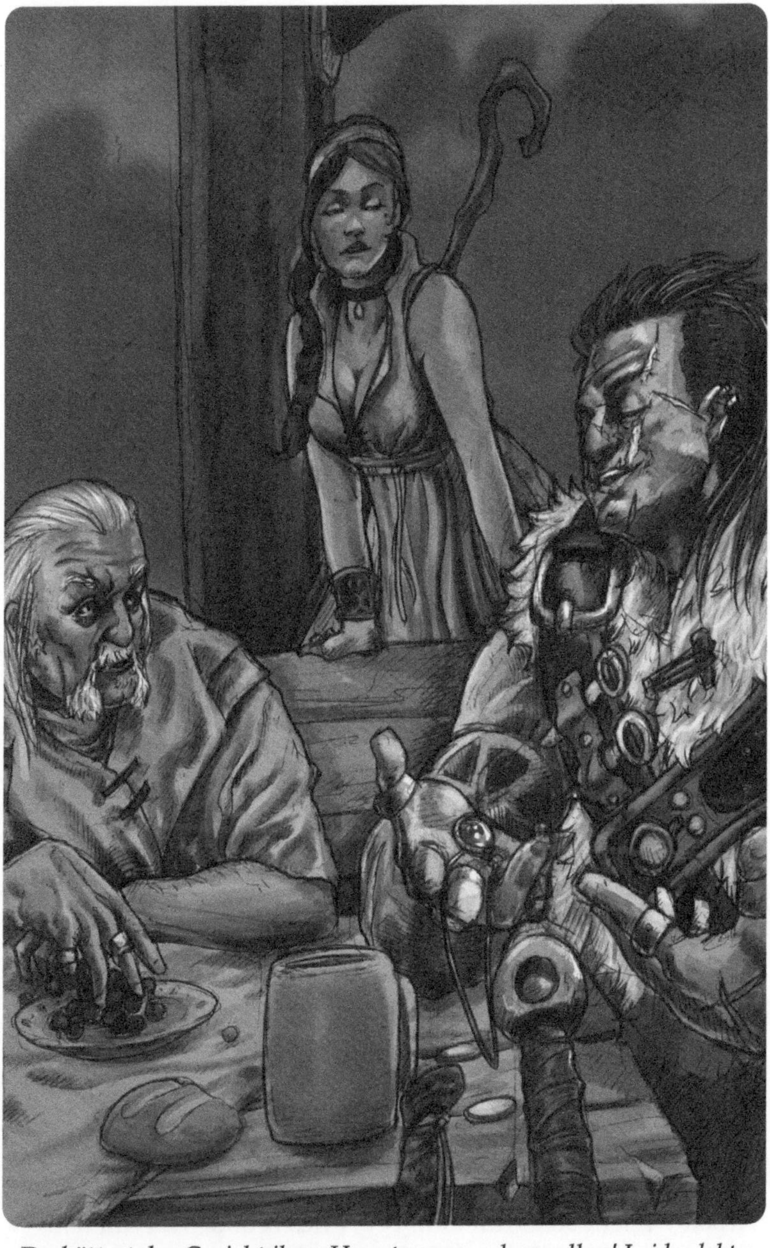

„Du hättest das Gesicht ihres Hauptmanns sehen sollen! Leider lebt er nicht mehr, um davon zu berichten.“

Samos berichtet, was er und seine Helfer erreicht haben.
„Das Wichtigste zuerst: Deinem Onkel geht es gut. Er erholt sich bei Faron." Er tauscht einen schnellen Blick mit seiner Tochter aus.
„Wenn wir die Karben nicht besiegen, steht es für Waldheim schlecht. Leider wissen wir nicht, wer das Feuer entfacht hat und die Karben hier in Waldheim anführt. Doch sprich, lastet der Fluch noch auf dir?"
Du nickst und zeigst ihm das schwarze Zeichen auf deiner Brust.
„Der Tod des Schattendieners hat also nicht geholfen. Das Feuer muss der Schlüssel sein." Er blickt zu Faron.
Dieser beugt sich dir zu. „Die Karben versuchen in ganz Anmar zu Macht und Würden zu kommen, mein Freund. Arumnas hatte Recht. Sogar vernünftige Mitglieder des Stadtrates scheinen nicht mehr Herr ihrer selbst zu sein. Unschuldige Bürger der Stadt verschwinden spurlos oder verwandeln sich in Monster. Und auch der Nordwald ändert sich. Dort scheint selbst die Luft zu gefrieren, so kalt ist es geworden. Kaum zu glauben, dass dies noch immer derselbe Wald ist."
Faron greift nach seinem Becher und trinkt hastig.
Samos deutet mit dem Zeigefinger auf dich. „Du wirst in den Nordwald Kalrir reisen, um zu vollbringen, was lange keinem gelungen ist: Finde die Reine Quelle."
„Vater, er kann nicht ...", ruft Marina.
„Schweig! Er und kein anderer geht in den Wald!"
„Aber Kudubar und ich können ..."
„Genug! Ihr werdet in Krehlheim gebraucht!"
Marina blickt von dir zu Samos. „Ja ,Vater. Entschuldige."
Dir fällt der silberne Kompass ein, den du vom Heiligtum erhalten hast. Du ziehst ihn hervor und erklärst den Anwesenden, was es mit ihm auf sich hat.
Samos nickt anerkennend. „Das ist ein wertvolles Instrument. Im Kalrir wird er dir den Weg weisen. Und du wirst bei jedem Wesen wissen, ob es mit dem Feuer des Mondes zu tun hat."
Arumnas streckt seine Hand nach dem noch geschlossenen Kompass aus. Du reichst ihm diesen.

„Ich habe mich in dir getäuscht, Nachtwächter. Ich hielt dich für einen tumben Taugenichts mit mehr Glück als Verstand. Doch hier bringst du uns ein edles und seltenes Artefakt. Allein – was nützt es, dass die Nadel sich dreht, sobald der Entfacher des Feuers zugegen ist. Er wird sich fern von uns halten." Arumnas wendet den Kompass ein paar Mal. Dann reicht er ihn dir zurück, ohne ihn zu öffnen.
Du nimmst ihn und klappst ihn in deiner Hand auf. Die Nadel dreht sich in konstanter Geschwindigkeit. Dir stockt der Atem – der Entfacher des Feuers ist anwesend. Noch hat keiner der anderen bemerkt, was los ist. Du hast eine vielleicht entscheidende Sekunde Zeit, einen Überraschungsangriff gegen den Schurken zu führen.
Wem gilt deine Attacke?
Hältst du Arumnas, den sauren Bibliothekar, für den Verräter? Dann gehe zu **10**.
Ist in deinen Augen Faron, der sich stets freundlich gibt, ein Schurke? In diesem Fall lies bei **73** weiter.
Oder verdächtigst du gar Samos selbst, das Feuer des Mondes entfacht zu haben? Dann gehe zu **101**.
Du glaubst nicht, dass Marina und Kudubar dahinter stecken, da sie beide gemeinsam aus Krehlheim angereist und soeben erst eingetroffen sind.

139 Marinas Blick huscht kurz über deine Brust. „Es tut mir leid, vom Fluch des Raben habe ich vor kurzem das erste Mal gehört. Er macht mir Angst. Hoffentlich findest du einen Weg, dich zu erlösen." Sie schaut dir kurz in die Augen.
„Toral, ein Mitglied der Weißen Eule aus Krehlheim, wurde von den Karben gefangen und nach Waldheim gebracht. In ihren Kerkern wurde der Fluch des Raben über ihn gelegt. Doch gelang ihm die Flucht. Die Kerkermeister an den Fersen, konnte er sich nicht mit Samos in Verbindung setzen. Er eilte direkt nach Krehlheim, wo er uns das Zeichen auf seiner Brust zeigte und von der Ankunft der Karben in Waldheim berichtete. Kurz darauf verschwand er. Bis vor kurzem wussten wir nicht, was aus ihm ..." Sie schluckt, als sei ihr schlecht. „Der Fluch forderte sei-

ne Seele. Er wurde der Schattendiener, den du vernichtet hast."
„Aber wer sind die Karben?", fragst du sie.
„Die Karben gibt es schon lange. Sie wollen die Macht in Anmar übernehmen, obwohl ich nicht glaube, dass ihnen das reicht. Momentan spinnen sie ihr Netz vermutlich schon vom Feinostal bis nach Wasserburg. Sie haben fürchterliche Hexenmeister, die ihre Macht aus schwarzer Magie ziehen. Dazu quälen sie andere, opfern sie und machen Experimente jenseits der Vorstellungskraft. Dass Faron einer von ihnen ist ..."
Abrupt wendet sie sich von dir ab.
„Verzeih. Lass uns zu meinem Vater gehen, er wartet sicher schon auf uns."
Lies weiter bei **37**.

140 Obwohl du in jede erdenkliche Richtung drückst und schiebst, gelingt es dir nicht, das Schloss mit der Haarnadel zu öffnen. Kehre zu **91** zurück, um einen anderen Gegenstand zu benutzen, oder überlege dir bei **179** etwas anderes.

141 Samos greift nach deiner Waffe, die griffbereit bei deinen Sachen liegt. „Eine gute Waffe, mit der du jeden Schurken das Fürchten lehrst. Dein Mut und deine Standhaftigkeit werden schon bald legendär sein."
Er schwingt die Waffe, du hörst ein Sirren.
„Du hast deine aufrechte Gesinnung mehr als einmal unter Beweis gestellt. Deine Waffe ist tödlich, deine Rüstung undurchdringbar, doch ist dir das Leben heilig. Du duldest keine Ungerechtigkeit und trittst im Namen der Eule für die Wahrheit ein, wo der Funke des Verrates das Land zu entzünden droht."
Samos erhebt sich und geleitet dich in die Waffenkammer des Hauses. Harnische und beringte Panzerhemden, Bastardschwerter und Nierendolche, Eisenhüte und Visierhelme blitzen silbern und golden. Auf einem Turmschild siehst du das Wappen der Weißen Eule.
„Die Ritter sind das Herz unserer Streitmacht, die Schlachtenwüter im Zentrum der Gefahr. Doch auch, wenn ein Ritter nicht Seite an Seite mit seinesgleichen in die Schlacht zieht, erteilt die

Weiße Eule oder sogar der König ihm Aufgaben, die Mut und Durchschlagkraft erfordern. Kudubar, den du bereits kennst, ist unter den Rittern der Weißen Eule einer der Mächtigsten. Prinz Mart, den du im Kalrir kennengelernt hast, ist nicht nur der Sohn, sondern auch der einzige General des Königs. Noch!"
Er öffnet mit einem Buntbartschlüssel eine Tür im hinteren Teil der Waffenkammer. „Erneut legt Krieg seine kalte Hand um unser Land. Wir können es uns nicht mehr erlauben, nur einen Heerführer zu haben. Unsere Streitmacht und das Land brauchen einen weiteren Führer, der sein Schwert und seine Entschlossenheit für Alles einsetzt, das wahr und gerecht ist." In Samos Augen blitzt es auf. Er tritt beiseite und gibt den Blick in den Raum frei, der hinter der Waffenkammer liegt. Dort steht eine weiße Rüstung, auf deren Brustplatte in Gold das Wappen der Weißen Eule abgebildet ist. „Der zweite General unseres Heeres wirst du sein."
Samos schließt die Tür wieder und verriegelt sie sorgfältig mit dem Schlüssel.
„Doch dahin ist es noch ein weiter Weg. Wir müssen deine Ausbildung fortsetzen. Viel hast du schon gelernt, doch gibt es noch mehr, das du wissen musst. Prinz Mart selbst wird mich bei deiner Ausbildung unterstützen."
Gerechtigkeit und Wahrheit, du hast dieses Abenteuer als General der Weißen Eule abgeschlossen (weiter beim Epilog am Ende von **Buch 1**).

142 Es dämmert bereits. Die meisten Handwerker von Kornbach sitzen in der Schenke bei einem Humpen Bier, doch hast du Glück. Durch das Fenster der Schmiede kannst du das Prasseln eines Feuers erkennen. Auch wenn du das typische klingende Geräusch eines auf ein Stück Eisen treffenden Hammers nicht hörst: Der Schmied ist noch in seiner Werkstatt. Guten Mutes klopfst du an die Eingangstür.
Nach einem kurzen Augenblick drückst du die Tür nach innen auf. In der Mitte des Werkraumes sitzt breitschultrig, mit langen dunklen Zöpfen und einem zotteligen Schnurrbart, der Schmied. Er nickt dir wortlos zu.

„Seid gegrüßt, Herr Schmied", sagst du. „Wäre es möglich, eine Waffe, einen Schild oder dergleichen zu erwerben?"
„Hallo Junge!", antwortet er mit rauer Stimme. „Wir treiben hier keinen Handel. Ich fertige nur neue Ware gegen Vorkasse und Bereitstellung der Rohstoffe – gutes Eisen ist rar geworden dieser Tage. Doch Waffen werden immer benötigt." Er prüft die Schärfe des Schwertes, das er in der Hand hält, mit dem Daumen.
„Gerade jetzt zieht Krieg auf. Schau, Bezilor persönlich hat mich beauftragt, neue Rüstungshandschuhe zu fertigen. Das Eisen hat er geliefert, doch fehlt mir das Messing für die Verzierungen. Du hast nicht zufällig ein wenig Messing übrig?"
Wenn du einen Gegenstand aus Messing hast (etwa einen Messingteller vom Gestaltwandler oder eine Mantelbrosche in Form einer Lilie), kannst du ihn dem Schmied geben (streiche den Gegenstand aus deinem Inventar). Magnusson wird sich in diesem Fall erkenntlich zeigen, indem er dir ein paar der Handschuhe überlässt, freilich ohne Verzierung (unfertiger Handschuh der Leibgarde, Rüstung 1). „Der ist dann halt vom Karren gefallen!"
Du hast nun die folgenden Optionen:
Zum Hause Samos', falls du dort noch nicht warst (weiter bei **138**).
Zur Kräuterhexe Amiriolla (weiter bei **71**).
In den unheimlichen Nordwald Kalrir, aber nur, falls du Samos bereits von deinem Erfolg im Urwald der Fei berichtet hast (weiter am Anfang von **Buch 3**).
Du kannst auch den Portalring benutzen, um kurz zum Handelsstützpunkt von Mansur zu reisen. Dann gehe zu **97** (das geht nicht, wenn du dort Hausverbot hast).

143 Samos lässt deine Schultern los und legt eine Hand auf deine Wange.
„Das unendliche Wissen der Weißen Eule steht dir offen. Du hast bewiesen, dass die Eule dir vertrauen kann, anders als Faron, der das Wissen für seine schändlichen Pläne nutzte. Denn Wissen, genau wie Magie, ist nicht gut oder böse. Aber es verleiht Macht. Komm mit."

Samos führt dich in einen Raum im Erdgeschoss seines Hauses. Er ist quadratisch und hat eine Seitenläge von fünf Schritt. An drei Wänden stehen deckenhohe Regale. In ihnen türmen sich Schriftrollen, Masken, Gefäße, bauchige Gläser mit eingelegten Insekten, ausgestopfte Tiere und allerlei seltsame Artefakte. In der Mitte des Raumes steht ein Studiertisch mit einem einfachen Holzstuhl davor.
Samos nimmt aus einem Regal ein Stück Holz und spricht ein Wort, „Zivot". Eine Rose beginnt sofort aus dem Holz zu wachsen, Blätter entstehen, schließlich eine weiße Blüte. Schon nach Sekunden ist die Blume so lang wie dein Unterarm. Sie schaut gesund und kräftig aus.
„Als Alchemist der Weißen Eule kannst du die Geheimnisse der Natur erforschen und die Magie entdecken, die ihr innewohnt. Werde Herr über alle Substanzen, beherrsche die Kraft der Pflanzen und braue Tränke, die Kraft oder Schnelligkeit verleihen. Entdecke altes Wissen, binde Zauber an Gegenstände, an Worte und sogar an Gedanken. Die Möglichkeiten sind zahlreich. Ich glaube an dein Talent und daran, dass du das Wissen umsichtig einsetzen wirst. Da ich selbst Alchemist bin, kannst du bei mir deine Ausbildung fortsetzen. Ich denke, auch Ino wird sich darüber freuen."
Salz und Kraut und Gold! Du hast dieses Abenteuer als Alchemist abgeschlossen (weiter beim Epilog am Ende von **Buch 1**).

144 Du drehst dich in die andere Richtung und gehst – nach einer langen, aber ruhigen Nacht – nach Hause. Am nächsten Abend wirst du wieder deine Runden drehen. Dein Abenteuer endet hier, bevor es angefangen hat – oder du gehst zurück zu **1** und triffst eine andere Entscheidung.

145 Faron springt von seinem Thron auf. Das Buch fällt geöffnet auf den Boden. „Die Weiße Eule sei verflucht! Nie wieder wird mir Samos vorschreiben, was ich zu tun habe!", brüllt er so laut, dass seine volle Stimme bis in den letzten Winkel des Saales hallt. „Du glaubst doch nicht, dass mich ein Nachtwächter aufhalten kann! Ein Wicht wie du!"

Damit macht er eine ausholende Handbewegung, als würde er einen unsichtbaren Gegenstand auf dich schleudern.
Nichts passiert.
Im selben Augenblick erlischt hinter ihm das blaue Feuer.
Seine Augen weiten sich. „Wie kann das ... Das ist nicht möglich!"
Er eilt zurück zum Tisch und zerrt ein bläulich schimmerndes Schwert hervor.
Lies weiter bei **185**.

146 Samos ergreift eine vergilbte Pergamentrolle, die auf dem Tisch bereitliegt. Als er sie ausrollt, knistert sie, du riechst Staub. Die Rolle zeigt eine Karte von Anmar. In der Mitte siehst du Waldheim, umgeben vom Kalrir und vom Fei.
„Die Kampfmönche spielten eine wichtige Rolle während der Zazara-Invasion, von der Kudubar dir bereits erzählte. Der Kampf gegen diesen mächtigen Feind prägte das Leben der jungen Mönche. Als die Reiter endlich zurückgeschlagen waren, hatten viele neue und fremde Wege beschritten, die es ihnen unmöglich machten, ihr altes Leben wieder aufzunehmen. Eine kleine Gruppe der wagemutigsten und kompromisslosesten Kampfmönche schwor sich, ihre geistigen und kriegerischen Fähigkeiten für die Suche nach Feinden der Eule zu nutzen. Viele von ihnen nahmen sich wilde Reittiere wie die der Zazara-Reiter, die sie gemeinsam mit den Bestienmeistern der Weißen Eule einfingen und zähmten. Seitdem jagen sie unsere Feinde, vor allem die Karben. Heute nennen sie sich Rabenjäger."
Samos deutet auf Waldheim.
„Es wird nicht leicht sein, einen Rabenjäger zu finden. Nur wenige wissen überhaupt von ihrer Existenz, und sie können sich ebenso gut verbergen wie die Assassinen aus dem Bund der Schattenläufer. Angeblich ist der Führer der Assassinen, ein Gaukler namens Aedan, einer der Wenigen, die zu den Rabenjägern Kontakt haben.
Von Waldheim aus kannst du deine Suche in eine beliebige Richtung beginnen, jedoch solltest du unbedingt versuchen, sie zu finden. Den Weg, den du eingeschlagen hast, kannst du nur

mit der Hilfe eines neuen Lehrmeisters gehen. Mit ihm wirst du lernen, unsere Feinde aufzuspüren und erbarmungslos zu bekämpfen. Die Zielstrebigkeit, die du bisher gezeigt hast, wird dir dabei gute Dienste leisten. Du wirst ein gefürchteter Feind der Karben werden, ein Kämpfer des Zwielichts."
Möge das dunkle Gewand der Nacht alle Brüder der langen Messer schützen. Du hast dieses Abenteuer als Rabenjäger abgeschlossen (weiter beim Epilog am Ende von **Buch 1**).

147 Du positionierst dich in Sichtweite von Farons Anwesen, einer weitläufigen parkähnlichen Anlage, in deren Mitte das verwinkelte Haus steht. Das Gelände ist von einer mannshohen Steinmauer umgeben. Durch das Tor kannst du nicht in das Anwesen gelangen. Dort stehen zu viele Wachen, da momentan die Teilnehmer der Zusammenkunft in ihren Kutschen eintreffen.
Du umgehst das Gelände weiträumig, um auf der Rückseite einen Weg hinein zu finden. Von einem Versteck aus beobachtest du das Haus. Ungewöhnlich oft kommen Nachtwächter vorbei – Faron hat seinen Einfluss genutzt, deine ehemaligen Kollegen zu seinem Schutz einzusetzen.
Um auf Farons Grundstück zu gelangen, musst du über die Mauer klettern – einen anderen Weg gibt es nicht. Dazu musst du dich auf dein Glück verlassen. Wirf zwei Würfel.
Ist das Ergebnis 2 – 7, dann gehe zu **150**. Würfelst du 8 oder mehr, dann lies bei **55** weiter.

148 Bevor du deiner Gegnerin den tödlichen Streich zufügen kannst, wirbelt sie herum und ist schnell wie der Wind in den Schatten verschwunden.
Bei ihrer Flucht hat sie ihr Bündel fallen lassen. Gegenstände liegen verteilt über den Gassenboden, die auf den ersten Blick nicht zu der zierlichen Frau passen wollen: ein rostiger Eisenschlüssel, eine Brechstange, eine verbogene Haarnadel, Nadel und Faden, ein Dolch mit besonders schmaler Klinge (Schaden 2) sowie eine Börse mit 11 Goldstücken.
Es handelt sich um Teile einer Diebesausrüstung. Da vernimmst du Stimmen in der Nähe. Die Frau hat sich Verstärkung geholt!

Nur einen weiteren Blick riskierst du, dann musst du verschwinden. Du kannst auf die Schnelle nur einen der Gegenstände und das Gold einstecken.
Entscheide dich, verlasse dann den Innenhof und eile zu **36**.

149 Dir fallen schon die Augen zu. Du kümmerst dich nicht weiter um Marlus und wirfst dich auf dein Lager.
Aber trotz deiner Müdigkeit schläfst du nicht sofort ein – die unheimliche Begegnung der letzten Nacht geht dir nicht aus dem Kopf. Wer ist wohl dieser Samos? Vielleicht kann er dir sagen, was es mit dem Raben auf deiner Brust auf sich hat? Du beschließt, dass du dir darüber auch später noch Gedanken machen kannst. Heute Abend musst du schließlich wieder die ganze Nacht Wache halten, da willst du ausgeruht sein. Du drehst dich um und bist nach kurzer Zeit eingeschlafen.
Du erwachst, als dich kräftige Hände packen und aus dem Bett zerren. Dir wird ein Sack über den Kopf gestülpt und es werden dir Arme und Füße gebunden, dann riechst du Rauch. Feuer!
Du wirst auf einen Karren geworfen, der durch die halbe Stadt rumpelt. Als man dir den Sack wieder vom Kopf zieht, befindest du dich in einem Kellerraum, in dem der Folterknecht schon wartet. Er versucht lange Zeit, Antworten von dir zu erhalten, die du nicht geben kannst. Schließlich lässt er von dir ab – wenige Zeit später stirbst du erschöpft und verzweifelt in einem feuchten, rattenverseuchten Verlies.
Dein Abenteuer endet hier.

150 Du wartest ab, bis ein vorbeigehender Nachtwächter außer Sichtweite ist. Dann sprintest du auf die Mauer zu, springst an ihr hoch und ziehst dich hinüber, ohne dass es jemand bemerkt.
Weiter bei **189**.

151 Der Dschungel liegt hinter dir, die Luft ist angenehm kühl – das Atmen fällt dir hier leichter. Du stehst vor der befestigten Siedlung Kornbach, in der du dich mit den Mitgliedern der Weißen Eule treffen sollst. Die Ortschaft liegt inmitten dicht

gedrängter Kornfelder, über denen sich weiße Wolkengebirge auftürmen. Hier, am Rande weitläufiger Wälder, hat der Mensch der Natur ein paar Morgen Land abgerungen.
Am Rand der Siedlung passierst du einen Straßenverkauf mit mehreren Marktständen. Dort kannst du einen Kugelhähnchenspieß als Proviant kaufen (du fragst dich jedes Mal, wo diese Dinger herstammen). Jede Portion kostet dich 3 Goldstücke (Lebensenergie +7 pro Portion). Der Händler verkauft dir maximal drei Portionen, dann ist sein Vorrat erschöpft.
Du entdeckst Samos' Landhaus – das einzige zweistöckige Haus der Siedlung. Außerdem siehst du zwei Hinweisschilder. Eines weist den Weg zur alten Kräuterhexe Amiriolla. Du hast schon von ihr gehört: Sie kümmert sich nicht viel um den Rest der Welt, doch handelt sie mit magischen Gegenständen. In ihrem Haus würden es vermutlich nicht einmal die Karben wagen, eine Waffe zu ziehen.
Das andere deutet zur Schmiede von Meister Magnusson.
Wohin willst du dich wenden?
Zu Samos' Landhaus (weiter bei **138**)?
Zur Kräuterhexe Amiriolla (weiter bei **71**)?
Zum Schmied Magnusson (weiter bei **142**)?
Du kannst auch den Portalring benutzen, um kurz zum Handelsstützpunkt von Mansur zu reisen. Dann gehe zu **97** (das geht nicht, wenn du dort Hausverbot hast).

152 Durch das Stadtportal gelangst du in eine Gasse in unmittelbarer Nähe von Samos' Haus. Wie es der Zufall will, befindet sich genau hier eine neue Zweigstelle von Mansurs Handelskette. Wenn du deine Vorräte auffrischen oder etwas verkaufen willst, dann lies bei **200** weiter. Wenn nicht, geht es hier weiter:
Vom Marktplatz hörst du zornige Schreie und Gezeter. Du spähst um eine Häuserecke und siehst eine Menschenmenge, die den gesamten Platz ausfüllt. Bürger, Knechte, Bäuerinnen und Händler umringen eine Bühne, auf der ein großgewachsener, dunkelhaariger Mann mit einer falkenartigen Hakennase steht – Faron. Er trägt einen schwarzen Umhang aus Pelz. An ei-

ner Leine führt er eine Raubkatze, einen Tiger. In diesem Augenblick setzt er zu einer Rede an:
„Freunde! Eure Aufregung ist gerecht und berechtigt! Böse Menschen haben sich in die Stadt – unsere Stadt! – geschlichen! Wir alle wissen, was sie wollen, doch ich verspreche euch: Sie sollen nichts davon haben! Ich werfe jeden Verräter, der sich in unsere Häuser einnistet, wie die Larven der Blutunke in die Eingeweide ihrer Opfer, in meinen Kerker, bis keiner mehr hineinpasst!"
Ein zustimmendes Raunen geht durch die Menge.
„Es ist mir gelungen, einen ihrer Anführer gefangen zu nehmen, als er das Haus eines braven Nachtwächters in Brand setzte. Zuvor hat er einen unschuldigen Gesandten des Königs ermordet, und sogar Waffen wollte er schmuggeln!" Mit diesen Worten gibt der Mann ein Zeichen. Ein Mann mit einem Sack über dem Kopf wird nach vorne gezerrt. Er kann sich nicht auf den Beinen halten und fällt auf die Knie.
Ein Johlen aus vielen Kehlen erhebt sich. „Verräter!", ruft jemand. „Hängt ihn!"
Der Mann zieht den Sack vom Kopf des Gefangenen – sofort erkennst du Wilhelm. Sein Gesicht ist gezeichnet von Schmerz und Entbehrung. Sein Blick ist stumpf, aus dem Mundwinkel tropft Speichel.
„Dieser Mann wurde zum Tode verurteilt wegen Hochverrats, Brandstiftung und Mord. Ich wurde von Bezilor selbst beauftragt, das Urteil auszuführen."
Mit einem breiten Grinsen hebt er die Hand. Für einen Augenblick ist dir, als würde sich Wilhelms Blick klären und er in deine Richtung blicken. Wenn du nicht sofort etwas unternimmst, wird Faron deinen Onkel vor den Augen der Bürger Waldheims hinrichten.
Das Gedränge auf dem Platz ist groß, für einen gezielten Schuss ist Faron zu weit entfernt und Wilhelm ihm zu nahe. Willst du dennoch einschreiten, um Wilhelm zu retten? Den Mann, der dich aufzog und der dein einziger Verwandter ist, der deinetwegen in Gefangenschaft geriet und jetzt ermordet werden soll? Dann lies weiter bei **16**.

Wenn nicht, lies hier weiter.
Ein grüner Blitz schießt aus Farons Handfläche auf Wilhelm, der mit einem letzten Seufzen zusammensackt.
Ein Helfer tritt hinzu und bestätigt den Tod deines Onkels. Die Leute jubeln.
„Meine Freunde, mit Widerwillen habe ich diese schreckliche Strafe ausgeführt. Ich bin bereit, alles Erforderliche für eure Sicherheit auf mich zu nehmen. Dieser Verräter", er deutet auf Wilhelms Leichnam und flüstert jetzt fast, „und seinesgleichen werden die Schatten, aus denen sie kommen, nicht überleben. Bezilor und die Stadtoberen unterstützen mich unermüdlich!"
Seine Augen sind auf einen Punkt am Horizont gerichtet. Langsam erhebt er eine Faust.
„Ich werde keine Sekunde ruhen, um unsere schöne Stadt sicherer zu machen. Ja, bereits heute Abend werden Bezilor und die anderen zu mir kommen, um unseren Kampf gegen das Böse in Waldheim zu organisieren! Seid nicht verzagt, berichtet auch Ihr euren Freunden, wer es ist, der die Feinde unserer Stadt zur Strecke bringt. Ich bin Faron, der Beschützer Waldheims!"
Weiter bei **47**.

153 Kudubar zieht eine Schriftrolle aus brüchigem Pergament hervor und reicht sie dir. Du ergreifst sie und hast sofort den staubigen Geruch alter Folianten in der Nase. Vorsichtig entfernst du den roten Faden, der die Rolle zusammenhält. Das Pergament seufzt, als du es aufbiegst. Darauf sind ein paar Schriftzeichen abgebildet, die dir allesamt fremd und merkwürdig erscheinen.
Der Krieger deutet auf die Rolle in deinen Händen. „Nach dem, was Marina dir über den Weg des Kampfmagiers gezeigt hat, sollte dies dir helfen."
In diesem Moment ergeben die fremden Zeichen vor dir plötzlich Sinn. Du verstehst, dass du die ganze Kraft des Zaubers „Flammenwaffe" bisher noch nicht erkannt hast. Dir ist, als würde sich ihr volles Potential binnen einer Sekunde in deinen Verstand einbrennen.

Gleichzeitig geht die Schriftrolle in Feuer auf und ist kurz darauf restlos verbrannt.
Ab sofort entzündet sich deine Waffe vor der ersten Kampfrunde von selbst, ohne dass du dafür Lebensenergie opfern musst.
Lies weiter bei **33**.

154 „Scher dich zum Teufel, ich habe keine Zeit!", fährst du die Frau an und gehst weiter. Sie folgt dir nicht, doch ruft sie dir ein paar Worte hinterher: „Vorsicht vor dem alten Teppichhändler, er ist es, den du fürchten solltest!"
Willst du nun doch stehen bleiben (weiter bei **83**) oder sie endgültig hinter dir lassen (weiter bei **111**)?

155 Samos lässt deine Schultern los und sagt: „Du kennst ja bereits meine Tochter. Wir sind nicht immer einer Meinung. Doch ist sie ohne jeden Zweifel eine der mächtigsten Zauberinnen der Weißen Eule." Dann ruft er: „Marina!"
Kurze Zeit später betritt Samos' Tochter den Raum. Sie geht grußlos auf dich zu, legt eine Hand auf deine Wange und flüstert: „Kalyrios."
Plötzlich verschwimmen die Wände des Zimmers, in dem du gerade noch mit Samos gestanden bist. Eine sonnendurchflutete Waldlichtung nimmt Gestalt an. Zwischen dichtem dunkelgrünem Gras und hochgewachsenen Sonnenblumen führt ein Pfad zu einem hohen Steinturm, der keine Tür hat. „Willkommen im Kalrir. So sah es hier aus, bevor das Böse überhandnahm. Seit du die Quelle befreit hast, ist das Leben zurückgekehrt", sagt Marina, ohne die Hand von deiner Wange zu nehmen. Dann flüstert sie ein weiteres Wort: „Sagyrios". Der Wald verschwimmt wieder. Eine mächtige Burg aus rotem Stein nimmt Kontur an, die über einer weitläufigen Stadt thront. Goldene Kuppeln glänzen in der Sonne, du riechst Basilikum und Bärlauch. „Willkommen in Sagiriton, dem Herz des Ostreiches." Wieder flüstert Marina ein Wort: „Lyrios". Die Burg verschwindet und vor euch entsteht ein hoher, runder Turm, der blendend weiß ist. „Der Turm der Zauberer der Weißen Eule."
Du siehst dich um. Der Turm steht auf einem Hügel, von dem

aus du die Stadt Sagiriton und die Burg erkennen kannst. Marina nimmt die Hand von deiner Wange und schiebt dich durch das offene Tor in das Innere des Turms.
Ihr betretet eine runde Halle, die nur wenige Schritt Durchmesser hat. Die Innenwände sind dunkel und ohne Fenster, so dass die gesamte Halle im Dämmerlicht liegt. Zuckende Flammen schwarzer Fackeln erleuchten die Treppen aus schwarzem Holz, die sich an die Wände klammern und hinauf zu niedrigen Türen führen. Dein Blick wandert nach oben und verliert sich schließlich im Dämmerlicht. Fledermäuse flattern in den Höhen des Turmes. Das Treppengerüst schlängelt sich weiter nach oben, als du sehen kannst.
„Hier, im Turm der Zauberer, ist das Zentrum unserer Zauberkraft. Hier weben wir neue Zauber, erforschen neue Bereiche der Magie und entwickeln magische Waffen. Und manchmal bilden wir einen neuen Zauberer der Weißen Eule aus. Nur wenige werden zugelassen, denn die Macht eines Zauberers ist groß. In den falschen Händen kann sie verheerend sein. Komm, ich führe dich herum."
Marina führt dich zu einer Treppe im hinteren Teil des Turmes. Ihr steigt mehrere Dutzend Stufen nach oben, bis ihr an eine Eisentür gelangt, die von der Wendeltreppe in einen weiteren Raum führt. Auf deine Frage, wohin die Treppe weiterführt, antwortet Marina „Hexenmeister Larendon."
Ihr betretet den Raum. Er ist vollgestopft mit hohen Holzregalen, in denen sich dicke Folianten neben verstaubte Schriftrollen quetschen, und Tischen, die mit Papierstapeln überquellen. „Dies ist die Zauberakademie", erklärt dir Marina. „Hier wirst du lernen, forschen und üben. Die Zauberei ist ein so weites Feld. Ich bin gespannt, für welche Richtung du dich entscheidest."
Marina zeigt dir noch über zwei Stunden verschiedene Ecken des Turmes. Sie zieht riesige Bücher über magische Wesen hervor und zeigt dir Schnitzereien bekannter Zauberer. In einer Schriftrolle zeigt sie dir eine Variante eines Feuerzaubers, der nicht im Kampf eingesetzt wird. Er lässt Grillkohle binnen weniger Augenblicke so heiß werden wie Lava. Deine Ausbildung

zu einem Zauberer der Weißen Eule hat begonnen. Schließlich legt sie dir wieder eine Hand auf die Wange, spricht zwei Worte, „Samos Illyrios“, und ihr steht wieder im Hause Samos‘.
Bei der reinen Magie Anmars, du hast dieses Abenteuer als Zauberer der Weißen Eule abgeschlossen (weiter beim Epilog am Ende von **Buch 1**).

156 Du ergreifst die dir entgegengestreckte Hand. Marina lächelt und führt dich zur Bühne. Sie besteigt sie mit dir und wendet sich an die Anwesenden.
„Dies ist der neue Held Waldheims. Ihr alle habt gesehen, wie vorbildlich er gehandelt hat. Ich könnte mir keinen würdigeren Gefährten wünschen. Schon bald wird er hohe Ämter übernehmen, und Waldheim wird noch schöner und strahlender sein.“
Sie redet noch eine Weile. Dann führt sie dich aus dem schwarzen Saal heraus, durch hell erleuchtete Flure. In einem Raum setzt ihr euch an eine mit vielen Köstlichkeiten gedeckte Tafel. Ein Feuer brennt im Kamin, ihre Hand liegt in deiner, und ihr unterhaltet euch angeregt über deine Abenteuer.
Weiter bei **164**.

157 Wohin willst du dich setzen?
An einen der leeren Tische (weiter bei **187**)?
An einen Tisch in der Mitte des Raumes, an dem ein einsamer Würfelspieler sitzt (weiter bei **184**)?
An einen Tisch in der Nähe des Tresens, an dem drei Männer sitzen, die wie Arbeiter aussehen (weiter bei **26**)?

158 Im Gesicht von Salter wechseln sich bei deinen Worten Hoffnung und Zweifel ab. Du hast seinen wunden Punkt getroffen.
„Wenn Ihr sie heilen könntet, wäre ich Euch für alle Zeit dankbar. So viele Ärzte haben versagt. Erst jetzt waren wir wieder bei einem Wunderheiler. Aber auch der war ratlos. Könnt Ihr sie heilen?“ Du hast keine Ahnung, welche Krankheit die Tochter von Salter hat, und müsstest improvisieren. Dir fällt das Fläschchen mit dem Wasser aus der Reinen Quelle tief im Wald Kalrir

ein. Es wäre einen Versuch wert – vielleicht kannst du ein paar Tropfen entbehren? Dies könnte eine Chance sein, Salter ohne Gewalt als Verbündeten zu gewinnen.
Was willst du antworten?
Bietest du an, das Mädchen im Tausch gegen einen Gefallen zu heilen (weiter bei **6**)? Ist deine Menschlichkeit 1 oder mehr, so wirst du diese Möglichkeit auf jeden Fall wählen.
Oder entschuldigst du dich und verlässt Salter (weiter bei **31**)? Wenn deine Menschlichkeit -3 oder schlechter ist, wirst du dich auf jeden Fall für diese Option entscheiden.

159 Ino betritt den Raum. Er trägt eine kleine Kiste aus edlem, dunklem Holz, die er wortlos vor euch auf den Tisch stellt. Kudubar wartet, bis er sich entfernt hat, und öffnet dann die Kiste. Eingeschlagen in rotem Samt befindet sich darin eine Ronahi-Apparatur. Sie ähnelt der, die du bereits besitzt, ist aber aus dunklerem Leder.
„Die ersten Kampfmönche der Weißen Eule traten zur Zeit der Zazara-Invasion auf. Die Zazara-Reiter überschwemmten damals den Kontinent mit Verwüstung, Krankheit und Tod. Die Mönche der Fei stellten sich ihnen entgegen, doch die Krieger der Zazara waren furchtbare Gegner, grausam und wild, mit langen, gekrümmten Klingen in den Händen. Genauso scheußlich wie sie waren ihre Reittiere, riesige, blutrünstige Raubtiere mit scharfen Krallen und langen Zähnen.
Damals entwickelten die Mönche Vorrichtungen, die sie sich an den Armen festbanden, um so Reittier und Reiter gleichzeitig in Schach zu halten. Dies hier", Kudubar deutet auf die eingeschlagene Apparatur, „ist eine der besten Waffen, die aus dieser Zeit erhalten sind. Wir nennen sie Meisterarmbrust, auch wenn sie vielleicht etwas anders als gewöhnliche Armbrüste aussieht."
Er löst das alte Lederband von deiner Hand. Dann nimmt er das andere und bindet es fest. Sofort merkst du, dass es viel leichter, aber dennoch sehr stabil an deinem Unterarm liegt.
Die Ronahi-Meisterarmbrust wird genauso wie dein altes Lederband geführt (Schaden 15).
Lies weiter bei **33**.

160 Die kleine Frau läuft vor dir her durch die schmale Gasse und geht schließlich unter einem Torbogen hindurch. Du folgst ihr in einen dunklen, verwitterten Innenhof.
Sie dreht sich zu dir um und schaut dich ausdruckslos an. Hinter dir ertönt kehliges Gelächter. Du drehst dich um und siehst einen Schatten, der dir den Rückweg versperrt. Es handelt sich um einen speckigen Mann, der einen Säbel in der Hand hält. Sein Gesicht ist rund und feist.
„Sehr schön, Salina. Er hatte also Recht. Dann lass uns doch mal schauen, ob unser Nachtwächter etwas gelernt hat beim Teppichhändler." Damit stürzt er sich auf dich.

Fremder Mann

Kampfkraft	Schaden	Rüstung	Lebensenergie
26	**17**	**3**	**45**

(Bogenschütze: Schuss möglich)

Salina

Kampfkraft	Schaden	Rüstung	Lebensenergie
27	**18**	**1**	**38**

(Bogenschütze: Schuss möglich)

Du musst zuerst gegen den Mann kämpfen, Salina greift dich erst an, nachdem du ihn niedergerungen hast.
Wenn Salinas Lebensenergie auf unter 20 sinkt, dann lies weiter bei **80**.

161 Du setzt dich an den Tresen, lässt aber vorsichtshalber einen Hocker zwischen dir und den anderen Gästen frei, und bestellst dir einen Krug „Zombiestoff".
„Natürlich gibt es das Wirtshaus der Zombies! Bento ist selbst dort gewesen!", brüllt da plötzlich eine der düsteren Gestalten neben dir.
„Und warum lebt er dann noch?", gibt der andere zurück.
„Ja, was weiß ich denn!" Einer der beiden wendet sich nun dir zu.

„Du gibst mir doch recht, dass das Wirtshaus der Zombies nur eine Geschichte zum Kindererschrecken ist, oder?"
Was willst du antworten?
„Ja, natürlich, kein vernünftiger Mann glaubt solche Märchen!" (weiter bei **136**)
„Nein, das Wirtshaus gibt es wirklich – ich bin selbst da gewesen!" (weiter bei **45**)

162 Du wirfst den Trollorden und die Goldstücke in das Loch. Die Maschine vibriert leicht. Gelber Rauch steigt daraus hervor. Dann fällt unten aus einer weiteren, versteckten Öffnung ein Gegenstand. Du erkennst zwar den Trollorden wieder, doch ist er nun verformt und in einen Ring gefasst (er ist hübsch, schaut irgendwie gefährlich aus und hat keine weitere Funktion. Jeder Händler dieses Landes zahlt dir jedoch 10 Goldstücke dafür).
Gehe zurück zu **71** und entscheide, was du als Nächstes tun willst.

163 Du trittst an die Tür und schlägst mit der Faust dagegen. Ein bewaffneter Wächter öffnet und fragt nach deinem Anliegen. Willst du sagen, dass du mit Salter eine wichtige geschäftliche Angelegenheit zu besprechen hast? Dann gehe zu **107**.
Oder gibst du an, dass du in einer dringenden persönlichen Sache da bist? Dann lies bei **38** weiter.

164 Marina wird ernst. „Du hast mich erschreckt. Kurz dachte ich, du würdest mich tatsächlich niederstrecken." Sie lächelt. „Denn dazu wärst du in der Lage gewesen."
Du willst erwidern, dass du sie niemals angreifen würdest. Dass du ihr vollkommen vertraust. Dass du wusstest, dass sie wirklich Marina ist.
Doch bleiben dir die Worte im Hals stecken: Als du aufschaust, sitzt dir nicht mehr Marina gegenüber. Es ist wieder Faron, dem du in die Augen blickst. Du willst entsetzt aufspringen, dich auf ihn stürzen, ihn vernichten. Doch hält dich eine unsichtbare Macht an den Stuhl gefesselt. Du kannst dich bewegen, jedoch nicht erheben.

„Wie ich schon sagte: Du warst in der Lage. Wir haben unsere Plauderei lang genug hingestreckt, so dass ich nun wieder Herr über meine Kräfte bin. Wie nett von dir, so lange zu warten."
Du hast die letzte falsche Entscheidung deines Lebens getroffen und dich durch Farons Illusion täuschen lassen. Er wird dich bei sich behalten, er wird dich befragen, untersuchen und erforschen. Du bist für ihn ein äußerst wertvolles Studienobjekt, das ihm viel über die Pläne der Weißen Eule verraten wird.
Du warst kurz davor, dein Abenteuer mit dem maximalen Erfolg zu beenden. Nun jedoch hast du maximalen Schaden angerichtet.

165 Wirf fünf Würfel und addiere deine Menschlichkeit (ein negativer Wert wird abgezogen). Wenn das Ergebnis deine Gewandtheit übersteigt, lies weiter bei **27**.
Sonst lies weiter bei **197**.

166 Samos ist zwar oft undurchsichtig, aber auch gerecht. Vermutlich hat er dir sogar das Leben gerettet.
Du greifst nach dem Pokal und liest bei **90** weiter.

167 Als dir Samos den Dolch zwischen die Rippen rammt, flüstert er eine Beschwörungsformel: „Sterbe, um zu neuem Leben zu erwachen. Erwache, um zu neuen Taten aufzubrechen. Brich auf, um dem Orden der Weißen Eule zu dienen."
Du fällst auf die Knie, dabei zieht Samos die Klinge aus der Wunde. Du presst die Hände darauf, doch das Blut quillt aus deinem Körper. Dir wird schwarz vor Augen.
Samos murmelt eine weitere Formel. Ein merkwürdiges Licht entsteht an den Fingerspitzen seiner Hand, das so grell ist, dass du es trotz der nahenden Ohnmacht erkennen kannst. Es springt auf dich über und verschließt die Wunde. Der Blutstrom wird dünner und versiegt schließlich. Du spürst keinen Schmerz mehr. Einige Herzschläge liegst du benommen und fassungslos da, dann reicht dir Samos die Hand und hilft dir auf.
„Auf dem Weg der Krallen folgst du der Lehre der Ronahi-Kampfkunst. Deine Reflexe wurden gestärkt, deine Haut ist

widerstandsfähiger geworden. Jetzt bist du kein einfacher Nachtwächter mehr, sondern ein ernst zu nehmender Gegner."
Um zu ermitteln, um wie viel du stärker geworden bist, lies jetzt hinten im Buch hinter dem Regelblock unter **„Ausbildung" TEIL 1: Rätsel auf dem Weg der Krallen.** Achte darauf, dass du im Kapitel Ausbildung auf dem Weg der Krallen (und nicht der Schwingen) bist. Kehre danach hierher zurück.
Auch deine Gewandtheit ist gestiegen (Gewandtheit +1 – du darfst also deinen Gewandtheitswert dauerhaft von 15 auf 16 erhöhen).
„Ich erläutere dir nun die Grundregeln der geheimen Kampfkunst der Weißen Eule. Dann musst du aufbrechen."
Lies nun auch TEIL 2: Grundfertigkeiten auf dem Weg der Krallen, um eine Grundfertigkeit zu erlernen.
Nach der Unterweisung ist es an der Zeit, deine Reise zu beginnen. Weiter bei **2**.

168 Du lauschst in dein eigenes, verdorbenes Inneres. Du findest dort keine Freude, kein Vertrauen und vor allem kein Verlangen, dich länger mit Samos oder der Weißen Eule abzugeben. Deine Entscheidung steht fest.
Lies weiter bei **182**.

169 „Meine Vergangenheit geht niemanden etwas an. Schert Euch davon!"
Damit wirft er die Tür ins Schloss.
Wenn du das noch nicht getan hast, kannst du dich nun auf die Suche nach einem anderen Weg in das Haus machen (weiter bei **44**).
Oder du versuchst, auf eigene Faust und ohne Salters Hilfe in das Anwesen Farons zu gelangen (weiter bei **147**).

170 Du erläuterst dem jungen Nachtwächter in aller Kürze, wie wichtig deine Mission ist und dass du im Interesse aller handelst.
Er zögert nur kurz und schreit dann mit voller Stimme: „Verstärkung!"

Du wendest dich zur Flucht, doch da kommen bereits Nachtwächter aus allen Richtungen angerannt. Man nimmt dich fest und wirft dich in den Kerker. Am nächsten Tag wirst du dem Stadtrat vorgeführt, dem auch Faron angehört. Er muss sich nicht einmischen. Der Stadtrat erkennt von selbst, dass du ein Spion bist. Man verurteilt dich zu 7 Jahren Haft.
Danach kannst du dein Abenteuer noch einmal versuchen.

171 Der Mann mit der schwarzen Maske blickt auf. Er seufzt, legt das Buch beiseite und erhebt sich von seinem Thron.
Er macht eine ausholende Armbewegung, als würde er einen unsichtbaren Gegenstand auf dich schleudern.
Nichts passiert.
Im selben Augenblick erlischt hinter ihm das blaue Feuer.
Er hält inne, irritiert. „Wie kann ...", flüstert er mit einer tonlosen Stimme.
Dann eilt er zurück zum Tisch und zerrt ein bläulich schimmerndes Schwert hervor.
Lies weiter bei **185**.

172 Die Dämmerung hat eingesetzt. Du musst die Dunkelheit abwarten, um in Farons Haus zu gelangen.
Bis dahin musst du dich im Verborgenen halten – mit Sicherheit sind Farons Schergen noch immer auf der Suche nach dir.
Möchtest du dir ein dunkles Eck suchen (weiter bei **35**)?
Oder ist dir das zu langweilig, und du entscheidest dich, ein nahes Wirtshaus aufzusuchen (weiter bei **180**)?

173 Marina schaut kurz irritiert, dann blickt sie dich neugierig an. „Über mich?" Sie überlegt eine Sekunde. „Viel gibt es da nicht zu sagen. Die Weiße Eule ist für mich wie eine Familie. Seit meiner Kindheit hat mich mein Vater darauf vorbereitet, in der Zauberkunst der Eule geschult zu werden. Ich habe dafür lange Zeit in Krehlheim verbracht. Alles, was ich weiß und bin, verdanke ich der Eule.
Die letzten Jahre bin ich im Auftrag der Eule zwischen Sagiriton und Krehlheim hin- und hergereist. Ich war schon fast in jedem

Eck von Anmar. Nur im Dschungel der Fei und im Kalrir war ich noch nicht." Sie lacht kurz auf, doch wird sie sofort wieder ernst. „Entschuldige. Du findest das bestimmt nicht lustig. Lass uns in die Eingangshalle zu meinem Vater gehen, er wartet sicher schon auf uns." Lies weiter bei **37**.

174 Du ergreifst einen der Pflastersteine, die neben deinen Füßen liegen, und schlägst ihn dem Wachmann auf den Kopf. Der Schädelknochen knirscht, als er bricht. Der Wachmann fällt vor dir zu Boden. Er ist sofort tot (Menschlichkeit -1).
Weiter bei **34**.

175 Er ringt mit sich. Dann schaut er dich mit verschlossener Miene an. „Du kannst nicht mein Freund sein, den ich seit Kindestagen kenne. Ich selbst war auf seiner Beerdigung. Du siehst ihm ähnlich, aber das ist auch schon alles. Geh mir aus den Augen, sonst lasse ich dich in Ketten legen!" (Menschlichkeit -1)
Mit diesen Worten stürmt er davon. Von Lynn kannst du keine Hilfe mehr erwarten. Du musst alleine einen Weg in Farons Anwesen finden.
Weiter bei **147**.

176 Kudubars Blick ist auf einen imaginären Punkt in der Ferne gerichtet. „Gut, dass du den Pfad des Berserkers gewählt hast. Ich selbst habe es nie bereut, mich dafür entschieden zu haben. Mit gefällt der direkte Angriff, ohne Hinterlist."
Ein Diener betritt den Raum. Vor sich trägt er ein Silbertablett, auf dem ein Armreif aus bleichen Knochen liegt. Dünne Fingerknochen und andere, kürzere Knochen sind so geschickt miteinander verbunden, dass du kein Band erkennen kannst, das sie zusammenhält.
„Dies ist der Armreif von Belric dem Berserker. Er war einst ein Ronahi der Weißen Eule und einer der Begründer des Berserker-Pfades. In diesem Reif schlummert ein Teil seiner Kraft. Bis vor kurzem habe ich ihn selbst getragen, doch nun ist er dein.
In jedem Kampf kann er dir einmal die Kraft Belrics verleihen. Leider jedoch nicht ohne Preis."

Du kannst einmal pro Kampf die Kraft des Reifes nutzen, um einen wilden Berserkerschlag durchzuführen, der auf jeden Fall trifft. Du jedoch wirst selbst halben Schaden von deinem Gegner erleiden (Wert abrunden).
Kudubar streift dir den Armreif über die rechte Hand.
„Lass uns nun planen, wie du dir Zutritt zu Farons Anwesen verschaffst."
Lies weiter bei **33**.

177 Samos gibt dir Zeit, damit du zur Ruhe kommen und deine Gedanken ordnen kannst.
Du fühlst tiefen Gram. Dein Onkel wurde wegen deines Leichtsinnes festgenommen, Euer Haus niedergebrannt. Wenn du zuvor auf Samos gehört hast und nicht zu eurem Haus gelaufen bist, spürst du die Schuld wie eine Kröte in deinen Eingeweiden sitzen (Menschlichkeit -1; das bedeutet, dass sich deine Menschlichkeit um 1 verringert). Hast du wenigstens versucht ihn zu warnen, indem du zu dem Haus gerannt bist, so geschieht nichts.
Nach einer Weile führt dich Ino wieder zu Samos.
„Ich sorge dafür, dass Marlus' Überreste unter die Erde kommen", sagt Samos. „Auf seinem Grabstein wird dein Name stehen. Das wird ihn nicht stören, und wir gewinnen Zeit. Hinter den Geschehnissen steckt eine Gruppierung, die sich selbst die Karben nennt. Ich bekämpfe sie mit all meiner Kraft, und dennoch wächst ihr Einfluss stetig."
Dir fällt Lynn ein, Nachtwächter wie du. „Mein Freund Lynn und ich kennen uns seit unserer Kindheit. Ich kann mich bei ihm verstecken!"
Samos schüttelt nur den Kopf. „Lynn kann froh sein, dass er nicht bei dir war. Zieh' ihn nicht mit hinein, zumindest nicht, bis wir wissen, wer hier in Waldheim der Kopf der Karben ist. Bei der Eule, sie könnten die Nachtwache und selbst die Stadtwache unterlaufen haben." Er runzelt die Stirn.
„Mein Geld verdiene ich als Teppichhändler, doch laufen auch andere Fäden bei mir zusammen. Vielleicht kann ich dir helfen. Du solltest jetzt ein paar Stunden schlafen. Dann reden wir weiter."

Das Zeichen auf deiner Brust pocht noch immer, aber du spürst nach all der Aufregung die Müdigkeit in deinen Knochen. Ino geleitet dich in ein Zimmer. „Genau so ist es doch: Alles geht schief, und zum Schluss hilft nur eine Karaffe mit Wein. Jetzt träume süß von saurem Most."
Im Bett fällst du sofort in einen tiefen Schlaf (Lebensenergie +15). Nach wenigen Augenblicken, so scheint es, berührt dich Ino sanft an der Schulter. Es ist Nachmittag. Du wirst wieder zu Samos geführt.
Er ist nicht alleine.
Lies weiter bei **61**.

178 Du musst nicht lange suchen, da entdeckst du Lynn in der Gasse vor dir, gekleidet in dem schwarzen Nachtwächtermantel, in der Hand seine Hellebarde. Du trittst auf ihn zu.
„Hallo, Lynn."
Lynn bleibt stehen und blickt dich an. Angst und Unsicherheit spiegeln sich auf seiner Miene wider. „Was willst du?", flüstert er. „Wer bist du?"
Willst du in knappen Worten erläutern, warum du dein Leben als Nachtwächter hinter dir lassen musstest? Dann gehe zu **96**.
Oder willst du ihn ohne Umschweife um Hilfe anflehen? Dann lies bei **74** weiter.
Wenn du ihm versichern willst, dass du wirklich du bist, und eure gemeinsame Vergangenheit ansprichst, dann geht es bei **86** weiter.

179 Du wirst dir etwas anderes überlegen müssen, um in das Haus zu gelangen.
Willst du mit roher Gewalt versuchen, die Tür zu sprengen (weiter bei **137**)?
Oder willst du um das Haus schleichen, auf der Suche nach weiteren Möglichkeiten (weiter bei **103**)?

180 Du betrittst den Gastraum des Wirtshauses „Zum Toten Zombie". Es handelt sich um ein schmutziges, stickiges Loch mit einer Handvoll Tischen und einem Tresen, an dem ein paar

Barhocker stehen. Das Wirtshaus ist nicht besonders gut besucht, nur wenige Gäste sind anwesend. Hinter der Theke arbeitet ein bulliger Mann – der Wirt. In einer Ecke klimpert ein Musiker auf einer schlecht gestimmten Laute.
Willst du dich an den Tresen setzen, wo zwei düstere Gestalten in ein Gespräch vertieft sind (gehe zu **161**), oder an einen der Tische (weiter bei **157**)?

181 „Du vermagst mit den Schatten der Nacht zu verschmelzen. Verschlossene Türen halten dich ebenso wenig auf wie hohe Mauern. Du hast auch bewiesen, wie geschickt du im Umgang mit dem Bogen bist. Wenn es dein Ziel erfordert, löschst du damit auch ein Menschenleben aus. Die Weiße Eule hat sich dem Guten verschrieben. Dennoch gibt es Aufgaben, die ein einzelner Attentäter leichter erledigen kann als ein Heer der besten Ritter. Nur wenige wissen, dass die Weiße Eule überhaupt Mörder ausbildet. Noch weniger werden wissen, dass du einer bist. Du wirst ein Assassine werden, ein Meister der Tarnung und der lautlosen Kampfkunst. Assassinen arbeiten stets alleine. Ihre einzigen Verbündeten sind der Schatten des Waldes und der Wind, der durch die Wipfel der Tannen streicht. Doch gibt es eine Vereinigung, die sich vor langer Zeit von den Waldläufern des Königs abgespalten hat und sich der Ausbildung der Assassinen verschrieben hat. Sie nennt sich Bund der Schattenläufer. Außer den obersten Führern der Weißen Eule wissen von diesem Bund nur die Rabenjäger, ein Bund von Kampfmönchen, die auf ähnlichen Wegen schreiten wie die Assassinen.
Die Schattenläufer haben traditionell ein Aufnahmeritual – ein Anwärter muss eine Nacht im Haus des Henkers im Nordwald verbringen. Nun, du bist im Kalrir viel weiter gekommen. Du hast den Wolf und die Fürstin der Nacht besiegt – das ist mindestens so gut wie eine Nacht beim Henker.
Die Schattenläufer unterstehen einem legendenumwobenen Mann – Aedan, ein Gaukler aus dem Nordwald. Du wirst zunächst deine Ausbildung bei mir fortsetzen, bevor es Zeit wird, Aedan zu finden.

Als mein Schüler wird niemand dich nach dem Ziel deiner Ausbildung fragen, doch wirst du dir schon bald eine Tarnung zulegen müssen – als Händler, Handwerker oder Bauer, das ist dir überlassen."

Möge das dunkle Gewand der Nacht alle Brüder der langen Messer schützen, du hast dieses Abenteuer als Schattenläufer abgeschlossen (weiter beim Epilog am Ende von **Buch 1**).

182 Du schlägst Samos den Pokal aus der Hand, der scheppernd zu Boden fällt. Eine rötliche Flüssigkeit ergießt sich auf den Lehmboden. Ruckartig wendest du dich ab, rennst zur Tür und reißt diese auf. Samos und Kudubar folgen dir nicht. Du suchst den schnellsten Weg nach draußen und verlässt, ohne zurückzublicken, für immer Samos' Haus.

Du hast eine endgültige Entscheidung getroffen. Nie wirst du erfahren, welche Pläne Samos für dich hatte oder ob sich dein Schicksal unter seinem Einfluss zum Guten oder zum Schlechten gewendet hätte.

Nur kurz denkst du an Faron, an die Karben und an die Mühen, die du auf dich genommen hast, um für Gerechtigkeit zu sorgen. Gerechtigkeit. Welch' seltsames Wort.

All diese Sorgen und Überlegungen lässt du nun hinter dir. Du verfügst über ausreichend Fähigkeiten, um dein Glück als Söldner, Handlanger, Dieb oder Auftragsmörder zu finden.

Als die Sonne über Waldheim untergeht, verlässt du deine Heimatstadt und wendest dich nach Westen. Die einbrechende Dunkelheit fürchtest du nicht. Die Gefahren, die hier lauern, sind nichts im Vergleich zu denen, die du bei deiner Reise durch die Wälder überwinden musstest.

Vor dir ist die Große Handelsstraße, an deren Ende Krehlheim liegt, die Hauptstadt von Anmar. Dieses Abenteuer endet. Doch viele weitere liegen noch vor dir – bis dich eines Tages doch noch der Fluch des Raben auf deiner Brust holt.

183 Du trittst an den Käfig heran und betrachtest die verriegelte Tür. Sie ist mit einem einfachen Riegel von außen verschlossen. Ein Handgriff, und der Käfig ist offen.

Der Tiger hebt den Kopf und blickt dich an. Dann erhebt er sich und schnuppert an deiner Hand. Als du die Handfläche öffnest, leckt er einmal mit seiner rauen Zunge über das Zeichen der Fei, das du von Ténoch erhalten hast. Ohne Eile wendet er sich ab und trottet davon. Lautlos springt er auf die Mauer, die das Grundstück begrenzt, und verschwindet in den Schatten dahinter.

In Gedanken wünschst du ihm viel Glück auf seinem Weg zurück in den Fei und in die Freiheit (Menschlichkeit +1).

Du schleichst weiter und lässt das Gefängnis hinter dir zurück. Direkt vor dir siehst du eine Küchentür. Das Fenster neben der Tür ist dunkel. Gehe zu **99**, wenn du das Haus über diesen Weg betreten willst.

Weiter rechts erkennst du eine Treppe, die an der Hauswand entlang nach unten in den Keller führt. Lies bei **15** weiter, wenn du dorthin gehen möchtest.

184 Du trittst an den Tisch mit dem Würfelspieler. Er lächelt dich freundlich an und deutet auf den freien Platz ihm gegenüber.

„Willst du reich werden? Mit einem Schlag das Fünffache deines Einsatzes gewinnen? Es ist ganz einfach!"

Bist du interessiert? Dann setze dich bei **135** zu ihm.

Wenn nicht, dann kehre zu **157** zurück und suche dir einen neuen Tisch aus.

185 Die dunkle Gestalt steht dir mit dem Schwert in der Hand gegenüber. Sie wirkt kleiner, als du Faron in Erinnerung hast. Dann lacht sie. Du stutzt – das Lachen hört sich nicht nach dem Meister des Feuers des Mondes an. Sie hebt die freie Hand und zieht die Maske von ihrem Gesicht.

Vor dir steht – nicht Faron, sondern Marina, die Tochter Samos', und lächelt dich an. Sie legt das Schwert zur Seite und macht einen Schritt auf dich zu.

„Wie stark du geworden bist. Mein Vater hatte Recht, an dich zu glauben, auch wenn er in so vielem Unrecht hatte." Sie blickt dich traurig an und legt eine Hand auf deine Schulter.

„Mein Vater ist ebenso verblendet, wie Faron es war. Er schickte dich in die wilden Wälder, um dich loszuwerden. In Kornbach wollte ich ihn zur Vernunft bringen, doch hatte Faron ihn schon lange auf die dunkle Seite der Karben gezogen. Bei dir war ich unsicher. Bisher wusste ich nicht, ob ich dir vertrauen kann. Samos und Faron haben wir gefangen genommen. Sei mir bitte nicht böse, dass ich dich derart auf die Probe stellen musste – aber ich musste sicher sein, dass du der Eule würdig bist. Soeben hast du bewiesen, wie rein dein Herz und wie stark dein Wille ist. Lass uns deine hervorragenden Leistungen feiern." Sie streckt dir ihre andere Hand entgegen, an der sie einen Ring mit einer fliegenden Eule trägt. Du riechst ihren Duft, und sie erscheint dir noch schöner als zuvor.
Was willst du tun?
Willst du angreifen und so den Kampf fortsetzen? Dann gehe zu **115**. Oder ergreifst du die dir dargebotene Hand? Dann gehe zu **156**.

186 Du schleichst durch die dunklen Gassen. Das Haus von Salter, dem Gewürzhändler, liegt im Westen der Stadt, nicht weit von deiner alten Route als Nachtwächter entfernt.
Es fällt dir nicht schwer, das freistehende, dreistöckige Bürgerhaus zu finden. Du beziehst Position in einem Häusereingang auf der anderen Straßenseite. Schon nach wenigen Minuten kommt ein von zwei Pferden gezogener Wagen die Straße heruntergefahren und hält direkt vor dem Haus.
Ein gebeugter, älterer Mann mit Halbglatze steigt aus dem Wagen, an seiner Hand ein kleines, blondes Mädchen, das blass und dünn ist wie der Baummahr. Die Haustür öffnet sich und ein bewaffneter Wachmann tritt heraus. Er heißt den Mann und das Mädchen willkommen. Sie betreten das Haus, die Tür schließt sich hinter ihnen und der Wagen fährt davon.
Willst du an der Tür klopfen und um Einlass bitten (weiter bei **163**)?
Oder versuchst du, einen anderen Weg hineinzufinden (weiter bei **44**)?

187 Du nimmst an einem freien Tisch in der Ecke Platz, bestellst dir einen Krug „Zombiestoff" und wartest, dass die Zeit vergeht.
Das Wirtshaus füllt sich. Viele Menschen kommen, um etwas zu essen oder zu trinken. Niemand beachtet dich. Durch die Pause schöpfst du Kraft (Lebensenergie +5). Als es Zeit wird, machst du dich auf den Weg zu Farons Anwesen.
Weiter bei **147**.

188 Samos lässt deine Schultern los und lehnt sich wieder zurück.
„Du hast viel erreicht. Deine Entscheidung, den Pfad der Geister zu beschreiten, hat sich als richtig und weise herausgestellt. Nun liegt es an dir, deine Zukunft in der Weißen Eule zu formen."
Samos führt dich in einen quadratischen Raum im Erdgeschoss seines Hauses mit einer Seitenläge von fünf Schritt. An drei Wänden stehen deckenhohe Regale. In ihnen türmen sich Schriftrollen, Masken, Gefäße, bauchige Gläser mit eingelegten Insekten, ausgestopfte Tiere und allerlei seltsame Artefakte. In der Mitte des Raumes steht ein Studiertisch mit einem einfachen Holzstuhl davor.
„Setz dich, mein Junge. Du hast dich für den Pfad der Geister entschieden, ohne viel darüber zu wissen. Er führt zu den Künsten des Schamanismus. Die Weiße Eule ist keine Religion. Dennoch befassen wir uns mit Fragen geistlicher Natur. Und glaube mir: Zwischen Göttern und Menschen gibt es mehr, als du dir vorstellen kannst."
Samos deutet auf die angesammelten Sachen.
„Als Schamane der Weißen Eule kannst du Techniken lernen, Magie in Gegenständen zu speichern. Doch dies ist noch nicht Alles: Du kannst Türen mit Schutzzaubern versehen, oder sogar Magie in einzelne Wörter legen. Doch deine größte Macht wird darin liegen, den menschlichen Körper mit magischen Eigenschaften zu versehen. Du wirst ein Herr des Lebens und des Todes werden, ein Magier der Schriftzeichen: ein Runenmeister, wie Arumnas einer war."

Samos greift nach einem Federkiel und tunkt ihn in ein gläsernes Gefäß, das eine blaue Flüssigkeit enthält. Er gibt dir einen goldenen Handspiegel, in dem du dein Gesicht sehen kannst. Er legt die freie Hand auf deine Wange und bedeutet dir, ruhig zu halten. Dann bewegt er tonlos den Mund und malt einen Kreis auf deine Stirn. Nachdem er abgesetzt hat, leuchtet der Kreis plötzlich auf und verschwindet wieder. Für einen Augenblick ist dir, als würde die Zimmerwand verschwimmen und als könntest du den Wächter sehen, der dahinter steht. Dann nimmt die Wand wieder Konturen an und alles ist wie zuvor.
„Das war ein leichter Sichtbarkeitszauber. Leider bin ich nicht sehr gut in diesen Dingen, aber es sollte genügen, dir eine Vorstellung der Möglichkeiten der Runenmagie zu geben. Eine Schande, dass Arumnas tot ist." Er legt den Federkiel beiseite.
„Erlerne Wege, Leben zu verlängern und Krankheiten zu heilen. Finde gleichzeitig Wissen, das dir helfen kann, ein Leben schnell und ohne Aufhebens zu beenden, wenn dies nötig erscheint. Du wirst die Feinheiten der Magie entdecken und wie du sie speichern oder sogar kombinieren kannst. Hier findest du alles, was du für die Grundausbildung benötigst. Danach kannst du nach Krehlheim reisen. Dort lehren die besten Runenmeister des Landes."
Auf die Macht des Wortes! Du hast dieses Abenteuer als Runenmeister abgeschlossen (weiter beim Epilog am Ende von **Buch 1**)!

189 20 Schritte von dir entfernt ragt das Haus Farons düster in den Nachthimmel. Auf den Zinnen sitzen Wasserspeier aus schwarzem Stein mit riesigen Mündern und wulstigen Lippen. Vor dir wachsen lilafarbene Blumen, wie du sie zuletzt im Kalrir gesehen hast. Du schleichst auf deinem Weg zum Haus an einem runden, schulterhohen Käfig vorbei, der mit goldenen Zweigen verziert ist und einen Durchmesser von 2 Schritt hat. Darin liegt der Tiger, den Faron auf dem Marktplatz dabei hatte. Das schöne Tier hat den Kopf auf den Vorderpfoten abgelegt und starrt in die Dunkelheit. Als es dich bemerkt, bleckt es die langen Zähne und faucht dich an. Die wilden Augen des Tigers

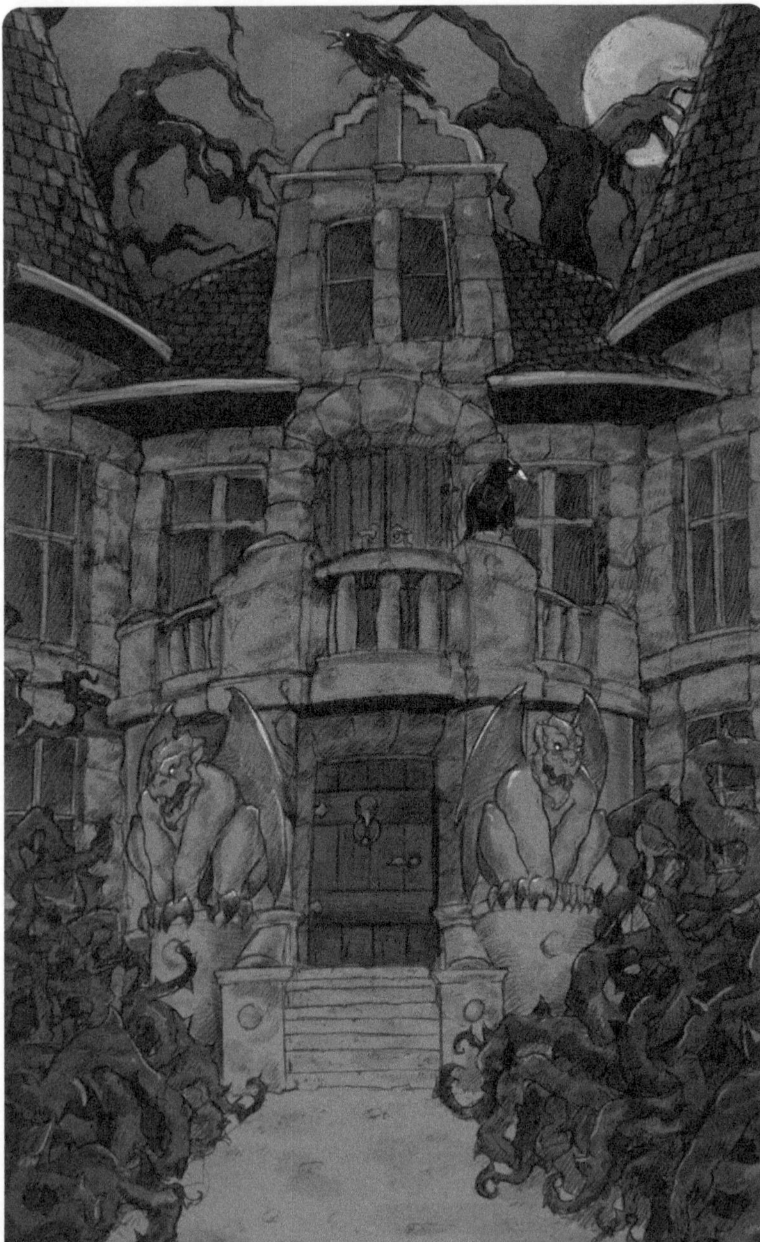

Das Haus ragt düster vor dir in den Nachthimmel.

funkeln, als würde er auf etwas warten. Dann beachtet er dich nicht weiter.
Wenn du die Gelegenheit nutzen willst, um den Tiger zu befreien, gehe zu **183**. Ansonsten lies hier weiter.
Du schleichst weiter und lässt das Tier in seinem Gefängnis hinter dir zurück.
Direkt vor dir siehst du eine Küchentür. Das Fenster neben der Tür ist dunkel. Gehe zu **99**, wenn du das Haus über diesen Weg betreten willst.
Weiter rechts erkennst du eine Treppe, die an der Hauswand entlang nach unten in den Keller führt. Lies bei **15** weiter, wenn du dorthin gehen möchtest.

190 Du wirfst deine Waffe und 5 Goldstücke ein. In der Maschine rumpelt es, dann fällt deine Waffe vor dir zu Boden. Der Schadensbonus wurde wieder entfernt. Die Waffe befindet sich jetzt wieder in dem Zustand, den sie zu Beginn hatte.
Gehe zurück zu **71**.

191 „Also gut“, sagt Lynn, „weil du mich an einen Freund erinnerst.“
Schnell erklärst du, dass du in Farons Haus gelangen musst. Er überlegt kurz, dann hat er einen Plan. „Ich tausche meine Route mit einem der Nachtwächter, die in der Gegend von Farons Anwesen Dienst haben, jetzt sofort. Du weißt ja, um die hübsche Freia zu treffen!“ Er zwinkert dir zu. „Triff mich in einer halben Stunde hinter Farons Haus!“
Mit diesen Worten eilt er davon.
Weiter bei **82**.

192 Du blickst den Pokal an und dann Samos. Weißt du wirklich, welche Pläne Samos verfolgt?
Samos nickt. „Mein Schüler. Es ist mir nicht möglich, dir zu beweisen, dass ich es gut mit dir meine. Ich will dich zu nichts überreden oder zwingen. Nur aus eigenen Stücken kannst du der Weißen Eule folgen.
Nun aber: Entscheide dich!“

Willst du nun doch den Pokal ergreifen und auf die Eule trinken? Dann gehe zu **166**.
Oder überwiegen deine Zweifel? Dann lies bei **182** weiter.

193 Du schleichst um die nächste Ecke des Hauses und suchst nach einem offenen Fenster oder einer Tür. Du findest nichts. Als du zur Rückseite des Hauses zurückeilst, schließt sich das Fenster im ersten Stock soeben wieder.
Was willst du nun machen?
Willst du wieder nach vorne gehen und an der Vordertür klopfen, in der Hoffnung, hineingelassen zu werden (nur, wenn du das noch nicht getan hast), dann gehe zu **163**.
Oder verlässt du diesen Ort und versuchst ohne Salters Hilfe, Farons Anwesen zu betreten (weiter bei **147**)?

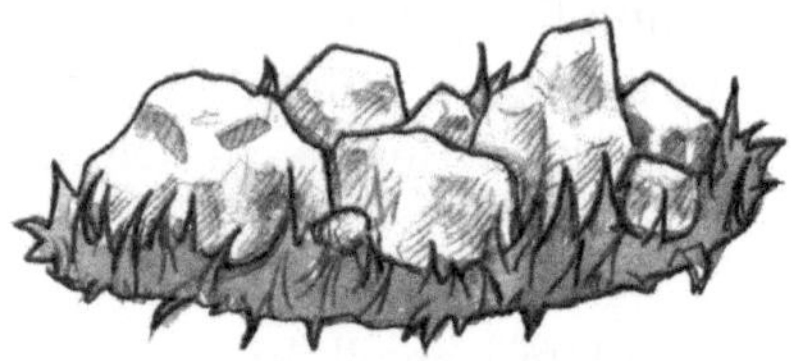

194 Marina ist sichtlich erschüttert von Farons Verrat und Arumnas Tod. Dennoch ergreift sie sanft deine Hand und führt dich in einen Raum im ersten Stock. Sie schaut dich mit ihren stahlblauen Augen an. „Ich hoffe, mein Vater weiß, was er tut. Im Nordwald lauern Gefahren, die du dir nicht vorstellen kannst. Aber ich will versuchen, dir zu helfen." Sie streicht sich die Haare aus dem Gesicht.
„Auf dem Weg der Schwingen kannst du dich zwischen drei Ausbildungsrichtungen entscheiden, die wir Pfade nennen. Leider haben wir nicht viel Zeit. Aber für erste Schritte sollte es schon reichen."
Du kannst dich für einen der folgenden Pfade entscheiden:

- **Pfad der Geister:** Du rufst die Macht deiner Ahnen und der Geisterwelt an und lernst so eine mächtigere Variante von „Schattenschild".
- **Pfad der Natur (nur, wenn Rusalkas Natursegen erhalten):** Du nutzt die Macht der Natur und verlässt

dich auf ihre Unterstützung, die dir gelegentlich in Form frischer Lebensenergie zuteil werden wird. Ab deinem ersten Schritt auf diesem Pfad darfst du kein Gold mehr bei dir tragen. Du darfst nicht mehr bei Händlern einkaufen. *Streiche das „Gold-Feld" von deinem Spielbogen.*

- **Pfad des Kampfmagiers:** Du nutzt magisches Feuer für eine mächtigere Variante der Grundfertigkeit „Flammenwaffe".

Lies jetzt TEIL 3: Pfade auf dem Weg der Schwingen im Ausbildungsteil, um die Einzelheiten der drei möglichen Pfade zu erfahren, und dich dann für einen davon zu entscheiden.

Nachdem du dir die neuen Formeln gut eingeprägt hast, ist Marina zufrieden und erklärt diese Übungen für beendet.

Sie gibt dir einen blauen Trank zu trinken (Gewandtheit +2) (notiere dir den von dir eingeschlagenen Ausbildungspfad auf dem Spielbogen).

Danach will Marina noch überprüfen, wie erfolgreich ihre Ausbildung war. **Lies jetzt TEIL 4: Rätsel auf dem Weg der Schwingen im Ausbildungsteil.** Danach geht es **hier** weiter.

Außerdem gibt dir Marina eine neue Portion Ronahi-Heilkräuter, mit denen du dich oder einen Fremden einmal vollständig heilen kannst.

Möchtest du die Gelegenheit nutzen, um Marina ein paar Fragen zu stellen? Dann gehe zu **64**.

Wenn du direkt in den Empfangssaal des Hauses zu Samos zurückkehren möchtest, lies weiter bei **37**.

195 Du hast dich entschieden, den geheimnisvollen Weg der Schwingen zu gehen. Samos blickt dich anerkennend an. Er geleitet dich in einen weiteren Raum im Keller seines Anwesens und schlurft zu einem Buchständer, auf dem ein schweres, in rotes Leder gebundenes Buch bereitliegt.

Er lässt dich vor dem Buch mit der Hand auf dem Herzen Aufstellung nehmen und liest dir eine Formel vor, die du nachsprichst: „Ich gelobe, dass ich die Kraft der Schwingen nie zum Schaden der Weißen Eule oder gegen ein Mitglied des Ordens der Weißen Eule einsetzen werde." Dann reicht er dir eine Schale, in der eine klare Flüssigkeit enthalten ist. Er bedeutet dir, die Schale mit beiden Händen zu halten, tritt vor dich und schaut dir direkt in die Augen. Er taucht zwei Finger der linken Hand in die Flüssigkeit, malt damit ein Symbol auf deine Stirn und murmelt eine Formel in einer Sprache, die du noch nie gehört hast. Unwillkürlich schließt du die Augen und wartest.

Irgendwann hörst du ein leises Rauschen, das lauter wird, bis es einem Orkan gleicht. Gleichzeitig wirst du von einem gleißenden Licht geblendet, das aus deinem Inneren zu kommen scheint. Du reißt die Augen auf, doch siehst du nichts mehr. Du bist blind.

Dann wirst du ohnmächtig.

Auf einer schmalen Liege direkt neben dem Buchständer erwachst du. Du kannst wieder sehen. Auf einem Stuhl aus schwerem, dunklem Holz sitzt Samos. Als er bemerkt, dass du wach bist, erhebt er sich mühsam und kommt lächelnd auf dich zu. Er vergewissert sich kurz, dass du halbwegs bei Bewusstsein bist.

„Du hast die Weihe des Geistes erhalten. Du bist jetzt in der Lage, deine Fähigkeiten durch die Kraft deiner Gedanken zu verstärken. Die ersten Grundfertigkeiten zeige ich dir jetzt. Bedenke aber, dass du jede nur ein paar Mal einsetzen kannst."

Samos zeigt dir die Grundlagen von drei Fertigkeiten für den Kampf und von drei Fertigkeiten für außerhalb des Kampfes.

Lies jetzt im Kapitel „Ausbildung" hinter den Regeln TEIL 1: Grundfertigkeiten auf dem Weg der Schwingen. Achte darauf, dass du im Kapitel Ausbildung bist, das sich ausdrücklich auf den Weg der Schwingen (und nicht den Weg der Krallen) bezieht.

„Du wirst feststellen", fährt Samos fort, „dass deine Geisteskraft deinen Körper wie eine zweite unsichtbare Haut umgibt."

(Um zu ermitteln, wie stark du geworden bist, gehe jetzt wieder in den Teil **„Ausbildung"** hinter den Regeln und lies **TEIL 2: Rätsel auf dem Weg der Schwingen.** Kehre danach **hierher** zurück).

Vergiss nicht, alle Änderungen im Spielbogen zu vermerken.

152

Nun ist es Zeit, deine Reise zu beginnen. Weiter bei **2**.

196 „Mein Junge!", lacht Samos, „ich dachte, du willst Waldheim retten und nicht die Wälder von Unrat säubern! Wie hast du das denn alles getragen?" Er kichert einen Augenblick wie ein albernes Kind.
„Wie es weitergeht, liegt ganz bei dir", sagt er dann. „Du willst bestimmt deine alten Freunde treffen. Lynn wird sich freuen. Wenn du willst, kannst du das Haus deines Onkels wieder aufbauen. Und natürlich wird es viele Würdenträger in Waldheim und im Orden der Weißen Eule geben, die dich treffen wollen!" Samos Stimme wird sanft. „Es tut mir leid, dass wir deinen Onkel nicht retten konnten. Mit etwas Glück wäre uns dies vielleicht gelungen, bei all dem, was man in den Wäldern so findet."
Du nickst. Auch wenn du deinen alten Onkel nicht retten konntest (vielleicht wenn du das nächste Mal spielst?), bist du für deine nächsten Aufgaben im Dienst der Weißen Eule gut gerüstet.
„Und nun, mein Junge, wollen wir doch mal sehen, in welche Richtung dich dein Weg führen wird." Lies weiter bei **199**.

197 Salter erbleicht bei deiner unverhohlen hervorgebrachten Drohung. „Gut. Auf das Leben meiner Tochter schwöre ich Euch, dass ich Euch helfe." (Menschlichkeit -1)
Salter klingelt nach einem Diener, der sich um das Mädchen kümmert. Dann begebt ihr euch in das Arbeitszimmer im Erdgeschoss des Hauses. Weiter bei **41**.

198 „Es freut Samos, dass du den Pfad der Natur gewählt hast. Auch er hat einst entschieden, diesen Pfad zu beschreiten. Heute ist er der mächtigste Alchemist unter den Druiden der Weißen Eule" Kudubars Blick ist auf seine Hände gerichtet.
„Es ist der Pfad, in dem der größte Schatz der Weißen Eule auf dich wartet." Seine Augen blitzen, als er dich erwartungsvoll anblickt. Als du nichts von dir gibst, sagt er betont: „Wissen."
Der Krieger greift nach einem grünlich schimmernden Gegenstand aus Kupfer, der kegelförmig ist und an einem Lederband

befestigt ist. „Du wirst jetzt einen Meisterspruch erlernen. Dieses Amulett hat Samos für dich mit seiner eigenen Zauberkraft aufgeladen, als es ihm noch besser ging. Es verstärkt deine Kräfte auf dem Pfad der Natur. Verwandle dich in ein Wesen, das die Gegner der Weißen Eule bis in ihre schwärzesten Träume verfolgt."

Du kannst dich ein Mal in ein Mythenwesen Anmars verwandeln. **Einzelheiten in TEIL 5: Verbesserungen auf dem Weg der Schwingen.**

Lies weiter bei **33**.

199 Ino lässt euch alleine. Samos wartet, bis er gegangen ist, und raunt dir zu: „Er hat dich, bevor du zu Faron aufbrachst, mit dem Glück des Satyrs gesegnet, du weißt schon, der Goldschauer. Frag mich nicht, was es damit auf sich hat, denn er redet nicht darüber. Es heißt nur eines mit Sicherheit: Er hat dich in sein großes Ziegenherz geschlossen."

Samos legt dir beide Hände auf die Schultern und schaut dir konzentriert in die Augen.

„Du hast dich bereits für einen Pfad entschieden. Auf Grund deines Erfolges steht dir frei, dich weiter zu entwickeln und, so es die Eule will, große Aufgaben zu übernehmen. Doch deine Zukunft ist nicht allein von deinen Entscheidungen abhängig. Dein weiterer Pfad hängt auch von deinem Wesen ab. Du sollst die Ausbildung erhalten, die deinem Naturell entspricht."

Lies bei einer der folgenden Nummern weiter, um zu erfahren, welche Zukunft dich bei der Weißen Eule erwartet:

Pfad des Berserkers:

- Menschlichkeit -2 oder weniger: **95**.
- Menschlichkeit von -1 bis +3: **77**.
- Menschlichkeit +4 oder besser: **141**.

Pfad des Kampfmönchs:

- Menschlichkeit -2 oder weniger: **146**.
- Menschlichkeit von -1 bis +2: **28**.
- Menschlichkeit +3 oder besser: **124**.

Pfad des Waldläufers:

- Menschlichkeit -3 oder weniger: **181**.

- Menschlichkeit von -2 bis +2: **126**.
- Menschlichkeit +3 oder besser: **53**.

Pfad der Geister:

- Menschlichkeit -2 oder weniger: **92**
- Menschlichkeit von -1 bis +3: **188**.
- Menschlichkeit +4 oder mehr: **32**.

Pfad der Natur:

- Menschlichkeit -2 oder weniger: **120**.
- Menschlichkeit von -1 bis +4: **143**.
- Menschlichkeit +5: **43**.

Pfad des Kampfmagiers:

- Menschlichkeit -3 oder weniger: **114**.
- Menschlichkeit von -2 bis +3: **155**.
- Menschlichkeit +4 oder mehr: **76**.

200 Nicht Mansur, sondern ein junger Bursche mit dunklen Haaren und narbigem Gesicht steht hinter dem Tresen. „Willkommen im Verkaufslager des großen Mansur! Ich bin Morn, zu Euren Diensten." Der Junge grinst breit und deutet auf seine Waren.

- Langschwert der Königsgarde (50 Goldstücke, Schaden 20)
- Stab des Kriegers (zweihändig, 40 Goldstücke, Schaden 20)
- Kriegshammer des Südens (15 Goldstücke, Schaden 22, Gewandtheit -1)
- Krummsäbel des Wüstenvolkes (41 Goldstücke, Schaden 18)
- Langbogen (25 Goldstücke, Schaden 11, nur wenn du die Fertigkeit „Bogenschießen" beherrschst)
- Verstärktes Lederhemd (23 Goldstücke, Rüstung 2)
- Fellmütze (5 Goldstücke, kein Verlust von Lebensenergie bei Kälte, nicht in Kombination mit einem Helm)
- Goldener Schild (35 Goldstücke, Rüstung 2)
- Feine Lederhandschuhe (30 Goldstücke, Rüstung 1)

Alle Waren sind jeweils einmal auf Lager. Jeder Gegenstand, für den dir ein konkreter Wert mitgeteilt wurde, kann zum genann-

ten Preis verkauft werden. Wenn du eine personalisierte Waffe besitzt und deine Menschlichkeit -4 oder -5 ist, zahlt dir Morn für diese berüchtigte Waffe 20 Gold.
Davon abgesehen nimmt Morn nur Waffen und Rüstungsgegenstände und zahlt dir dafür jeweils 1 Goldstück.
Alle sonstigen Gegenstände wird Morn dir nicht abkaufen.
Solltest du grüne Glaskugeln gefunden haben, auf denen ein „M" eingraviert ist, gibt dir der Junge für jede 3 Goldstücke. Hast du alle drei Kugeln gefunden, bekommst du auch für die dritte 3 Goldstücke und darfst dir einen beliebigen Gegenstand aus der Auslage aussuchen (auch wenn du schon vorher Perlen an Mansur verkauft hast).
Wenn du fertig bist, dann kehre zurück zu **152**.

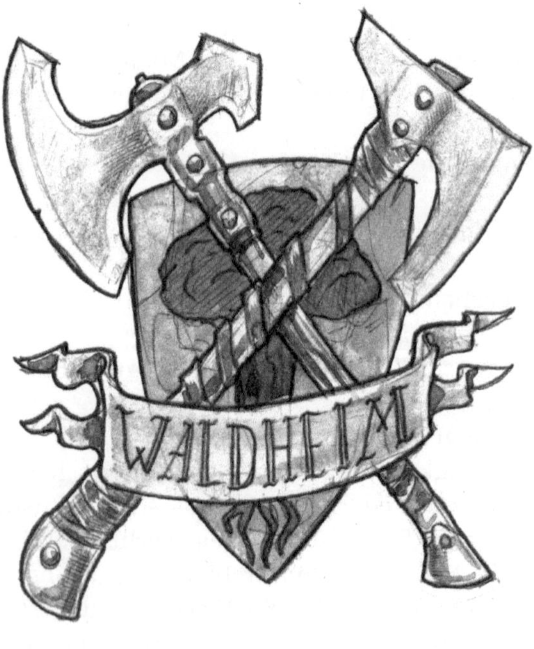

Epilog

Die Sonne geht unter, während du dich auf eine weitere Lektion bei Samos vorbereitest. Du ziehst deine Lederstiefel an, setzt deine Lederkappe auf und legst dir deinen weiten schwarzen Mantel mit dem Symbol der Eule um. Dann nimmst du deine Ausrüstung und gehst zu Samos' Haus.

Samos, dein Lehrmeister. Seit dem Sieg über Faron bist du eine angesehene Person in Waldheim, trotz deiner Jugend. Du hast verschiedene Festakte bei Bezilor und anderen Mitgliedern des Stadtrates über dich ergehen lassen. Alle wollten den Nachtwächter kennenlernen, der die Karben aus Waldheim vertrieben hat. Doch verbringst du die meiste Zeit bei Samos. Wo er die Energie hernimmt, dich täglich zu schinden, ist ein Geheimnis des alten Mannes.

Zahlreiche Geschichten erzählt man sich von deinen Abenteuern und von dem Grauen, das sich im Norden eingenistet hatte und das du besiegt hast. Du denkst an den Schattendiener, der geschworen hatte, dich zu vernichten. Im Fei hast du ihn niedergerungen.

Du verscheuchst die Gedanken an vergangene Abenteuer und legst die letzten Schritte zu Samos' Haus zurück. Die verschlossene Außentür öffnest du mit deinem Schlüssel. Du wendest dich in Richtung von Samos' Gemächern. Du gehst an dem kleinen Brunnen vorbei, der verlassen vor dir liegt. Als die ersten Sonnenstrahlen des Tages über Waldheim scheinen und das Ende der Nacht ankündigen, hörst du jemanden schreien: „Du weißt doch, Ino, wie sehr ich junge Trauben schätze, nicht das süße Zeug!" Die Stimme überschlägt sich und bricht dann in dröhnendes Gelächter aus.

Wenig später sitzt du mit Samos beim Essen. Du bist nach all den Abenteuern ein vollwertiges Mitglied der Weißen Eule geworden. Doch hast du noch immer viel zu lernen.

Plötzlich wird die Tür aufgerissen und in der Tür steht – Mart, der blinde Krieger, den du im Nordwald an der Reinen Quelle getroffen hast. Zielsicher kommt er auf euch zu, als wäre der Verlust des Augenlichts keine Behinderung für ihn.

„Dämonen und böse Zauberer überall, und Ihr sitzt hier und schlemmt in aller Ruhe!" Er lacht und setzt sich neben dich auf die Bank. „Dann müsst Ihr wenigstens mit einem hungrigen Wanderer teilen!"

„Prinz Mart!", sagt Samos. „Hat nicht der König Euch und Euren Bruder zu sich gerufen? Euch führt doch wohl nicht nur mein köstlicher Rotwein her?"

„Sachte, sachte, Lord Samos. Euer Wein ist vorzüglich, doch bin ich in wichtiger Mission hier."

Er händigt Samos eine Nachricht aus, die dieser sofort liest.

Seine Miene verfinstert sich. „... Was soll ... Faron nur der Anfang! ... Krieg? ... aber wer soll denn ..."

Dann legt er das Schreiben zur Seite. Nach ein paar Augenblicken hebt er den Kopf und schaut dich an. Er lächelt verschlagen.

„Mein Junge, die Weiße Eule hat eine neue Aufgabe für dich!"

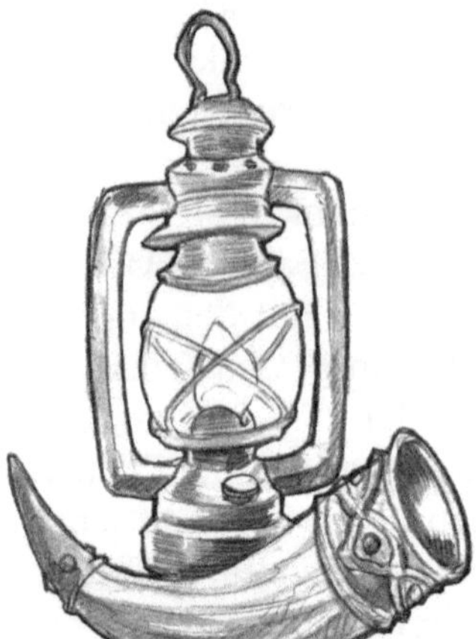

*Poste ein Foto von dir und deinem Spielbuch auf der Facebook-Seite von DAS FEUER DES MONDES. Verrate uns, als was du dein Abenteuer beendet hast, und gewinne eine **Autorenlesung** in deiner Lieblingskneipe, auf einer Con deiner Wahl oder auf deiner Party! (Gewinnaktion läuft bis 30.6.2017)*

Buch 2

Feuer

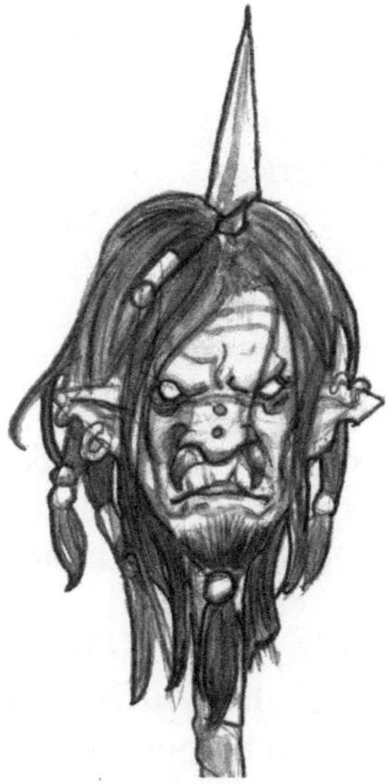

Die Asche, die kalte, sie glimmt doch noch immer
er kreischt, er bückt sich, er wittert, er wittert.
Wo Seelen wandern, die Schönen mit Makel
Die ewigen Geister, doch ewig sie nagen
er muss sie verfluchen, entzünden, und läutern.
Wo ist das Licht nur, wo ist es, wo nur?

(Aus: „Schattenwandler“, Hakûn-Chronik, Stadtarchiv von Waldheim)

„Ein Nachtwächter, der Waldheim noch nie verlassen hat." Der Mann in dem großen Stuhl blickt die schwarze Gestalt vor sich an. „Du hast ihn einfach gehen lassen."
Sein Mund verzieht sich zu einem Lächeln.
„Wegen ein wenig Feuer."
Bedächtig legt er beide Hände flach auf den Tisch. Das Lächeln verschwindet, seine Augen flackern zornig. „Du wolltest, dass er überlebt, wolltest die Magie des Feuers an ihm erproben. Das war leichtsinnig. Folge ihm. Lass ihn nicht noch einmal entkommen. Er soll zu spüren bekommen, wozu du fähig bist." Er schließt die Augen. „Entfache die Macht des Raben. Und enttäusche mich nicht noch ein Mal."
Mit einer Handbewegung entlässt er den Schattendiener, der den Raum durch eine Seitentür verlässt.
Der Mann bleibt regungslos sitzen. Dann ruft er nach einem Diener. „Bring mir die Anansi. Sofort."

Du kommst zu dir und blickst dich benommen um. Der Wein! Dann fällt dir alles wieder ein. Wilhelm, Samos, der Fluch des Raben. Die Mitglieder der Weißen Eule müssen dich an den Rand des Dschungels der Fei geschafft haben, während du betäubt warst.
Du stehst auf. Bäume ragen rings um dich wie eine Armee stolzer Krieger in den Himmel. Ihre Wurzeln wachsen offen neben dem Weg, verdreht, als seien in ihnen die Gesichter unbekannter Fabelwesen im letzten, schmerzerfüllten Atemzug festgehalten. Der weiche Waldboden schluckt die Geräusche deiner Schritte, als du dich in Richtung Süden wendest. Die Luft ist so dick und süß wie heißer Honig aus Hettaria.
Du folgst dem Pfad, der sich durch das Gewirr aus Schlingpflanzen, alten Bäumen und mannshohem Gras windet. Wie flinke Hände scheinen Wurzeln nach dir zu greifen. Mehrmals verfängt sich einer deiner Füße und du musst aufpassen, nicht zu stolpern. Niemand begegnet dir. Der Zauber, den Arumnas über dich gelegt hat, scheint hier noch zu wirken. Er schützt dich vor möglichen Verfolgern, seien es die Karben oder andere Wesen. Du fragst dich, wie lange der Schutz noch wirkt.

Endlich, nach einem mühevollen Fußmarsch, bricht der Weg aus dem dichten Dschungel hervor. Du betrittst eine Lichtung. Dir geht noch einmal dein Auftrag durch den Kopf: Du sollst das Heiligtum der Fei aufsuchen, um herauszufinden, wie die Karben überwunden werden können. Und natürlich willst du dich des Fluches entledigen, an den dich der Rabe auf deiner Brust immerzu erinnert.
Das Heiligtum befindet sich irgendwo tief im Süden des Dschungels. Weiter bei **1**.

1 Du trittst auf die Lichtung hinaus.
Dies ist **Wegpunkt 1**. (Vergiss nicht, ab hier eine Karte zu zeichnen, S. 415.)
In den Wäldern kann es ab und zu passieren, dass du einen Zufallsfund machst. Immer wenn im Text steht *„Würfel ein Zufallsereignis"*, nimm einen Würfel. Wirf ihn einmal für die 10er-Stelle, und dann nochmal für die 1er-Stelle. So ermittelst du eine zweistellige Zahl zwischen 11 und 66. Im Anhang am Ende des Buches findest du das Kapitel **„Zufallsereignisse"**, dort kannst du nachlesen, was dir auf Grund deines Wurfes widerfährt. Kehrst du an einen Wegpunkt zurück, an dem dir bereits ein Zufallsereignis wiederfahren ist, findest du nicht noch einmal etwas.
Würfel nun dein erstes Zufallsereignis.
Dichtes Gras streift um deine Knie, als du die ersten Schritte über die Lichtung gehst. Auf einer Anhöhe erblickst du einen in die Erde getriebenen Stock. Auf ihm steckt ein fürchterlich entstellter Menschenschädel, nicht größer als der Kopf eines Säuglings. Lange, dunkle Barthaare krallen sich an der runzligen, brüchigen Haut fest und flattern im Honigwind. Augen und Mund des Schädels sind mit groben Stichen vernäht. An dem Stock ist ein verrottetes Holzschild angebunden, auf dem in roter Farbe drei Buchstaben geschrieben stehen: Fei.
Wenn du doch umkehren möchtest, lies weiter bei **10**.
Von der Lichtung führen zwei Wege weiter in den Dschungel hinein. Der Weg nach Osten ist breit und wirkt verhältnismäßig freundlich (weiter bei **193**), während der Weg im Westen kaum

mehr als ein dunkler Trampelpfad ist, dicht von Bäumen umgeben (weiter bei **157**).

2 Du tastest dich ein paar Schritte in die Höhle hinein. Dann wartest du einige Herzschläge, während sich deine Augen an die Dunkelheit gewöhnen.
Als du im Inneren der Höhle endlich Konturen erkennen kannst, folgst du einem kurzen Gang, der sich leicht nach links wendet. Nach wenigen Schritten stehst du am Eingang eines Gewölbes.
Du hörst das regelmäßige Schnaufen eines schlafenden Wesens. Du schleichst weiter und erstarrst. Im hinteren Teil der Höhle liegt ein riesenhafter, fleischiger Schemen: ein Lahmer Dämon. Onkel Wilhelm hat dir von solchen Wesen erzählt. Sie sind faul und träge und verbringen den Großteil ihres Lebens liegend. Nur vom Hunger getrieben machen sie Jagd auf ihre Opfer oder stellen Fallen auf. Wegen ihrer Körperkraft sind sie furchtbare Gegner im Kampf und berüchtigt für ihre Grausamkeit.
Das Ungetüm ist nackt, hat eine graue Haut, schmale Schultern und einen Schweinekopf.
Neben dem Kopf des Dämons steht eine Truhe, deren Schloss offen steht.
Willst du den Dämon direkt angreifen? Dann lies bei **28** weiter. Oder willst du ihn schlafen lassen, dich zur Truhe schleichen und diese heimlich öffnen (**90**)?
Du kannst auch die Höhle sofort verlassen und zur letzten Kreuzung zurückkehren (**67**).

3 Diesmal kreuzt kein Wesen deinen Weg. Du passierst die Mauerruine, an der du gegen den Anansi gekämpft hast, und setzt deine Reise fort. Nach einem langen, beschwerlichen Marsch kommst du wieder an eine Lichtung.
Wenn du in Richtung Norden unterwegs bist, lies weiter bei **89**. Ist dein Ziel Süden, dann gehe zu **20**.

4 Du musst nur wenig Überredungskunst aufbringen. Breit lächelnd stellt er sich vor: „Mein Name ist Silenus. Schön, dass

du den Weg zu mir gefunden hast." Er singt ein Lied, ähnlich dem, das du schon von Ino gehört hast:
„Den Hälften zerbrochen Rettung
Wäldern der Himmelsscheibe bist du"
Danach erzählt er dir von den Geheimnissen des Universums. Du versuchst, dich zu konzentrieren. Schon nach einigen Minuten siehst du nur noch seinen sich bewegenden Mund an, aber begreifst nicht mehr, was er sagt.

Seine gleichtönige Stimme ist so monoton und einschläfernd wie das Rauschen eines Flusses. Du überhörst beinahe, dass er nach über einer Stunde endlich auf den Grund deiner Reise zu sprechen kommt.

„... denn wie soll man in Ruhe herausfinden, was zuerst war – die Fei oder der Dschungel – wenn man sich um Helden kümmern muss, die dringend die Hilfe des Heiligtums brauchen? Niemand kann mich im ganzen Dschungel bei dieser Aufgabe unterstützen, die Rusalka vielleicht ausgenommen. Stell dir vor, viele sind schon aus purer Ignoranz gestorben. Hätten sie nur rechtzeitig mich gefragt."

Silenus zieht an seiner Pfeife und schaut dich erwartungsvoll an. Daher sagst du: „Oh edler Silenus, könntet Ihr, der Ihr über so große Weisheit verfügt, mir offenbaren, wie ich in das Heiligtum der Fei gelange?"

Die vertrockneten Lippen des alten Mannes umspielt ein zartes Lächeln. „Oh, natürlich. Um dort hineinzukommen, musst du drei Prüfungen bestehen. Merk dir das, das wird dir schon helfen." Der Silenus kneift die Augen zusammen, als habe er soeben etwas Wichtiges vergessen.

„Jetzt muss ich die Sonnenschlange aus Zmarsa untersuchen, und die Samen aus Hetta, die mir Mansur gebracht hat, müssen dringend gepflanzt werden. Aber vielleicht finde ich ja noch ein Sandkorn Zeit für dich, wenn du verstehst." Silenus lacht in sich hinein. „Denn sicher willst du noch etwas mehr Hilfe. Ach, wie sagt man so schön? Eine Karawane grüßt die andere. Mir fehlt, musst du wissen, eine besondere Zutat – das frische Gift eines lebenden Jaku-Frosches. Er ist klein und gelb und lebt am Ufer des Ruskin-Flusses, ein Stückchen flussaufwärts. Du wirst ihn

bestimmt erkennen. Sei vorsichtig, Jaku-Frösche sind giftig." Silenus deutet mit seiner Pfeife auf dich.
„Wenn du mir einen solchen Frosch bringen kannst, verrate ich dir etwas. Es ist nur ein kleines Geheimnis, wird dir aber auf dem Weg zum Heiligtum der Fei das Leben retten. Außerdem darfst du mir dann noch über diese und andere Welten zuhören. Und jetzt geh."
Solltest du solche Frösche bereits haben, so kannst du diese dem Silenus aushändigen. Zähle dazu die Zahlen, die auf den Rücken der Frösche zu finden sind, zusammen und springe zur entsprechenden Nummer.
Der Silenus lächelt dich an, und schließlich machst du dich auf den Weg zurück zur Kreuzung mit der ungewöhnlichen Blüte (gehe zu **74**).

5 Spontan hebst du einen langen Ast vom Boden auf und schlägst damit nach der Blüte. Er dringt nur ein kurzes Stück in die weiche Pflanze ein, ohne auch nur einen Kratzer zu hinterlassen. Du versuchst, nach dem leuchtenden Ding zu angeln. Du fühlst einen wachsartigen Widerstand, hast aber keinen Erfolg.
Willst du stattdessen nach dem Gegenstand greifen? Dann lies bei **98** weiter.
Oder willst du einen Ausrüstungsgegenstand zu Hilfe nehmen? Dann gehe zu **136**.

6 Die Stimme in deinem Kopf warnt dich nun beinahe hysterisch. Weiter setzt du einen Fuß vor den anderen.
Plötzlich klingt die Stimme verzerrter, gerade so wie die eines alten Mannes. Höhnisch lachend kreischt sie: „Mein Kleiner, komm' zu mir! Meine Arme sind weit geöffnet! Du wirst Mitnal erleben! MITNAL!"
Für ein paar Augenblicke ist es vollkommen still. Dann kracht ein Donnerschlag und die goldene Brücke verschwindet vor deinen Augen.
Du fällst. Nach langer Zeit landest du mit hoher Geschwindigkeit brutal in einem Haufen aus Knochen, Schädeln und verwe-

senden Leichen. Dein Körper ist zerschmettert, doch das merkst du schon nicht mehr. Du bist irgendwann während des Fallens in eine selige Ohnmacht geglitten, aus der es für dich kein Erwachen mehr gibt.

7 Du hörst den nahen Fluss Ruskin, der weiter östlich durch den Wald fließt. Kleine, grüne, reptilienartige Wesen huschen über den Weg und beachten dich nicht weiter.
Schließlich stehst du wieder an einer Wegkreuzung. Dies ist **Wegpunkt** 7.
Von hier gehen breite Wege nach Süden (**15**), Norden (**141**) und Westen (**26**). Außerdem siehst du durch die Bäume hindurch den Fluss glitzern, der in der schwülen Luft wunderbar erfrischend ausschaut. Schon nach 30 Schritten könntest du am Flussufer sein (**116**).

8 „Sünde, Westen!", keift der alte Mann und versetzt dir einen schmerzhaften Stich in den Bauch (Lebensenergie -20). Für welche Antwort entscheidest du dich jetzt, wenn du noch lebst? Wählst du Norden (**124**), Süden (**140**) oder Osten (**33**)?

9 Nach unzähligen Stufen gelangst du an den Treppenabsatz. Du betrittst einen weitläufigen Saal, der von hunderten Kerzen erleuchtet ist. An den Wänden stehen aufgereiht Dutzende Wachen, die Speere mit langen Klingen halten. Sie beachten dich nicht.
Am hinteren Ende befinden sich fünf mächtige, verzierte Türen aus Marmor. In der Mitte des Saales steht ein langer Steintisch. Ein braun gebrannter, kahlköpfiger Mann in rotem Mantel sitzt dort und ist in die Lektüre alter Skripten vertieft.
Du hast den alten Tempel der Fei gefunden. Dies ist **Wegpunkt** 9.
Der Mann am Tisch sieht dich an. Er erhebt sich und verbeugt sich leicht.
„Dies ist der Vorraum zum Heiligtum des Ténoch. Ich bin Toka, der Hohepriester. Wenn du einen Grund hast, hier zu sein, dann sprich schnell. Wenn nicht, verlasse diesen Ort sofort."

Willst du fort von hier, dann gehe zu **92**.
Wenn du dem Hohepriester etwas von jemandem ausrichten möchtest, gehe zu **134**.
Oder hältst du dich für in der Lage, das Heiligtum zu betreten? Dann gehe zu **68**.

10 Du machst dich auf, um nach Waldheim zurückzukehren. Du lässt den unheimlich geschrumpften Schädel zurück, und folgst dem Weg, den du gekommen bist. Schon nach kurzer Zeit hörst du das Geräusch abknickender Äste vor dir, als würde sich etwas Schweres auf dich zubewegen. Dir bleibt keine Zeit, dich zu verstecken, denn schon steht ein bulliger Kämpfer vor dir. Er ist in schwarzes Leder gekleidet. Durch seine massige Gestalt und seine dichten, langen Haare erinnert er an einen wilden Bären. Er schwingt eine riesige Axt über seinem Kopf und stürzt sich brüllend auf dich.
Wenn dies dein erster Kampf ist, lies nun in den Regeln Block 3.

Fremder Mann

Kampfkraft	Schaden	Rüstung	Lebensenergie
21	**14**	**0**	**33**

(Bogenschütze: Schuss möglich)

Fliehen kannst du nicht.
Wenn du den Mann besiegst, lies weiter:
Der fremde Angreifer liegt tot vor dir auf dem wurzeligen Boden. Du kannst seine Breitaxt mitnehmen (Schaden 14, zweihändig; gleichzeitige Nutzung eines Schildes nicht möglich). Er hat einen Beutel mit getrocknetem Zwergenfleisch dabei (Verzehr: Lebensenergie +22, Menschlichkeit -1) sowie 4 Goldstücke. Um den Hals hängt ein Lederband, an dem Fingerknochen befestigt sind: Trophäen seiner Opfer. Dir wird klar, dass es sich um einen Kopfgeldjäger der Anansi handelt, düstere Söldner, die gegen Belohnung Jagd auf Menschen machen. Aus Aberglauben schmücken sie sich mit Körperteilen derjenigen, die sie getötet haben. Viel mehr weißt du nicht über die Anansi, nur ei-

nes: Sie jagen selten alleine. Die Häscher der Karben sind dir auf der Spur.
Ein paar Hundert Schritt weiter hörst du einen Schwarm Vögel, der sich schimpfend in den Himmel erhebt.
Hier bist du nicht mehr sicher. Arumnas' Schutz verliert seine Wirkung. Du weißt nicht, wie viele der Anansi noch in der Nähe sind. Dir bleibt nichts anderes übrig, als zur Lichtung mit dem Schrumpfkopf an **Wegpunkt 1** zurückzukehren. Gehe zu **101**.

11 Du kannst von hier aus in drei Richtungen gehen.
Wenn du den langen Weg nach Norden antreten willst, lies weiter bei **125**.
Willst du diesem Weg in südlicher Richtung folgen, dann geht es bei **91** weiter.
Versuchst du dein Glück im Osten, lies weiter bei **26**.

12 Entschlossen trittst du ein weiteres Mal in den Totenkopfeingang. Wieder hörst du das leise Geräusch, wieder schießen die Knochenpfeile aus verborgenen Öffnungen (Lebensenergie -3 pro Treffer, wirf einen Würfel, um die Anzahl der Treffer zu ermitteln).
Frustriert ballst du die Faust. Es gibt einfach keinen Weg hinein. Kehre zu **176** zurück.

13 Du schwebst durch die Nacht, über die dunklen Wipfel des Dschungels, nach Norden, über Waldheim hinweg, ja sogar über den Nordwald. Du siehst einen merkwürdigen Zirkus, dann geht es weiter, die Gegend wird karger, das Klima rauer, schließlich siehst du Schnee. Aber du frierst nicht, ganz im Gegenteil.
Dir ist warm, schön warm, als würdest du in einer wunderbar dampfenden Badewanne sitzen. Du lässt dich fallen, unter Wasser gleiten, vom Wasser verschlucken und von der Wärme umschließen.
Als du Wasser in den Mund bekommst, bist du mit einem Ruck hellwach. Du befindest dich, nackt und gefesselt, in einem

Kochtopf, unter dem ein prächtiges Feuer prasselt. Du erblickst ein Wesen, das mit der netten alten Dame von vorhin nur das weiße Gewand gemeinsam hat. Abgesehen davon handelt es sich um ein gedrungenes Geschöpf mit bläulicher Haut und ohne Haare – du bist einem Gestaltwandler in die Falle gegangen. Er hat dich in eine Höhle geschafft, wo er sich einer gut eingerichteten Küche bedient. Im Augenblick hackt er Kräuter, die deinen Geschmack verbessern sollen.
Das Wasser wird heißer. Du solltest dir schleunigst etwas überlegen.
Willst du versuchen, das Feuer um dich herum auszublasen, dann gehe zu **117**.
Möchtest du das Wasser aus dem Topf nutzen, um damit das Feuer zu löschen, dann lies bei **148** weiter.
Oder versuchst du, durch gezieltes Schaukeln nach links und rechts den Topf zum Kippen zu bringen? Dann gehe zu **42**.

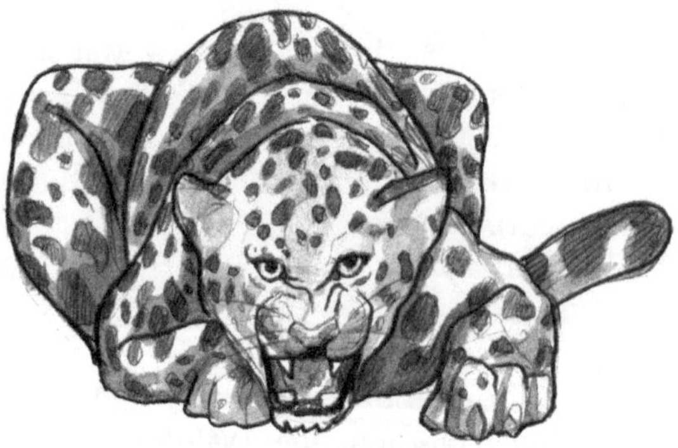

14 Du ziehst die Harpyienfeder heraus. Ein plötzlicher Ruck geht durch die gesamten Stammesmitglieder. In den Gesichtern der Fei liest du tiefe Angst, ja sogar Grauen. Dein Gegenüber fügt dir hastig einen weiteren Schnitt in den Bauch zu (Lebensenergie -22). Dann dauert es nur ein paar Sekunden und alle Fei sind verschwunden.
Blutend flüchtest du so schnell du kannst. Denke daran, dich zu heilen, falls du noch eine Möglichkeit dazu hast. Du irrst Stunden durch den dichten Urwald, bis du endlich wieder einen Weg findest. Lies weiter bei **60**.

15 Eine Zeit lang gehst du nach Süden am Fluss Ruskin entlang, der zu deiner Linken gelegentlich zu sehen ist. Schließlich knickt der Fluss vor dir nach rechts in Richtung Westen ab. Du überquerst ihn über eine Holzbrücke und folgst dem breiten Weg zügig weiter nach Süden.
Nach insgesamt drei Meilen (dies entspricht drei Kästchen auf der Karte) gelangst du an eine neue Kreuzung. Lies weiter bei **67**.

16 Der Gestaltwandler fährt herum, schreit hysterisch auf und verschwindet durch den Höhleneingang. Gestaltwandler sind keine Kämpfer, nicht einmal gegen gefesselte Gegner.
Du robbst zum fallen gelassenen Messer, das noch grün vom Kräutersaft glänzt und einen intensiven Duft verströmt. Du drehst dich auf den Rücken. Vorsichtig zerschneidest du die Fesseln, rappelst dich auf und schaust dich um. In einer Ecke der Höhle findest du deine gesamte Kleidung und Ausrüstung. Hastig ziehst du dich an und nimmst alles wieder an dich.
Dann schaust du dir die Höhle genauer an und entdeckst folgende Gegenstände:

- ein Küchenmesser (Schaden 4),
- einen Messingteller, in dessen Boden eine Palme eingraviert ist,
- ein altes Hanfseil, 5 Schritt lang,
- eine Schüssel mit leicht verfaultem Gemüse, das du noch mit den gehackten Kräutern verfeinern kannst. Der Verzehr bringt Lebensenergie +9,
- einen alten Kochlöffel aus Holz,
- eine alte Tabakpfeife aus Holz,
- ein Beutelchen mit zu trockenem Tabak,
- ein Paar Feuersteine,
- eine Stricknadel,
- 13 Goldstücke.

All diese Gegenstände kannst du mitnehmen, wenn du möchtest.
Du verlässt die Höhle. Sie liegt nicht weit von der Kreuzung entfernt, an der du auf den Gestaltwandler getroffen bist.
Gehe zu **84**.

17 Der Baum besteht nur noch aus ein paar Ästen und einem hohlen Stamm. Du stellst dich auf die Zehenspitzen, um in das Innere des Baumes zu sehen. Aus den Augenwinkeln nimmst du eine Bewegung wahr. Eine Schlange, die zwischen den Ästen hängt, schnappt mit langen, spitzen Zähnen nach dir.
Du hast Glück: Die Schlange verfehlt dich knapp, da sie verletzt ist. In ihrer Seite steckt ein funkelnder Dolch, aus der Wunde rinnt frisches Blut.
Du musst kämpfen.

Giftschlange			
Kampfkraft	Schaden	Rüstung	Lebensenergie
20	**50**	**0**	**5**

Beherrschst du die Kunst des Bogenschießens, kannst du die Schlange aus der Entfernung töten.
Du kannst jederzeit fliehen und zu **173** *zurückkehren.*
Wenn du die Schlange tötest, lies weiter bei **48**.

18 Mit zitternden Fingern streifst du das Kettchen vom Handgelenk der schwarzen Leiche und legst es dir um dein eigenes.
Sofort brennt dein Handgelenk wie Feuer. Die Kette zieht sich zusammen und verschmilzt mit deiner Haut. Dünner Rauch steigt auf. Nach ein paar schmerzvollen Augenblicken ist das Armband für immer mit deinem Handgelenk verbunden. Eine ebenmäßige Narbe wird dich dein Leben lang begleiten (Lebensenergie -7).
Du hast dir den Talisman eines Lahmen Dämons umgelegt und damit deine Menschlichkeit aufs Spiel gesetzt (Fluch des Lahmen Dämons: Menschlichkeit -1, Gewandtheit -1, Lebensenergie-Höchstwert +13).
Du verlässt die Höhle und kehrst zur Kreuzung zurück (**67**).

19 Du gehst auf dem nach Süden abknickenden Trampelpfad weiter. Seitlich von dir sind Bäume, Gräser und Büsche zu einer dichten Wand verwachsen. Es ist, als wäre seit einer Ewig-

keit niemand mehr hier entlanggegangen. Mehrmals hörst du in deiner Nähe Geräusche von vorbeihuschenden Tieren. Fremdartige Vögel stoßen Rufe aus, die beinahe menschlich klingen. Es wird schwüler, als du dich weiter nach Süden bewegst. Der Schweiß rinnt dir aus allen Poren.
Hier liegt ein schwerer, süßlicher Geruch in der Luft. Stechmücken schwirren um dich herum, so dicht, dass du nur ein paar Schritt weit sehen kannst. Eines der Viecher sticht dich, kurz darauf ein anderes. Schon ist deine Haut mit juckenden Punkten gespickt. Du wischst mit der Hand über dein Gesicht, um es von den Tierchen zu befreien.
Aus den Mückenschwaden vor dir taucht ein fliegendes Ungeheuer auf. Mit seinen langen, dünnen Beinen ist es so groß wie dein Oberkörper. Es fliegt direkt auf dich zu und versucht dich zu stechen. Würfel mit einem Würfel. Bei einer 5 oder 6 hat es Erfolg und sticht dich an der Schulter (Lebensenergie -12).
Du beginnst zu rennen, um diesem tückischen Mückenschwarm zu entkommen. Die Riesenmücke folgt dir nicht. Erst nach 50 Schritten bleiben die Blutsauger hinter dir zurück, sodass du wieder normal gehen kannst. Auch der süßliche Geruch hängt hier nicht mehr in der Luft.
Nach langer Wanderung durch den drückenden Dschungel triffst du nach fünf Meilen (dies entspricht fünf Kästchen auf der Karte) wieder auf eine Abzweigung. Weiter bei **147**.

20 Du gelangst an eine schmale Lichtung und atmest nach dem beschwerlichen Weg durch den dichten Urwald erleichtert durch. Du kannst den blauen, wolkenfreien Himmel durch die Baumkronen erkennen. Dies ist **Wegpunkt 20**. Wenn du schon mal hier gewesen bist, lies weiter bei **127**.
Auf einmal vernimmst du Hilferufe aus östlicher Richtung. Eine Frauenstimme! In diese Richtung führt kein Weg, sodass du dir selbst einen bahnen müsstest. Wenn deine Menschlichkeit mindestens den Wert 2 hat, kannst du die Hilferufe nicht ignorieren und eilst auf jeden Fall zu **51**.
Ist deine Menschlichkeit kleiner als 2, so kannst du frei entscheiden, ob du dorthin gehen willst. Ist dein Wert sogar -2 oder

schlechter, so ignorierst du die Rufe mit einem hämischen Grinsen (Menschlichkeit -1, wenn du nicht hilfst).
Alternativ kannst du von hier aus schmale Wege nehmen, die nach Norden (**133**) und Westen (**87**) führen.

21 Der Brückenwächter liegt tot vor dir (Menschlichkeit -1). Du kannst die Da'ak-Hellebarde (Schaden 14, zweihändig) und die Kettenrüstung (Rüstung 2) an dich nehmen. Außerdem hat der Wächter einen Geldbeutel mit 14 Goldstücken bei sich. Sein Helm ist während des Kampfes zerbrochen.
Wenn du in Richtung Süden unterwegs bist, kannst du den Fluss auf der Brücke überqueren, dem Weg weiter folgen und bei **80** weiterlesen.
Kommst du von Süden, so folgst du nach der Brücke dem Weg nach Osten. Weiter bei **114**.

22 Du stehst am westlichen Rand einer Schlucht, die 15 Schritt tief und zehn Schritt breit ist (dies ist **Wegpunkt 22**). Von hier führt ein Weg nach Süden. Um nach Osten weiterzugehen, müsstest du über die Schlucht gelangen. Der Weg führt dort weiter. Linker Hand ist er von einer massiven Mauer aus dunklem Stein begrenzt, die zehn Schritt in die Höhe ragt.
Würfel ein Zufallsereignis.
Willst du weiter nach Süden gehen (**54**)? Du kannst auch versuchen, dich mit Hilfe von Lianen nach Osten über die Schlucht zu schwingen (**88**).

23 Du gehst vom Handelsposten hinunter zur Bootsanlegestelle. Hier findest du nichts Interessantes – weder ist hier ein Boot, noch liegen Waren offen herum. Wenn du zum ersten Mal hier bist, entdeckst du einen Beutel mit 7 Goldstücken am Wegrand. Du steckst ihn freudig ein.
Du kannst jetzt zum Handelsposten zurückkehren (**85**), dem befestigten, breiten Weg nach Westen folgen (**114**), oder den schmalen Pfad wählen, der nach Süden über den nahen Fluss Ruskin in den tiefen Dschungel hinein führt (**181**).

24 Du durchquerst auf dem Trampelpfad den Torbogen und gehst weiter Richtung Norden. Durch die dicken Baumstämme hindurch kannst du erkennen, dass zu deiner Rechten schon bald wieder der Fluss glitzert. Er muss kurz hinter der Götzenstatue eine Biegung nach Norden gemacht haben.
Geräusche dringen an dein Ohr, fast als würden sich in deiner Nähe Menschen bewegen. Doch wenn du stehen bleibst und dich umblickst, kannst du niemanden entdecken.
Du kommst wieder an eine Kreuzung. Lies weiter bei **60**.

25 Du betrittst den dunklen Kellerraum und blickst dich im Zwielicht um. Der Raum wurde vor langer Zeit mit Steinblöcken ausgelegt, die alle locker oder zerbrochen sind.
Schon nach kurzem Suchen findest du nicht weit vom Eingang einen Lederbeutel. Als du ihn öffnest, siehst du es sofort glänzen. Du bist um 15 Goldstücke reicher.
Wenn du noch weiter suchen willst, dann gehe zu **138**. Oder kehre bei **158** nach draußen auf den Weg zurück, den du gekommen bist.

26 Vor dir weitet sich der Weg. Du betrittst eine Lichtung, die von einem breiten Baum beherrscht wird. Seine zahlreichen Äste sind so knotig verwachsen und die Rinde ist so schartig, dass er mindestens 200 Jahre alt sein muss. Lianen hängen von ihm wie ein dichter Vorhang herab. Dies ist **Wegpunkt 26**. Wenn du schon einmal hier gewesen bist, dann gehe zu **45**.
Du vernimmst lautes Fluchen in einer fremden Sprache. Es kommt von einem Buschtroll, der mit einer Axt seinen langen, roten Bart im Baum eingeklemmt hat. Er trägt ein braunes Gewand, hat eine spitze Lederkappe auf dem Kopf und ist barfuß. Sein Gesicht glänzt speckig und er hat nur noch ein paar Zahnstümpfe im Mund. Er wirkt jämmerlich, wie er an seinem Bart zerrt und die selbst hineingeschlagene Axt nicht mehr lösen kann. Du kannst dir kaum vorstellen, wie dieser Troll alleine diesen mächtigen Baum fällen will.
Er erblickt dich und erhebt ein fürchterliches Geheule: „Rette mich! Ich wollte doch nur Brennholz, und jetzt habe ich meinen

Bart in das Holz geschlagen! Ich werde dir auch etwas Hübsches für deine Hilfe geben!“
Der Buschtroll geht dir nur bis zur Hüfte, hat aber kräftige Arme und Beine. Was willst du tun?
Beschließt du, ihm zu helfen, dann geht es weiter bei **119**. Wenn deine Menschlichkeit größer oder gleich 2 ist, wählst du diese Option in jedem Fall.
Willst du ihn seinem eigenen Schicksal überlassen, dann lies weiter bei **71**.
Oder nutzt du die Gunst der Stunde und erschlägst den wehrlosen Troll an Ort und Stelle? Dann gehe zu **189**. Dies machst du auf jeden Fall, falls deine Menschlichkeit -2 oder weniger ist.

27 Als der Reptilienmann vor dir zu Boden sinkt, verwandelt sich der leblose Körper vor deinen Augen Blasen schlagend in eine dampfende Pfütze aus Säure und Schleim. Dir sträuben sich die Nackenhaare. Hier ist seltene Magie am Werk!
Gleichzeitig geht das Haus in Flammen auf. Du hast einen skurrilen, aber friedfertigen Waldbewohner erschlagen (Menschlichkeit -1). Dir bleibt nichts übrig, als dich auf den Weg, den du gekommen bist, zu retten und zurück nach Süden zu gehen. Schließlich bist du wieder bei **7**.

28 Lautlos machst du dich bereit zum Kampf. Da der Lahme Dämon schläft, führst du deinen ersten Schlag vollkommen ungehindert aus. Du gewinnst die erste Kampfrunde automatisch. Danach stürzt sich der Dämon brüllend auf dich (**73**). Vergiss nicht, den zugefügten Schaden vor Beginn des eigentlichen Kampfes von seinen Lebenspunkten abzuziehen.

29 Mit einem Stößel verreibt Silenus das Gift der Jaku-Frösche in einer Schale und legt ein paar trockene Zweige hinein. Von seinem Finger springt ein Funke auf die Zweige, die sofort brennen. Er bläst einmal hinein und löscht das Feuer dann mit etwas Erde. Schließlich gibt er Wasser dazu, sodass eine braune Masse entsteht. Er schmiert sie auf ein Stück Leder, das er danach mit einer Schnur zu einem Beutel zusammenbindet. „In

diese Paste habe ich die Macht der Elemente gelegt. Schmiere sie auf die Klinge deiner Waffe, und sie wird ein tödliches Werkzeug werden."
Wenn du eine Waffe mit der Paste einreibst, wird sie dadurch zu einer Waffe der Elemente (etwa „Schwert der Elemente"). Sie richtet dann dauerhaft 2 Schadenspunkte mehr an. Silenus bestreicht die Waffe, die du gerade trägst, mit einem Teil der Paste. Danach reicht sie noch für eine Anwendung (nicht an der Waffe, die Silenus bereits damit behandelt hat).
Du kannst jetzt noch, wenn du das möchtest, für ein paar Stunden den Worten des Dschungelgrimm lauschen. Danach kehre zu **74** zurück.

30 Die Rusalka lächelt erfreut, als du mit den Wachen bei ihr auftauchst. Sie bittet dich in ihre Hütte und reicht dir einen Becher mit einem nach Früchten duftenden Getränk.
„Setz dich, mein Bester, und ruhe dich aus. Schön, dass du meinen Auftrag erledigt hast. Wollen wir doch mal sehen, ob eine alte Frau wie ich dir noch etwas Nützliches sagen kann. Wie kann ich dir denn behilflich sein?" Sie rührt nebenbei in einem Topf, trinkt von ihrem Getränk, steht immer wieder auf und räumt ein paar Sachen in ihrer Hütte hin und her. Währenddessen erklärst du ihr, dass du das Heiligtum der Fei befragen musst.
„Ach, du bist der Nachtwächter aus Waldheim. Ich habe schon von dir geträumt. Jaja, die Karben sind furchtbare Gegner." Sie bläst die Wangen auf und lässt die Luft geräuschvoll entweichen. „Leider weiß ich nicht, wie du sie besiegen kannst, nachdem dunkle Magie ihnen so viel Macht verleiht. Das Heiligtum ist deine einzige Hoffnung. Du warst ihm ja schon sehr nahe, bei Toka, dem Hohepriester."
Sie überprüft mit strengem Blick, ob du aus deinem Becher getrunken hast, und schenkt dir nach.
„Mal sehen. Jeder, der zum Heiligtum will, muss zeigen, dass er die Götter und den Glauben der Fei achtet. Dazu musst du die drei Säulen unseres Glaubens kennen: Die erste und wichtigste Säule ist der Urwald, in dem die Fei leben. Sein Symbol ist der

riesige Mammutbaum, wie er weit südlich im Urwald wächst.
Die zweite Säule ist der Glaube an das gemeinsame Heiligtum, dargestellt durch ein Blatt des Mammutbaumes.
Und die dritte Säule ist die Gesamtheit der Fei, ihre vielen Clans und Familien. Auch ich selbst gehöre zu dieser Gesamtheit, ebenso wie der Dschungelgrimm Silenus. Symbolisiert wird diese dritte Säule durch einen Ast mit vielen Zweigen.
Mit diesem Wissen solltest du die Aufgabe lösen können, mein Bester."
Notiere dir die Symbole und ihre Reihenfolge.
Die Rusalka kramt in ihrer Schürzentasche. „Irgendwas war doch noch ..." Sie schaut dich stirnrunzelnd an. „Ach ja! Der Segen der Natur!"
Sie tätschelt deine Wange. „Du hast den Weg durch den Wald zu mir gefunden. Er ist mehr als nur Bäume, Sträucher, Tiere und Menschen. Der Wald ist eine Religion, hinter deren Blattwerk wir Schutz und Lebensunterhalt finden. Auch wenn du manchmal über einen Gauner stolperst." Sie kichert und zieht ihre Hand weg. „Ich kann dich mit dem Segen der Natur belegen. Du musst nicht viel dafür tun. Nur dein Vertrauen in den Wald demonstrieren. Wirf alle deine Goldstücke in den Fluss. Das ist alles."
Wenn du bereit bist, dein gesamtes Vermögen in den Fluss zu schmeißen – von wo du es nicht wieder holen kannst – segnet dich die Rusalka (in diesem Fall Menschlichkeit +1).
Dies ist deine einzige Möglichkeit, den Natursegen der Rusalka zu erhalten. Ein zweites Mal wird sie ihn dir nicht anbieten.
Lies danach weiter bei **46**.

31 Du rennst los in Richtung Ufer. Augenblicklich folgen dir die Fei in einer wilden Hetzjagd.
Würfle mit drei Würfeln und addiere 2. Ist das Ergebnis größer als deine Gewandtheit, holen dich die Fei ein und schneiden dir den Weg ab. Gehe in diesem Fall zu **110**.
Sonst lies hier weiter:
Ohne nachzudenken, springst du kopfüber in den Fluss und wirst von den Wassermassen mitgerissen.

Als du auftauchst, landen neben deinem Kopf mehrere Speere im Wasser. Wirf einen Würfel.
Bei einer 1 trifft dich einer der Speere (Lebensenergie -25).
Der Fluss trägt dich davon. Du kannst dich nur mit Mühe über Wasser halten. Nach endloser Zeit gelingt es dir, dich ans Ufer zu retten und aus dem Wasser zu ziehen. Von deinen Verfolgern ist nichts mehr zu sehen.
Weiter bei **52**.

32 In den Augen des Pantherreiters blitzt es spöttisch, als du ihm Hilfe anbietest. Doch dann wird sein Gesicht ernst.
„So, so, wir kämpfen also für dieselbe Sache?" Er zieht an einem Lederriemen einen Reißzahn, so groß wie ein Daumen, aus der Tasche. Die kunstvolle Fassung glänzt silbern.
„Wenn dem so ist, finde meinen Bruder und überbringe ihm dieses Amulett und eine Botschaft."
Mit einer gebieterischen Handbewegung wirft er dir das Schmuckstück zu. „Sage ihm, Lut hat gefunden, wonach er gesucht hat."
Auf der Fassung entdeckst du die Zahl 146 (notiere dir das Amulett und diese Zahl).
„Wie erkenne ich deinen Bruder?", fragst du und steckst das Amulett ein.
„Er reitet auf einem weißen Bären."
Solltest du auf einen Reiter treffen, der auf einem weißen Bären sitzt, so zeige ihm das Amulett.
Er wendet sein Reittier. Über die Schulter blickt er dich noch einmal an.
„Hast du mir alles erzählt, oder ist da noch mehr?"
Willst du von deiner Mission berichten (weiter bei **171**) oder vage von Abenteuern und Heldentaten erzählen (weiter bei **188**)?

33 „Schande, Osten!", schreit der alte Mann und versetzt dir einen schmerzhaften Schnitt am Hals (Lebensenergie -14). Für welche Antwort entscheidest du dich jetzt?
Wählst du Norden (**124**), Süden (**140**) oder Westen (**8**)?

34 Du betrachtest die Kriegerstatuen, während du an ihnen vorübergehst. Hier wärst du vor Kurzem fast dem Schattendiener in die Hände gefallen. Erst als du alle Statuen passiert hast, atmest du erleichtert aus: Der Schattendiener ist nicht hier. Willst du nun dem breiten Weg nach Westen (**193**) oder nach Süden (**114**) folgen?
Oder gehst du auf dem schmalen, zugewachsenen Fußweg, der in östliche Richtung führt, allerdings nur, wenn du dort noch nicht gewesen bist (**122**)?

35 Du versuchst dein Glück mit einem freundlichen Gruß und fragst den Reptilienmann, ob er dir helfen kann.
Er antwortet zischend: „Ein Heldlein, ssehr schön! Ich spiele ssehr gerne mit Heldlein! Willkommen. Man nennt mich Ssasso." Er lacht ein zischendes, kindlich klingendes Lachen.
„Lasss unss spielen. Ich gebe dir ein Rätssel auf, und wenn du es lösst, dann helfe ich dir! Einverstanden?"
Er schaut dich hoffnungsvoll an.
„Und wenn ich es nicht lösen kann?", stellst du die naheliegende Frage.
„Ach, dass isst nicht weiter sschlimm. Dann wirsst du für ein Jahr mein Diener ssein." Er grinst dich versonnen an, während seine Zunge weiter aus seinem Mund züngelt.
Vielleicht kann dir der Reptilienmann helfen, immerhin scheint er hier zu wohnen und sich gut auszukennen. Allerdings hast du natürlich kein Jahr zu verschenken. Möchtest du das Risiko eingehen und versuchen, das Rätsel zu lösen? Dann gehe zu **195**.
Oder ist dir das alles zu befremdlich? Dann kannst du entweder angreifen (**144**) oder gehen (**172**).

36 Du führst einen letzten Angriff. Dein Widersacher sinkt röchelnd zu Boden. Seine Gliedmaßen zucken ungleichmäßig. Die Luft um ihn herum beginnt zu flirren und er verwandelt sich in zahllose schwarze Käfer, die in alle Richtungen davonlaufen. Nach ein paar Augenblicken werden die Käfer langsamer, bis sie tot liegen bleiben.

Du hast den tödlichen Schattendiener besiegt.
Sofort befühlst du deine Brust. Du musst nicht erst hinsehen, um zu wissen, dass das Zeichen des schwarzen Raben noch immer auf deiner Haut ist. Es ist durch den Tod des Schattendieners nicht verschwunden. Dein Triumph verwandelt sich in eine bittere Niederlage (Menschlichkeit -1, außer dein Wert ist bereits -5).
Weiter bei **200**.

37 Du marschierst weiter. Der Untergrund wird weicher und feuchter. Schließlich stehst du an den Ausläufern eines Sumpfes inmitten des Dschungels. Und dein Weg führt direkt hinein. Eine gespenstische Landschaft wie diese hast du noch nicht gesehen: dunkles, fast schwarzes Wasser, vermodernde Äste, die wie Gebeine aus dem Morast ragen. Und es ist totenstill.
Du erreichst einen matschigen Hügel. Den aufrecht stehenden Stein auf der Kuppe der Erhebung kannst du schon von unten sehen.
Dies ist **Wegpunkt 37**.
Du steigst auf den Hügel. Von hier oben siehst du einen festgetretenen Pfad in südlicher Richtung, der noch weiter in den Sumpf hinein führt. Dann schaust du dir den Stein näher an. Er ist einen Schritt hoch und steht neben einem Loch, in dem Würmer, Maden und Schmeißfliegen wimmeln. In den Stein ist ein Baum gemeißelt. Du erkennst, dass es sich um einen Grabstein handelt.
Willst du auf gut Glück in das Loch mitsamt seinem Gewürm hineingreifen (nur wenn du dies noch nicht getan hast)? Dann lies bei **103** weiter.
Alternativ kannst du den Sumpf nach Westen (**89**) oder Norden (**130**) verlassen. Oder willst du dein Glück auf dem schmalen, düsteren Pfad in südlicher Richtung versuchen (**184**)?

38 Du findest die Kreuzung und den Baum mit den Sitzbrettern verlassen vor.
Wohin möchtest du weitergehen? Auf dem breiten Weg nach Norden (**106**) oder Süden (**89**)? Oder versuchst du dein Glück

auf einem der Trampelpfade in westlicher (**176**) oder östlicher Richtung (**130**)?

39 Der Lahme Dämon sinkt vor dir zu Boden. Seine Haut verfärbt sich schwarz.
Du öffnest die Truhe. Darin findest du rostige Folterwerkzeuge: Daumenschrauben, eine Peitsche, Zangen und lange Stacheln, die mit getrocknetem Blut verschmutzt sind. Sie sind zu dreckig und verbogen, als dass du sie gebrauchen könntest.
Außerdem entdeckst du ein mächtiges Hackebeil aus schwerem Holz und dunklem Metall, das der Dämon zum Zerteilen seiner Opfer nutzte (Schaden 20, zweihändig) und einen Bogen (Jagdbogen des Satyrs, Schaden 10, nur einsetzbar wenn du die Fertigkeit „Bogenschießen" beherrschst). Auf dem Boden der Truhe liegt ein Beutelchen mit 7 Goldstücken.
Nach diesem Fund untersuchst du die Überreste des Dämons. Er trägt um sein linkes Handgelenk ein aus Fingergliedern gefertigtes Band. Wilhelm warnte dich vor dem Fluch des Lahmen Dämons, doch vielleicht hat es magische Eigenschaften? Wenn du es anlegen willst, dann gehe zu **18**.
Willst du die Höhle verlassen und zur Kreuzung zurückkehren, dann gehe zu **67**.

40 Der Hohepriester Toka tritt wieder an dich heran. Er wirkt überrascht, lächelt jedoch. Er neigt seinen Kopf. „Du bist würdig, das Portal des Heiligtums zu durchschreiten. Bitte folge mir."
Er geleitet dich zur mittleren Tür und öffnet sie. „Du hast eine Prüfung bestanden. Doch sei gewarnt! Weitere Prüfungen erwarten dich. Denn nur wer aus dem edelsten Holz geschnitzt ist, darf vor das Heiligtum treten!" Damit wendet er sich ab und lässt dich alleine vor der geöffneten Tür stehen.
Du gehst hindurch, hinter dir schließt sich der Durchgang. Vor dir spannt sich eine goldene Brücke über einen weiten Graben, dessen Boden so weit unter dir liegt, dass du ihn nicht erkennen kannst.
Du betrittst die Brücke bei **126**.

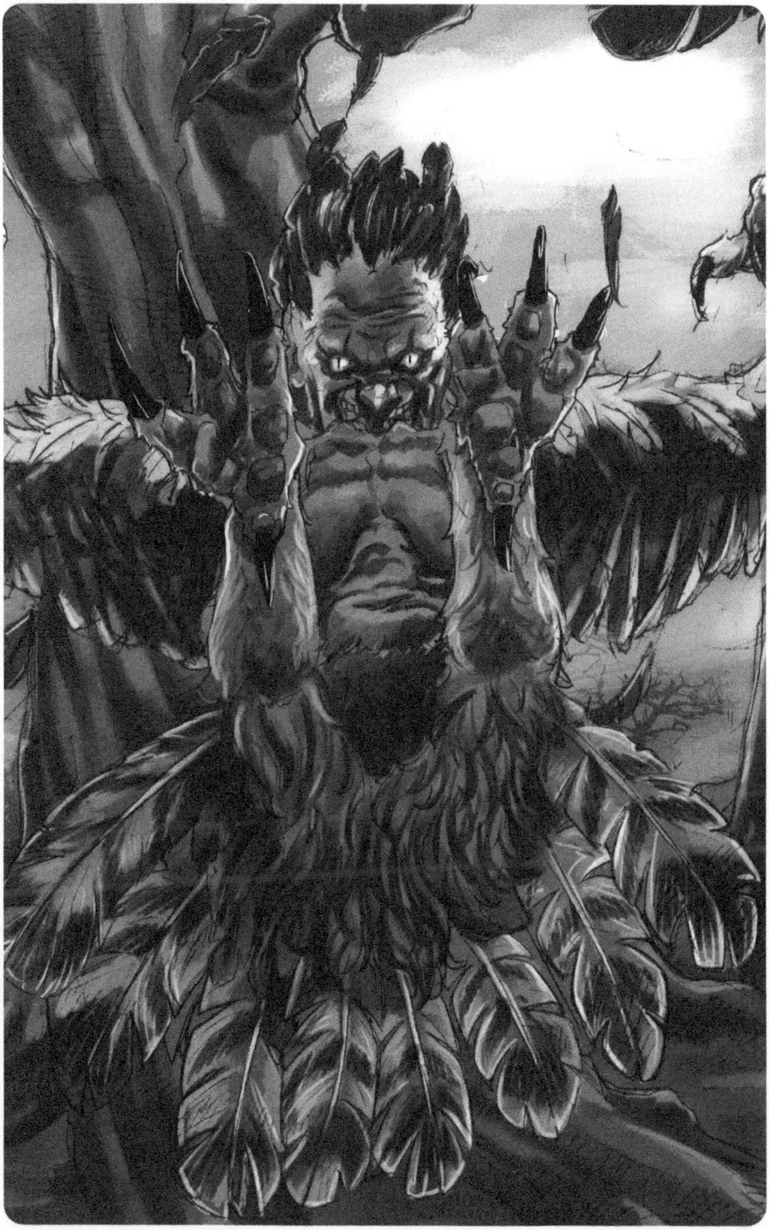

„Kaum erst der Mutterbrust entwöhnt, so zart und unschuldig. Du erwartest doch nicht etwa, in diesem Dschungel zu überleben?"

41 Dies ist **Wegpunkt 41**. Wenn du schon einmal hier gewesen bist, gehe zu **128**.

Du folgst dem Trampelpfad und erreichst einen breiten, knorrigen Baum. Als du darauf zugehst, hörst du ein höhnisches, gackerndes Lachen:

„Furchtloser Recke! Auf der Suche nach Abenteuern?"

Du gehst die letzten Schritte auf den Baum zu. Dann siehst du, wer zu dir spricht: Auf einem Ast sitzt eine geflügelte Gestalt mit Schnabel und dem Körper eines Geiers. Sie ist vollkommen mit Federn bedeckt, dennoch erkennst du deutlich die Brüste einer alten Frau. Eine Harpyie.

„Kaum erst der Mutterbrust entwöhnt, so zart und unschuldig. Du erwartest doch nicht etwa, in diesem Dschungel zu überleben?" Wieder stößt sie ihr gackerndes Lachen aus. Sie löst einen Fuß, der mit langen, spitzen Krallen versehen ist, von dem Ast, dann auch den anderen und hinkt ein paar Schritte in Richtung des Baumstammes. Ihr Kopf zuckt bei jedem Schritt auf und ab wie die Hacke eines Totengräbers. Dann sieht sie dich wieder an.

„Erst gestern diente mir ein Kopfgeldjäger zum Fraße, doch der war ohne Saft im Fleisch. Ich hatte lange keinen so jungen, frischen Kerl wie dich. Wie du wohl schmecken magst?"

Als sie ihre Schwingen spannt und sich auf dich stürzt, sirren ihre Federn wie der Giftpfeil eines Assassinen. Du musst gegen sie kämpfen.

Wenn dies dein erster Kampf ist, lies nun in den Regeln Block 3.

Harpyie

Kampfkraft	Schaden	Rüstung	Lebensenergie
21	**11**	**0**	**25**

(Bogenschütze: Schuss möglich)

Fliehen kannst du nicht, da sie zu schnell ist.

Wenn du gewinnst, lies hier weiter:

Die tote Harpyie fällt vor dir zu Boden. In der ausladenden Baumkrone entdeckst du ihr Nest. Du ziehst dich an den Ästen hinauf und wirfst einen Blick auf alte und frische Knochen, Stofffetzen und wertlose Gegenstände. Du findest einen Geisterring (Lebensenergie-Höchstwert +3, wenn du ihn trägst), den du an dich nimmst und auf deinen Ringfinger streifst. Wieder auf festem Boden, kannst du dir außerdem eine der Harpyienfedern einstecken. Lies weiter bei **128**.

42 Durch geschickte Gewichtsverlagerung bringst du den Topf zum Schaukeln.
Wirf vier Würfel. Übersteigt das Ergebnis deine Gewandtheit, lies bei **162** weiter.
Sonst gehe zu **190**.

43 Vom Rand der Schlucht gehst du an der düsteren Steinmauer entlang, die dich nördlich des Weges weit überragt. Sie ist aus dunklen Steinquadern erbaut, die sich unter deiner Hand sehr glatt anfühlen.
Du gelangst an den großen Fluss Ruskin, der sich südlich des Weges durch den Wald schlängelt. Der Weg führt dich flussabwärts in östlicher Richtung, so dass du zwischen der Wand und dem Fluss gehen musst.
Du kommst an eine gehörnte Götzenstatue aus Stein mit sechs Armen – sie stellt einen grinsenden Kriegsgott dar. In einer der Hände hält die Figur einen mannslangen Speer, in einer anderen Hand einen Schild. Eine unheimliche Aura geht von ihr aus. Dir fällt eine alte Geschichte deines Onkels Wilhelm ein, von Götzenbildern, die schon durch eine kurze Berührung die Kraft eines Kriegers erhöhen können.
Hinter der Statue verengt sich der Weg zu einem Trampelpfad. Durch einen schmalen, hohen Torbogen in der Mauer wendet sich dieser nach Norden.
Dies ist **Wegpunkt 180**.
Was willst du tun?
Willst du die Statue mit deiner Hand berühren (**72**, nur wenn du dies noch nicht getan hast), oder willst du zurück in westliche Richtung eilen (**132**)? Du kannst auch dem Trampelpfad durch den Torbogen nach Norden folgen (**24**).

44 Du begibst dich in das düstere, muffige Kellerloch hinab. Wirf einen Würfel. Bei einer 1, 2 oder 3 gehe zu **25**. Hast du eine 4, 5 oder 6, dann lies bei **138** weiter.

45 Auf der Lichtung um den breiten Baum herum fällt dir nichts Ungewöhnliches mehr auf.
Willst du nach Westen gehen (**147**), nach Osten (**7**) oder nach Süden (**60**)?

46 Die Rusalka nimmt einen Schluck von ihrem eigenen Getränk.
„Der Strom der Quelle nimmt einen langen Weg, ehe er das Schwarze Wasser erreicht. Bevor du das Heiligtum betrittst, solltest du dich an Silenus, den Dschungelgrimm, wenden. Er weiß viel über die Geheimnisse der Fei. Hier, nimm diese Frösche, und bring sie ihm. Er lebt im östlichen Teil des Waldes. Dann wird er dir helfen."
Aus einer Holzkiste in der Ecke ihrer Küche holt sie zwei kleine, lebende, gelbe Frösche, die sie geschickt in ein dickes Leinentuch verpackt. Auf den Rücken haben die Frösche grüne Muster, die wie Zahlen aussehen: Einer trägt die Zahl 72, der andere die 88. Pack sie ein, wenn du willst.
Weiter bei **164**.

47 Du gehst auf das Haus zu, ständig auf der Hut. Der Blick des Mannes folgt jedem deiner Schritte. Seine Zunge schlängelt unruhig aus seinem Mund.
Als du näherkommst, fällt dir auf, dass er keine Haut hat, sondern Schuppen. Bekleidet ist er mit einem grünlich schimmernden Material, das dich an verwelkte Blätter erinnert. An einem Gürtel trägt er einen langen Dolch.
Seinem Gesicht ist nicht zu entnehmen, ob er dir freundlich gesinnt ist. Was willst du tun?
Wenn du ihn höflich ansprechen willst, dann gehe zu **35**.
Wenn du den Echsenmann sofort angreifen willst, dann lies weiter bei **144**.

48 Die Schlange ist tot. Du ziehst den Dolch aus ihrer Seite. Auf seiner Klinge sind insgesamt 17 fremdartige Schriftzeichen eingraviert. Er schaut wertvoll aus (Schaden 4; Wert: 3 Goldstücke; notiere auch die Zahl der Schriftzeichen).
Kehre zurück zur letzten Lichtung im Westen (weiter bei **173**).

49 Als du die Kiste öffnest, findest du 18 Goldstücke und ein Krummschwert mit einem Griff aus Samt, in den Goldfäden eingewebt sind (Schaden 13, Wert 12 Goldstücke).
Weiter bei **155**.

50 Unter deinen Fußsohlen knacken morsche Zweige. Durch die dichten Blätter kannst du kaum erkennen, wohin dich der schmale Weg führt. Biegungen und tiefhängende Äste verstärken das Gefühl, ins Ungewisse zu marschieren.
Würfel ein Zufallsereignis.
Vor dir ist der Weg ein wenig breiter. Wie um den Platz zu nutzen, steht auf dem dichten Wurzelwerk eines Baumes eine Reihe von Töpfen, die bunt gestrichen sind.
Dies ist **Wegpunkt 50**. Wenn du schon einmal hier warst, sind die Töpfe leer, und du gehst weiter nach Osten (**41**) oder nach Süden (**19**). Wenn nicht, lies weiter.
Bevor du dich den Töpfen zuwenden kannst, hörst du einen Kampfschrei. Du wirbelst herum, gerade noch rechtzeitig: Ein schlanker Mann mit einer roten Mütze auf dem Kopf stürzt sich auf dich. Er attackiert dich mit flammender Magie.

Fremder Mann

Kampfkraft	Schaden	Rüstung	Lebensenergie
20	**12**	**1**	**22**

(Bogenschütze: Schuss möglich)

Fliehen kannst du nicht.
Wenn du den Mann besiegst, lies weiter:
Der fremde Angreifer liegt tot vor dir. Er hat einen Beutel mit getrocknetem Riesenfleisch dabei (Verzehr: Lebensenergie +20, Menschlichkeit -1) sowie 7 Goldstücke. Um seinen Hals hängt

ein Lederband, an dem durchbohrte Fingernägel befestigt sind: Trophäen seiner Opfer. Dir wird klar, dass es sich um einen Kopfgeldjäger der Anansi handelt, düstere Söldner, die gegen Belohnung Jagd auf Menschen machen. Aus Aberglauben schmücken sie sich mit Körperteilen derjenigen, die sie getötet haben. Viel mehr weißt du nicht über die Anansi, nur eines: Sie jagen selten alleine. Die Jäger der Karben folgen deiner Spur (Menschlichkeit -1).

Endlich kannst du dich den bunten Töpfen zuwenden. Neugierig trittst du näher und schaust in einen davon. Er enthält eine dicke, braune Masse bis knapp unter den Rand. Der Geruch von wildem Kakao steigt dir in die Nase. Seltsam, denkst du dir. Du weißt, wie teuer Kakao ist, wegen seines Geschmacks, aber besonders, da er einem geschwächten Mann schnell Kraft zurückgibt.

Willst du der Versuchung nachgeben und aus einem der Töpfe naschen? Dann gehe zu **135**.

Sonst kannst du dich nach Osten (**41**) oder nach Süden (**19**) wenden.

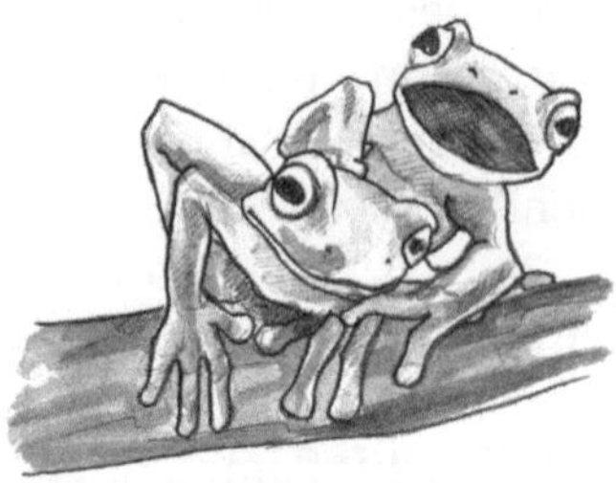

51 Du kämpfst dich so schnell du kannst durch das Buschwerk. Die wenigen Schritte erscheinen dir, als wären sie Meilen. Als du den Hilferufen näherkommst, läufst du langsamer, um die Situation besser einschätzen zu können.

Dies ist **Wegpunkt 51**.

Eine Fei-Kriegerin in Lederkleidung setzt sich mit einem Messer in jeder Hand verzweifelt gegen zwei Riesenlibellen zur Wehr. Die Libellen sind über einen Schritt lang und mit Beißwerkzeugen ausgestattet, von denen milchiger Schleim tropft. Jedes Mal, wenn die Frau eine abwehrt, hat die andere eine freie Angriffsfläche. Bevor du reagieren kannst, lässt eine der beiden

Libellen von der Frau ab und kommt auf dich zugeflogen. Du musst kämpfen.

Riesenlibelle

Kampfkraft	Schaden	Rüstung	Lebensenergie
24	**10**	**0**	**25**

(Bogenschütze: Schuss möglich)

Fliehen kannst du nicht.
Wenn du auf deinem Arm ein Kreuzzeichen eingeritzt hast, dann lies nach dem Kampf weiter bei **142**. Sonst geht es nach dem Kampf zu **118**.

52 Als du den Kopf wendest, entdeckst du, dass das gesamte Ufer in Bewegung ist. Glänzende, grüne Körper schieben sich träge über den Boden oder gleiten durch das Wasser. Eine Schar Krokodile lebt hier, und sie haben dich bemerkt. Langsam und unbeholfen kommen sie auf dich zu.
Um dich in den Wald zu retten, bist du noch zu weit davon entfernt. Die ersten Krokodile greifen an.
Im Kampf verhalten sich die Krokodile wie ein einziger Angreifer. Du greifst nicht an, da es zu viele sind. Der erste von dir gelandete Treffer bedeutet lediglich, dass du dich durch die Krokodilhorde hindurch rettest und in den nahen Wald rennst.
Du musst also nur einen Treffer erzielen, um dich zu retten.

Krokodilhorde

Kampfkraft	Schaden	Rüstung	Lebensenergie
23	**15**	**0**	**225**

(Bogenschütze: kein Schuss möglich)

Wenn dir die Flucht gelingt, geht es weiter bei **146**.

53 Du schnappst mit den Händen in wilder Panik nach den Lianen, während weitere Speere durch die Luft fliegen. Du greifst daneben und stürzt in die Schlucht.
Einen halben Tag später findet der Stamm der Fei dich dort.

Zum Glück bist du nicht mehr am Leben, denn so entgehst du einem weitaus schlimmeren Schicksal.

54 Du kommst schwitzend an eine Kreuzung. Dies ist **Wegpunkt 54**. Wenn du schon einmal hier gewesen bist, dann gehe zu **84**.
Auf der Kreuzung sitzt ein runzeliges Mütterchen. Sie ist in Weiß gekleidet und dünn und zerbrechlich. An einen Ast hinter sich hat sie ihr Bündelchen und ihr Jäckchen gehängt.
Sie strahlt dich mit einem zahnlosen Grinsen an: „Komm nur näher, damit ich dich besser sehen kann! Du siehst verloren und verirrt aus. Vielleicht kann ich dir helfen. Komm nur her und setz dich zu mir!"
Willst du dich neben sie setzen? Dann lies weiter bei **137**.
Oder gehst du weiter? Wege führen in nördlicher (**121**), östlicher (**104**) oder südlicher Richtung (**100**) weiter durch den Urwald.

55 Wenn du aus dem Becher getrunken hast: Lebensenergie +18.
Du gehst zum Angriff über. Die Rusalka lächelt nur und wendet sich von dir ab. Plötzlich werden deine Füße, dann die Beine und schließlich dein ganzer Körper starr. Die Rusalka verschwindet im Haus und lässt dich stehen.
Nach langen Stunden kommt sie wieder aus der Hütte. Du hast in der Zwischenzeit einen ordentlichen Sonnenbrand bekommen (Lebensenergie -8).
„Na, wieder beruhigt? Du warst vorhin etwas zappelig."
Sie lächelt dich an. „Wie gesagt, ich brauche deine Hilfe. Gehe zu Toka, dem Hohepriester der Fei und bitte ihn, mir 15 Männer zu schicken. Er wird wissen, was zu tun ist. Du findest ihn bei der roten Treppe."
Damit verschwindet sie wieder in ihrer Hütte.
Allmählich kehrt Leben in deinen Körper zurück. Nachdem du dich wieder voll bewegen kannst, gehst du zurück nach Norden.
Lies weiter bei **84**.

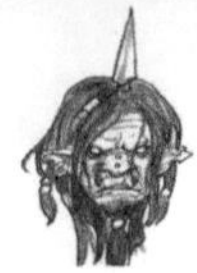

56 Um den Eingang der Höhle herum liegen verstreut Knochen und Schädelreste, die unter deinen Füßen knirschen. Ein übler Geruch nach Titanwurz weht dir entgegen. Du kannst nicht erkennen, was im Inneren auf dich wartet, da das Licht nur wenige Schritt weit reicht.
Willst du doch wieder zurückgehen? Dann lies weiter bei **67**.
Oder nimmst du deinen Mut zusammen und betrittst bei **2** die Höhle, um herauszufinden, welche verborgenen Schätze in ihr liegen?

57 „Guten Tag, was verkaufst du?"
Der Händler zeigt grinsend einige Zahnlücken und deutet auf die Auslage. „Tritt näher und schau' dir meine Waren an. Das Beste, was du südlich von Waldheim finden wirst!"
Bevor du deine Aufmerksamkeit auf seine Ware richten kannst, plaudert der Verkäufer weiter:
„Erst seit Kurzem baue ich die Handelsroute durch die südlichen Wälder aus, mein Glück, dass das niemand vor mir gemacht hat. Die Wälder hier sind gar nicht so gefährlich, wie die Leute immer denken. Die Große Handelsstraße ist nur so unsicher, weil Räuberbanden dort freie Hand haben. Ich habe schon die ersten Straßen befestigt, damit wir die Waren besser transportieren können. Der Trick ist, immer genug Wachen in der Nähe zu haben."
Er bemerkt, dass du mehr ihn anblickst als die Auslage. „Ich rede schon wieder zu viel ... Bitte, meine Waren."
Lies weiter bei **175**.

58 Du kämpfst gegen die Leoparden-Frau.

Chui

Kampfkraft	Schaden	Rüstung	Lebensenergie
22	**12**	**1**	**37**

(Bogenschütze: Schuss möglich)

Fliehen kannst du nicht, da sie zu schnell ist.
Wenn du gewinnst, lies hier weiter:

Die tote Chui liegt vor dir. Sie sieht friedlich aus, und dir wird klar, dass sie ohne jede Aggression gegen dich war. Du hast soeben ein harmloses und kluges Wesen ermordet (Menschlichkeit -1).
Niedergeschlagen kehrst du nach Norden zum Baum der Harpyie zurück. Weiter bei **128**.

59 Du gehst weiter nach Süden. Der Weg wird schmaler, bis er schließlich nur noch eine Schneise durch den dichten Dschungel bildet. Weiter hat Mansur seine Handelsstraße noch nicht ausgebaut. Wenn du diesen Weg schon einmal (egal in welche Richtung) gegangen bist, dann lies weiter bei **3**.
Nach einer Weile ist der Weg so eng und uneben, dass du nur mit Mühe vorankommst. Oft musst du dich auf alle Viere begeben. Die dicht wachsenden Pflanzen zerren an deinen Schultern, an deinem Rucksack und an deinen Beinen. Außerdem wird es zunehmend schwüler, der Schweiß rinnt dir den Rücken herunter. Deine Kleidung klebt an dir.
Als der Weg wieder etwas breiter wird, erreichst du die Reste einer alten Mauer aus dunklem Fels. Sie ist an dieser Stelle nicht höher als zwei Schritt. Kaum mehr als ein paar von dichtem Gras überwucherte Steinhaufen deuten an, dass hier einst ein stolzes Bauwerk stand. Büsche mit tellergroßen, schwer hängenden Blättern wachsen zwischen den Steinritzen. Zu beiden Seiten führt die Mauer weiter in den Dschungel hinein. Sie ist so dicht eingewachsen, dass nicht zu erkennen ist, wie weit sie reicht.
Plötzlich hörst du zu deiner Linken einen Schrei. Ein sehniger Mann bricht hinter der Mauer hervor und greift dich mit bloßen Händen an. Er ist sehr beweglich und ein gefährlicher Gegner.

Fremder Mann

Kampfkraft	Schaden	Rüstung	Lebensenergie
22	**9**	**0**	**18**

(Bogenschütze: Schuss möglich)

Fliehen kannst du nicht.

Wenn du gewinnst, lies hier weiter:
Der fremde Angreifer liegt tot vor dir. Du findest bei ihm ein Paket mit getrocknetem Trollfleisch (Verzehr: Lebensenergie +23, Menschlichkeit -1), ein kleines Messer (Schaden 3) und 3 Goldstücke. Um seinen Hals hängt ein Lederband, an dem Ohren befestigt sind: Trophäen seiner Opfer.
Es handelt sich um einen Kopfgeldjäger der Anansi, düstere Söldner, die Jagd auf Menschen machen. Du weißt, dass sie selten alleine jagen. Du fragst dich, wie lange du ihnen noch entkommen kannst.

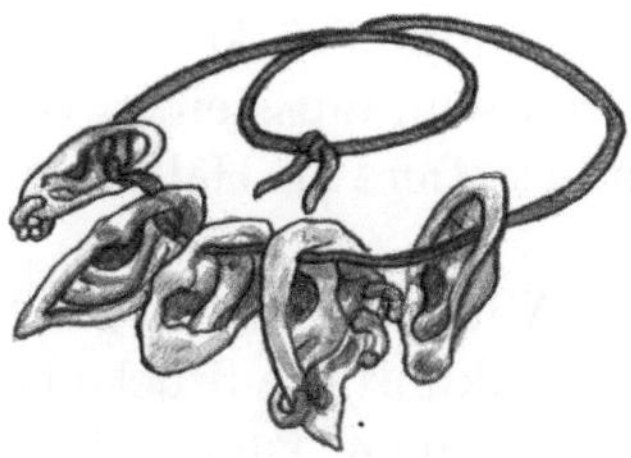

Du kletterst über die Steine, wendest dich weiter nach Süden und lässt die Mauerruine hinter dir. Endlich, nach insgesamt fünf Meilen seit **Wegpunkt 89** (dies entspricht fünf Kästchen auf der Karte), gelangst du wieder an eine Lichtung.
Lies bei **20** weiter.

60 Du erreichst eine Abzweigung. Dies ist **Wegpunkt 60.** Von hier aus führen Wege nach Norden, Westen und ein Trampelpfad nach Süden. Am Beginn des Pfades steht ein altes, halb überwuchertes Hinweisschild aus Holz, das eine Aufschrift in fremden Lettern trägt.
Südwestlich von dir schallt das laute Gezeter von Affen zu dir herüber, als wären sie von etwas aufgescheucht worden.
Wohin möchtest du dich wenden?
Nach Norden (**26**), Westen (**91**) oder auf dem Trampelpfad nach Süden (**99**)?

61 Du gehst in westlicher Richtung flussaufwärts. Nach einer Weile wendet sich der Weg in einer Linkskurve nach Süden. Er mündet in eine solide Brücke, die über den Fluss führt. Ne-

ben der Brücke steht ein Wachhäuschen, das mit roten und weißen Streifen bemalt ist.
Dies ist **Wegpunkt 61**.
Wenn du die Brücke schon einmal überquert hast, kannst du ungehindert weitergehen und folgst dem Weg weiter nach Süden. Gehe zu **80**. Sonst lies hier weiter.
Als du dich der Brücke näherst, tritt plötzlich ein Mann aus dem Wachhäuschen. Mit seiner alten Kettenrüstung und dem Helm erinnert er dich an die Stadtwache von Waldheim. Sofort fällt dir die prächtige Da'ak-Hellebarde auf, die er als Waffe führt. „Halt!", ruft er. „Dies ist die Brücke von Mansurs Handelsimperium. Wer passieren will, muss einen Wegzoll zahlen. Zwei Goldstücke pro Mensch, Tiere die Hälfte, andere Wesen auf Anfrage, bitteschön!"
Was willst du tun? Willst du den Wegzoll entrichten (damit könntest du auch in Zukunft die Brücke benutzen)? Dann erhältst du einen Passierschein, kannst die Brücke überqueren und weiter dem Weg nach Süden folgen (weiter bei **80**).
Willst du hingegen dem unverschämten Kerl zeigen, wer hier das Sagen hat, dann lies bei **93** weiter (diese Option wählst du auf jeden Fall, wenn deine Menschlichkeit -3 oder schlechter ist, und auf keinen Fall, wenn dein Wert 4 oder höher ist).
Du kannst auch den Weg, den du gekommen bist, nach Osten zurückgehen (weiter bei **114**).

62 Mitten im Sprung packst du eine der Lianen und schwingst dich auf die andere Seite der Schlucht.
Wenn du dich nun am westlichen Rand der Schlucht befindest, lies weiter bei **22**. Bist du an den östlichen Rand geschwungen, so gehe zu **43**.

63 Du ziehst den Dolch aus deiner Tasche und hältst ihn dem jungen Mönch mit dem Heft voran hin. Sein Gesicht leuchtet vor Freude auf. Er ergreift ihn und lässt ihn in einer Innentasche in seinem Gewand verschwinden (Menschlichkeit +1).
„Habt Dank, Fremder! Ich bin so erleichtert. Dafür verrate ich Euch etwas über die Fei: Wisst Ihr, wir sind in Clans unterteilt,

die verschiedene Rituale befolgen. In diesem Teil des Urwaldes lebt ein besonders wilder Clan. Das Wichtigste, was Ihr über sie wissen müsst, ist Folgendes: Sie beten den Süden an! Vergesst das nicht."

Du dankst dem Mönch für den Hinweis.

Er greift in seine Tasche und holt einen Gegenstand hervor. „Bitte nehmt das von mir an. Ich habe es selbst gefertigt. Nehmt doch!" Du nimmst eine geschnitzte Statue aus dunklem Holz entgegen, die einen tanzenden Fei zeigt. Jeder Händler wird dir für diesen hübschen Gegenstand 6 Goldstücke geben.

Möchtest du dich nun auf dem breiten Weg nach Norden (**106**) oder Süden (**89**) wenden? Oder lieber einem der Trampelpfade nach Osten (**130**) oder Westen (**176**) folgen?

64 Du setzt dich zu dem Alten ans Feuer und bittest ihn, doch weiter zu erzählen. Er kaut auf seiner Pfeife und murmelt: „Nein, nein, das würde dich nur langweilen."

Willst du darauf bestehen und ihm versichern, dass du dich geehrt, ja erleuchtet fühlen würdest? Dann gehe zu **4**.

Ärgert dich sein Verhalten und greifst du ihn doch an – vielleicht kannst du ihm die eine oder andere zusätzliche Information entlocken? Dann gehe zu **149**.

Oder willst du zu der Lichtung mit der funkelnden Blume zurückkehren? Dann gehe zu **74**.

65 Obwohl du dich auf der Kreuzung gut umsiehst, entdeckst du nichts.

Wohin möchtest du gehen? Auf dem breiten Weg nach Norden (**80**) oder nach Süden (**59**)? Oder auf dem schmalen Pfad nach Osten (**37**)?

66 Du drehst und rüttelst. Zahllose Würmer wimmeln an deiner Hand und deinen Arm hinauf. Das Krabbeln, Brennen und Stechen auf deiner Haut ist kaum zu ertragen.

Als sich der Gegenstand nicht gleich bewegen lässt, zerrst du mit all deiner Kraft daran. Erst wackelt er nur leicht, doch dann löst er sich mit einem Ruck. Mit einem Schwall Ungeziefer

ziehst du ihn aus dem Loch heraus. Vom Schwung aus dem Gleichgewicht gebracht, stürzt du, dich überschlagend, den Hügel hinab (Lebensenergie -12). Sofort springst du auf und streifst und schüttelst alles ab, was auf dir krabbelt und kriecht. Du hast eine harte Wurzel aus dem Grab gezogen, aus der ein einzelnes, robustes Blatt wächst. Du erkennst, dass es sich um ein Blatt eines Trollstrauches handelt – Wilhelm erzählte dir von seiner heilenden Wirkung. Legst du das Blatt auf eine Wunde, so heilt es 20 Lebenspunkte.
Du kannst jetzt den Weg nach Norden (**130**) oder Westen wählen (**89**), oder dem schmalen Pfad nach Süden in den Sumpf hinein folgen (**184**).

67 Endlich ein Hinweis: Auf einen mannshohen Felsblock ist mit roter Farbe ein Wort gekritzelt: „Rusalka", und darunter ein Pfeil, der nach Westen deutet.
Dies ist **Wegpunkt 67**.
Im Süden wird die Kreuzung in einigen Schritt Entfernung von einer natürlichen Felswand flankiert. In ihr siehst du den schmalen Eingang zu einer Höhle.
Du kannst von hier aus nach Westen dem Weg folgen, der leicht bergab geht (**104**), dich auf einem breiten Weg nach Norden (**94**) oder auf einem schmalen Weg nach Osten (**87**) wenden.
Wenn du dies noch nicht getan hast, kannst du auch den Höhleneingang (**56**) untersuchen.

68 Dein Ziel im Dschungel der Fei ist das Heiligtum, was immer das genau sein mag. Wirst du von ihm erfahren, wie du die Karben besiegen kannst?
Toka bedeutet dir, ihm in Richtung der Türen an der Hinterseite des Saales zu folgen.
Vor den Türen ist ein roter Kreis mit zehn Schritt Durchmesser auf den Boden gemalt. In der Mitte des Kreises steht ein Holzgestell, an dem nebeneinander 13 geschnitzte Bilder hängen. In jedes Bild ist eine Ziffer eingeritzt.
Der Hohepriester erklärt dir, dass er deine geistige Würde testet. Dazu musst du die Probe der Wahrzeichen bestehen. Be-

trachte die Bilder, und berühre in der richtigen Reihenfolge diejenigen, die du für die wichtigsten hältst.
Du hast nur einen Versuch. Wenn du dir nicht sicher bist, welche die drei richtigen Bilder sind, solltest du diesen Ort unverzüglich verlassen (weiter bei **92**).
Das Folgende erkennst du auf den Bildern:

- eine Liane, die von einem Baum herabhängt (**1**),
- einen Jaguar, der sich zum Sprung spannt (**0**),
- einen Weg, der durch den Urwald führt (**4**),
- ein altes Mütterchen (**3**),
- eine Pflanze mit auffallend großer Blüte (**0**),
- eine tiefe Schlucht (**9**),
- das Blatt eines Baumes (**8**),
- eine Riesenspinne (**7**),
- einen alten, hässlichen Mann (**5**),
- einen Ast mit vielen Zweigen (**3**),
- einen riesigen Baum (**1**),
- einen knorrigen, toten Baumstumpf (**2**),
- einen sich durch den Urwald windenden Fluss (**6**).

Die Zahl in Klammern steht für die eingeritzte Ziffer. Berühre die schwebenden Steine in der richtigen Reihenfolge. So ermittelst du, bei welcher dreistelligen Nummer du weiterlesen musst (du bist am richtigen Abschnitt, wenn er mit den Worten beginnt: „Du berührst ...").

69

Als das Wort „Mitnal" zum zweiten Mal in deinem Kopf ertönt, erinnerst du dich an Silenus' Worte. Hastig streifst du den Holzring über einen Finger. Im gleichen Augenblick löst sich die goldene Brücke unter deinen Füßen vollkommen auf. Doch anstatt zu fallen, bildet sich um dich herum ein weißes Licht. Es hält dich in der Luft und trägt dich behutsam zur anderen Seite hinüber.
Als du endlich dort ankommst, wo zuvor die Brücke endete, erlischt das weiße Licht. Der Ring an deinem Finger ist nur noch ein einfaches Stück Holz ohne Wert.
Vor dir ist eine schlichte, dunkle Tür in die Wand eingelassen. Du trittst näher heran und öffnest sie. Lies weiter bei **150**.

70 Das Wasser des Sees sieht erfrischend und rein aus. Du tauchst deine Hände in das eiskalte Nass, führst sie zum Mund und trinkst. Es hat heilende Kraft (Lebensenergie +30).
Wenn du es noch nicht getan hast, kannst du im Wasser baden (**102**).
Oder du wendest dich nach Norden (**147**) oder Osten (**60**), oder gehst in Richtung Westen am Ufer des Sees entlang (**174**).

71 Du überlässt den Buschtroll sich selbst und ignorierst sein Gejammer.
Willst du nach Westen (**147**), nach Osten (**7**) oder nach Süden (**60**) gehen?

72 Du trittst an die Götzenstatue heran und streckst deine Hand aus. Als du den Stein berührst, ertönt hinter dir ein Schrei, der von einem Vogel stammen könnte. Du willst dich umdrehen, doch wird deine Hand von einer starken Macht festgehalten. Der Stein wird so heiß, dass er deine Hand versengt. Dünne Rauchfäden steigen empor. Unvermittelt kannst du deine Hand wieder von dem Stein lösen (Lebensenergie -9).
Der Stein hat deine Konstitution verändert: Deine Haut ist härter geworden (Lebensenergie-Höchstwert +2).
Du drehst dich um. Hinter dir steht eine Gruppe Eingeborener. Du hast soeben den Stamm der Fei gefunden – oder er dich. Ihre Oberkörper und Gesichter sind mit tiefschwarzer Farbe geschminkt, ihre Haare schimmern grün wie die Blätter des Urwaldes. Grimmig blicken sie dich an. Die Spitzen ihrer Speere sind auf dich gerichtet.
Im Norden ist die unüberwindbare Steinwand. Die Stammeskrieger der Fei stehen östlich von dir. Du musst schnell entscheiden, was du tun willst.
Willst du dich in den nahen, reißenden Fluss südlich von dir werfen? Dann eile zu **31**.
Oder hoffst du auf eine Fluchtmöglichkeit in westlicher Richtung? In diesem Fall renne zu **95**.
Oder nimmst du all deinen Mut zusammen und wartest ab, was der Stamm der Fei mit dir vorhat? Dann lies weiter bei **110**.

73 Es kommt zum Kampf.

Lahmer Dämon			
Kampfkraft	Schaden	Rüstung	Lebensenergie
21	**15**	**4**	**42**
(Bogenschütze: Schuss möglich)			

Fliehen kannst du nicht, da der Lahme Dämon mit seinem schweren Körper den Ausgang versperrt.
Wenn du gewinnst, geht es weiter bei **39**.

74 Du kämpfst dich durch den dichten Dschungel, bis du an eine Wegkreuzung gelangst. Am Rande der Kreuzung wächst eine Blüte, die einen Durchmesser von über zwei Schritt hat. Dies ist **Wegpunkt 74**.
Die Blütenblätter der Pflanze glänzen in allen Farben des Regenbogens. Der Blütenkelch enthält eine schleimig aussehende, durchsichtige Masse. Ein glitzernder Gegenstand schwimmt ein paar Fingerbreit unter der Oberfläche. Auf der Lichtung riecht es süßsauer. Natürlich hast du von fleischfressenden Pflanzen gehört, die ihre Opfer anlocken, um sie dann zu verspeisen. Leider hast du keine Ahnung, wie diese Gewächse aussehen, oder ob du soeben vor einem stehst.
Wenn du einen Versuch unternehmen willst, an den funkelnden Gegenstand zu kommen, dann mach dies bei **5**.
Wenn die Blüte dich nicht weiter interessiert, kannst du auf schmalen Wegen weiter nach Norden (**152**), Westen (**130**), Osten (**173**) oder Süden (**111**) gehen.

75 Du greifst eine der Lianen und wirst von deinem Schwung weiter getragen, bis du sanft auf der anderen Seite der Schlucht landest.
Da die Fei weiterhin ihre Speere nach dir werfen, gehst du in Deckung und wartest, bis sie aufgeben und sich zurückziehen. Sie unternehmen keinen Versuch, auf deine Seite der Schlucht zu gelangen. Durch viel Glück bist du den Fei entkommen.
Lies weiter bei **22**.

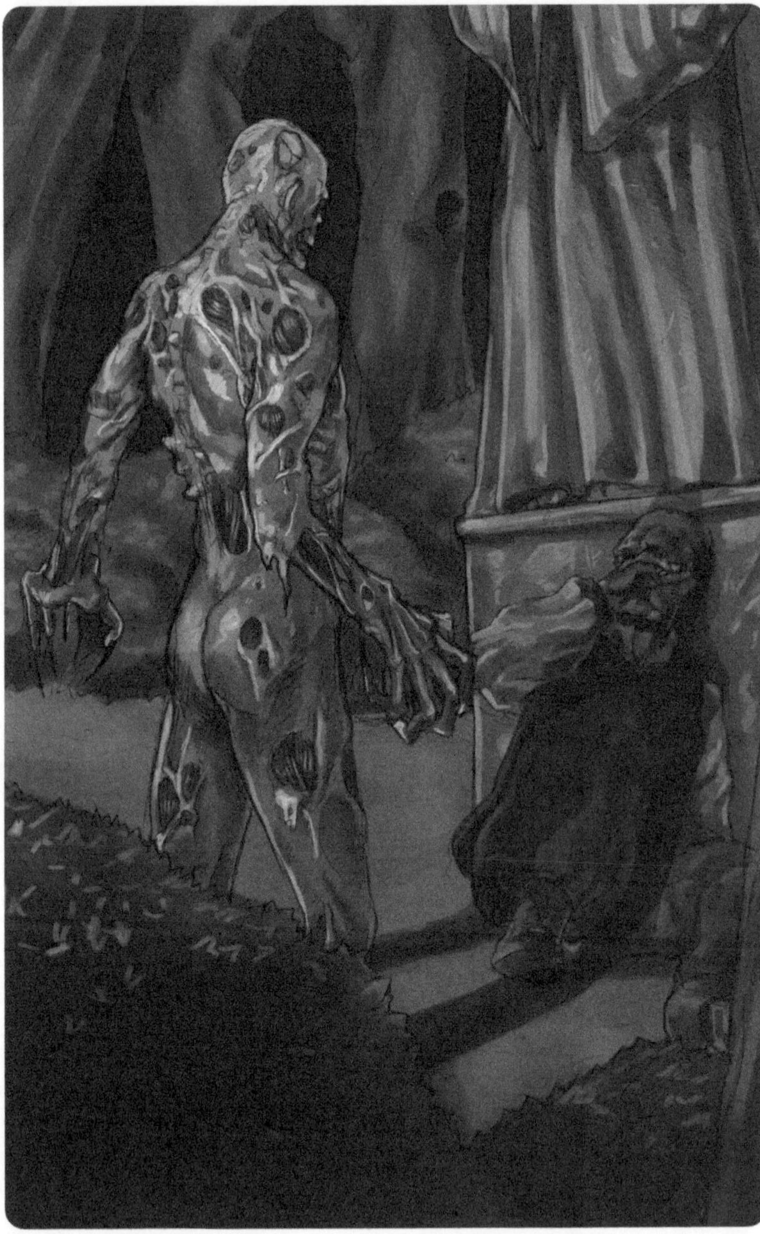

Der Schattendiener. Weiß er, dass du nicht in dem Feuer in deinem Haus umgekommen bist? Sucht er tatsächlich dich?

76 Als du dem schmalen Pfad in nördlicher Richtung folgst, kannst du das Rauschen des nahen Ruskin-Flusses hören. Nach einer Wegbiegung stehst du oberhalb des Flusses, der dunkel vor dir von Westen nach Osten fließt. Der Zugang zum Fluss ist an dieser Stelle nicht möglich.
Dies ist **Wegpunkt 76**.
Große Blätter wachsen am Rand der Lichtung und umringen einen offenen Schrein. Um eine runde Steinplatte mit vier Schritt Durchmesser drängen sich die unterschiedlichsten Statuen. Sie sind hüfthoch, manche sind aus hellem Marmor, andere aus schwarzem Obsidian, einige aus dunklem Holz. Du erkennst Häuptlinge, Priester, Krieger, einen alten Mann, eine alte Frau und sogar einen Jungen. Du trittst näher und betrachtest die Bodenplatte. In ihr sind drei Bilder nebeneinander eingeritzt: ein Mammutbaum, ein Blatt und ein Ast mit vielen Zweigen.
Der Schrein ist dem Glauben der Fei gewidmet. Die drei Symbole auf der Bodenplatte müssen eine Bedeutung haben – welche, weißt du noch nicht.
Zwischen den Statuen bewegen sich helle Punkte. Du hast lebende Jaku-Frösche gefunden, seltene und sehr wertvolle Tiere, die von Gelehrten und Giftmischern wegen des tödlichen Schleims auf ihrer Haut gefangen werden. Sie sind klein und gelb und huschen vor dir über den Boden.
Willst du welche fangen (weiter bei **166**)?
Du kannst auch die Frösche in Ruhe lassen und zur letzten Kreuzung bei **176** zurückkehren.

77 Der Weg führt auf eine breite Lichtung. Dort sind Steinstatuen von Kriegern aufgereiht.
Dies ist **Wegpunkt 77**.
Wenn du schon einmal hier gewesen bist, gehe zu **34**. Sonst lies weiter.
Sofort bemerkst du den intensiven, modrigen Geruch nach verbranntem Fleisch, der dich in der Bewegung innehalten lässt. Nur 15 Schritt vor dir entfernt siehst du ihn: den Schattendiener, der neben einer Statue über einen Mann gebeugt dasteht – genauso wie du ihn erst vor Kurzem in Waldheim gesehen hast.

Diesmal jedoch trägt er keinen Umhang, und du erkennst, dass sein ganzer Körper verbrannt ist: verkohlte Haut über rotem Fleisch, keine Haare. Seine Rippen zeichnen sich am Rücken ab, Arme und Beine sind so dürr, als wären alle Muskeln verschwunden. Die Füße und Hände sind wie lange Krallen, an denen sich die verkohlte Haut eng über die Knochen spannt. Deine Hand tastet nach dem schwarzen Zeichen auf deiner Brust. Weiß er, dass du nicht in dem Feuer in deinem Haus umgekommen bist? Sucht er tatsächlich dich? Schnell verbirgst du dich hinter einer der Statuen.

Der düstere Diener der Karben sagt etwas zu dem Mann, doch als Antwort erhält er nur ein Wimmern. Ein silberner Blitz schießt aus seiner Hand auf sein Opfer nieder. Kurz darauf ist der Schattendiener verschwunden.

Du verlässt dein Versteck und näherst dich dem Regungslosen. Der Blitz hat tiefe Wunden an Kopf und Bauch verursacht, Blut strömt unaufhaltsam über die fransigen Wundränder. Du musst schnell handeln, wenn du sein Leben retten willst.

Wenn du im Urwald der Fei noch nicht deine von Samos erhaltenen Ronahi-Heilkräuter eingesetzt hast, dann kannst du dies bei dem Verletzten versuchen. Allerdings ist dein Vorrat dann verbraucht. Was, wenn der Mann etwas weiß, das dir ein ähnliches Schicksal ersparen könnte? Wähle also weise.

Versuchst du den Mann zu heilen? Dann gehe zu **97**.

Oder bist du vorsichtig, um später dein eigenes Leben zu retten, dann gehe zu **192**.

78 Die Leiche zerfällt zu einem Haufen verfaulter Knochen. Das Schwert fällt zu Boden und zerbricht, als wäre es aus Glas. Du blickst in den Sarkophag. Dort findest du eine Mantelbrosche, die einst einen längst verrotteten Mantel zusammengehalten hat. Sie hat die Form einer Lilie, ist aus Messing gefertigt und kunstvoll verziert. Du kannst sie einstecken, wenn du willst. Außerdem entdeckst du eine grüne Glasperle, in die der Buchstabe „M“ eingraviert ist.

Dann hält dich nichts mehr an diesem furchtbaren Ort. Du machst dich auf den Rückweg bei **158**.

79 Wenn du aus dem Becher getrunken hast: Lebensenergie +18.

Du willigst ein, der Rusalka zu helfen. Sie lächelt dich fröhlich an.

„Ich dachte mir doch gleich, dass du ein braver Junge bist!" Sie macht eine ausholende Handbewegung, gleichzeitig beginnt ein sanfter Wind zu wehen, der die schwüle Hitze augenblicklich erträglicher macht. „Normalerweise habe ich ein paar Wachen. Sie sorgen dafür, dass ich nicht gestört werde. Leider sind sie alle einem Gestaltwandler zum Opfer gefallen, der in der Nähe sein Unwesen treibt, ist das nicht fürchterlich?" Sie seufzt und lässt die Schultern hängen, und das angenehme Lüftchen erstirbt wieder. „Begib dich für mich zum alten Tempel im Herzen des Dschungels. Du erreichst ihn über die rote Steintreppe, die den Berg Ténoch hinaufführt, von hier aus in östlicher Richtung. Richte Toka, dem Hohepriester der Fei aus, dass ich 15 neue Wachen benötige. Sei so gut, ja?"

Du nickst (und merkst dir die Zahl der Wachen).

„Erweist du mir diesen Dienst, darfst du mich um einen Gefallen bitten. Um wirklich fast alles." Sie zwinkert dir zu.

Zum Abschied gibt sie dir noch ein Öl, das Piranhas abschreckt. Auf ihren Rat hin reibst du dich damit ein. Immer wenn Piranhas dich angreifen, erleidest du keinen Schaden, da die Fische vom Aroma des Öls vertrieben werden.

Du kehrst nach Norden zurück (**84**).

80 Vor dir siehst du einen breiten Baum, an dessen tief hängenden, kräftigen Ästen in einem Schritt Höhe Bretter angebracht sind.

Dies ist **Wegpunkt 80**.

Wenn du hier bereits geholfen hast, lies weiter bei **38**.

Auf einem der Bretter kauert ein junger Mönch der Fei in hellbrauner Kutte, der bedrückt den Kopf hängen lässt und schluchzt.

Willst du dem Jungen etwas geben, so ziehe die Anzahl der darauf eingravierten Schriftzeichen von der aktuellen Wegpunkt-Zahl ab. So ermittelst du, wo es für dich weiter geht.

Anderenfalls lies weiter.
Als der Junge dich erblickt, springt er hoffnungsvoll auf. „Ein Mensch, zum Glück! Ihr müsst mir helfen, ihr seid meine letzte Hoffnung!" Der Junge sieht dich aus weit geöffneten, vom Weinen geröteten Augen an. Er kommt überhaupt nicht auf die Idee, vor dir Angst zu haben. „Mir wurde ein wertvoller Dolch anvertraut, den ich für den nächsten Opferdienst aufbewahren sollte. Er ist heilig!" Sein Mund verzieht sich kurz, als wolle er gleich wieder in Tränen ausbrechen. Stattdessen wischt er sich mit seiner Hand über das nasse Gesicht und zieht lautstark den Rotz hoch. „Ich wurde östlich von hier von einer riesigen Schlange angegriffen. Ich habe mich mit dem Dolch verteidigt – und jetzt steckt er in ihrer Seite, aber die Schlange lebt noch! Wie soll ich denn jetzt an den Dolch kommen? Es ist wirklich eine furchtbare Schlange!"
Du versprichst, nach dem Dolch zu schauen, wenn du nach Osten kommst – was sollst du dem traurigen Kerl auch anderes sagen? Hast du den Dolch bereits, so kannst du ihn dem Mönch aushändigen. Ziehe die Zahl der eingravierten Schriftzeichen von der aktuellen Wegpunkt-Zahl ab und lies bei dem Abschnitt weiter, der dem Ergebnis entspricht.
Wohin möchtest du nun weitergehen? Auf dem breiten Weg nach Norden (**106**) oder Süden (**89**)? Oder versuchst du dein Glück auf einem der Trampelpfade in westlicher (**176**) oder östlicher Richtung (**130**)?

81 Du saust durch die Luft und bekommst beinahe ein paar Lianen zu fassen. Kurze Zeit bist du fast schwerelos, bis der Grund der Schlucht auf dich zuzuspringen scheint. Deinen Lippen entrinnt ein entsetzter Schrei. Du fällst. Dein letzter Gedanke gilt deinem Onkel Wilhelm. Ob ihn ein besseres Schicksal erwartet?

82 Die Schneise führt dich geradeaus nach Süden. Die Vegetation wächst hier nicht so üppig wie in anderen Teilen des Dschungels, so dass du zügig und ohne Schwierigkeiten vorankommst.

Würfel ein Zufallsereignis.
Schließlich kommst du an einen turmhohen Felsblock. Dieser stellt ein natürliches Hindernis dar und macht das Weitergehen unmöglich.
Dies ist **Wegpunkt 82**.
Du befindest dich im Heim einer Chui, einer Leoparden-Frau. Wenn du schon einmal hier gewesen bist, findest du den Ort verlassen vor und du kehrst nach Norden (**128**) zurück.
Als du dich der Felswand näherst, erblickst du die Chui. Sie liegt reglos auf dem weichen Boden und sieht dich aus klugen Augen an. Sie hat den Körper und den Kopf einer Frau, jedoch das Fell eines Leoparden und scharfe Krallen an Füßen und Händen. Du hast gehört, dass es intelligente Raubkatzen gibt, bist dir jedoch nicht sicher, ob sie Menschen als Gesprächspartner oder Speise sehen. Diese hier lächelt. Oder zeigt sie dir nur ihre langen Zähne?
Willst du das Überraschungsmoment nutzen und unmittelbar zum Angriff übergehen? Dann lies weiter bei **58**.
Oder willst du erst versuchen, mit der Chui zu reden, dann gehe zu **107**.

83 Du willst dich enttäuscht abwenden, als dein Blick auf eine dicke Wurzel zu deiner Linken fällt, unter der etwas Weißes hervorschaut. Du bückst dich, greifst danach, und fährst entsetzt zurück: Es ist die skelettierte Hand eines Mannes, der hier halb verwest unter einer Wurzel liegt. Es ist nicht mehr zu sagen, wie er den Tod fand.
Du ziehst ihn unter der Wurzel hervor. Seine Kleidung ist löchrig und zerfressen. Geld oder Waffen hat er keine. Jedoch trägt er ein Hemd aus Leder, das noch fast wie neu aussieht.
Du überwindest den Ekel und öffnest die Verschnürung des Hemdes, um es genauer anzusehen. Es ist ein dickes Lederhemd mit Metallbeschlägen und Bronzeverzierungen. Du hast das Kriegshemd eines Edelmannes aus Sagiriton gefunden (Rüstung 2, nicht in Verbindung mit einer anderen Rüstung).
Du bedeckst den Leichnam mit losem Wurzelwerk. Das ist alles, was du für ihn noch tun kannst. Dann kehrst du zu **176** zurück.

84 Du bist wieder an der Kreuzung, an der das Mütterchen saß. Dort, wo vorher das Bündel und das Jäckchen der Alten hingen, ist kein Ast, sondern ein Wegweiser aus schwarzem Holz. Darauf steht mit weißer Farbe: „Rusalka". Er weist in Richtung Süden.

An dem Wegweiser hängt ein Amulett an einem Lederband, das der Alten gehören muss. Es ist aus hellblauem Stein gefertigt und leuchtet sanft von innen heraus. Willst du es an dich nehmen und dir um den Hals legen (nur, wenn du dies noch nicht getan hast)? Dann lies bei **139** weiter.

Sonst kannst du nach Norden (**121**), Osten (**104**) oder Süden (**100**) weiter durch den Urwald gehen.

85 Du kommst an einen Platz, der weiträumig von Bäumen und Sträuchern befreit und eingezäunt wurde. Im Inneren des Zaunes erkennst du ein paar Lagerschuppen. Über dem Eingang zur Einzäunung hängt ein Schild, auf dem „Mansur – Handelsposten" geschrieben steht. Dies ist **Wegpunkt 85**.

Ein paar Schritt hinter dem Eingang befindet sich ein wackliger Verkaufsstand. Ein kleiner Mann mit rundem Gesicht und Haarkranz schaut dir entgegen. In der Auslage seines Standes kannst du wertvolle Waffen und Rüstungsgegenstände sehen.

„Tritt näher, Freund. Ich bin Mansur. Willkommen am ersten Handelsposten im Gebiet der Fei."

Möchtest du freundlich antworten und dir die Waren näher ansehen? Dann gehe zu **57**.

Willst du ihm mit Waffengewalt drohen, in der Hoffnung, ihm etwas abnehmen zu können? Dann lies bei **105** weiter.

Wenn du den Händler verlassen willst, hast du die folgenden Möglichkeiten:

Du kannst auf dem befestigten, breiten Weg nach Westen gehen (**114**). Oder du wählst den schmalen Pfad, der nach Süden über den nahen Fluss Ruskin in den tiefen Dschungel hineinführt (**181**).

Abseits der Umzäunung siehst du außerdem eine Bootsanlegestelle, die zum Handelsposten gehört. Wenn du dorthin willst, lies weiter bei **23**.

86 Mit der Waffe in der Hand näherst du dich dem Totenkopf.
Hast du von einer Möglichkeit gehört, diesen ohne Schaden zu betreten? Dann addiere die Anzahl der möglichen Todesarten in dieser Höhle zur aktuellen Wegpunkt-Zahl (dies ist **Wegpunkt 168**) und lies dort weiter.
Anderenfalls lies hier weiter.
Du setzt einen Fuß vor den anderen, bis du in der Mundöffnung des Schädels stehst. Da vernimmst du ein leises, metallisches Geräusch. Aus verborgenen Öffnungen schießen aus Knochen geschnitzte Giftpfeile auf dich herab. Du hast eine Falle ausgelöst! Du hebst die Arme schützend vor dein Gesicht und versuchst rückwärts zu flüchten. Wirf zwei Würfel, um zu erfahren, wie viele der Pfeile dich getroffen haben (Lebensenergie -3 pro Treffer).
Du konntest nicht erkennen, wie der Mechanismus ausgelöst wurde. Du wirfst ein paar Steine in den Eingang, doch nichts geschieht. Möchtest du dein Glück noch einmal versuchen, in der Hoffnung, dass alle Pfeile der Falle verschossen sind? Dann gehe zu **12**.
Oder fürchtest du noch weitere Gefahren? Dann kehre zu **176** zurück.

87 Der schmale Pfad schlängelt sich durch den Dschungel. Zu beiden Seiten bist du von dichtem Blattwerk umgeben. In der feuchten Hitze läuft dir der Schweiß den Rücken herunter.
Du erreichst ein Portal aus rotem Stein, das am Nordrand des Weges steht. Dahinter führen Stufen aus demselben roten Stein nach oben. Dies ist **Wegpunkt 87**.
Du blickst die Treppe hinauf. Sie ist in die Seite eines Berges geschlagen, dessen Gipfel du nicht erkennen kannst, da er über die Kronen der Bäume ragt. Am Portal sind Schriftzeichen eingraviert, die wie religiöse Runen aussehen. Was willst du tun?
Willst du weiter dem schmalen Weg in westlicher (**67**) oder östlicher (**20**) Richtung folgen?
Oder wagst du es, durch das Portal hindurchzutreten und den langen Aufstieg über die Treppe zu unternehmen (**108**)?

88 Du nimmst Anlauf und springst mit aller Kraft ab. Mitten im Sprung greifst du nach einer der Lianen.
Wirf drei Würfel und addiere 2. Ist das Ergebnis größer als deine Gewandtheit, dann gehe zu **81**.
Sonst lies weiter bei **62**.

89 Du erreichst einen runden Platz. Dies ist **Wegpunkt 89**.
Wenn du schon einmal hier gewesen bist, dann lies bei **109** weiter.
In der Mitte des Platzes bleibst du stehen. Wenn du auf deinem Unterarm ein Kreuzzeichen eingeritzt hast, dann gehe zu **65**.
Sonst lies bei **115** weiter.

90 Auf Zehenspitzen schleichst du am Lahmen Dämon vorbei, um die Truhe zu öffnen.
Wirf zwei Würfel und zähle 9 zum Ergebnis dazu. Wenn das Ergebnis höchstens deine Gewandtheit ist, bist du erfolgreich und kannst die Truhe heimlich öffnen. Bei **112** blickst du in sie hinein.
Ist das Ergebnis höher, erwacht der Lahme Dämon. Er brüllt „Ah, frisches Fleisch", straft seinen Namen Lügen und stürzt sich augenblicklich auf dich (**73**).

91 Hinter einer Wegbiegung erreichst du einen blaugrün schimmernden See. Der Weg führt bis an das Wasser.
Dies ist **Wegpunkt 91**.
Die Atmosphäre dieses Ortes ist ruhig und sanft. Auf der Seeoberfläche entdeckst du ein paar Enten. In den Baumkronen zwitschern Vögel.
Was willst du tun?
Willst du von dem Wasser des Sees trinken? Dann lies weiter bei **70**.
Möchtest du nach all den Strapazen ein Bad wagen? Dann geht es weiter bei **102**.
Oder setzt du deinen Weg fort? Dann kannst du entweder nach Norden (**147**) oder nach Osten (**60**) weiter gehen, oder in Richtung Westen am Ufer des Sees wandeln (**174**).

92 Du verlässt diesen Ort. Im Inneren des Tempels steigst du die Stufen hinauf, die du gekommen bist. Oben im Freien angekommen steigst du die lange Treppe hinab, bis du wieder bei dem roten Steintor stehst.
Unten kannst du dem schmalen Weg nach Westen (**67**) oder Osten (**20**) folgen.

93 Der Brückenwächter kämpft mit seiner Da'ak-Hellebarde. Da du als Nachtwächter den Kampf mit dieser Waffe nur zu gut kennst, darfst du für diesen Kampf zu deiner Gewandtheit den Wert 1 addieren.

Brückenwächter

Kampfkraft	Schaden	Rüstung	Lebensenergie
21	**14**	**2**	**33**

(Bogenschütze: Schuss möglich)

Fliehen kannst du nicht, da der Brückenwächter einen Unruhestifter wie dich nicht gehen lassen wird.
Wenn du siegreich bist, lies weiter bei **21**.

94 Der Weg nach Norden ist breit und angenehm zu laufen, so als ob er regelmäßig benutzt würde.
Nach einem längeren Fußmarsch näherst du dich dem Fluss Ruskin, der von Südwesten her deinen Weg kreuzt. Über eine stabile Brücke aus Holz gelangst du heil auf die andere Seite des Flusses.
Der Fluss knickt nach der Brücke nach Norden ab und fließt neben dem Weg entlang. Hin und wieder kannst du sein Glitzern durch die Bäume erkennen.
Nach insgesamt drei Meilen (entspricht auf der Karte drei Kästchen) kommst du wieder an eine Kreuzung. Lies weiter bei **7**.

95 Du stürzt herum und rennst los. Hinter dir kommt Bewegung in den Stamm und die Fei nehmen die wilde Verfolgung auf. Du läufst blindlings in westlicher Richtung davon. Plötzlich surren links und rechts an dir Speere vorbei.

Wirf einen Würfel. Bei einer 1 trifft dich ein Speer (Lebensenergie -25).

Würfle mit drei Würfeln und addiere 5 zum Ergebnis. Ist das Ergebnis größer als deine Gewandtheit, holen die Fei dich ein und schneiden dir den Weg ab. Lies in diesem Fall weiter bei **110**.

Sonst lies hier weiter:

Du hältst dich im Schatten der glatt polierten Wand, damit zumindest eine deiner Seiten geschützt ist. Dutzende Wilde sind hinter dir her. Sie zeigen kaum Anzeichen von Ermüdung, während deine Beine schwer werden.

Wieder fliegen Speere heran. Würfle noch einmal – bei einer 1 oder 2 wirst du getroffen (Lebensenergie -18).

Du brichst durch das Dickicht hindurch. Auf einmal taucht vor dir eine breite Schlucht auf. Du befindest dich in vollem Lauf und kannst nicht mehr anhalten. Mit aller Kraft stößt du dich ab, während weitere Speere an dir vorbei sausen.

Über der Schlucht hängt ein Gewirr aus Lianen, nach denen du verzweifelt greifst.

Wirf drei Würfel und addiere 3. Ist das Ergebnis höher als deine Gewandtheit, lies bei **53** weiter.

Sonst geht es weiter bei **75**.

96 Du erreichst das andere Ufer des Flusses und folgst weiter dem leicht bergauf führenden Weg.

Wenn du nach Westen unterwegs bist, lies weiter bei **54**. Liegt dein Ziel in östlicher Richtung, dann gehe zu **67**.

97 Du wendest deine Heilkünste an, wie du es von Samos gelernt hast. Denke daran, dass du dies im Südwald nun nicht mehr tun kannst. Der Mann öffnet die Augen. Du hast ihm das Leben gerettet (Menschlichkeit +1). „Was ist geschehen?" Mühsam stemmt er sich hoch und betastet seinen Bauch, an dem er noch vor einem Moment tiefe Wunden hatte. „Wo ist ... dieses Wesen ..."

„Es ist fort", beruhigst du den Mann. „Was wollte es von dir?"

„Es fragte mich nach einem Reisenden ... Ich konnte nicht helfen. Dann hat es mich angegriffen."

Der Mann stellt sich dir als einer der Wachen von Mansurs Handelsimperium vor. Er berichtet dir, dass der Händler Mansur zahlreiche Männer beschäftigt, um zu verhindern, dass er ausgeraubt wird. „Von hier aus nach Süden, dann nach Osten, dann findest du Mansur. Ich muss jetzt dringend zu ihm und von dem Vorfall berichten!", sagt er pflichtergeben. „Hab Dank, mein Freund." Der Mann verabschiedet sich von dir. Mit wackeligen Beinen erhebt er sich und marschiert dann mit beachtlicher Geschwindigkeit los. Du lässt ihn ziehen und betrachtest die Statuen um dich herum. Du hoffst, noch einen Hinweis auf den Schattendiener zu finden, doch leider erfolglos.
Willst du dem breiten Weg nach Westen (**193**) oder nach Süden (**114**) folgen?
Oder wählst du den schmalen, zugewachsenen Fußweg, der in östliche Richtung führt, wenn du dort noch nicht warst (**122**)?

98 Zögernd greifst du nach dem glitzernden Gegenstand in der Mitte der Blüte. Deine Hand taucht ein in die seltsame, schleimige Flüssigkeit, die auf deiner Haut unangenehm kribbelt.
Endlich schließt du deine Finger um das Funkeln. Ein gewaltiger Ruck geht durch die Pflanze. Mit einer schnellen Bewegung klappen die Blütenblätter zusammen. Deine Hand ist im Inneren des Blütenkelches gefangen. Das Kribbeln auf deiner Haut wird zu einem heftigen Brennen, als die Flüssigkeit beginnt, deine Hand zu verdauen.
Du bist einer Funkelblüte in die Falle gegangen. Mit ihrem funkelnden (und wertlosen) Inneren lockt sie all jene an, die leichtsinnig oder gierig genug sind, nach dem vermeintlichen Schatz zu greifen.
Ihre großen Blätter üben einen gewaltigen Sog aus. Wirf vier Würfel und addiere 4 zum Ergebnis. Ist das Ergebnis höchstens deine Gewandtheit, kannst du die Hand herauszuziehen, Lebensenergie -7 pro erfolglosem Versuch.
Als es dir endlich gelingt, die Hand herauszuziehen, ist diese rot und mit weißen Blasen überzogen. Sie platzen auf und eine wässrige Flüssigkeit läuft deine Hand hinab. Der Schmerz

weicht einem Jucken wie von tausend Flöhen. Deine Hand wird wieder verheilen, doch werden dich die Narben dein Leben lang begleiten.
Nun kannst du dich weiter nach Norden (**152**), Westen (**130**), Osten (**173**) oder Süden (**111**) schleppen.

99 Der sich nach Süden windende Pfad führt dich in die Nähe des Flusses Ruskin, den du schon bald östlich von dir durch die Bäume glitzern siehst.
Nach einer Meile wächst zu beiden Seiten des Weges eine zehn Schritt hohe Steinmauer aus dem dichten Dschungel hervor. Sie ist aus dunklen, quaderförmigen Steinen erbaut. Ein Torbogen in der Wand ist drei Schritt hoch, aber nur einen knappen Schritt breit.
Du gehst durch den Bogen hindurch und lässt dabei deine Hand über den Stein streifen. Er ist glatt und kühl. Kurz hinter der Wand macht der Fluss eine Biegung nach Westen. Auch dein Trampelpfad führt in diese Richtung weiter.
Du wendest dich dorthin und blickst den vor dir liegenden Pfad hinab. Rechts flankiert den Weg die lange, hoch aufragende Steinmauer, links schimmert hinter einem schmalen Waldstreifen der Fluss.
Lies weiter bei **180**.

100 Der Pfad nach Süden windet sich aufwärts. Du kommst an eine mit saftigem Gras bewachsene Lichtung. Am jenseitigen Ende schießt tosend Wasser aus der Erde und fließt in nordöstlicher Richtung weiter. Hier entspringt der mächtige Fluss Ruskin.
Am Ufer der Quelle ist ein runder Hügel mit roten und gelben Blumen bewachsen. An dessen Vorderseite führt eine Holztür in das Innere.
Du befindest dich an **Wegpunkt 100**. Dies ist das Heim der Rusalka. Wenn du hier schon einmal gewesen bist, dann findest du die Lichtung verlassen vor. Kehre zurück nach Norden (**84**).
Die Holztür wird geöffnet und eine rundliche Frau tritt heraus. Schürze, Kopftuch und Kleid sind vollkommen weiß und leuch-

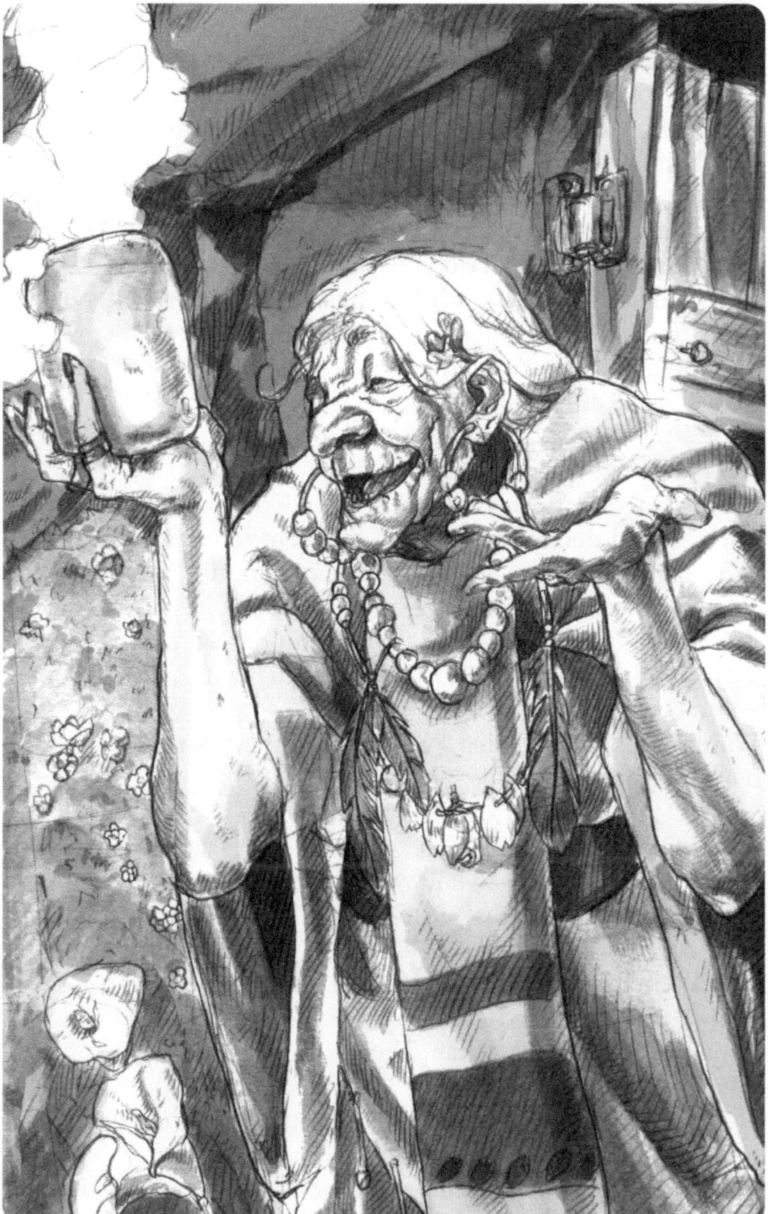

In der Hand hält sie einen Becher, aus dem Dampfwölkchen steigen, mit der anderen winkt sie dir zu.

ten im Sonnenlicht. In der Hand hält sie einen Becher, aus dem Dampfwölkchen steigen, mit der anderen winkt sie dir zu.
„Wie schön, dass mal wieder jemand vorbeischaut! Sag, möchtest du mir einen Dienst erweisen? Es wird auch nicht weh tun!"
Sie tritt auf dich zu und drückt dir den Becher in die Hand. Darin ist ein Getränk enthalten, das aussieht und riecht wie Tee. Wenn du willst, kannst du von diesem trinken.
Willst du ihr gerne deine Hilfe anbieten? Dann lies weiter bei **79**.
Oder traust du keinem alten Mütterchen, das trotz aller Gefahren unbehelligt im Urwald ihre Wäsche aufhängt? Dann kannst du sie bei **55** angreifen.

101 Dies ist **Wegpunkt 1**.
Du bist wieder an der Grenze zum Reich der Fei. Du betrachtest noch einmal den Schrumpfkopf mit dem roten Schriftzug und rufst dir in Erinnerung, dass du das Heiligtum finden musst, irgendwo weit im Süden. Du bist dir sicher, dass dir nur wenig Zeit bleibt, denn die Karben sind dir auf den Fersen!
Wenn du dich von hier nach Osten wenden willst, lies weiter bei **193**.
Wählst du den schmalen Pfad im Westen, dann geht es weiter bei **157**.

102 Du ziehst deine Stiefel aus und wagst einen Schritt ins Wasser. Es ist eiskalt, zu kalt zum Baden.
Vor deinen Füßen siehst du unter der Wasseroberfläche etwas blinken. Du bückst dich und hältst einen goldenen Becher in der Hand. Ein Händler wird dir dafür 4 Goldstücke zahlen.
Schleunigst verlässt du das kalte Wasser, ziehst die Stiefel wieder an und verstaust deinen Fund.
Was möchtest du nun tun?
Du kannst vom Wasser des Sees trinken, wenn du es noch nicht getan hast (**70**).
Oder du kannst nach Norden (**147**) oder Osten (**60**) weiter gehen. Oder willst du in Richtung Westen am Ufer des Sees entlang gehen (**174**)?

103 Sobald deine Finger in die lebendige Ungeziefermasse eintauchen, spürst du die Bewegungen der kleinen, sich windenden Leiber auf deiner Haut. Du dringst tiefer ein, bis zum Ellenbogen und weiter. Maden kriechen an deinem Arm empor, dicke Fliegen umschwärmen dich, kriechen in Nase und Ohren und wühlen sich in deine Nackenhaare.
In dem Loch ertastest du etwas und versuchst es zu ergreifen.
Unter deiner Kleidung beginnt es zu jucken. Wie kleine forsche Finger dringen die Maden unter dein Hemd und suchen Halt in jedem Winkel. Hier und da spürst du winzige Stiche.
Doch da, tatsächlich, bekommst du etwas zu fassen: einen Stab? Oder einen Knochen? Möchtest du mit Gewalt daran zerren? Dann nimm in Kauf, von den Insekten gestochen und gebissen zu werden, und lies bei **66** weiter.
Oder willst du deinen Arm aus dem Loch ziehen und alle Würmer und Fliegen abschütteln? Dann kannst du dich danach nach Westen (**89**) oder Norden (**130**) wenden, oder dem schmalen Weg nach Süden folgen (**184**).

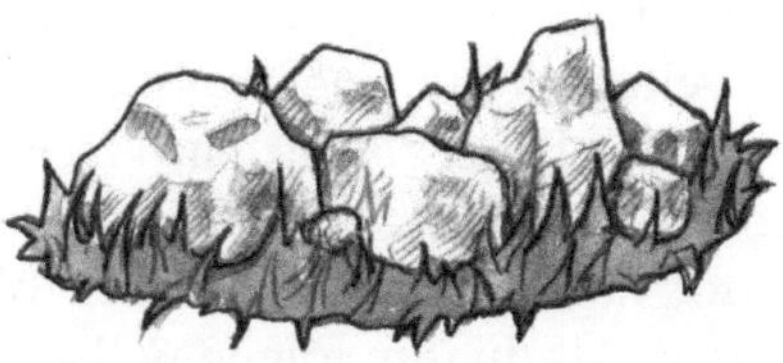

104 Nach einer Weile kannst du das Rauschen des nahen Flusses hören, und schließlich gelangst du an sein Ufer. Dies ist **Wegpunkt 104**. Der sonst so tiefe und reißende Strom fließt hier sanft und seicht in seinem breiten Flussbett.
Dies ist eine gute Stelle, um ihn zu überqueren. Schon bald bist du in der Mitte des Flusses.
Wirf einen Würfel. Wenn du eine 1 oder 2 wirfst, lies weiter bei **96**. Hast du eine 3, 4, 5 oder 6, dann gehe zu **113**.

105 Du zückst deine Waffe und zischst: „Los, rück' was raus!" Mansur hebt nur erstaunt die Augenbrauen und schüttelt dann mit der rechten Hand eine metallene Klingel. Es dauert nur eine Sekunde und schon treten sechs bewaffnete Männer hinter dem

Verkaufsstand hervor. Hast du wirklich erwartet, Mansur würde hier im Dschungel der Fei Handel treiben, ohne für ausreichende Sicherheit zu sorgen?
Drei der Männer packen dich, zerren dich vom Handelsposten fort und werfen dich unsanft auf die Straße (Menschlichkeit -1, Lebensenergie -8).
Mansur erteilt dir Hausverbot. Solltest du in Zukunft zum Handelsposten zurückkehren, kannst du dort keine Geschäfte mehr tätigen und auch kein Gespräch mit Mansur mehr führen.
Du kannst nun auf dem breiten Weg nach Westen (**114**) oder über den nahen Fluss Ruskin auf dem schmalen Pfad nach Süden in den tiefen Dschungel hineingehen (**181**).

106 Der Weg führt schnurgerade nach Norden. Nach einer Weile glitzert vor dir das dunkle Wasser des Flusses Ruskin, den du über eine stabile Brücke überquerst.
Dies ist **Wegpunkt 61**.
Wenn du die Brücke schon einmal passiert hast, dann folge dem Weg, der nach der Brücke entlang des Flusses in Richtung Osten abbiegt und lies weiter bei **114**. Sonst geht es hier weiter.
Am anderen Ende der Brücke steht ein Wachhäuschen neben dem Weg, das rot und weiß angestrichen ist. Der Weg führt dahinter nicht weiter nach Norden, sondern folgt in Richtung Osten dem Flusslauf. Als du ihm folgen willst, tritt plötzlich ein Mann aus dem Wachhäuschen. Mit seiner alten Kettenrüstung und dem Helm erinnert er dich an die Stadtwachen von Waldheim. Sofort fällt dir die prächtige Da'ak-Hellebarde auf, die er als Waffe führt. „Halt!", ruft er. „Dies ist die Brücke von Mansurs Handelsimperium. Wer passieren will, muss einen Wegzoll zahlen. Zwei Goldstücke pro Mensch, Tiere die Hälfte, andere Wesen auf Anfrage, bitteschön!"
Willst du den Wegzoll entrichten (das verschafft dir auch in Zukunft das Recht, die Brücke zu benutzen)? Dann erhältst du einen Passierschein und kannst deinen Weg nach Osten (**114**) fortsetzen.
Willst du dagegen den frechen Burschen in die Schranken weisen, dann lies bei **93** weiter (diese Option wählst du auf jeden

Fall, wenn deine Menschlichkeit -3 oder schlechter ist, und auf keinen Fall, wenn dein Wert 4 oder besser ist).
Du kannst auch, ohne zu zahlen, zurück nach Süden gehen (weiter bei **80**).

107 Du versuchst es mit einem einfachen „Guten Tag!“ Die Leoparden-Frau erwidert deinen Gruß mit denselben Worten. Sie spricht mit einer warmen und erstaunlich tiefen Stimme: „Ich freue mich, dass du mir friedlich begegnest. Ich sehe, du bist fremd hier. Was ist dein Ziel, Reisender?“
Die Chui hat eine eigentümliche Wirkung auf dich. Die friedliche Ausstrahlung ihrer Worte lässt dich ein warmes Gefühl der Sicherheit empfinden. Du berichtest ihr von deinem Ziel, im Dschungel der Fei mehr über die Karben herauszufinden, und vom Heiligtum zu erfahren, wie du den Fluch des Raben bekämpfen kannst. Die Leoparden-Frau nickt.
„Du solltest die Rusalka aufsuchen. Ich bin mir sicher, dass sie dir helfen kann. Ich werde dich ein Stück des Weges begleiten. So kannst du ein paar der Gefahren dieses Dschungels vermeiden. Folge mir.“
Die Chui wendet sich von dir ab, erhebt sich und trottet in den Wald. Sie verschwindet zwischen den Bäumen, als wäre der undurchdringliche Urwald ein lichter Hain. Ohne dein eigenes Zutun beginnen deine Füße, sich zu bewegen. Du folgst ihr durch den Dschungel schräg nach Südwesten. Obwohl du nicht begreifst, wie du dich durch den dicht verwachsenen Wald bewegen kannst, finden deine Füße dennoch einen Weg. Insgesamt vier Meilen nach Süden und eine Meile nach Westen legt ihr zurück (eine Meile entspricht einem Kästchen auf der Karte). Hier ist es merklich wärmer, und obwohl du ohne Schwierigkeiten laufen kannst, klebt dir deine Kleidung nass am Körper. Als sich der Wald wieder lichtet, bleibt die Chui stehen und blickt dich an.
„Sei vorsichtig. Man folgt dir. Ein Schatten hängt über dir, und es sind auch Menschen aus der Stadt des Waldes gekommen, um dich zu jagen. Es sind die Anansi, die für Geld und Juwelen Tod und Elend bringen.“

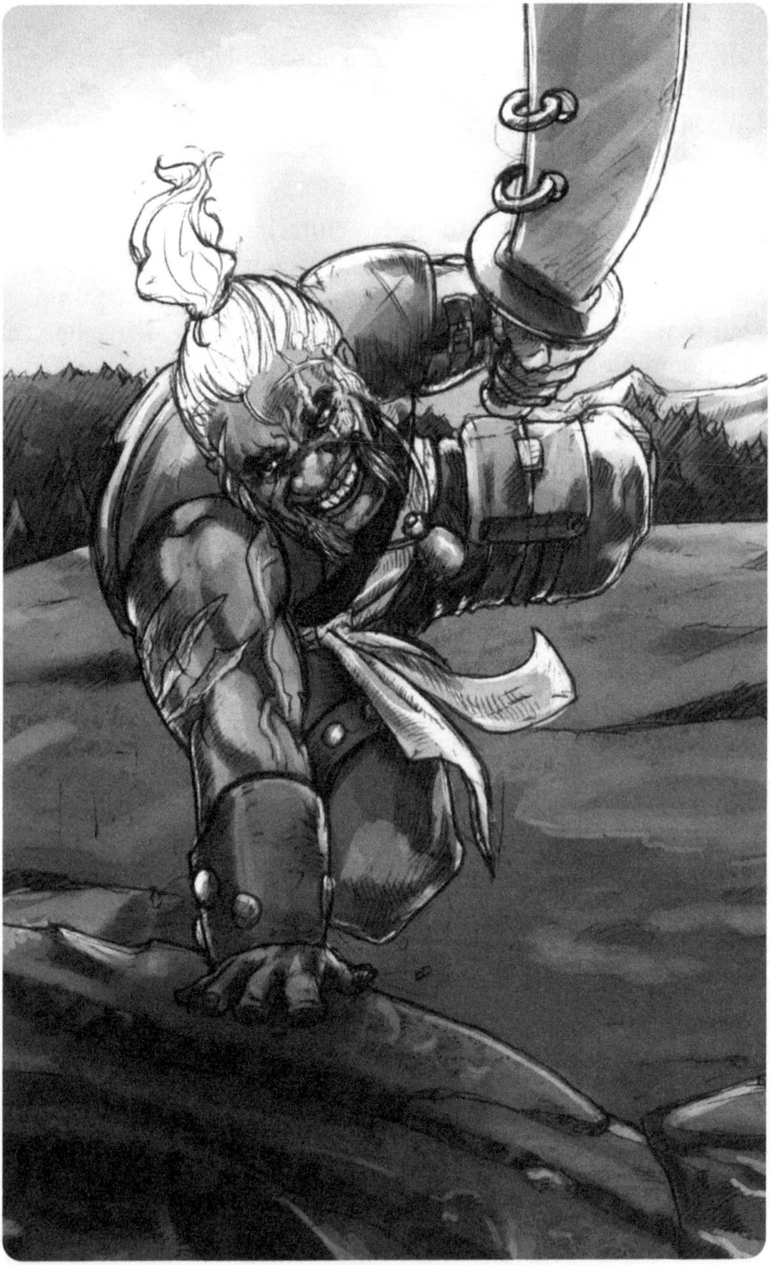

Ein Mann kommt auf dich zugerannt.

Sie nickt dir zum Abschied zu und lächelt, als wüsste sie etwas, das dir verborgen bleibt. Dann trottet sie in die Richtung zurück, aus der ihr gekommen seid. Du blickst ihr hinterher. Ohne ihre Hilfe hättest du diesen Weg nicht gefunden.
Du wendest dich der Kreuzung zu, die vor dir liegt. Weiter bei **147**.

108 Du steigst die Treppe hinauf, die in den Fels gehauen ist. Zunächst ist zu beiden Seiten noch dichter Wald, doch dieser fällt nach einer Weile hinter dir zurück. Verbissen folgst du dem Verlauf der Stufen, bis du endlich ein leeres Felsplateau auf dem Gipfel des Berges erreichst, hoch über den höchsten Bäumen. Dir bietet sich eine weite Aussicht über den Dschungel der Fei und den Fluss Ruskin, der sich von Süden nach Norden durch den Dschungel windet. Doch du bist nicht alleine. Wenn du hier oben bereits gekämpft hast, gehe direkt zu **9**. Wenn nicht, lies weiter.
Ein Mann erwartet dich. Er ist kleiner als du, doch kannst du unter seiner Lederkleidung dicke Muskeln erkennen. Im Gesicht zeugen tiefe Narben von vergangenen Kämpfen. Seine langen, grauen Haare hat er zu einem strengen Zopf nach hinten gebunden. Als er dich erblickt, erhebt er einen Säbel und kommt auf dich zu, gemächlich, lächelnd. Sein Kopf ist stolz erhoben, sein Gang ist elegant, wie bei einem Adligen.
Er spannt sich und kommt die letzten Schritte auf dich zugerannt.

Fremder Mann

Kampfkraft	Schaden	Rüstung	Lebensenergie
22	**13**	**3**	**40**

(Bogenschütze: Schuss möglich)

Fliehen kannst du nicht.
Wenn du gewinnst, lies hier weiter:
Der Fremde liegt tot vor dir. Du findest bei ihm ein Paket mit frischem Brot (Verzehr: Lebensenergie +20), seinen Säbel (Schaden 13) und 9 Goldstücke. In seinem Gürtel steckt eine grobe, zu-

sammengerollte Karte des Fei, die genau wie deine aussieht. Um seinen Hals hängt ein Lederband, an dem verschiedene Körperteile befestigt sind: Knöchelchen, Ohren, Zungen, Fingernägel, dazwischen blitzen Silberplättchen. Es handelt sich um einen Kopfgeldjäger der Anansi, düstere Söldner, die Jagd auf Menschen machen. Dieser hier war ihr Anführer, geschmückt mit den Trophäen der anderen Anansi, die in seinem Auftrag jagen. Jetzt, nachdem du den obersten Anansi getötet hast, werden die anderen vielleicht davon absehen, dich weiter zu verfolgen (Menschlichkeit +1).
In der Mitte des Plateaus führen weitere Stufen in ein Loch im Boden und hinab in das Innere des Berges.
Du betrittst die Treppe. Fackeln an den Wänden leuchten dir den Abstieg. Lies weiter bei **9**.

109 Du kannst von hier aus in drei Richtungen gehen: auf dem breiten Weg nach Norden (**80**) oder Süden (**59**) oder auf dem engen Pfad nach Osten (**37**).

110 Die Fei kommen auf dich zu und bilden schließlich einen Kreis um dich. Sie bedrohen dich mit erhobenen Speeren, sodass du keine Möglichkeit hast zu fliehen oder gar zu kämpfen. Der Häuptling, der bunten Schmuck aus Federn und Knochen trägt, tritt auf dich zu. Er lächelt dich an, als er sein Messer zückt und dir quer über den Arm eine tiefe Schnittwunde zufügt, die sogleich heftig blutet (Lebensenergie -12). Dann wirst du gepackt und tiefer in den Dschungel bis zu einem Platz getragen, in dessen Mitte ein flacher Felsblock liegt. Er ist mit getrocknetem Blut verschmiert. Um den Felsblock herum liegen Felle und verfaulte Opfergaben aus Früchten, dazwischen kannst du Fleischreste und Knochen sehen. Dies ist eine religiöse Opferstätte.
Du wirst von zwei kräftigen Fei an den Schultern gehalten. Der Häuptling baut sich vor dir auf und mustert dich mit weit aufgerissenen Augen. Der Stamm blickt dich gespannt an und beginnt, leise und rhythmisch zu singen. Die beiden Männer lockern ihren Griff, und einer der beiden deutet auf deinen Rucksack: Die abergläubischen Fei wollen eine Opfergabe von dir.

Wenn du willst, dann hol etwas Wertvolles aus deinem Gepäck. Überlege dir genau, worauf du verzichten kannst.
Einen der folgenden Gegenstände kannst du dem Häuptling geben, wenn er in deinem Besitz ist:

- Eine Mantelbrosche in Form einer Lilie (**198**)
- Die Feder einer Harpyie (**14**)
- Ein Trollorden, 26. Regiment (**161**)

Wenn du keinen dieser Gegenstände benutzen willst oder kannst, dann lies weiter bei **154**.

111 Du folgst dem engen Pfad weiter nach Süden. Die Geräusche der Tiere um dich herum werden ruhiger, respektvoller. Der Weg endet vor einer kreisrunden Lichtung, in deren Mitte ein kleines Feuer brennt.
Dies ist **Wegpunkt 111**.
Neben dem Feuer steht ein alter Mann. Er trägt ein fleckiges Gewand aus löchrigem Filz. Sein Gesicht ist von Falten übersät. Die grauen Haare stehen ihm in wirren Büscheln vom Kopf ab. Sein Lächeln entblößt braune Zahnstümpfe.
Er ist dürr, kaum mehr als ein Skelett, und reicht dir nur bis zur Hüfte. Seine Hände sind mit dicken blauen Adern überzogen. Die Finger sind unnatürlich lang und umklammern einen knorrigen Stab.
Nur seine Augen über der langen Hakennase sind lebendig. In ihnen brennt eine unbändige Flamme.
Du hast den Dschungelgrimm gefunden. Vielleicht hast du schon von ihm gehört: Er ist der Hüter dieser Welt.
Als du auf ihn zutrittst, setzt er sich an das Feuer, ergreift eine Pfeife und zieht lange und kräftig daran. Du bleibst stehen und wartest. Er bläst den Rauch langsam aus, dann beginnt er zu reden.
„Willkommen. Die Sterne sprachen zu mir von der dunklen Zeit, schon vor Äonen. In den Knochen der Toten sah ich, wie das Leid sich verbreiten wird. Doch wer es wagt zu träumen, wird mit Träumen belohnt werden."
Dann stockt er und sieht dich mit aufgerissenen Augen an.
Was willst du tun?

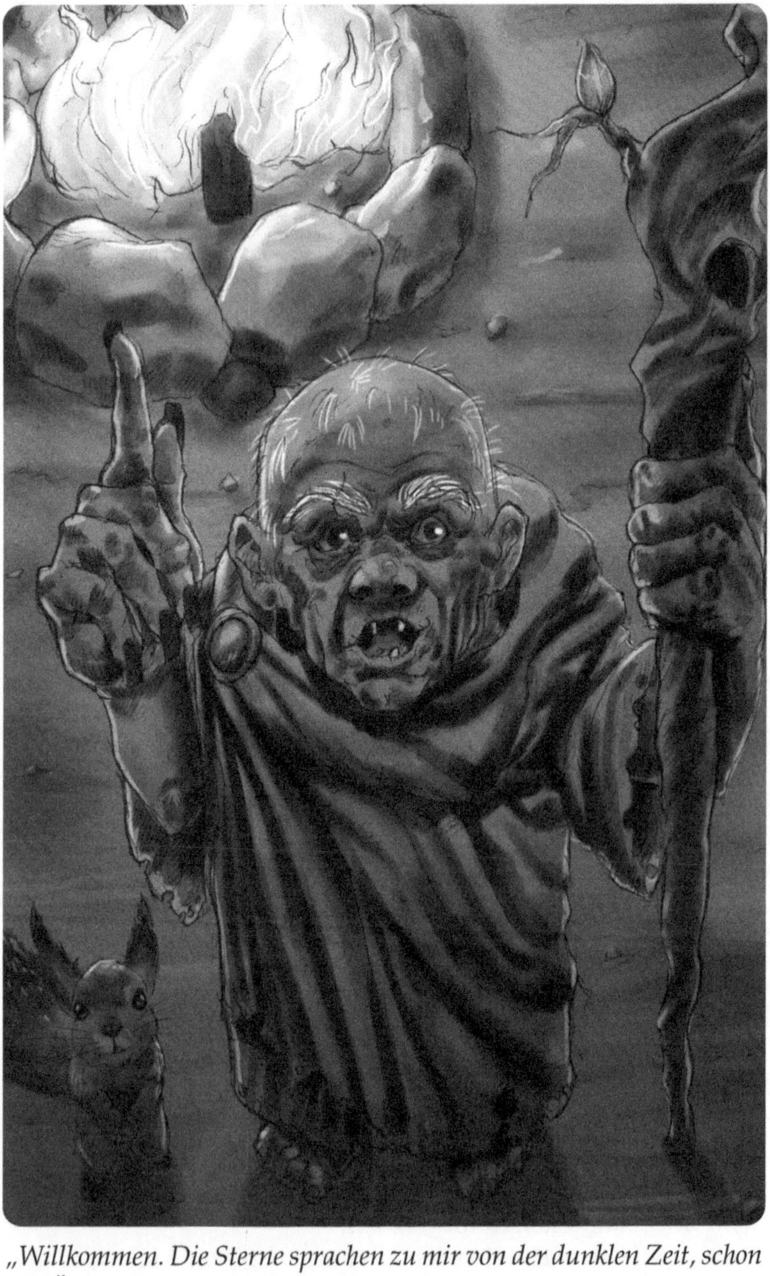

„Willkommen. Die Sterne sprachen zu mir von der dunklen Zeit, schon vor Äonen."

Wenn du schon einmal bei ihm warst und etwas für ihn dabei hast, dann addiere die beiden Zahlen darauf. So ermittelst du die Nummer, an der es für dich weiter geht.
Möchtest du ihn auffordern, weiterzureden, weil du selten so spannende Ausführungen eines so weisen Mannes gehört hast? Dann setze dich ans Feuer und lies weiter bei **64**.
Oder ist dir das alles zu viel? Dann kannst du ihn angreifen, um zu sehen, ob er wirklich so mächtig ist, wie er tut (gehe zu **123**).
Natürlich kannst du auch wieder den langen Weg zu der Kreuzung mit der seltsamen Blüte zurückkehren – der Dschungelgrimm wird dich nicht aufhalten (zurück zu **74**).

112 In der Truhe findest du Folterwerkzeuge: Daumenschrauben, eine Peitsche, Zangen und lange Stacheln, alle mit getrocknetem Blut verschmutzt.
Sie sind zu dreckig und verbogen, als dass du sie gebrauchen könntest.
Außerdem entdeckst du ein mächtiges Hackebeil aus schwerem Holz und dunklem Metall, das der Dämon zum Zerteilen seiner Opfer nutzte (Schaden 20, zweihändig) und einen Bogen (Jagdbogen des Satyrs, Schaden 10, nur einsetzbar wenn du die Fertigkeit „Bogenschießen" beherrschst). Auf dem Boden der Truhe liegt ein Beutelchen mit 7 Goldstücken.
Du lässt den Dämon weiter schlafen, schleichst zum Ausgang und kehrst zur Kreuzung zurück (**67**).

113 Du hast bereits mehr als die Hälfte des Flusses überquert, da zerrt es an deinen Beinen. Plötzlich fängt das Wasser um dich herum an sich zu bewegen, als ob es kochen würde. Du wirst von Piranhas angegriffen!
Du hastest auf das andere Ufer zu. Dabei kannst du nicht verhindern, dass du von den Fischen gebissen wirst. Als du dich endlich aus dem Wasser ziehst, sind deine Beine blutverschmiert (Lebensenergie -14).
Der Weg steigt vom Ufer aus leicht an. Wenn du in Richtung Westen unterwegs bist, lies weiter bei **54**. Bist du unterwegs nach Osten, dann gehe zu **67**.

114 Du kommst an eine Kreuzung am Ufer des Flusses Ruskin. Eine Straße führt von Westen nach Osten, in Richtung Norden zweigt ein ebenfalls breiter Weg ab. Südlich der Straße wälzen sich die dunklen Wassermassen träge nach Osten. Dies ist **Wegpunkt 114**.
Ein stabiler Wegweiser aus Holz weist nach Norden („Waldheim“) und nach Osten („Handelsposten Mansur“).
Würfel ein Zufallsereignis.
Willst du dich in Richtung Westen (**61**), Waldheim (**77**) oder Mansur (**85**) wenden?

115 Ein Geräusch lässt dich innehalten. Es klingt wie das Pfeifen von Luft in einer Röhre. Plötzlich beginnt dein Oberschenkel leicht zu jucken. Du blickst hinab. Ein kleiner roter Pfeil steckt in deinem Bein. Hektisch ziehst du ihn heraus und willst dich kampfbereit machen. Doch schon dreht sich der Wald um dich herum, und alles wird schwarz.
Dein Kopf dröhnt fürchterlich, als du erwachst. Um dich herum ist die Hölle ausgebrochen. Mitglieder eines Stammes der Fei tanzen, schreien und klopfen wild auf Töpfen aus Holz herum. Sie haben sich Brust und Gesicht mit roter Farbe bemalt und tragen Schmuck aus Holzperlen und Hühnerfedern. Du bist auf dem Boden festgebunden, kannst jedoch erkennen, dass du dich noch auf derselben Kreuzung befindest.
Als die Fei bemerken, dass du wach bist, stoppt das Getöse schlagartig. Ein gebeugter, alter Mann tritt in dein Sichtfeld. Er ist als Einziger nicht mit roter Farbe bemalt, dafür ist er üppig mit Federn und kleinen Knochen geschmückt. Tiefe Falten durchfurchen sein Gesicht. Er schaut dich mit weit aufgerissenen Augen an und schreit:
„Wo sitzt Eure Gottheit, oh Fremder! In welcher Himmelsrichtung sucht Ihr Euer Heil!“
Willst du dich für Norden (**124**), Süden (**140**), Westen (**8**) oder Osten (**33**) entscheiden?

116 Du gehst zum Fluss hinunter, um dich zu erfrischen. Der Wald endet ein paar Schritte vor dem Wasser und bildet so eine

wunderbare Badestelle. Freudig trittst du vor dem Ufer aus den Bäumen heraus.
Als du beginnen willst, deine verschwitzte Kleidung abzulegen, nimmst du aus dem Augenwinkel eine Bewegung wahr. Du wendest den Kopf: Krokodile! Und zwar, über den Fluss verteilt, eine ganze Schar. Hier sind also die ausgewachsenen Exemplare der kleinen Echsen, die dir schon auf dem Weg aufgefallen sind.
Einige Krokodile schnellen durch das Wasser auf dich zu, andere am Ufer erreichen dich in diesem Moment. Du musst versuchen, dich zurück in den Wald zu retten.
Im Kampf gelten die Krokodile wie ein einziger Gegner. Du greifst nicht an, da die Übermacht zu groß ist. Der erste von dir gelandete Treffer bedeutet lediglich, dass du dich durch die Krokodilhorde hindurch retten kannst.
Du musst also nur einen Treffer erzielen, um den Kampf zu beenden.

Krokodilhorde

Kampfkraft	Schaden	Rüstung	Lebensenergie
23	**15**	**0**	**225**

(Bogenschütze: kein Schuss möglich)

Wenn dir die Flucht gelingt, geht es weiter bei **146**.

117 Hervorragende Idee. Du bläst kräftig in das Feuer, worauf dieses auflodert und das Wasser noch schneller heiß wird. Der Gestaltwandler dreht kurz den Kopf und nickt dir wegen deiner Mithilfe dankbar zu (Lebensenergie -10).
Möchtest du das heiße Wasser aus dem Topf nutzen, um das Feuer zu löschen, dann lies bei **148** weiter.
Oder versuchst du, durch gezieltes Schaukeln nach links und rechts den Topf zum Kippen zu bringen? Dann gehe zu **42**.

118 Die Frau hat die zweite Libelle niedergerungen und erschlagen. Sie kommt auf dich zu und nickt leicht mit dem Kopf als Zeichen der Dankbarkeit.

Dann nimmt sie deinen Arm, und ehe du es verhindern kannst, ritzt sie mit ihrem Messer ein Kreuz in deinen Arm – dies scheint ein Zeichen der Zugehörigkeit zu sein, ob zu ihr oder zu ihrem Stamm bleibt dir ein Rätsel. Immerhin will sie dir nichts Böses. Dieses Zeichen ist nicht als Verletzung, sondern als Belohnung gedacht.
Sie verabschiedet sich wortlos von dir und du kehrst nach Westen zur Lichtung zurück.
Du kannst einem schmalen Weg nach Norden (**133**) oder nach Westen (**87**) folgen.

119 Du rüttelst gemeinsam mit dem Buschtroll an der Axt. Mit vereinten Kräften schafft ihr es, sie aus dem Baum zu ziehen, so dass sein Bart freikommt (Menschlichkeit +1).
Sobald er frei ist, stürzt sich der Kerl mit höhnischem Lachen auf dich.

Buschtroll

Kampfkraft	Schaden	Rüstung	Lebensenergie
22	**12**	**1**	**33**

(Bogenschütze: kein Schuss möglich)

Fliehen kannst du nicht.
Wenn du gewinnst, lies hier weiter:
Du durchsuchst die Überreste des unverschämten Buschtrolles und findest 12 Goldstücke. Seine Axt ist schartig und ungepflegt (Schaden 12).
Er trägt Handschuhe aus Kobraschuppen (Rüstung 1). An seinem Gürtel sind ein paar Metallhaken zum Räuchern von Fisch befestigt.
Außerdem findest du einen Orden, auf dem „26. Regiment" eingraviert ist. All diese Gegenstände kannst du einstecken.
Lies weiter bei **45**.

120 Dir ist das Ganze nicht geheuer – mit Echsenmenschen willst du nichts zu tun haben.
Du kehrst zurück zu **7**.

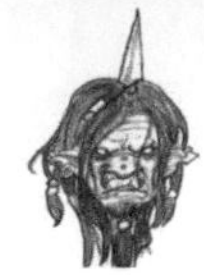

121 Du gehst in nördlicher Richtung durch den dichten Wald weiter. Der Weg macht eine Biegung nach Osten, und du stehst am Rande einer Schlucht.
Lies weiter bei **22**.

122 Das Dickicht ist verworrener als die Frauengeschichten deines Freundes Lynn.
Endlich siehst du vor dir eine rundliche Behausung. Sie ist aus geflochtenen, dünnen Ästen, Wurzeln und Blättern erbaut, knapp zwei Schritt hoch und hat einen Durchmesser von etwa vier Schritt. Im Inneren siehst du fünf Schlafstellen aus festgetrampeltem Gras. Daneben liegen Gegenstände, die dir auf den ersten Blick nutzlos erscheinen: Würfel, Rasseln, Kreisel. Dann wird dir klar, was du siehst: Kinderspielzeug. Im hinteren Teil der Behausung stehen drei Kisten aus Holz.
Dies ist **Wegpunkt 122**.
Willst du in die Behausung hineinkriechen und in die Kisten schauen, ob du etwas Wertvolles entdecken kannst? Dann kannst du dies bei **182** machen.
Oder kehrst du über den schmalen Pfad zurück zu den Statuen an **Wegpunkt 77**? Dann gehe zu **34**.

123 Du gehst in Kampfposition. Da es dir irgendwie passend erscheint, rufst du „Ha!“
Der Dschungelgrimm runzelt die Stirn. Dann sagt er mit einem gekränkten Unterton in seiner Stimme: „Freund, was habe ich dir getan? Habe ich dich nicht an meinem unendlichen Wissensreichtum teilhaben lassen? War ich dir nicht ein guter Ohm? Mach also keine Dummheiten und setz dich zu mir!“
Beharrst du auf deinen Kampf? Dann lies weiter bei **149**. Oder überlegst du es dir doch noch einmal anders? Dann setz dich bei **64** hin.

124 „Frevel, Norden!“, kreischt der alte Mann und sticht dir in die Brust (Lebensenergie -30). Für welche Antwort entscheidest du dich jetzt?
Wählst du Süden (**140**), Westen (**8**) oder Osten (**33**)?

125 Der schmale Weg führt dich durch die drückende Masse des Urwaldes nach Norden. Es riecht süßlich wie nach faulen Birnen. Du findest dich inmitten eines dichten Schwarms Stechmücken wieder. Deine Haut ist nach kurzer Zeit mit juckenden Punkten gespickt. Du wischst verzweifelt mit der Hand über dein Gesicht, um es von den Tierchen zu befreien.
Erst nach 50 Schritten umgeben dich deutlich weniger der Blutsauger, so dass du wieder normal gehen kannst. Auch der süßliche Geruch hängt hier nicht mehr in der Luft.
Der Weg führt fünf Meilen (entspricht fünf Kästchen auf der Karte) stetig nach Norden, und die Schwüle des südlichen Dschungels lässt nach. Lies weiter bei **50**.

126 Du betrittst die schmale, goldene Brücke. Nach wenigen Schritten vernimmst du plötzlich die Stimme eines Mädchens, ohne jemanden sehen zu können: „Kehre um! Dir droht der Tod! Kehre um!“
Willst du der Stimme folgen und diesen seltsamen Ort verlassen? Dann gehe zu **92**. Setzt du deinen Weg mutig fort, dann lies bei **6** weiter.

127 Du schaust dich um. Diesmal sind keine Hilferufe zu hören, alles bleibt ruhig. Du kannst nach Norden (**133**) oder Westen (**87**) weitergehen.

128 Von der Lichtung mit dem knorrigen Baum der Harpyie aus kannst du dem Trampelpfad nach Westen oder Osten folgen. Außerdem wird der Wald in südlicher Richtung lichter, sodass du auch dort dein Glück versuchen kannst.
Wenn du nach Osten willst, lies weiter bei **157**.
Wendest du dich in Richtung Westen, lies weiter bei **50**.
Willst du den Weg nach Süden wagen, geht es weiter bei **82**.

129 Du gehst in südlicher Richtung durch den Dschungel. Das Blätterwerk wächst so dicht, dass du nur wenige Handbreit weit sehen kannst. Wie aus dem Nichts stehst du plötzlich vor einer mannsgroßen Spinne mit dicken, pelzigen Beinen und ei-

nem runden, gedrungenen Körper. Du willst nach deiner Waffe greifen, da fällt dir auf, dass es sich um eine Nachbildung aus Holzstäben und Haaren handelt.
Dies ist **Wegpunkt 129**.
Der Spinnenkörper dient als Altar. Unter dem Körper der Spinne liegen Gegenstände, die du jedoch nicht genau erkennen kannst – es ist einfach zu dunkel.
Willst du den Spinnenaltar schnell verlassen, für den Fall, dass fanatische Spinnenpriester in der Nähe sind? Dann kehre zu **173** zurück.
Oder willst du einen Blick wagen? Dazu müsstest du jedoch unter den Spinnenkörper kriechen und wärst jedem Angriff schutzlos ausgeliefert (gehe zu **191**).

130 Dein Weg mündet in einen großen Platz. Kein Baum, Strauch oder Busch wächst dort. Es scheint, als würde alles Leben diesen Ort meiden. Der Platz wird von einer gigantischen Statue in Form eines aufrecht sitzenden Tigers beherrscht, die 10 Schritt hoch und aus dunklem Stein gefertigt ist.
Dies ist **Wegpunkt 130**.
Du betrachtest die Statue eine Weile. Du klopfst sogar an ihre Oberfläche. Sie ist aus massivem Fels.
Du gehst um sie herum. Auf der Rückseite hat jemand mit schwarzer Farbe über die gesamte Fläche ein Bild gemalt. Unter einem vollen Mond zeigt es einen knienden Diener in einem langen Umhang mit Kapuze. Er ist einem stehenden Mann zugewandt, den ein durch schwarze Striche dargestelltes, düsteres Strahlen umgibt. Er hält seine ausgestreckte Hand über den Kopf des Dieners. Daneben das Wappen der Karben: drei Schwarze Raben, symmetrisch angeordnet, als würden sie lauernd auf etwas warten.
Unter dem Bild steht folgender Text:

Empfange und diene.
Nimm und lebe.
Gib und zerstöre.

Du schreckst davor zurück und schaust dich hastig um. Könnte das der Wahlspruch der Schattendiener sein? Wenn das eine

Statue der Karben ist, können sie nicht weit weg sein. Du solltest diesen Ort sofort verlassen.

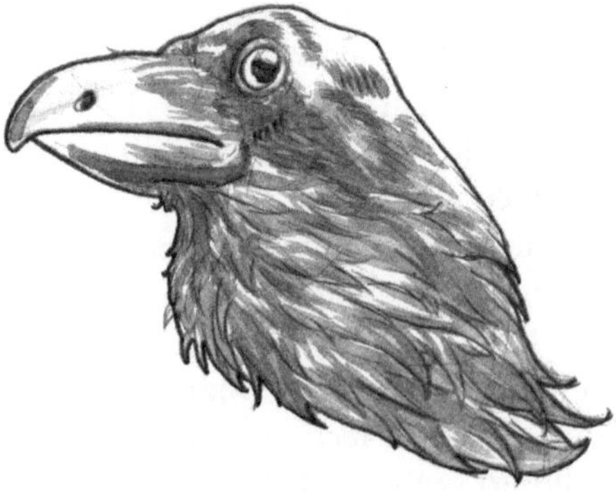

Du kannst einem der Pfade nach Westen (**80**), Süden (**37**) oder Osten (**74**) folgen.

131 „Ssuper!", jubelt der Reptilienmann. „Warte kurz."
Er verschwindet in seiner Hütte und kommt mit zwei Fläschchen wieder.
„Diess, Freund, ssind ein Heiltrank und ein Sstärkungsstrank. Nimm ssie und ssie werden dir die Kraft Ssassoss leihen."
Der Heiltrank des Echsenmannes (eine Anwendung) kann zu jedem beliebigen Zeitpunkt deine Lebensenergie um bis zu 40 Punkte auffüllen.
Der Stärkungstrank hat eine ungewöhnliche Wirkung. Wenn du ihn trinkst, wird deine Haut für immer eine leicht grünliche Farbe annehmen (Lebensenergie-Höchstwert +5).
Du fragst den Echsenmann nach dem Weg zum Heiligtum der Fei. „Du kannsst von hier direkt nach Ssüden weitergehen, an meinen kleinen Freunden vorbei, und dann immer weiter nach Ssüden, dass isst der ssichersste Weg."
Der Echsenmann verneigt sich vor dir. Du deutest ebenfalls eine Verbeugung an und verlässt den Ort auf dem Weg, den du gekommen bist. Du bist froh, dass du so gehandelt hast (Menschlichkeit +1).
Schließlich bist du wieder bei **7**.

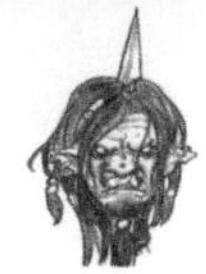

132 Du folgst dem Fluss. Nach einiger Zeit zwingt dich die dichte Vegetation, dich von ihm zu entfernen und direkt an der glatten Mauer entlang zu laufen. Der Weg wird steiler. Du gelangst an eine breite Schlucht, über der Lianen herabhängen. Links ist der Dschungel zu undurchdringlich, rechts reicht die Wand bis an den Rand der Schlucht.
Es führt kein Weg um die Schlucht herum.
Willst du dein Glück versuchen, Anlauf nehmen, und mit viel Schwung an den Lianen über die Schlucht schwingen? Dann gehe zu **88**.
Oder kehrst du zum Götzenbild zurück? Dann lies bei **43** weiter.

133 Du verlässt die Lichtung und trittst abermals in den dichten Dschungel. Den Weg kannst du kaum sehen, da der Wald um dich herum wild und dicht wächst. Äste und ganze Stämme wachsen in alle Richtungen, lange Schlingpflanzen hängen wie alte Spinnweben herab. Du kämpfst dich nach Norden. Wenn du diesen Weg schon einmal (egal in welche Richtung) gegangen bist, dann lies weiter bei **3**.
Dein Weg führt dich zu den Resten einer alten Mauer aus dunklem Stein. Kaum mehr als ein paar von dichtem Gras überwucherte Steinhaufen deuten an, dass hier einst ein stolzes Bauwerk stand. Die Mauer ist an dieser Stelle nicht mehr höher als zwei Schritt. Büsche mit tellergroßen, schwer hängenden Blättern wachsen zwischen den Steinritzen. Zu beiden Seiten führt die Mauer weiter in den Dschungel hinein. Sie ist so dicht eingewachsen, dass nicht zu erkennen ist, wie weit sie reicht.
Plötzlich hörst du zu deiner Rechten einen Schrei. Ein sehniger Mann bricht hinter der Mauer hervor und greift dich mit bloßen Händen an. Er ist sehr beweglich und ein gefährlicher Gegner.

Fremder Mann

Kampfkraft	Schaden	Rüstung	Lebensenergie
22	**9**	**0**	**18**

(Bogenschütze: Schuss möglich)

Fliehen kannst du nicht.

Wenn du gewinnst, lies hier weiter:
Der fremde Angreifer liegt tot vor dir. Du findest bei ihm ein Paket mit getrocknetem Waldnymphenfleisch (Verzehr: Lebensenergie +19, Menschlichkeit -1), ein kleines Messer (Schaden 3) und 3 Goldstücke.
Um seinen Hals hängt ein Lederband, an dem Ohren befestigt sind: Trophäen seiner Opfer. Es handelt sich um einen Kopfgeldjäger der Anansi, düstere Söldner, die Jagd auf Menschen machen. Du weißt, dass sie selten alleine jagen. Bei dem Gedanken, was dir blüht, wenn sie dich fangen, überläuft es dich eiskalt.
Du kletterst über die Steinruine und gehst weiter nach Norden. Der Weg wird noch enger, durch eng stehende Bäume und tief hängende Äste musst du dir jeden Schritt erkämpfen. Erst nach insgesamt fünf Meilen (dies entspricht fünf Kästchen auf der Karte) bist du wieder auf einem von Menschenhand angelegten Weg. Vor dir liegt eine Lichtung.
Lies weiter bei **89**.

134 Du berichtest dem Hohepriester mit schnellen Worten von deinem Gespräch mit der Rusalka.
Er nickt und verkündet, dass er ihrer Bitte Folge leisten wird. „Wir müssen die Rusalka beschützen. Vorsichtshalber werde ich die Zahl der gewünschten Wachen verdoppeln."
Die Truppe wird zusammengestellt, und schon machst du dich gemeinsam mit den Männern auf den Rückweg zur Rusalka. Da du von Dschungelbewohnern geführt wirst, gelangst du nach einigen Stunden ohne Schwierigkeiten zu der alten Frau.
Lies bei der Nummer weiter, die der Anzahl der dir zur Verfügung gestellten Wachen entspricht. Denke daran, dass der Hohepriester ihre Zahl verdoppelt hat.

135 Du bedienst dich mit bloßen Fingern. Schon nachdem du den ersten Klumpen geschluckt hast, beginnt es in deinem Bauch höllisch zu brennen (Lebensenergie -19). Die Töpfe sind als Falle aufgestellt. Wenn du noch lebst, kannst du von Glück sprechen, dass du nur wenig von dem Kakao versucht hast.

Möchtest du dem Weg nach Osten (weiter bei **41**) oder nach Süden (weiter bei **19**) folgen?

136 Mit dem Gegenstand deiner Wahl versuchst du dein Glück. Doch jedes Mal, wenn du glaubst, das Funkeln erwischt zu haben, gleitet es wieder zurück auf den Grund der Blüte.
Willst du die seltsame Pflanze hinter dir lassen und einem der schmalen Wege folgen? Dann kannst du dich nach Norden (**85**), Westen (**130**), Osten (**173**) oder Süden (**111**) wenden.
Oder du versuchst es doch mit der Hand. Dann greife bei **98** in den Blütenkelch.

137 Du setzt dich neben die alte Frau und siehst sie an. Von Nahem wirkt sie noch älter. Ihr Gesicht hat tiefe Runzeln. Sie beginnt zu erzählen. Ihre Augen sehen dabei wie tiefe Bergseen aus, so unergründlich. Sie spricht von fernen Welten, von fremden Tieren und wunderlichen Menschen. Ihre Stimme vermischt sich mit den Geräuschen der Umgebung, den Geräuschen des Urwaldes, der dir auf einmal gar nicht mehr fremd und feindselig erscheint, sondern wohlig vertraut, so, als wäre er dein Zuhause.
Lies weiter bei **13**.

138 Du durchsuchst den Kellerraum. Hinten findest du einen Torbogen, durch den du in einen zweiten, kleineren Raum gehst: eine Grabkammer. In der Mitte steht ein steinerner Sarkophag mit Bronzebeschlägen, die an den Seiten angebracht sind.
Du trittst an den Sarkophag heran. Im Inneren liegt die verfaulte Leiche eines Kriegers. Sie dreht ihren Kopf, schaut dich an und packt deinen Hals mit ihrer eiskalten Hand.
Mit einem Schrei schlägst du die Hand beiseite und fährst zurück. Die Leiche setzt sich auf. Ihr kahler Schädel scheint dich höhnisch anzugrinsen, ihr Kiefer öffnet sich wie zum Lachen. Sie packt ein rostiges Schwert und erhebt sich aus ihrem feuchten Grab. Du hast gerade noch Zeit, dich kampfbereit zu machen.

Verweste Leiche			
Kampfkraft	Schaden	Rüstung	Lebensenergie
20	**16**	**0**	**18**

(Bogenschütze: kein Schuss möglich)

Da die Leiche sehr langsam ist, kannst du jederzeit fliehen und zu **158** *zurückkehren.*
Wenn du den Kampf gewinnst, lies weiter bei **78**.

139 Du legst dir das Amulett um den Hals und schauderst leicht. Du bist jetzt Besitzer eines Hexen-Saphirs (Rüstung 1, auch nutzbar in Verbindung mit anderen Amuletten).
Du kannst nach Norden (**121**), Osten (**104**) oder Süden (**100**) weitergehen.

140 „Ah, mein Freund! Du bist erleuchtet!“, sagt er begeistert und ritzt dir mit seinem Messer ein Kreuzzeichen in deinen Unterarm.
Freudig dreht er sich zu den anderen um und ruft etwas, das du nicht verstehen kannst. Wenig später sind alle Angreifer bis auf ihn verschwunden.
„Erleuchtet“, sagt er nochmals grinsend und schneidet deine Fesseln durch. Du schaust ihm nach, wie er seinen Stammesmitgliedern folgt, als würde er mit dem Urwald verschmelzen. Dann ist wieder alles ruhig.
Du bist noch genau dort, wo du betäubt wurdest. Der Wind rauscht in den Bäumen, als wäre nichts geschehen.
Wohin willst du weitergehen? Auf dem breiten Weg nach Norden (**80**) oder Süden (**59**), oder auf dem schlammigen Pfad nach Osten (**37**)?

141 Du folgst dem breiten Weg in nördlicher Richtung entlang des Flusses. Du betrachtest die vielfältigen Pflanzen, die üppig in dem feuchtwarmen Klima wachsen. Geräusche unbekannter Tiere hallen durch den Urwald.
Nach einem langen Fußmarsch führt dein Weg schließlich direkt auf eine stark überwucherte Hütte zu. Dies ist **Wegpunkt 141**.

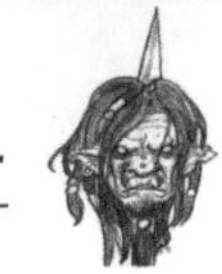

Wenn du diesen Weg nach Norden schon einmal gegangen bist, ist hier nichts mehr für dich zu entdecken. Kehre zurück nach Süden (**7**). Anderenfalls lies weiter.
Vor der Hütte steht ein Echsenmensch, der dich schweigend mit seinen Reptilienaugen mustert. Seine gespaltene Zunge bewegt sich zuckend vor seinem maulartigen Mund. Der Mann ist so groß wie du und hat einen kräftigen, sehnigen Körper.
Was willst du tun?
Willst du dich dem Haus und seinem ungewöhnlichen Bewohner ein paar Schritte nähern? Dann lies bei **47** weiter. Oder willst du kein Risiko eingehen und kehrst um? Dann gehe zu **120**.

142 Die Frau hat mit nur einer Libelle keine Schwierigkeiten. Mit einem gezielten Hieb gegen den Kopf holt sie das Insekt aus der Luft und tötet es mit zwei weiteren Schlägen. Dann kommt sie auf dich zu.
Sie bleibt zwei Schritte vor dir stehen und mustert dich, offenbar erstaunt darüber, dass du sie gerettet hast. Dann sieht sie das auf deinem Arm eingeritzte Symbol und fällt dir um den Hals. Sie hat dich als Stammesgenossen erkannt.
Sie hat feuchte Augen und scheint kurz zu überlegen, wie sie dir für die Hilfe danken kann. Dann gibt sie sich einen Ruck und zieht einen Ring hervor, den sie dir überreicht. Es handelt sich um einen Ahnenring der Fei (Lebensenergie-Höchstwert +6, solange du ihn trägst). Die Frau verabschiedet sich schweigend von dir (Menschlichkeit +1).
Du kehrst zu **Wegpunkt 20** im Westen zurück. Du kannst von dort auf schmalen Wegen nach Norden (**133**) oder Westen (**87**) weiter gehen.

143 Plötzlich lässt das Wesen lachend von dir ab und schaut dich mit einem fast menschlichen Ausdruck in den Augen an. Dann spricht es sogar, was schmatzend klingt.
„Ah, das war gut! Habt Dank für die feine Rauferei. Kommt, erfrischt Euch!" Mit diesen Worten bückt er sich zum Wasser des Sees und nimmt einen tiefen Schluck. Du siehst, dass sich die Wunden des Kröterichs schließen, nachdem er getrunken hat.

Du tust es ihm gleich, wenn du deine Verletzungen heilen möchtest (das Wasser des Sees kann bis zu 30 Lebenspunkte wiederherstellen; hast du bereits zuvor von dem Wasser getrunken, so heilt es nur die im letzten Kampf erlittenen Wunden).

„Ihr seid ein echter Kerl. Lasst mich Euch ein Geheimnis verraten. Ein Clan der Fei weit im Osten hält seine Gottesdienste in einer unterirdischen Höhle ab. Der Zugang zu dieser Höhle ist ein riesiger Totenschädel, durch dessen geöffneten Kiefer man eine Treppe erreicht." Er fasst dich an der Hand, um sich deiner Aufmerksamkeit sicher zu sein.

„Die Treppe und die gesamte Höhle sind durch tödliche Fallen gesichert. Wenn Ihr die erste Falle überwindet, könnt Ihr Euch unter den Opfergaben aussuchen, was Euch nützlich erscheint. Dazu müsst Ihr einen Hebel am rechten, äußeren Rand des Totenschädels umlegen. Doch seid gewarnt! Geht nur in den ersten Saal. 19 Todesarten sollen in dieser Höhle lauern. Jeder Schritt weiter wird eine neue Falle auslösen und Euch das Leben kosten! Und jetzt – lebt wohl!"

Damit wendet sich der Kröterich wieder dem Wasser zu, springt mit einem lauten Platschen hinein und schwimmt davon.

Du merkst dir die Zahl der möglichen Todesarten und kehrst den Weg zurück, den du am See entlang gekommen bist. Du kannst dich entweder nach Norden (**147**) oder nach Osten (**60**) wenden.

144 Du hast dir einen mächtigen Gegner ausgesucht. Er verfügt über einen natürlichen Hautpanzer und greift dich mit Säure an, die er aus der Luft generiert und auf dich wirft.

Reptilienmann

Kampfkraft	Schaden	Rüstung	Lebensenergie
22	**13**	**2**	**37**

(Bogenschütze: Schuss möglich)

Fliehen kannst du nicht.

Wenn du gegen ihn gewinnst, lies weiter bei **27**.

145 Du betrittst das Boot und winkst der Rusalka zu, als eure Fahrt beginnt. Zwei Wachen sitzen an den Riemen und setzen mit festen, regelmäßigen Schlägen das Gefährt in Bewegung. Der sich windende Fluss trägt euch Meile um Meile nach Nordosten und du hast endlich Gelegenheit zu ruhen (Lebensenergie +10).
Nach ein paar Stunden gelangt ihr an eine aus Stein gefertigte Bootsanlegestelle, an der die beiden Wachen dich aussteigen lassen. Danach folgen sie dir an Land, heben das Boot über ihre Köpfe und entfernen sich in Richtung Westen.
Du befindest dich an einer Bootsanlegestelle weit im Nordosten des Dschungels, die zu einem entlegenen Handelsposten gehört.
Lies weiter bei **85**.

146 Es gelingt dir, dich in den Wald zu retten. Die schwerfälligen Krokodile bleiben schon bald zurück. Schließlich stehst du auf einer Kreuzung, über die sehr kleine und junge Krokodile huschen. Im Gegensatz zu ihren ausgewachsenen Artgenossen sind sie nicht gefährlich.
Wirf einen Würfel. Bei einer 1 oder 2 hast du bei deiner Flucht eine beliebige Waffe oder einen Rüstungsgegenstand verloren.
Du bist an **Wegpunkt 7**.
Auf breiten Wegen kannst du dich von hier nach Süden (**15**), nach Norden (**141**) oder nach Westen (**26**) wenden.

147 Dies ist **Wegpunkt 147**. Wenn du schon einmal hier gewesen bist, lies direkt weiter bei **11**.
Die Kreuzung ist angenehm hell. Über dir siehst du ein paar Sonnenstrahlen durch die dichten Baumkronen scheinen. Du lehnst dich an einen Baum und atmest tief durch.
Als du weitermarschieren willst, brennt plötzlich das Zeichen auf deiner Brust wie Feuer. Der Geruch nach verbranntem Fleisch versetzt dich sofort in Alarmbereitschaft. Wie aus dem Nichts erscheint der Schattendiener vor dir.
Er trägt keinen Umhang. Sein Körper ist vom Feuer gezeichnet, die Haut verbrannt – dunkle Hautfetzen hängen von rohem

Fleisch herab. Haare hat er keine. Er ist so dürr, dass du jeden Knochen erkennen kannst. Eng und rissig spannt sich die Haut über seine krallenartigen Hände und Füße. Er schaut dich aus schattigen, leeren Augenhöhlen heraus an und bewegt sich mit der Sicherheit eines Raubtieres auf dich zu.
„Schon einmal bist du meinem Schatten entkommen. Gefällt dir mein Andenken auf deiner Brust? Verabschiede dich von der Sonne. Das Band der Nacht legt sich jetzt um deine Seele."
Für eine Flucht ist es zu spät. Dir fällt auf, dass er die wenigen Sonnenflecken umgeht, als würde er das Licht meiden. Du musst kämpfen.

Schattendiener

Kampfkraft	Schaden	Rüstung	Lebensenergie
27	**20**	**3**	**85**

(Bogenschütze: Schuss möglich)

Wenn du nach zwei Kampfrunden noch lebst, lies weiter bei **159**.

148 Da deine Hände gefesselt sind, schlürfst du Wasser und spuckst es auf das Feuer. Das Wasser verdampft in einer zischenden Dampfwolke und du nimmst einen weiteren Schluck in den Mund. Der Gestaltwandler dreht sich um und sagt mit einer freundlichen Stimme: „Na, na, verwässere mir nicht den Magen, den esse ich am liebsten", bevor er dir mit einem öligen Lappen den Mund verbindet. Er widmet sich wieder seinen Kräutern.
Das Wasser ist noch heißer geworden (Lebensenergie -8).
Das Feuer auszupusten ist dir mit verbundenem Mund nicht möglich. Daher bleibt dir nur noch, den Topf durch Schaukeln zum Umkippen zu bringen. Gehe zu **42**.

149 Der Dschungelgrimm schaut enttäuscht zur Seite und murmelt in seinen Bart: „... wohl noch nicht bereit." Ohne an seiner Pfeife zu ziehen, bläst er Rauch in deine Richtung. Die Welt um dich herum verblasst, die Lichtung, das Feuer und der Silenus selbst verschwinden in den Schwaden. Die Geräusche wer-

den leiser. Schließlich kannst du nichts mehr sehen oder hören. Viele Herzschläge lang.
Als sich der Rauch wieder auflöst, bist du nicht mehr auf der Lichtung des Silenus, sondern in einem vollkommen anderen Teil des Waldes. Du stehst am Ende eines Trampelpfades, nicht weit von einem alten, knorrigen Baum entfernt (Menschlichkeit -1).
Lies weiter bei **41**.

150 Der Raum misst in der Länge 20, in der Breite 10 Schritt. Seine Wände sind mit dem dunklen Holz des Mammutbaumes verkleidet und erstrecken sich weit in die Höhe. Sie sind übersät mit Schnitzereien von Bäumen und Lebewesen des Fei. Über dir befindet sich keine Decke. Du kannst weit oben den blauen Himmel sehen, an dem gleißend die Sonne steht und den Boden erhellt. An den Wänden sind so geschickt Messingplatten angebracht, dass das Sonnenlicht im ganzen Raum reflektiert wird. Kein Schatten ist zu sehen.
Ein Junge sitzt auf einer Empore, die am hinteren Ende des Raumes aus Holz errichtet ist. Er führt mit Geräten Messungen auf einer Landkarte durch.
Dieser Junge ist das Heiligtum der Fei, von dem du erfahren willst, wie du deine Widersacher überwinden kannst. Ein Kind, kaum älter als acht oder neun Jahre.
Als er dich bemerkt, blickt er auf und lächelt.
„Komme herein. Schon lange war kein Fremder mehr bei mir. Mein Name ist Ténoch, ich heiße wie mein Berg." Seine kindliche Stimme hallt, als wäre er in einem Gewölbe. „Du warst tapfer, doch eine letzte Prüfung wartet noch auf dich: Stelle dich deiner größten Angst. Was das ist, werden wir gleich sehen. Wenn du diese Prüfung bestehst, werde ich dir helfen."
Mit diesen Worten erhebt er den kleinen Finger und vollführt eine Bewegung, als würde er etwas in die Luft schreiben. Der freie Raum zwischen euch füllt sich mit grauem Nebel. Die Temperatur sinkt merklich. Ein Körper nimmt Gestalt an – der Schattendiener, der dich seit eurer ersten Begegnung in Waldheim verfolgt.

Er blickt um sich, überrascht, plötzlich dir gegenüberzustehen. Der Geruch nach verbranntem Fleisch begleitet ihn wieder. Du hast kurz Zeit, ihn zu betrachten, das Gesicht, das wie eine einzige Brandwunde aussieht, die Haut, die ihn umgibt wie schwarze Asche, die langen Krallenhände.
Das Sonnenlicht, das von oben in den Raum scheint, schwächt ihn. Kurz blickt er sich um, doch findet er keinen Schatten. Sein Blick wendet sich dir zu, raubtierhaft, gierig nach deinem Blut.
„Die Sonne kann dich nicht vor dem schützen, was ich dir antun werde“, flüstert er. „Willkommen in der Finsternis!“
Mit wildem Fauchen stürzt er sich auf dich.
Kämpfe bei **170** um dein Leben.

151 Du zuckst mit den Schultern. Der Reiter schaut dich spöttisch an. Er reißt den Panther herum, ruft dir zu: „Viel Glück, großer Held!“, und ist mit einem gewaltigen Satz seines Reittiers im dichten Wald verschwunden. Lies weiter bei **11**.

152 Auf dem engen Pfad marschierst du nach Norden in Richtung des großen Flusses Ruskin, der nach einer Weile vor dir auftaucht. Du überquerst ihn über eine schmale Holzbrücke und gelangst schließlich an eine freundlich wirkende Behausung. Weiter bei **85**.

153 Du hörst mit dem Schaukeln auf. Schade, denn eigentlich hättest du den Gestaltwandler mit ein wenig Geschick leicht überwinden können. Leider lässt er dich von jetzt an nicht mehr aus den Augen. Jeden Versuch, dich zu befreien, wird er mit seinem Messer unterbinden.
Das Wasser wird wärmer, bis es schließlich kocht. Nach ein paar fürchterlichen Minuten schwinden dir die Sinne. Nach zwei Stunden bist du so weit gegart, dass der Gestaltwandler dich aus dem Wasser nimmt und in mundgerechte Stückchen schneidet.
Dein Abenteuer endet zwar, aber immerhin hast du noch leckeres Suppenfleisch abgegeben.

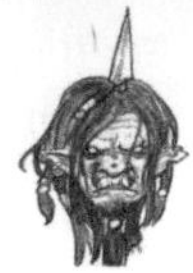

154 Du merkst schnell: Du hast dich falsch entschieden. Jeder Versuch, die Situation für dich in eine bessere Richtung zu wenden, scheitert.
Du wirst grob gepackt und auf einem Holzbrett mit Seilen über den Oberkörper und der Hüfte festgebunden. Mit festen Griffen zwingen sie dich, den Mund zu öffnen, dann wird dir eine starke Droge verabreicht. Die Welt um dich dreht sich. Gleichzeitig breitet sich ein warmes Hochgefühl in dir aus, als dir zuerst die Arme und dann die Beine abgetrennt werden. Dir schwinden die Sinne, als du vor deinem Gesicht die blutige Klinge siehst. Als Letztes wird dein Kopf entfernt, um zu einem der dekorativen Schrumpfköpfe verarbeitet zu werden, die die Fei gerne an den Grenzen ihres Reiches aufstellen: als Warnung an andere Abenteurer, die sich ebenso leichtsinnig wie du in den Urwald der Fei begeben.

155 Als du dich der nächsten Kiste zuwendest, erhebt sich ein vielstimmiges Gebrüll hinter dir. Du fährst herum und stehst einer Familie Hagols gegenüber: riesige, haarige Affenmenschen. Obwohl mehr Affe als Mensch, verfügen sie über eine begrenzte Intelligenz.
Sie kleiden sich gerne wie Menschen, daher führen sie von Zeit zu Zeit Raubzüge durch. Da du ihr Heim plünderst, stürzen sie sich auf dich.

Horde Hagols

Kampfkraft	Schaden	Rüstung	Lebensenergie
23	**14**	**0**	**300**

(Bogenschütze: kein Schuss möglich)

Die Übermacht der kräftigen Wesen ist zu groß. Da es aus der Behausung nur einen Ausweg gibt, musst du versuchen, die Angreifer zurückzuschlagen. Jedes Mal, wenn du einen Treffer landest, kannst du einen Fluchtversuch unternehmen: Wirf drei Würfel. Wenn das Ergebnis höchstens gleich deiner Gewandtheit ist, gelingt die Flucht. Anderenfalls geht der Kampf in die nächste Runde.
Wenn dir die Flucht gelingt, lies weiter bei **178**.

156 Vor dir sinkt der zweite Mann tot zu Boden. Atemlos gehst du einen Moment in die Knie, um wieder zu Kräften zu kommen.
Dann durchstöberst du die Habseligkeiten der beiden. Um den Hals haben beide ein Lederband mit Trophäen ihrer Opfer hängen: Der eine hat durchbohrte und getrocknete Zungen dabei, der andere abgetrennte Hände. Dir wird klar, dass es Kopfgeldjäger der Anansi sind, die gegen Belohnung Jagd auf Menschen machen. Sie jagen selten alleine, und diese beiden waren hinter dir her. Nur, weil du deiner Pflicht als Nachtwächter nachkamst, bist du in Waldheim dem Schattendiener begegnet, und deswegen machen jetzt Mörder Jagd auf dich.
Sie führten Anansi-Kurzschwerter (Schaden 12), von denen eines noch brauchbar ist, das andere hat zu viele Scharten. Sie tragen Lederrüstungen, diese sind jedoch durch den Kampf unbrauchbar geworden. Du entdeckst 5 Goldstücke. Außerdem hat einer der beiden eine Portion getrocknetes Leprechaun-Fleisch dabei, gut eingewickelt in saubere Tücher (Verzehr: Lebensenergie +25, Menschlichkeit -1).
Nun kannst du weiter nach Norden (**76**), Osten (**80**), Süden (**168**) oder Westen (**199**) gehen.

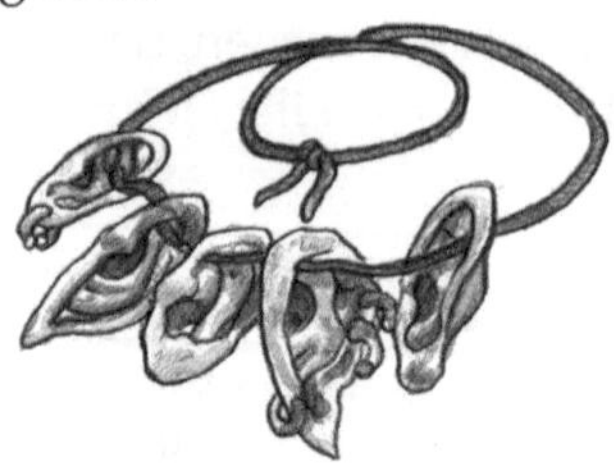

157 Du folgst dem engen Pfad. Vor dir kannst du eine Bewegung zwischen den Bäumen erkennen. Dies ist **Wegpunkt 157**. Du stockst und versuchst zu erkennen, worum es sich handelt. Du hörst ein Geräusch, als würden dünne Äste auf einen hohlen Stamm klopfen.
Du machst einen vorsichtigen Schritt, und dann musst du beinahe lachen: Vor dir hängen in den Bäumen Gebilde aus Holz, die mit roten Bändern zu Dreiecken, Kreisen und Sternen zusammengebunden sind. Wie ein Spiel für Kinder schaukeln sie

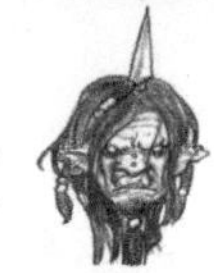

sachte im Wind und stoßen ab und zu gegeneinander. Dies verursacht die Geräusche, die du gehört hast. Erleichtert trittst du unter die Holzobjekte und betrachtest sie. Vielleicht ist der Dschungel der Fei doch nicht so unmenschlich? Das Holz jedoch erscheint dir seltsam, es erinnert dich fast an ... ein flaues Gefühl breitet sich in deinem Magen aus: Die Gegenstände, die da vor dir baumeln, sind Knochen, die durch Feuer und Ruß schwarz verfärbt sind. Du fragst dich, ob sie menschlich sind.
Dir kommen Samos' Worte wieder in den Sinn: Er sagte, er wisse nicht viel über die Fei. Hat er dir etwas verschwiegen? Was, wenn er dich nur aus Waldheim wegschicken wollte, damit die Wilden und Monster des Fei dir hier den Rest geben – eine saubere Lösung für ihn und seine Freunde (Menschlichkeit -1, außer du warst hier schon einmal)?
Schaudernd machst du dich wieder auf deinen Weg. Willst du nach Westen (**41**) oder Osten (**101**) weitergehen?

158 Du kehrst zu dem Hügel zurück, auf dem der Grabstein steht.
Willst du in das Loch am Fuße des Steines mitsamt Gewürm hineingreifen (falls du dies noch nicht getan hast)? Dann lies bei **103** weiter.
Oder willst du weiter dem Weg durch den Sumpf nach Westen (**89**) oder Norden (**130**) folgen?

159 Du ächzt unter den wütenden Angriffen des Dieners der Karben. Lange wirst du nicht mehr durchhalten!
Plötzlich ertönt das laute Fauchen einer Wildkatze. Aus dem dichten Wald springt ein mächtiger schwarzer Panther, auf dessen Rücken ein Reiter in dunkler Kleidung sitzt. Die Knochenkrone auf seinem Kopf unterstreicht die Kraft, die er ausstrahlt. Zu deiner Erleichterung hält er den mannslangen Speer auf deinen Gegner gerichtet. Er brüllt: „Verfluchter“, dann greift er ihn vehement an.
Gemeinsam gelingt es euch, schwere Treffer zu landen. Der Schattendiener brüllt wütend, und innerhalb weniger Herzschläge ist er verschwunden.

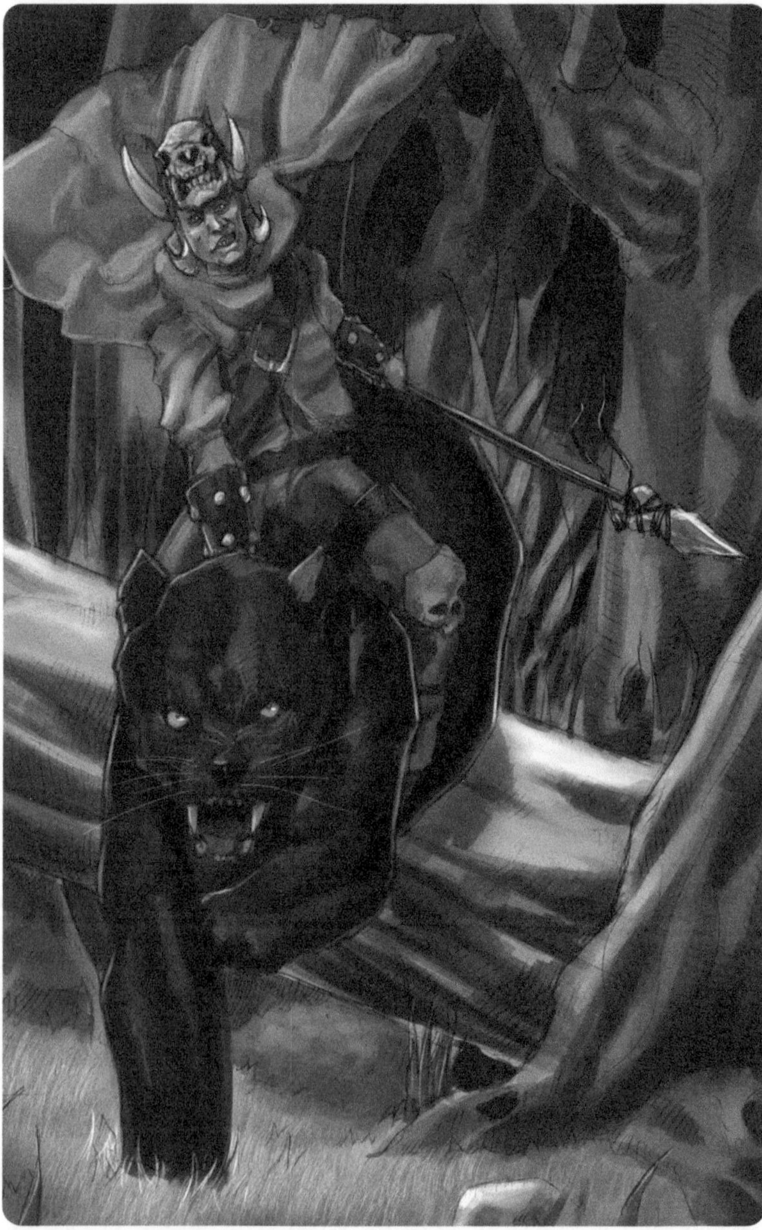

„Warum solltest du meinem schwarzen Freund hier nicht als Stärkung dienen? Sprich schnell!"

Dein Retter und sein Tier mustern dich kühl.
„Wer bist du?", herrscht er dich an. „Warum solltest du meinem schwarzen Freund hier nicht als Stärkung dienen? Sprich schnell!"
Willst du antworten, dass ihr auf der gleichen Seite steht und du ihm helfen könntest, dann lies weiter bei **32**.
Fühlst du dich eingeschüchtert oder überrumpelt, dann zucke mit den Schultern, bevor du etwas Falsches sagst, und gehe zu **151**.
Ist deine Menschlichkeit -3 oder schlechter oder willst du dem Burschen, Größe hin, mächtige Ausstrahlung her, erst mal eine Lektion erteilen, dann stürze dich bei **197** auf ihn.

160 Vorsichtig ziehst du den Beutel mit den beiden Jaku-Fröschen aus deinem Gepäck und hältst ihn dem Silenus hin. Du sagst: „Bitte, helft mir das Heiligtum der Fei zu betreten."
In seinen Augen blitzt es erfreut. Er nimmt den Beutel und lässt ihn irgendwo in seinem Gewand verschwinden.
„Du willst dir von einem einfachen Mann helfen lassen. Also gut."
Er beugt sich nach vorne und spannt sich an, wodurch er konzentrierter wirkt.
„Du musst zum alten Tempel im Berg Ténoch, du erreichst ihn über die rote Treppe. Im Berg wird nach der ersten Prüfung der Zeitpunkt der zweiten Prüfung kommen, an dem alles zu spät und alles verloren scheint. Du wirst gewarnt werden, du wirst diese Warnung in den Wind schlagen, und dann, schließlich, kurz vor deinem Tode, wirst du das Wort hören. Merk dir dieses Wort gut: Es lautet MITNAL."
Um euch herum sind alle Geräusche des Dschungels verstummt.
„Sobald du das Wort hörst, musst du diesen Ring benutzen."
Er holt einen einfachen hölzernen Ring aus seinem Gewand und gibt ihn dir. In die Innenseite des Ringes ist die Zahl 63 eingeritzt. Notiere dir diese Zahl.
Wenn du im alten Tempel im Berg Ténoch bist, achte auf das Wort Mitnal. Sobald du es hörst, addiere die eingeritzte Zahl 63

sofort zu der Abschnittsnummer, an der du dich gerade befindest, um den Ring auf deinen Finger zu streifen und bei der so ermittelten Nummer weiterzulesen.
„Mein Freund. Noch eine dritte Prüfung wartet auf dich, die dir das Heiligtum selbst stellen wird. Was dies sein wird, weiß ich nicht. Doch wird sie die schwierigste von allen sein. Und du bist noch zu schwach. Ich will dir ein wenig helfen."
Wenn du auf dem Weg der Krallen schreitest, lies weiter bei **29**.
Folgst du dem Weg der Schwingen, geht es weiter bei **177**.

161 Gut, dass man dir deine Ausrüstung nicht abgenommen hat. Du ziehst den Trollorden, 26. Regiment heraus und hältst ihn dem Häuptling hin.
Dieser blickt erstaunt zuerst den Orden, dann dich an. Dann sinkt er auf ein Knie und nimmt in einer feierlichen Geste den Orden entgegen. Mühsam erhebt er sich wieder, verneigt sich leicht und ist kurz darauf mitsamt seinem Gefolge im dichten Urwald verschwunden.
Streiche den Orden aus deinem Inventar.
Schnell verlässt auch du diesen Ort. Du irrst viele Stunden im Dschungel umher, bis du endlich einen Weg findest. Leider bist du nicht mehr an der Stelle, an der man dich gefangen nahm.
Lies weiter bei **60**.

162 Du schaukelst weiter, doch stellst du dich reichlich ungeschickt an. Bevor du den Topf zum Umkippen bringst, schwappt Wasser über den Rand und auf das Feuer, wo es zischend verdampft.
Der Gestaltwandler fährt herum und droht dir wütend mit dem Messer.
„Aufhören! Du verdirbst die Suppe!", schreit er.
Willst du tatsächlich aufhören, aus Angst, der Gestaltwandler könnte dir mit dem Messer ein Auge ausstechen? Dann lies weiter bei **153**.
Oder nimmst du das in Kauf und nutzt den Schwung, um den Topf umzustoßen? Dann gehe zu **179**.

163 Du betrittst die Lichtung und siehst vor dir einen Mann sitzen, der dich von unten herauf anlächelt. Du machst noch einen Schritt auf ihn zu. Als der Blick des Mannes auf deinen grimmigen Gesichtsausdruck fällt, weiten sich seine Augen vor Schreck.
Er springt auf, schreit etwas Unverständliches und rennt davon. Er will mit einem üblen Gesellen wie dir nichts zu tun haben.
Du kannst deinen Weg nach Norden (**76**), Osten (**80**), Süden (**168**) oder Westen (**199**) fortsetzen.

164 Ohne weitere Worte packt die Rusalka dir ein Paket mit einem kleinen Kuchen, den du jetzt oder später essen kannst (Lebensenergie +12). Mit flinken Fingern drückt sie 5 Goldstücke in deine Hand.
Sie lächelt dich mütterlich an. „Ich kann zwei meiner Wachen entbehren, damit sie dich auf einem Boot in die Nähe des Silenus bringen. Der Fluss Ruskin fließt fast bis zu ihm. Du musst dann nur noch nach Süden gehen."
Willst du das Angebot der Seherin annehmen? Dann begib dich bei **145** auf das Boot.
Oder kehrst du zu Fuß zur Lichtung in nördlicher Richtung (**84**) zurück?

165 Du öffnest die Kiste und findest 27 Goldstücke. Lies weiter bei **155**.

166 Du rupfst dir ein großes Blatt vom Wegesrand und gehst damit auf Froschjagd. Die Tiere sind verdammt flink! Würfle drei Mal und addiere 4 zum Ergebnis. Ist der Wert höchstens so hoch wie deine Gewandtheit, hast du Erfolg. Bei jedem erfolglosen Versuch berührst du einen der Frösche. Das Gift auf dem Rücken der Frösche lässt sofort Blasen auf deiner Haut entstehen. Lebensenergie -5 pro Versuch.
Endlich gelingt es dir, zwei der kleinen Tiere in einem Bündel der Blätter zu verpacken. Auf ihrem Rücken haben sie eine grüne Musterung, die wie eine Zahl aussieht: Der eine Frosch trägt die 65, der andere die Zahl 95.

Du steckst die lebenden Frösche in den Rucksack und kehrst zu **176** zurück.

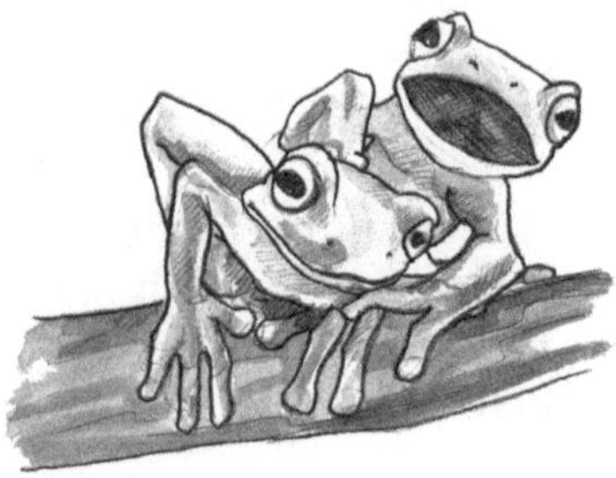

167 Du ziehst den Trollorden aus der Tasche und hältst ihn in Richtung des Baumes. Du vernimmst ein „Ah!“, und aus dem Baum heraus tritt ein geisterhaftes, dünnes Wesen, das nach dem Orden greift.
Der Baummahr reicht dir bis zur Schulter. Seine Haut ist so hell, dass du beinahe durch ihn durchsehen kannst. Mit dem Orden in der Hand blickt er dich an. „Endlich muss ich keine Angst mehr vor diesem Ungetüm haben!“ Er stimmt ein melodisches Summen an. Ein kurzes Kribbeln geht durch deinen Körper (Lebensenergie-Höchstwert +10). Dann wendet er sich wieder seinem Baum zu, verbeugt sich lächelnd und verschwindet im Baum.
Du kannst von hier aus weiter dem breiten Weg nach Westen (**101**) oder Osten (**77**) folgen.

168 Du stapfst den Pfad entlang. Feuchte Blätter zu beiden Seiten des Weges streifen dir um Hüfte und Schultern. Vor dir taucht ein massives Gebilde auf. Du erblickst einen riesigen Totenschädel aus Stein. Aus Mund und Augenhöhlen dringt flackerndes Licht. Treppen führen über den geöffneten Kiefer in das Innere hinab.
Dies ist ein düsterer, aber dennoch geweihter Ort, wie du den zahlreichen religiösen Gravierungen am Schädel entnimmst. Sie zeigen Menschen, wilde Tiere und fremdartige Pflanzen.
Du bist an **Wegpunkt 168**.
Willst du den Totenkopf betreten, dann lies weiter bei **86**.
Oder willst du keine Zeit mehr verlieren? Dann kehre zu **176** zurück.

169 Mansur klopft dir zufrieden auf die Schulter. Du fragst ihn, ob er dir bei deiner Suche nach dem Heiligtum helfen kann. „Mein Freund, natürlich helfe ich dir. Grundlage meines Geschäftes sind gute Beziehungen. Du solltest den alten Silenus nach dem Heiligtum fragen, der weiß über solche Dinge Bescheid. Gehe von hier nach Süden, und du wirst ihn finden."
Mansur kratzt sich am Hinterkopf.
„Hm, hm", macht er. Dann setzt er an: „Ich verstehe nichts von Abenteuern und dergleichen. Aber du siehst mir aus wie einer, der die eine oder andere Rauferei übersteht und noch was im Köpfchen hat." Er seufzt. „Meine Frau heißt Mirni. Wir haben drei Söhne. Sie hat mir bei jeder Geburt eine grüne Glasperle geschenkt. In jede ist der Buchstabe „M" eingraviert, für ihre Namen – Martis, Morn und der kleine Mansur. Hol mich der Baummahr, ich habe die drei Perlen verloren. Für andere sind sie wertlos, nur grünes Glas. Mir bedeuten sie die Welt. Naja, und Mirni kratzt mir die Augen aus. Solltest du sie finden, wäre ich dir ewig dankbar."
Mansur wird dir ein Geschenk machen, wenn du ihm alle drei Glasperlen zurückbringst. Wenn du bereits eine grüne Glasperle hast, kannst du sie Mansur geben und erhältst dafür 3 Goldstücke.
Damit verabschiedet ihr euch. Möchtest du auf dem befestigten Weg nach Westen gehen (**114**)? Oder versuchst du dein Glück auf dem schmalen Pfad, der nach Süden über den nahen Fluss Ruskin in den tiefen Dschungel hineinführt (**181**)?
Oder willst du zur Bootsanlegestelle, die zum Handelsposten gehört und abseits liegt? Dann lies weiter bei **23**.

170 Du kämpfst gegen den Schattendiener, dem du den Fluch des Raben zu verdanken hast.

Schattendiener

Kampfkraft	Schaden	Rüstung	Lebensenergie
23	**20**	**4**	**40**

(Bogenschütze: Schuss möglich)

Wenn du verlierst, dann lies weiter bei **66** in **Buch 1: Schatten**.
Wenn du gewinnst, dann lies weiter bei **36**.

171 Du berichtest knapp von deinen Erlebnissen, davon, wie du dem Boten Marlus gegen den Schattendiener geholfen hast und von Samos auf diese Reise geschickt wurdest, um das Heiligtum der Fei zu befragen. Der Pantherreiter lauscht nachdenklich.
„Du scheinst mutiger, als man auf den ersten Blick meinen mag. Doch hast du auch mehr Glück als Verstand. Wärst du bei Nacht auf den Schattendiener getroffen, dann wärst du längst tot." Er mustert dich eingehend.
„Du weißt doch, dass Tageslicht die Kraft dieses Wesens schwinden lässt?"
An deinem Gesichtsausdruck erkennt er offenbar, dass du noch viel zu wenig über alle Zusammenhänge weißt. „In der Dunkelheit ist er mächtiger, als du es dir vorstellen kannst. Besser, du gehst ihm künftig aus dem Weg."
Mit einer geschickten Bewegung befestigt er den Speer am Sattel, bereit weiterzureiten.
Wenn du die Fertigkeit Bogenschießen nicht beherrschst, reißt er sein Reittier herum. Die kräftigen Muskeln des Panthers spannen sich, und mit einem Satz sind die beiden im dichten Wald verschwunden (weiter bei **11**).
Bist du ein Bogenschütze, wendet er das Wort noch einmal an dich:
„Lass mich dir noch ein wenig helfen." Er kramt in einer Tasche und zieht etwas heraus, das wie eine Schnur aussieht. „Die Bogensehne der Waldläufer. Wir benutzen sie alle. Spanne sie in einen beliebigen Bogen, und dein Pfeil wird so schnell wie der Wind." (Bogensehne des Waldläufers, Schaden +1 bei jedem beliebigen Bogen, mehrmals verwendbar).
Damit reißt er sein Reittier herum. Die kräftigen Muskeln des Panthers spannen sich, und mit einem Satz sind die beiden im dichten Wald verschwunden.
Lies weiter bei **11**.

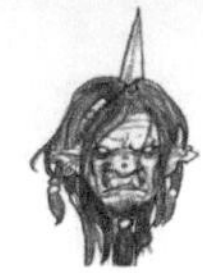

172 Du erklärst dem Echsenmenschen, dass du kein Jahr zu verschenken hast und nicht zu Spielen aufgelegt bist. Er meint nur: „Schade, Heldlein, ich hätte dir sso gerne geholfen", und nimmt wieder seine starre Position ein.
Du kannst unbehelligt den Weg zurückkehren, den du gekommen bist.
Nachdenklich gehst du zurück zu **7**.

173 Du kämpfst dich durch den dichten Urwald weiter. Neben dem Weg erkennst du mehrere große Spinnennetze, in denen dicke, haarige Spinnen auf unvorsichtige Insekten lauern.
Du gelangst an eine Abzweigung.
Dies ist **Wegpunkt 173**. ***Würfel ein Zufallsereignis.***
Du kannst von hier aus weiter nach Osten (**185**) oder nach Süden (**129**) gehen. Natürlich kannst du auch nach Westen zurückkehren (**74**).

174 Du gehst ein paar Schritte am Ufer des friedlichen Sees entlang und freust dich über die Ruhe, die sonst in diesem Dschungel kaum zu finden ist.
Plötzlich kräuselt sich die Wasseroberfläche und ein Amphibienwesen, halb Kröte, halb Fisch, doch fast so groß wie du, springt heraus. Es wirft sich auf dich.

Kröterich

Kampfkraft	Schaden	Rüstung	Lebensenergie
23	**12**	**1**	**80**

(Bogenschütze: Schuss möglich)

Wenn du insgesamt drei Kampfrunden gekämpft hast, lies weiter bei **143**.

175 Mansur präsentiert dir sein Angebot:
- Langschwert (35 Goldstücke, Schaden 16)
- Rostiges Schwert (18 Goldstücke, Schaden 12)
- Langbogen (20 Goldstücke, Schaden 11; nur wenn du die Fertigkeit „Bogenschießen" beherrschst)
- Söldnerrüstung (25 Goldstücke, Rüstung 2)

- Lederrüstung (11 Goldstücke, Rüstung 1)
- Heiltrank (12 Goldstücke, Lebensenergie +25, jedoch nicht über den maximalen Wert hinaus)
- Heilwurzel (5 Goldstücke, Lebensenergie +7, jedoch nicht über den maximalen Wert hinaus)
- Oranger Trank (30 Goldstücke, Lebensenergie-Höchstwert +7, nur einmal anwendbar)
- Für nur 1 Goldstück kannst du jeden beliebigen Gegenstand mit deinem Namen beschriften lassen – vielleicht hast du ja eine Vorliebe für personalisierte Waffen.

Alle Waren sind jeweils einmal auf Lager. Jeder Gegenstand, für den dir ein konkreter Wert mitgeteilt wurde, kann zum genannten Preis verkauft werden. Darüber hinaus nimmt Mansur nur Waffen und Rüstungsgegenstände und zahlt dir dafür 1 Goldstück.

Andere Gegenstände wird Mansur dir nicht abkaufen.

Wenn du fertig eingekauft hast, kannst du Mansur noch fragen, ob er dir helfen kann (weiter bei **169**).

Sonst kannst du auf einem breiten Weg nach Westen gehen (**114**). Oder versuchst du dein Glück auf dem schmalen Pfad, der nach Süden über den nahen Fluss Ruskin in den tiefen Dschungel hineinführt (**181**)?

Du kannst auch zur Bootsanlegestelle gehen, die zum Handelsposten gehört und abseits liegt (weiter bei **23**).

176 Du folgst dem Trampelpfad, bis du an eine Kreuzung gelangst.

Dies ist **Wegpunkt 176**.

Wenn du hier schon gewesen bist, setzt du deinen Weg unbehelligt nach Norden (**76**), Osten (**80**), Süden (**168**) oder Westen (**199**) fort. Sonst lies weiter.

Wenn du eine Menschlichkeit von -3 oder schlechter hast, gehe sofort zu **163**. Andernfalls lies weiter.

Als du die Lichtung betrittst, siehst du vor dir einen Mann sitzen. Er verzieht seinen Mund zu einem bösen Lächeln. Du willst an ihm vorübergehen, doch da ist es schon zu spät. Hinter dir wird surrend ein Schwert gezogen.

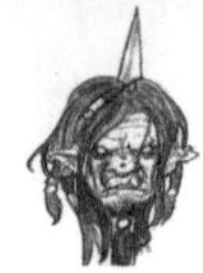

Ein Blick über die Schulter zeigt dir, dass sich hinter dir ein Mann anschleicht.
Die fremden Männer greifen dich gleichzeitig von zwei Seiten an. Du musst kämpfen.
Die beiden sind geübt im Gruppenkampf. Du kannst in jeder Kampfrunde nur mit einem der beiden wie gewohnt kämpfen. Den Angriff des anderen kannst du lediglich versuchen zu parieren. Du fügst ihm aber keinen Schaden zu, falls dein Kampfwert höher ist als seiner (natürlich kannst du bei beiden deinen Rüstungsschutz vom Schaden abziehen). Fliehen kannst du nicht.
Stirbt einer der beiden, beendest du den Kampf gegen den anderen nach den üblichen Regeln.

Fremder Mann 1

Kampfkraft	Schaden	Rüstung	Lebensenergie
22	**9**	**1**	**20**

(Bogenschütze: Schuss möglich)

Fremder Mann 2

Kampfkraft	Schaden	Rüstung	Lebensenergie
21	**12**	**1**	**25**

(Bogenschütze: kein Schuss möglich)

Wenn du gewinnst, lies weiter bei **156**.

177 Mit einem Stößel verreibt Silenus das Gift der Jaku-Frösche in einer Schale und legt ein paar trockene Zweige hinein. Von seinem Finger springt ein Funke auf die Zweige, die sofort brennen. Er bläst einmal hinein und löscht das Feuer dann mit Erde. Schließlich gibt er Wasser dazu, sodass eine braune Masse entsteht. Er schmiert sie auf ein Stück Leder, das er danach mit einer Schnur zu einem Beutel zusammenbindet. „In diese Paste habe ich die Macht der Elemente gelegt. Schmiere sie auf die Klinge deiner Waffe, und sie wird ein tödliches Werkzeug werden. Ich sehe, der Funke der Magie glimmt bereits in dir. Das ist gut."

Wenn du eine Waffe mit der Paste einreibst, wird sie dadurch zu einer Waffe der Elemente (etwa „Schwert der Elemente"). Sie richtet dann dauerhaft 3 Schadenspunkte mehr an. Silenus bestreicht die Waffe, die du gerade trägst, mit einem Teil der Paste. Danach reicht sie noch für eine Anwendung (nicht an der Waffe, die Silenus bereits damit behandelt hat).
Du kannst jetzt noch, wenn du das möchtest, für ein paar Stunden den Worten des Dschungelgrimm lauschen. Danach kehre zu **74** zurück.

178 Du springst tollkühn auf einen der Hagols zu, duckst dich im letzten Moment zur Seite und hechtest nach draußen. Dann rennst du, so schnell du kannst.
Du wirst erst langsamer, als du dir sicher bist, nicht mehr verfolgt zu werden.
Du irrst durch den dichten Dschungel, gehst in die Richtung, aus der du gekommen zu sein glaubst. Erleichtert gelangst du wieder an die Stelle mit den Statuen (**Wegpunkt 77**). Weiter bei **34**.

179 Du schmeißt dich noch einmal gegen den Topfrand. Dabei sticht der kreischende Gestaltwandler mit seinem Messer nach dir.
Wirf einen Würfel. Jedes gewürfelte Auge steht für eine Schnittverletzung, die du erleidest (Lebensenergie -6 pro Verletzung).
Wenn du dies überlebst, dann stürzt du den Topf bei **16** doch noch um.

180 Du erblickst im Schatten der aufragenden Wand eine riesenhafte, gehörnte Götzenstatue mit sechs Armen. Dies ist **Wegpunkt 180.**
Die Statue stellt einen grinsenden Kriegsgott dar. In einer der Hände hält sie einen mannslangen Speer, in einer anderen Hand einen Schild. Eine unheimliche Aura geht von ihr aus. Dir fällt eine alte Geschichte deines Onkels Wilhelm ein, von Götzenbildern, die schon durch eine kurze Berührung die Kraft eines Kriegers erhöhen können.

Willst du das Götzenbild mit der Hand berühren (**72**, nur wenn du dies noch nicht getan hast) oder in westlicher Richtung weitergehen (**132**)?
Du kannst auch über den Trampelpfad nach Norden zurückkehren (**60**).

181 Du überquerst den Fluss Ruskin über eine schmale Holzbrücke und folgst einem Pfad nach Süden.
Lies weiter bei **74**.

182 Du kriechst in die Behausung hinein. Abgesehen von den Kisten ist nichts Interessantes zu entdecken.
Welche Kiste willst du zuerst öffnen (dir ist bewusst, dass du jemanden bestiehlst, Menschlichkeit -1)?
Die linke (**165**), die mittlere (**196**) oder die rechte (**49**) Kiste?

183 Du berührst die Bilder in der Reihenfolge, die du für die richtige hältst. Sie beginnen, in einem dunklen Rot zu leuchten. Seltsam, aber ganz leise kannst du tief im Berg ein Kind lachen hören.
Du hast unter Beweis gestellt, dass du den Glauben der Fei kennst und achtest.
Lies weiter bei **40**.

184 Du folgst dem schmalen Pfad, der sich durch den sumpfigen Dschungel windet.
Schließlich gelangst du an die Ruine eines großen Gebäudes. Sie ist von Matsch umgeben und von feuchten, dunkel schimmernden Pflanzen überwuchert.
Nur noch wenige Steine stehen an ihrem Platz. An der südlichen Seite führt eine schmale, mit Moos bewachsene Treppe in den Keller unter der Ruine.
Willst du diesen Ort sofort verlassen und zu **Wegpunkt 37** zurückkehren? Dann gehe zu **158**.
Oder willst du (wenn du es noch nicht getan hast) die Treppe in den klammen Keller hinabsteigen? Dann lies bei **44** weiter.

185 Der schmale Pfad endet nach einer Weile mitten im Urwald vor einem mannshohen, grauen Baumgerippe.
Dies ist **Wegpunkt 185**.
Möchtest du den toten Baum untersuchen? Dann lies bei **17** weiter.
Wenn du ihn schon untersucht hast oder dich der Baum nicht interessiert, dann kehre zu **173** zurück.

186 Du trittst wieder auf den Mammutbaum zu, und wie erwartet spricht dich das dünne Stimmchen an. „Da bist du ja endlich! Warst du erfolgreich?"
Wenn du den Orden hast und ihn dem Baummahr zurückgeben willst, so ziehe die eingravierte Zahl von der aktuellen Wegpunkt-Zahl ab, um zu erfahren, an welcher Nummer es weiter geht (du bist an **Wegpunkt 193**).
Anderenfalls kannst du von hier aus dem breiten Weg nach Westen (**101**) oder Osten (**77**) folgen.

187 Du erinnerst dich an die Worte des Kröterichs.
Ohne Schwierigkeiten findest du den beschriebenen Hebel und legst ihn um. Dann betrittst du, mit der Waffe in der Hand, den Totenschädel. Du gehst die Treppe hinab, vorbei an flackernden Fackeln, ohne dass eine tödliche Falle zuschnappt.
Nach einem Dutzend Stufen gelangst du in einen Saal, in dem Opfergaben aufgereiht auf Tischen liegen. Dahinter führt eine weitere Treppe noch tiefer ins Innere der Ritualstätte.
Du schaust dir die Gaben an. Es sind Lebensmittel dabei, Fleisch und Früchte, von denen du essen kannst (Lebensenergie +10).
Außerdem liegt vielerlei billiger Schmuck aus Blech, Holz, farbigen Steinen und Lederbändern herum – von diesem kannst du dir nehmen, soviel du magst, und dich schmücken, wenn dir das gefällt. Verkaufen kannst du diesen Schmuck nicht. Er ist zu simpel gefertigt.
Lediglich zwei Gegenstände verdienen Beachtung:
Der eine ist eine gelbliche Pergamentrolle, auf der ein magisches Wort geschrieben steht: „Bach-la-tum". Es handelt sich um einen Kampfzauber, den du in jedem beliebigen Kampf anwen-

den kannst. Du gewinnst eine Kampfrunde automatisch und schleuderst einen Feuerball auf deinen Gegner (Schaden 14) – allerdings kannst du diesen Zauber nur einmal durchführen, da die Schriftrolle mit dem Feuerball verbrennt.
Der andere Gegenstand ist ein Fläschchen konzentriertes Froschgift. Du kannst es im Kampf auf deinen Gegner schmeißen, was ebenfalls zur Folge hat, dass du die Kampfrunde automatisch gewinnst (Schaden 13, eine Anwendung).
Willst du schleunigst von hier verschwinden, um zur letzten Kreuzung zurückzukehren? Dann gehe zu **176**.
Oder willst du noch tiefer vordringen, um herauszufinden, welche Schätze hier noch verborgen sind?
Wenn du die Warnung des Kröterichs ignorieren willst, dann steige bei **194** die nächste Treppe hinab.

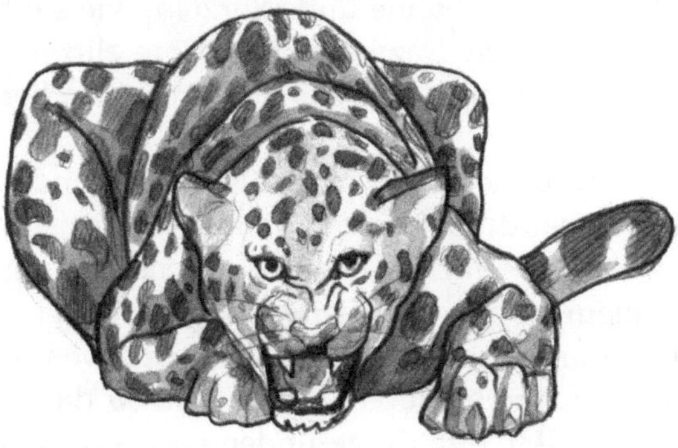

188 „Ich will große Taten begehen, böse Ritter besiegen und holde Jungfrauen küssen!", lässt du ihn wissen. Der Reiter verzieht den Mund und blickt an dir vorbei. Er unterbricht dich mit einem knappen „Viel Glück".
Die kräftigen Muskeln des Panthers spannen sich, und mit einem Satz ist er mitsamt Reiter im dichten Wald verschwunden.
Lies weiter bei **11**.

189 Du ermordest den Buschtroll, der nicht die geringste Möglichkeit hat, sich zur Wehr zu setzen (Menschlichkeit -1).
Du durchsuchst seine Überreste und findest 12 Goldstücke. Leider ist seine einhändige Axt schartig und ungepflegt (Schaden

12). Er trägt Handschuhe aus Kobraschuppen (Rüstung 1). An seinem Gürtel sind ein paar Metallhaken zum Räuchern von Fisch befestigt.
Außerdem findest du einen Orden, auf dem „26. Regiment" eingraviert ist. All diese Gegenstände kannst du einstecken.
Lies weiter bei **45**.

190 Du hast Glück, dass sich der Gestaltwandler nicht umdreht. Als sich der Topf neigt, legst du dich mit aller Kraft gegen eine der Seiten. Krachend kippt der Topf und rollt vom Feuer.
Weiter bei **16**.

191 Du bückst dich und kriechst unter den Körper der Spinne, um die Gegenstände besser betrachten zu können.
Du findest vor allem Steine und Wurzeln, wie sie hier im Urwald überall wachsen. Dazwischen liegt ein glitzernder Gegenstand. Du greifst danach und hältst einen gelben Bergkristall in der Hand.
Er hat keine besonderen Eigenschaften. Aufgrund seiner schönen Farbe kannst du bei einem Händler dafür jedoch 8 Goldstücke erhandeln – auch in Waldheim leben genug ältere Damen, die einem schönen Stein etwas abgewinnen können.
Dann fällt dir unter trockenen Blättern noch etwas auf: eine kleine metallene Scheibe. Sie ist zerbrochen, so dass eine Hälfte fehlt. Auf dem Teil, den du gefunden hast, sind Löcher eingestanzt, die wie eine Sonne und vier Sterne aussehen. Wenn du willst, kannst du die zerbrochene Scheibe einstecken (und die Anzahl der Sterne notieren).
Danach kehrst du zurück zu **173**.

192 Du wirfst dem blutenden Mann einen letzten Blick zu und machst dich wieder auf den Weg (Menschlichkeit -1).
Willst du dem breiten Weg nach Westen (**193**) oder nach Süden (**114**) folgen?
Oder wählst du den schmalen, zugewachsenen Fußweg, der in östliche Richtung führt (**122**)?

193 Du schreitest kräftig aus auf dem breiten Weg, der begradigt und geebnet ist.
An einem alten Mammutbaum bleibst du stehen und blickst nach oben.
Dies ist **Wegpunkt 193**. Solltest du schon einmal hier gewesen sein, gehe zu **186**. Wenn nicht, lies weiter.
Plötzlich siehst du eine Bewegung im Baum. Eine Gestalt lässt sich von einem der Äste geräuschlos nach unten fallen und landet direkt vor dir. Es ist ein kleiner, sehniger Mann in schwarzem Leder.
Er hat den verschlagenen Blick eines Luchses. In den Händen hält er lange Messer. Er schnalzt mit der Zunge und stürzt sich auf dich. **Wenn dies dein erster Kampf ist, lies nun in den Regeln Block 3.**

Fremder Mann

Kampfkraft	Schaden	Rüstung	Lebensenergie
21	**10**	**0**	**32**

(Bogenschütze: Schuss möglich)

Fliehen kannst du nicht.
Wenn du den Mann besiegst, lies weiter:
Der fremde Angreifer liegt tot vor dir zu Füßen des Mammutbaumes. Du kannst eines seiner Messer mitnehmen (Schaden 5). Er hat einen Beutel mit getrocknetem Ogerfleisch dabei (Verzehr: Lebensenergie +10, Menschlichkeit -1) sowie 2 Goldstücke. Um den Hals hängt ein Lederband, an dem Fußknöchelchen befestigt sind: Trophäen seiner Opfer. Dir wird klar, dass es sich um einen Kopfgeldjäger der Anansi handelt, düstere Söldner, die gegen Belohnung Jagd auf Menschen machen. Aus Aberglauben schmücken sie sich mit Körperteilen derjenigen, die sie getötet haben. Viel mehr weißt du nicht über die Anansi, nur eines: Sie jagen selten alleine. Du fragst dich, wie viele der Anansi dir noch auflauern werden.
Du lenkst deine Aufmerksamkeit wieder auf den riesigen Baum, von dem dein Angreifer herabsprang. Die Rinde ist zerfurcht wie die Haut eines Eisriesen. Du hebst eine Hand, um sie

zu betasten. Eine dünne, helle Stimme schreit: „Nicht anfassen!“ Du drehst dich um, kannst aber niemanden entdecken. Kommen noch mehr Anansi?
„Ja, hier, du bist schon ganz richtig!“, spricht die Stimme weiter. Sie kommt direkt aus dem Baum.
„Mein Name ist Hektor, ich bin der mächtige Baummahr.“
Das dünne Stimmchen klingt ganz und gar nicht mächtig. „Keine Sorge, ich tu deinem Baum schon nichts“, sagst du.
„Geh nicht“, erwidert Hektor. „Du musst mir helfen!“ Du hörst dir noch kurz an, was der Baummahr zu sagen hat – vielleicht kann er dir helfen, wenn du ihm einen Wunsch erfüllst?
„Du hast den Unhold, der auf meinem Baum saß, so tapfer niedergerungen. Beseitige auch noch diesen furchtbaren Buschtroll, der hier im Wald sein Unwesen treibt! Er wollte doch wirklich meinen Baum fällen. Bring mir als Beweis den Orden, den er so stolz trägt!“
Solltest du den Orden bereits besitzen, kannst du ihn dem Baummahr geben, indem du die eingravierte Zahl von der aktuellen Wegpunkt-Nummer abziehst.
Sonst kannst du von hier aus weiter dem breiten Weg nach Westen (**101**) oder Osten (**77**) folgen.

194 Der Kröterich hat doch keine Ahnung, denkst du dir. Leider vergisst du, dass er auch über die erste Falle am Eingang der Ritualstätte gut Bescheid wusste.
Du setzt einen Fuß auf die erste Stufe. Als du deinen anderen Fuß auf die nächste Stufe setzt, hörst du unter dir ein kurzes, schleifendes Geräusch – und schon kippen die Stufen weg. Haltlos rutschst du aus, schlägst unten hart auf den Boden und wirst ohnmächtig.
Als du aufwachst, bist du gefesselt. Der hiesige Clan der Fei betrachtet dich nicht als Eindringling, sondern als Freiwilligen, der sein Leben den Göttern der Fei opfern will. Du wirst dementsprechend wie ein Ehrengast behandelt, man versorgt dich mit Speisen und frischem Wasser. Danach wird dein Blut an alle Mitglieder des Clans zum Trinken verteilt. Als sie dich über offenem Feuer zubereiten, bist du bereits tot und wirst bis auf

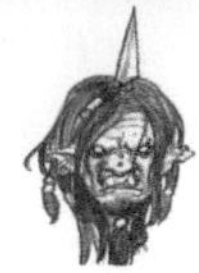

die Knochen verzehrt. Dein Abenteuer endet zwar, aber immerhin wirst du in den Gedanken der Fei als großmütiger Spender deines Lebens noch lange verehrt werden. Wenn es dir noch etwas nützen würde, könntest du dir zwei Menschlichkeitspunkte gutschreiben.

195 „Ssehr schön!“, freut sich der Reptilienmann.
Aus seiner Hütte holt er eine kleine Schiefertafel. Mit grüner Kreide schreibt er sechs Zeilen auf diese Tafel.
„Alless wass du tun mussst, isst die nächsste Zzeile zzu schreiben.“
Dies hat er geschrieben:

1
1 1
2 1
1 2 1 1
1 1 1 2 2 1
3 1 2 2 1 1

Wenn du das Rätsel lösen kannst, dann geht es bei der Nummer weiter, die den ersten drei Ziffern der von dir geschriebenen Zeile entspricht.
Ist das Rätsel zu schwer, kannst du den Reptilienmann angreifen (**144**) oder aber ein Jahr bei ihm bleiben, Holz hacken, Wäsche waschen, Essen kochen und danach dein Abenteuer von vorne starten.

196 In der Kiste findest du alte Stoffreste, mit denen du nichts anfangen kannst. Weiter bei **155**.

197 Du stürzt dich mit wildem Geschrei auf den Reiter – und landest kopfüber auf einer knorrigen Wurzel (Lebensenergie -5). Der Panther hat so schnell einen Schritt zur Seite gemacht, dass du es kaum sehen konntest.
Liegend hörst du die höhnische Stimme des Reiters: „Viel Glück, großer Held!“ Als du dich aufrappelst, sind der Reiter und sein Panther bereits im dichten Dschungel verschwunden. Lies weiter bei **11**.

198 Du ziehst die Mantelbrosche aus deinem Gepäck. Der Häuptling blickt sie eine Sekunde lang verdutzt an, ergreift sie, ruft einen Befehl in einer fremden Sprache und schon wirst du wieder fortgetragen – diesmal jedoch weniger grob.
Man setzt dich wieder neben dem Götzen ab. Die Fei verbeugen sich vor der gehörnten Steinstatue mit den sechs Armen und bedeuten dir, dasselbe zu tun. Der Häuptling fährt mit der Hand über den noch offenen Schnitt an deinem Arm und schmiert einen roten Streifen deines Blutes auf das Götzenbild.
Er verneigt sich knapp vor dir, und kurz darauf sind alle Stammesmitglieder verschwunden. Vergiss nicht, die Brosche aus deinem Inventar zu streichen.
Du machst dich wieder auf den Weg und lässt die Statue hinter dir. Willst du in Richtung Westen gehen (**132**) oder wendest du dich in Richtung des Trampelpfades, der sich durch einen schmalen, hohen Torbogen in der Mauer nach Norden schlängelt (**24**)?

199 Der Pfad nach Westen endet nach wenigen Schritten abrupt. Dies ist **Wegpunkt 199**.
Wenn du hier noch nicht warst, wirf fünf Würfel. Wenn das Ergebnis höchstens deine Gewandtheit ist, gehe zu **83**. Anderenfalls kehre zur letzten Kreuzung zurück (**176**).

200 Du wendest dich dem Jungen, dem Heiligtum, zu. Er schaut dich aufmerksam an.
„Mir wurde berichtet, dass du einen Weg suchst, den Fluch des Raben und die Karben zu bekämpfen. Da du alle Prüfungen bestanden hast, sage ich dir, was du wissen musst." Ténoch legt das Messinstrument, das er in der Hand hält, vor sich auf den Tisch und steht auf. Du hast das Gefühl, als wäre jedes Möbelstück, jede Wand, ja gar das Licht selbst auf ihn ausgerichtet. Als er durch den Raum geht, scheint sich alles mit ihm mit zu bewegen, als wäre er das Zentrum dieser Welt. Dir fällt auf, dass er keinen Schatten wirft, als wäre er – und nicht die Sonne – die Lichtquelle. Er steigt von der Empore herab und bleibt vor dir stehen. Der Junge geht dir nicht einmal bis zur Schulter. Den-

noch strahlt er eine Stärke aus, die ganz und gar nicht körperlich ist, nicht ein bisschen.
„Die Karben in Waldheim werden von einem Meister der dunklen Mächte geführt. Er hat eine dunkle Magie entdeckt: das Feuer des Mondes. Seitdem ist er einer der mächtigsten Hexer des Landes. Das Feuer des Mondes ist vor Jahrhunderten erloschen. Seit der Zeit des Königs des Ostreichs, dem Erben der drei Grausamen Schwestern, war es vom Angesicht dieser Welt verschwunden."
„Ich verstehe nicht ...", setzt du an.
„Eine uralte Überlieferung, die Wenige kennen", unterbricht er dich sofort. „Das Feuer des Mondes ist dunkelste Magie. Es verleiht Macht, jedoch zu unkalkulierbaren Kosten. Seit der Verwüstung des Földlandes, das heute das Tote Land genannt wird, hat es niemand mehr entfacht. Der König des Ostreiches war der Letzte, der es beherrschte. Einer seiner tödlichsten Zauber war der Fluch des Raben. Er nutzte ihn, um seine Feinde zuerst in den Wahnsinn, dann in seine Arme zu treiben. Doch damit nicht genug: Das Feuer des Mondes verlieh ihm Macht über die Seelen der Menschen.
Ohne Hilfe kannst du nicht gegen ihn bestehen. Allein der Rabe auf deiner Haut kann dich in wenigen Wochen vernichten." Er deutet auf deine Brust und nickt wissend.
„Dieser Hexenmeister konnte das Feuer des Mondes erwecken, indem er die Reine Quelle des Kalrir benutzte, die tief im Nordwald liegt."
Du denkst an den Kalrir, den finsteren Wald nördlich von Waldheim. Dort liegt also tatsächlich das nächste Ziel deiner Reise. Diese Reine Quelle musst du finden, wenn du gegen das Feuer des Mondes bestehen willst.
„Ich habe ein Geschenk für dich. Warte einen Moment." Der Junge bückt sich und ergreift einen der toten Käfer, die von dem Schattendiener übrig geblieben sind. Aus einem Beutel nimmt er einen Gegenstand, der aussieht wie eine Taschenuhr. Mit den Fingern zerdrückt er den Käfer und streut ihn darüber. In einem blauen Leuchten zerfließen die Reste des Käfers und verbinden sich mit dem Gegenstand.

„Siehe, ein silberner Kompass, geformt aus dem Feuer der Sonne. Er kann das Feuer des Mondes bannen, dessen schwarze Magie in die richtige Richtung lenken."
Ténoch legt seine Hand auf deine Schulter. Obwohl er wie ein Kind aussieht, wirkt die Geste väterlich.
„Die Nadel wird immer in die Richtung des nächsten Wesens zeigen, das mit dieser schwarzen Magie zu tun hat. Tötest du ein solches Wesen, wird der Kompass den Teil der Magie des Feuers aufnehmen, der diesem Wesen zum Leben verhalf." Er überreicht dir den Kompass. „Und sollte tatsächlich der Entfacher des Feuers vor dir stehen, so wird die Nadel sich im Kreis drehen."
Du nimmst den Kompass und klappst ihn auf. Die Nadel deutet nach Norden.
Dir fällt auf, dass du auf deine eigentlichen Fragen noch keine Antwort erhalten hast.
„Wie nutze ich diese Reine Quelle? Wie kann ich gegen den Führer der Karben bestehen, wenn das Feuer des Mondes ihm solche Macht verleiht? Und wie werde ich den Fluch los?"
Der Junge lächelt. „Ich kennzeichne dich nun als einen, der die Prüfungen der Fei bestanden hat."
Ténoch streckt seine rechte Hand aus, nimmt die deine, und drückt seinen Daumen in deine Handfläche. Es kitzelt kurz, dann zieht er seine Hand wieder weg. In deiner Handfläche ist nun das Zeichen der Fei eingebrannt, ein kunstvolles Symbol, das wie ein in sich verschlungener Mammutbaum aussieht (Lebensenergie-Höchstwert +5, Gewandtheit +2, das heißt, deine Gewandtheit steigt um 2 Punkte). Alle deine Wunden sind geheilt.
„Das Zeichen der Fei, es steht für Fortschritt und Leben. Viele Menschen in Waldheim meiden den Dschungel, da sie ihn für böse halten. Dabei ist er nur wild und fremdartig. Wer uns Fei mit Achtung begegnet, so wie du und der Händler Mansur, wird von uns freundlich aufgenommen."
Er lächelt dir zu. Doch noch immer hat er deine Fragen nicht beantwortet. Vielleicht weiß er es nicht? Vielleicht kennt auch er kein Mittel gegen das Feuer des Mondes?

Dann sagt er:
„Weißer Schatten gelüftet
Kraft des Tötens wird Blut,
Nacht des Nordens erstickt
so erwacht dein Führer
das Kind der Macht
der Kompass des Wassers Heilung."

Der Knabe nickt dir zu und kehrt zu seinen Plänen und Berechnungen zurück. „Ich wünsche dir Erleuchtung auf deiner Reise."
Ténoch ergreift einen Hebel in der Wand, den er von sich weg schiebt. Hinter dir wird die Holztür geöffnet, und vier Träger bringen eine Sänfte herein. Das Gespräch ist beendet. Du verneigst dich noch einmal vor dem Jungen und machst es dir dann in den Polstern der Sänfte bequem. Um dich herum werden Tücher zugezogen. Du bist bereit, den Fei wieder zu verlassen. Hier hast du deine ersten Abenteuer erlebt und Feinde besiegt, doch auch Freundschaft und Hilfsbereitschaft gefunden. Nur eine Antwort auf deine Fragen, die hast du nicht erhalten – oder doch? Was mögen die Worte Ténochs bedeuten?
Nach kurzer Zeit bist du bereits am Ziel angekommen. Die Vorhänge werden geöffnet. Du befindest dich in der Nähe der Siedlung Kornbach, in der du Samos treffen sollst, am Rande des Dschungels der Fei.
Du bist lebend aus dem Urwald zurückgekehrt.

Weiter in **Buch 1: Schatten** bei **151**.

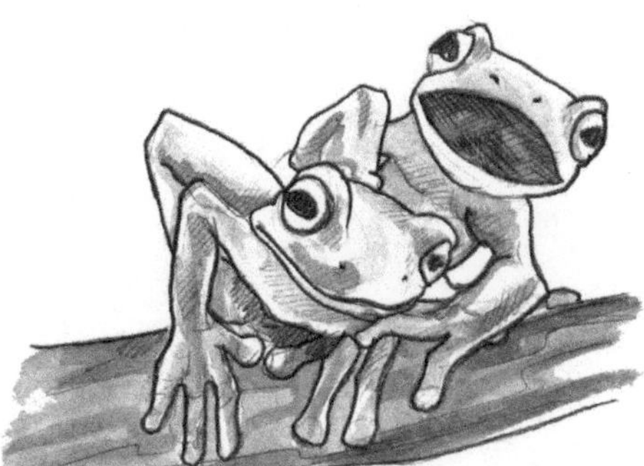

Buch 3

Blut

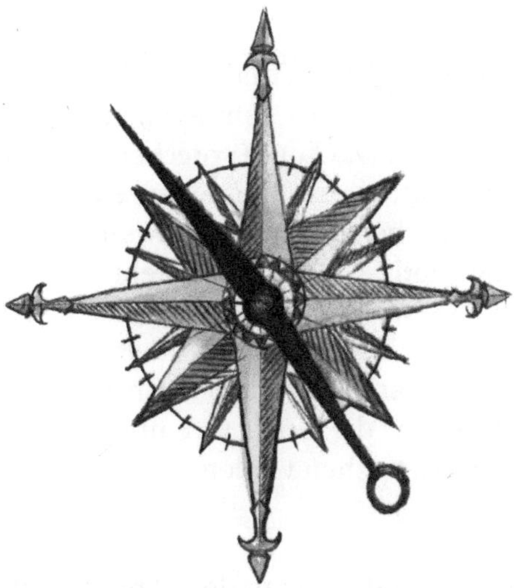

Kalrirs Geißel. Erbe der Nacht
Alles brennt, glimmt, glüht, und stirbt
Renne, Fremder, denn von Norden
Kommt nur der Tod
Und kommt das Leben

(Aus: Akashi Lamba: „Schattenspiel: Der Weg des Ronahi",
Stadtarchiv von Waldheim)

Der Mann schlägt mit der Faust auf die Lehne seines Stuhles und brüllt: „Wie kann es sein, dass er noch immer lebt? Warum ist er wieder entkommen?" Er erhebt sich und tritt auf den Boten zu, der winselnd auf dem kalten Steinboden liegt. „Mein Schattendiener! Er war mächtiger als jeder Sterbliche!"
Aus dem Bücherregal an der anderen Seite des Raumes zieht er ein Buch. „Schickt neue Jäger. Den Alten. Und gebt den Weg zu ihr frei." Er flüstert. „Ich werde nicht dulden, dass ein Nachtwächter meine Pläne vereitelt. Am Ende wird sein Onkel ihn zu mir führen."

Du hast dein ganzes Leben in der Nähe des Nordwaldes Kalrir gelebt. Dennoch ist es dir nie gelungen, viel über den Wald in Erfahrung zu bringen. Die Leute sprechen nicht gerne darüber, was hinter den Schatten der Bäume vor sich geht. Doch kommen durchaus Menschen in den Wald, wenn auch niemand weiter als unbedingt nötig nach Norden geht. Nur Lichtungen im Süden des Waldes – wo das Sonnenlicht noch zu erkennen ist – gelten als sicher. In die Abgeschiedenheit des südlichen Kalrir sollen sich neben allerlei Gesindel auch Künstler und Handwerker zurückziehen, die ungestört und unbeobachtet ihren Angelegenheiten nachgehen wollen.
Weiter bei **1**.

1 Der Wald begrüßt dich mit dem Knarzen alter Bäume, die im Wind ihre grünen Wipfel neigen. Die kühle Luft riecht nach dem Harz alter Fichten. Kurz hinter dem Waldrand kommst du an eine Kreuzung, an deren Rand zwischen Birken Fliegenpilze wachsen.
In der Mitte steht ein alter Mann mit einem langen grauweißen Bart. Sein Gesicht ist so runzelig wie die Rinde eines verwitterten Baums. Er trägt schmutzige Kleidung und hält einen knorrigen Wanderstab in der Hand.
Er fängt an zu predigen, als er dich erblickt:
„Kalrir, der finstere Wald des Nordens, wird auch Wald des Henkers genannt! Im Schnee lauert Unsagbares. Jeder Wanderer riskiert seine Seele, sobald der Wald sein Aussehen verändert.

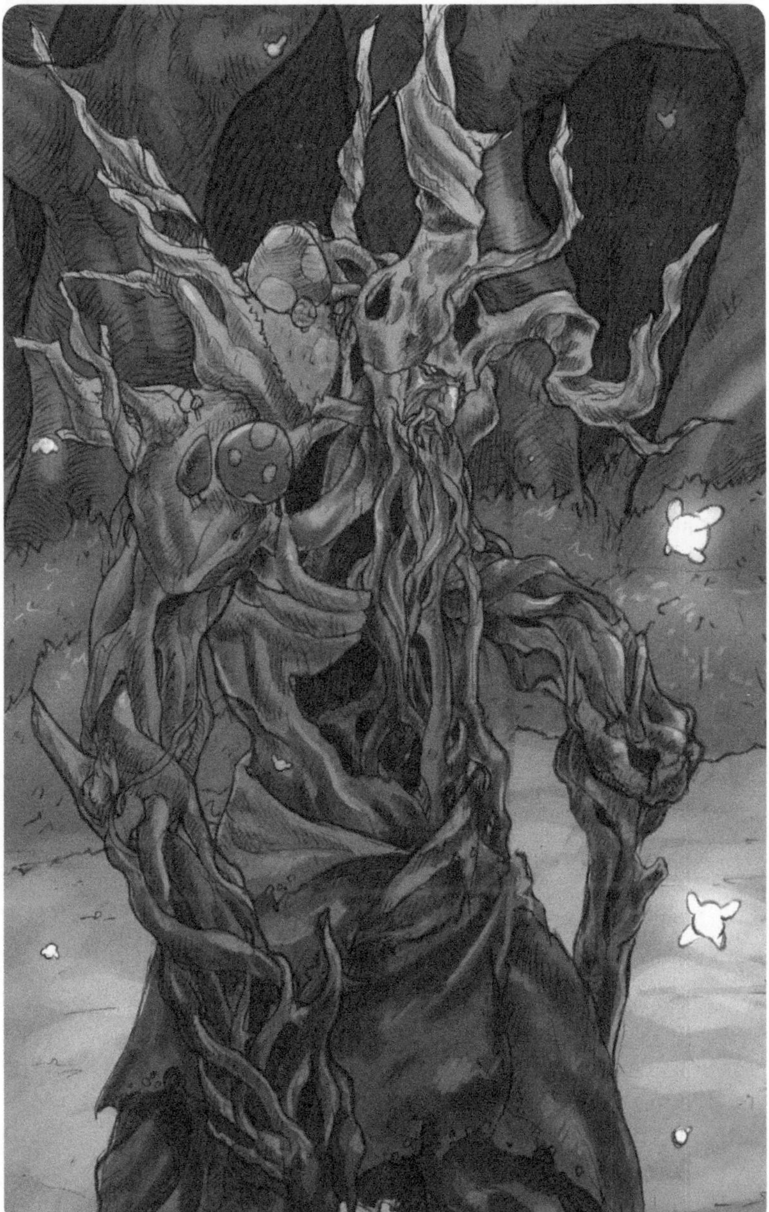

„Kalrir, der finstere Wald des Nordens, wird auch Wald des Henkers genannt!“

Und die andere Seite des Flusses, wo der Dämon sein Unwesen treibt, sollte nie von einem Sterblichen betreten werden! Ich sage dir, junger Freund, kehre um, solange es noch geht!"
Wenn du den Mann fragen willst, was er meint, dann gehe zu **89**. Sonst lies weiter bei **170**.

2 Hastig räumst du den Schnee zur Seite. Darunter findest du braune, blattlose Zweige, die über ein paar lose Bretter gelegt wurden. Du zerrst die Abdeckung weg und legst einen Hohlraum frei. Weiter bei **59**.

3 Du schiebst dich durch das Loch und betrittst einen engen Raum. Die Decke hängt so tief, dass du gerade noch aufrecht stehen kannst. Der Boden ist noch matschiger als außerhalb der Öffnung. Du brauchst einen Augenblick, bis sich deine Augen an die Dunkelheit gewöhnt haben.
Dann atmet etwas rasselnd neben dir. Du wirfst hektisch den Kopf zur Seite. Ein rattenähnliches Wesen greift dich an, das fast so groß ist wie du.
Du wirst angegriffen. Dein Gegner gewinnt die erste Kampfrunde automatisch.

Rattenmann

Kampfkraft	Schaden	Rüstung	Lebensenergie
25	**21**	**1**	**40**

(Bogenschütze: kein Schuss möglich)

Wenn du den Rattenmann besiegst, lies weiter bei **45**.

4 Entschlossen stapfst du weiter durch den düsteren Wald. Nach einiger Zeit wird der Weg breiter und wächst sich zu einer Lichtung aus. Du bist an **Wegpunkt 4**.
Der silberne Kompass zeigt nach Nordwesten.
Im Boden stecken Steintafeln, die mit Flechten und Efeu bewachsen sind. Fast jede trägt eine Gravur. Auf einer sind gedrehte Hörner eingemeißelt, auf einer anderen ein Hufeisen. Du stehst auf einem Tierfriedhof – die Steine sind Grabsteine.

Wenn du ohne Verzögerung deinen Weg fortsetzen willst, kannst du nach Norden (weiter bei **171**) oder Westen (weiter bei **58**) gehen.

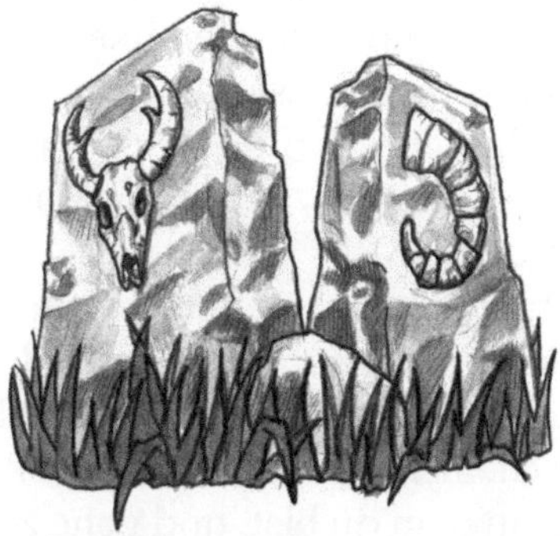

Du überlegst, was du stattdessen tun könntest. Was wohl geschieht, wenn du das Fell eines Tieres auf dem Friedhof beerdigst? Falls du eines hast, kannst du es bei **15** unter einem der Grabsteine vergraben.

5 Die beiden Zombies sind tot. Sofort schiebt dich der Kobold in Richtung Tür. Er drückt sie auf und ihr stolpert nach draußen ins Zwielicht des Nordwaldes.
Die Zombies folgen euch nicht. Schwer atmend fallt ihr in den Schnee.
Obwohl ihr außerhalb der Hütte seid, beginnt der silberne Kompass, die dunkle Magie, welche die Zombies zum Leben erweckt hat, aufzusaugen. Er vibriert leicht, als er die Energie jedes toten Zombies aufnimmt und einen Teil davon an deinen Körper abgibt (Lebensenergie +2 je von dir getötetem Zombie).
„Ich Skritok Miltok!" Der Kobold erzählt, dass er seit langer Zeit der Diener der Zombies ist. Du hast ein unglückliches Wesen aus der Gefangenschaft befreit (Menschlichkeit +1).
Dann willst du dich von ihm verabschieden, doch der Kobold hält dich am Arm fest. „Einen Moment, gleich zurück!"
Er rennt in das Dickicht des Waldes, von wo du erst ein Rascheln und dann schmatzende Kaugeräusche hörst. Im nächsten Augenblick springt Skritok Miltok wieder auf die Lichtung und hält dir einen braunen Gegenstand hin.

„Probieren!", sagt er. Erst jetzt erkennst du, dass er aus einem Ast eine einfache Flöte geschaffen hat. Du wunderst dich zwar, wie er – mit Zähnen und Nägeln? – den kleinen Hohlraum hergestellt hat, doch überwindest du den Ekel, wischst die Flöte an der Hose ab und bläst hinein. Es ertönt ein klarer Pfeifton.
Der Kobold grinst dich an. „Skritok Miltok mit Waren des Nordwaldes handeln. Alte Mansur zahlt gute Preise! In Flöte blasen, egal wo im Nordwald."
Er stampft auf den Boden und ist verschwunden.
Du kannst jederzeit, solange du dich im Kalrir im Freien aufhältst und nicht gerade kämpfst, in die Flöte blasen. Dann wird Skritok Miltok erscheinen und dir seine Waren anbieten (Merke dir den Abschnitt, an dem du bist, und gehe zu **200**, um Handel zu treiben).
Da du keinen Weg erkennen kannst, der zum Fluss führt – du hörst ihn immer noch hinter dem Wirtshaus rauschen – kehrst du zurück zur letzten Lichtung im Süden. Weiter bei **108**.

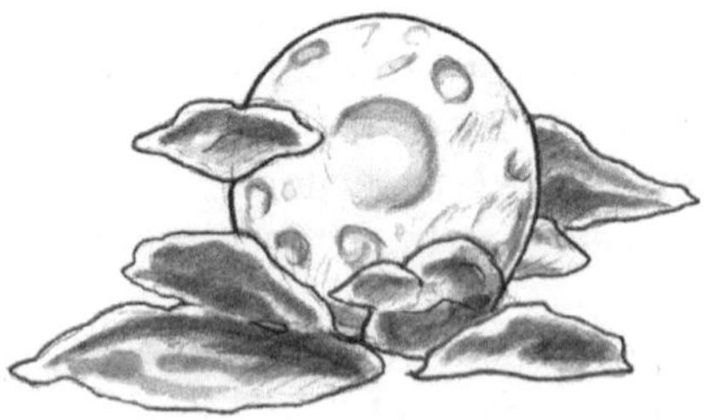

6 Du harrst noch aus. Plötzlich flimmert die Luft. Ein Blitz zuckt von einem der Steine zu den anderen. Als er den trifft, hinter dem du dich befindest, wirst du zu Boden geworfen. Dann schlägt er in den Altar in der Mitte ein. Der gefesselte Mann wird nach oben geschleudert und landet dampfend im Schnee.
Nebelschwaden wabern wieder über die Lichtung. Die Konturen der Kuttenträger verschwimmen und werden mit dem Nebel eins, bis sie verschwunden sind.
Der Nebel ist nicht ganz so dicht wie vorher. Als du dir sicher bist, dass niemand mehr da ist, gehst du zu der verkohlten Leiche. Es handelt sich um einen jungen Mann, der die Kleidung der Gaukler trägt. Du kannst nichts mehr für ihn tun.

Dein Blick fällt auf den Sockel des Steinaltars, vor dem der arme Kerl liegt. Dort findest du eine Inschrift, die du im dichten Nebel nur mit Mühe entziffern kannst:

„Ein Leichnam an des Weges Rand
Verrat
Zwei Schlangen in des Schicksals Sand
Unglück
Drei Raben sind dein Untergang
Tod"

Das düstere Gedicht klingt nach den Karben, die dir immer noch folgen. Nie wieder wirst du diese Zeilen vergessen.
„Folglich hast du es bis hierher geschafft, Nachtwächter", sagt da eine vertraute Stimme. Du fährst herum.
Hinter dir steht ein weiterer Kuttenträger, den du vorher nicht bemerkt hast: ein hagerer Mann in weitem Umhang, die Kapuze tief in das Gesicht gezogen. Ein blaues Flackern umspielt sein Gewand und die Lederrüstung darunter. Seine Hände sind dürre Klauen, mit Krallen lang wie Messer und scharf wie Klingen aus Krelheim. Du erkennst die Stimme sofort. Sie gehört dem Mann, den du mit eigenen Augen sterben sahst und der eigentlich in Waldheim begraben sein sollte: Vor dir steht Arumnas, der alte Bibliothekar.
Sein Gesicht ist unter der Kapuze kaum zu erkennen. Nur undeutlich zeichnet sich die pergamentartige, verbrannte Haut ab, die sich eng um den Schädel spannt. Arumnas ist jetzt ein Schattendiener, ein Agent der Karben.
„Faron verfluchte mich, so wie dich, und ich erwachte zu neuem Leben. Ich bin hier, um dich zu meinesgleichen zu machen, Nachtwächter. Ein Geschenk, für das Manche ihren rechten Arm gäben."
Nach diesen Worten beginnt er, mit seiner knochigen Hand Zeichen in der Luft zu schreiben, die für ein paar Augenblicke blau aufleuchten. Er versucht, einen Runenzauber zu weben. Du wirfst dich auf ihn.

	Arumnas		
Kampfkraft	Schaden	Rüstung	Lebensenergie
26	**22**	**2**	**56**

(Bogenschütze: Schuss möglich)

Arumnas versucht, seinen Zauber weiter zu weben. Wirf nach jeder Kampfrunde einen Würfel. Bei jeder 6 gelingt es ihm, einen weiteren Teil abzuschließen, und du verlierst einen Punkt deiner Menschlichkeit (denke daran, sofort bei **66** *in* **Buch 1** *weiterzulesen, wenn deine Menschlichkeit auf -6 sinkt).*

Bleibst du siegreich, lies hier weiter:

Der alte Mann sinkt keuchend zu Boden und zerfällt in hunderte Käfer, die sofort im Erdboden verschwinden. Der Kompass nimmt die Magie des Feuers des Mondes in sich auf und gibt einen Teil davon an dich ab (Lebensenergie +25). Du betrachtest die Kutte und das Lederwams des Bibliothekars noch eine Weile – es ist alles, was von ihm übrig ist. Du bist froh, Arumnas von dem Fluch erlöst zu haben (Menschlichkeit +1).

Du solltest weitergehen. In welche Richtung willst du dich nun wenden?

Nach Süden (weiter bei **31**) oder nach Osten (weiter bei **58**)?

7 Du konzentrierst dich auf den Stofffetzen der Wahrsagerin um deinen Hals und versuchst, das Zeichen zu visualisieren. Sofort lässt der unheilige Zauber nach. Nach einem Augenblick kannst du schon den Arm heben und das Stück Stoff umklammern. Weiter bei **43**.

8 Du entnimmst die Schriftrolle deinem Rucksack, rollst sie auf und springst mit einem kraftvollen Satz auf die Lichtung. Der Anführer wirbelt herum, als er die Bewegung wahrnimmt. Du hebst die Arme und schreist dem düsteren Priester entgegen: „Abaachtaba!"

Augenblicklich fängt einer der Steine an zu beben, dann ein anderer und noch einer. Die Luft flimmert. Mit einem Knall springt ein Blitz von einem Stein zum nächsten und trifft zuletzt den Anführer der Messe, der kurz aufschreit und dampfend zu

Boden fällt. Dann ist es totenstill. Die Messdiener blicken unsicher umher. Sie wagen es nicht, dich direkt anzusehen. Ohne recht zu wissen, was du tust, hast du eine Kraft entfesselt, die nur in diesem Steinkreis wirken konnte. Da du ihren Führer getötet hast, sind die Messdiener wie eine Herde Schafe, die ihren Hirten verloren hat. Einer nach dem anderen verschwindet ziellos im Wald.
Langsam gehst du in die Mitte des Kreises. Dir fällt eine aufwändig verzierte und verschnörkelte Inschrift im Sockel des Opferaltars auf:

„Ein Leichnam an des Weges Rand
Verrat
Zwei Schlangen in des Schicksals Sand
Unglück
Drei Raben sind dein Untergang
Tod"

Das düstere Gedicht erinnert dich schmerzhaft an die Karben, deren Fluch du noch immer nicht brechen kannst. Nie wieder wirst du diese Zeilen vergessen.
„Folglich hast du es bis hierher geschafft, Nachtwächter", sagt da eine vertraute Stimme. Du fährst herum. Hinter dir steht ein Kuttenträger, den du vorher nicht bemerkt hast: ein hagerer Mann in weitem Umhang, die Kapuze tief in das Gesicht gezogen. Ein blaues Flackern umspielt sein Gewand und die Lederrüstung darunter. Seine Hände sind dürre Klauen, mit Krallen lang wie Messer und scharf wie Klingen aus Krelheim. Du erkennst die Stimme sofort. Sie gehört dem Mann, den du mit eigenen Augen sterben sahst und der eigentlich in Waldheim begraben sein sollte: Vor dir steht Arumnas, der alte Bibliothekar. Sein Gesicht ist unter der Kapuze kaum zu erkennen. Nur undeutlich zeichnet sich die pergamentartige, verbrannte Haut ab, die sich eng um den Schädel spannt. Arumnas ist jetzt ein Schattendiener, ein Agent der Karben.
„Faron verfluchte mich, so wie dich, und ich erwachte zu neuem Leben. Ich bin hier, um dich zu meinesgleichen zu machen,

Nachtwächter. Ein Geschenk, für das Manche ihren rechten Arm gäben."
Mit diesen Worten beginnt er, Zeichen in die Luft zu schreiben, die für ein paar Augenblicke blau aufleuchten. Er versucht, einen Runenzauber zu weben. Du wirfst dich auf ihn.

Arumnas			
Kampfkraft	Schaden	Rüstung	Lebensenergie
26	**22**	**2**	**56**
(Bogenschütze: Schuss möglich)			

Arumnas versucht, seinen Zauber weiter zu weben. Wirf nach jeder Kampfrunde einen Würfel. Bei jeder 6 gelingt es ihm, einen weiteren Teil abzuschließen, und du verlierst einen Punkt deiner Menschlichkeit (denke daran, sofort bei **66** *in* **Buch 1** *weiterzulesen, wenn deine Menschlichkeit auf -6 sinkt).*
Bleibst du siegreich, lies hier weiter:
Der alte Mann sinkt keuchend zu Boden und zerfällt in hunderte Käfer, die sofort im Erdboden verschwinden. Du betrachtest die Kutte und das Lederwams des Bibliothekars noch eine Weile – es ist alles, was von ihm übrig ist. Du bist froh, Arumnas von dem Fluch erlöst zu haben (Menschlichkeit +1). Dann blickst du dich um. Der Gefangene liegt gefesselt auf dem Altar.
Du weißt nicht, ob die anderen Kuttenträger zurückkehren. Deswegen nutzt du die Gunst des Augenblicks, schneidest den Gefangenen los und stolperst mit ihm an den Rand der Lichtung. Dort drehst du dich kurz um. Du starrst wieder in eine dichte Wand aus Nebel.
In diesem Augenblick beginnt der silberne Kompass, so heiß zu glühen, dass du ihn fallen lässt. Ein Blitz schießt von dem Kompass in den Nebel und kurz darauf aus dem Nebel wieder in den Kompass. Du hebst ihn auf, er ist nur noch lauwarm. Der Anführer der Sekte nutzte die Macht des Feuers des Mondes, die ihm nun der Kompass wieder abgenommen hat. Und Arumnas muss für den Nebel verantwortlich gewesen sein.
Der Kompass gibt einen Teil der aufgenommenen Magie an dich ab (Lebensenergie +40).

Ihr kauert euch hinter ein paar Sträuchern nieder. Mit leiser Stimme richtet der Unbekannte das Wort an dich.
„Danke, werter Fremder! Fast hätten mich diese Verrückten geopfert. Ich war auf Abenteuersuche, doch dann haben mich die Mönche gefangen. Mein Name ist Ludean." Er stammt aus einer Gauklerfamilie, die gelegentlich am Rand des Nordwaldes probt.
Nachdem ihr eine Weile geplaudert habt, naht der Moment des Abschiedes.
„Mein Freund, ich verdanke euch mein Leben! Leider habe ich nichts, das ich euch dafür geben könnte!"
Hast du bereits früher von einem Gaukler einen Gegenstand erhalten, kannst du jetzt davon erzählen und den Gegenstand aushändigen (weiter bei **53**). Hast du den Gegenstand nicht oder nicht mehr, willst aber trotzdem von der Begegnung berichten, geht es weiter bei **147**.
Wenn du das nicht tun willst oder kannst, lies weiter bei **116**.

9 Du zückst die Waffe und machst kurzen Prozess mit ihm. Als er tot vor dir liegt, realisierst du, dass du einen unschuldigen Farmer getötet hast (Menschlichkeit -1). Er hat keine Gegenstände, die nützlich aussehen, doch hängt an seinem Gürtel ein Lederbeutel mit 13 Goldstücken.
Außerdem kannst du einen Hühnerspieß und ein halbes Kugelhähnchen (bei Verzehr Lebensenergie +8) einstecken, wenn du möchtest.
Willst du jetzt zurück zur letzten Abzweigung im Westen gehen (**177**) oder noch die umzäunte Fläche begutachten (**61**)?

10 Was willst du dir ansehen?
Das bunte Zelt einer Wahrsagerin (weiter bei **173**)?
Einen Kampfring, in dem ein Zwergenboxer gegen wagemutige Passanten antritt (weiter bei **32**)?
Den Bierausschank (weiter bei **18**)?
Das Zirkuszelt in der Mitte (weiter bei **126**)?
Gar nichts davon und stattdessen zur letzten Abzweigung im Norden zurückkehren (weiter bei **31**)?

11 Angriffsbereit stürzt du auf die Lichtung. Von deinem Geschrei aufgeschreckt, schmeißt der Riese sein Brot zu Boden und greift nach der Axt.
Er war auf der Hut, sodass du keinen Vorteil durch die Überraschung hast. Er ist stark, allerdings sehr grobschlächtig und ungeschickt im Kampf. Mit seiner Axt richtet er gewaltigen Schaden an.

Riese			
Kampfkraft	Schaden	Rüstung	Lebensenergie
25	**23**	**4**	**50**
(Bogenschütze: Schuss möglich)			

Wenn du fliehen möchtest, gehe zu **181**.
Wenn du den Kampf gewinnst, geht es weiter bei **115**.

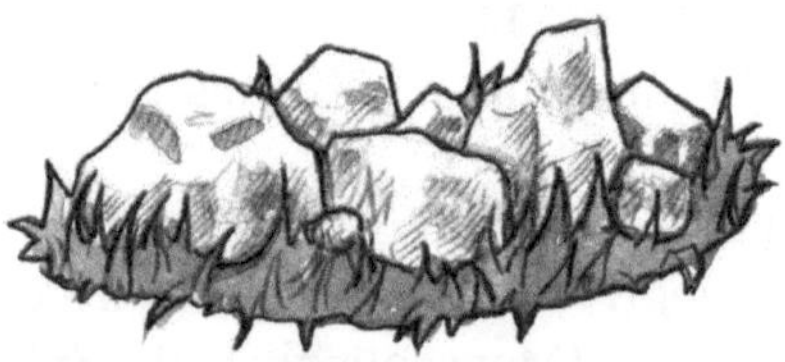

12 Dir ist, als hörtest du Gesang, ganz leise. Dort hinten, bewegt sich dort etwas? Du rufst, „Heda!“, doch dann ist da nichts mehr. Es ist totenstill. Eine Hand legt sich von hinten auf deine Schulter, du fährst herum, bereit, Samos ins Gesicht zu schreien. Doch es ist nicht Samos. Kudubar steht hinter dir, alt ist er geworden, kaum mehr ein Schatten seiner selbst.
Er fährt sich unsicher über den Kopf, murmelt, „Faron, komm“. Dicke Büschel weißen Haares bleiben zwischen seinen Fingern hängen. Er streckt dir die Hand entgegen, weißes Haar rieselt herab, wie Schnee. Er lächelt und deutet auf dich, nein, hinter dich.
Du blickst in die Richtung und dort ... ist Samos. Er tanzt mit Marina, sie lacht. Sie drehen sich durch den Schnee, den sie aufwirbeln mit jedem Schritt. Immer schneller und schneller, da wird dir klar: Du solltest gar nicht hier sein.

13 Du wendest dich nach Süden. Schon nach ein paar Hundert Schritt schimmert an verschiedenen Stellen im Weg der dunkle Waldboden durch. Der Schnee wird mit jedem Schritt dünner, bis er ganz verschwunden ist. Dein Pfad mündet schließlich in einen Weg, der von Westen nach Osten verläuft. Weiter bei **177**.

14 Du folgst dem Weg weiter nach Norden. Neben dir ragen Baumriesen in den Himmel auf, so dass du kaum noch die Sonne erkennen kannst. Obwohl es Tag ist, ist es düster wie nach Einbruch der Dämmerung. Du hast noch die Warnung des seltsamen Mannes an der letzten Kreuzung in Erinnerung. Wer er wohl war?
Nach einer Weile weitet sich der Weg zu einer Lichtung (**Wegpunkt 100**), von der nach Osten ein weiterer Weg abgeht. Willst du dorthin weitergehen (weiter bei **177**) oder dich an dieser Stelle im Wald umsehen (weiter bei **100**)?

15 Du suchst eine passende Stelle aus, hackst mit einem spitzen Stein das gefrorene Erdreich auf und verscharrst das Fell des Kaninchens. Nichts passiert.
Wenn du noch etwas weiteres Tierisches hast, das Knochen und Fleisch enthält (etwa ein halbes Kugelhähnchen), kannst du auch dieses gemeinsam mit dem Fell vergraben (weiter bei **78**). Wenn nicht, kannst du entweder nach Norden (weiter bei **171**) oder in Richtung Westen gehen (weiter bei **58**).

16 Er führt deinen Arm zum Mund und versucht, dich zu beißen! Wirf zwei Würfel. Gehe bei zwei Fünfern oder zwei Sechsern sofort zu **187**. Wenn nicht, geht es bei **136** weiter.

17 Du erzählst Aedan, wie sein Bruder von einer unheimlichen Sekte im Nordwald geopfert wurde. Er glaubt dir – warum solltest du dir eine solche Geschichte ausdenken? Der Schmerz über den verloren Bruder lässt dem Gaukler Tränen in die Augen schießen.
Du lässt die Gaukler jetzt besser alleine.

Willst du dem Weg nach Westen (weiter bei **101**) oder nach Osten (weiter bei **170**) folgen?

18 Du gehst zu einer Bude aus schwarz gestrichenem Holz, an der ein struppiger Wildschweinmann Bier aus einem großen Fass verkauft. Er hat zwei lange Eckzähne und einen Rüssel, der dem eines Schweines ähnelt. Als er merkt, dass du ihn anstarrst, grunzt er unwirsch und brummt: „Das beste Bier des Waldes für 4 Goldstücke!"
Willst du diesen Preis zahlen (weiter bei **26**) oder etwas anderes auf dieser Lichtung ausprobieren (weiter bei **10**)?

19 Du gehst weiter nach Osten. Die Bäume stehen hier nicht so dicht wie zuvor, vereinzelt kannst du Sonnenstrahlen erkennen. Nach einem kurzen Marsch kommst du an eine Lichtung.
Das ist **Wegpunkt 19**. Wenn du schon hier gewesen bist, geht es weiter bei **88**. Wenn nicht, lies weiter.
Der silberne Kompass zeigt nach Westen.
Würfel ein Zufallsereignis.
In der Mitte der Lichtung grenzt ein Holzzaun eine weite Fläche ab. Unweit davon schläft ein Mann mit einem schmutzigen Strohhut im Schatten einer alten Eiche. Neben ihm liegt eine leere Flasche.
Was willst du tun?
Den Mann wecken (weiter bei **132**)?
Den Mann angreifen (weiter bei **9**)?
Zur umzäunten Fläche schleichen (weiter bei **61**)?
Zurück zur letzten Abzweigung gehen (weiter bei **177**)?

20 Du konzentrierst dich mit aller Macht auf den Namen des letzten Riesenkönigs. Nach einem Augenblick gelingt es dir immerhin, die Augen zu schließen. Kurze Zeit später stößt du verkrampft „Giz-Nawz" hervor. Weiter bei **43**.

21 Direkt hinter dem Künstlereingang steht ein hagerer Mann in einem glitzernden Anzug. Er hat einen riesigen Schnurrbart, dessen Enden fast bis zum Boden hängen. Seine

Gesichtshaut ist goldgelb und die Augen bestehen nur aus Schlitzen.
Er winkt dich heran. Du erkundigst dich, ob du dich als Schausteller verdingen könntest.
Ihr kommt überein, dass du für 20 Goldstücke einen kurzen Auftritt als Clown im Zirkus übernimmst. Du wechselst deine Rüstung gegen das Kostüm und betrittst dann mutig die Zirkusarena.
Das Innere des Zeltes ist so gehalten, dass am Rand verschiedene Käfige und vergitterte Wagen stehen, in denen sich seltene Kreaturen befinden. Die Besucher können dazwischen durchlaufen. Deine Aufgabe ist es, einen kurzen Auftritt zur Unterhaltung der Zuschauer hinzulegen. Du schreitest also durch die Reihen, winkst, zwinkerst, stolperst und tust, was in deiner Vorstellung von einem Clown erwartet wird.
Nach kurzer Zeit taucht auch der Zirkusdirektor wieder auf. Er holt tief Luft und verkündet:
„Werte Bewohner des Nordwaldes! Viel Spaß mit unserer neuen Attraktion, dem bösen Clown des Kalrir, dem Schrecken aller Eingesperrten, dem Peiniger der Wehrlosen, dem Bösesten, das Sie im mittleren Nordwald finden können!" Mit diesen Worten zieht er ein Tuch von einem Tisch. Darunter kommen verschiedene Werkzeuge zum Vorschein – Zangen, Scheren, Feilen, Spieße, Beile – Folterwerkzeuge! Der Direktor nickt dir aufmunternd zu.
Er erwartet, dass du mit den Instrumenten die gefangenen Geschöpfe quälst.
Was willst du tun?
Dir auf der Stelle das Kostüm vom Leib reißen, deine Ausrüstung zusammenraffen und diesen verfluchten Ort verlassen (weiter bei **63**)?
Oder denkst du an die 20 Goldstücke, die dir dann entgehen würden, und versuchst dein Glück mit den Werkzeugen (weiter bei **38**)?
Achtung: Beträgt deine Menschlichkeit +2 oder mehr, hast du keine Wahl: Du verlässt das Zelt. Ist sie dagegen -3 oder weniger, musst du bleiben.

22 Du willst deinen bekannten und hochgeschätzten Charme an der hübschen Dame erproben – doch kannst du dich keinen Deut bewegen! Weiter bei **94**.

23 Dies ist **Wegpunkt 23**. Wenn du schon hier gewesen bist, gehe zu **137**. Wenn nicht, lies weiter.
Du betrittst eine Lichtung und blickst dich um. Am Rande der Lichtung wachsen purpurfarbene Blumen, wie du sie noch nie gesehen hast.
Aus dem Augenwinkel bemerkst du, dass eine Gestalt in deiner Nähe steht. Du wirbelst herum und wärst beinahe mit der mannsgroßen Statue eines schlanken Jünglings aus weißem Stein zusammengestoßen. Er zeigt mit einem Finger nach Norden.
Der silberne Kompass deutet auf die Statue.
Willst du die Statue genauer ansehen (weiter bei **60**), oder weiter nach Süden (**101**) oder Norden (**153**) gehen?
Außerdem siehst du im Westen der Lichtung eine Stelle, die wie der Beginn eines Pfades aussieht. Wenn du dich dort umsehen willst, geht es weiter bei **162**.

24 Du kommst an eine Wegkreuzung, von der Wege nach Westen, Osten und Süden abgehen (**Wegpunkt 24**).
Der silberne Kompass zeigt nach Südwesten.
In der Mitte der Kreuzung steht ein mannshoher, ovaler Spiegel in einem schlichten silbernen Rahmen im Schnee. An der höchsten Stelle ist in einer Verbreiterung des Silberrahmens ein Drache eingraviert, der an einer weißen Scheibe vorüberfliegt. Als du dem Spiegel näherkommst, spürst du Wärme auf deiner Haut. Verwundert bemerkst du, dass trotz der Wärme der Schnee um den Spiegel nicht schmilzt, und selbst auf dem Rahmen liegt Schnee. Bildest du dir die Wärme nur ein?
Der Spiegel zeigt zwar die Kreuzung, doch nicht dein Spiegelbild. Stattdessen lodert dort, wo du zu sehen sein müsstest, eine Flamme. Gleichzeitig schimmert der Spiegel, als wäre er die Oberfläche eines Sees. Du streckst deine Hand aus, um sie zu befühlen. Deine Finger stoßen jedoch nicht auf Widerstand, son-

dern tauchen in eine heiße Flüssigkeit ein. Erschrocken zuckst du zurück.

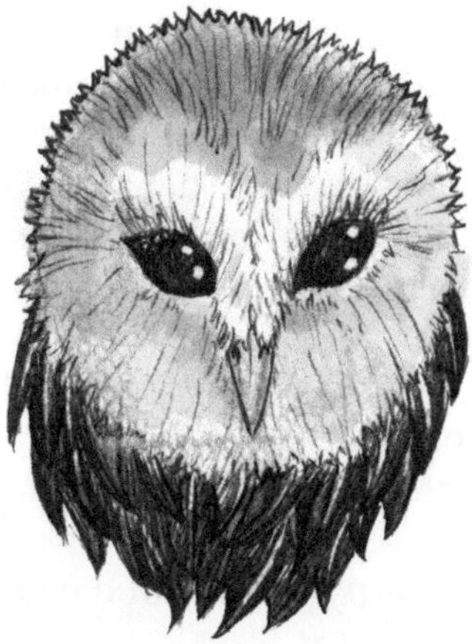

Wagst du es, durch den Dimensionsspiegel hindurchzutreten? Dann lies weiter bei **156** (nicht, wenn du das vorher schon getan hast).
Wenn du nicht durch den Spiegel gehen willst, kannst du die Lichtung auf einem der Wege verlassen. Wohin willst du dich wenden?
Nach Süden (weiter bei **13**)?
Nach Westen (weiter bei **151**)?
Nach Osten (weiter bei **185**)?

25 Der Rabe erhebt sich und fliegt davon. Ein böses Omen? Einbildung?
Du richtest dich auf. Neben dir liegt der silberne Kompass im Schnee. Der Rauch, der über dich hergefallen ist, ist verschwunden. Er muss ein letzter Versuch der sterbenden Herrin der Nacht gewesen sein, dich mit ihr in den Tod zu reißen. Etwas sagt dir, dass der Kompass dich vor diesem Schicksal bewahrt hat. Du wiegst ihn in der Hand. In Waldheim hat er geholfen, Faron zu enttarnen. Auch im Kalrir hat er dir gute Dienste geleistet. Kannst du den Kompass behalten? Kannst du ihn vielleicht direkt gegen Faron einsetzen?
Du steckst ihn wieder ein.

Du hörst ein Plätschern. 20 Schritt hinter dem Bett aus Pilzen entspringt eine Quelle. Das Wasser gurgelt hervor und versickert nach ein paar Schritt wieder im Boden. Du bist dir sicher, dass es sich nicht um eine gewöhnliche Quelle handelt, so tief im Kalrir, bewacht von der wunderschönen und furchteinflößenden Baobhan-Sith, der schwarzen Fee der alten Legenden.
Du hast die Reine Quelle des Kalrir gefunden.
Wird Ténoch, der Junge aus dem Fei, Recht behalten? Kannst du die Quelle befreien?
Willst du von der Quelle trinken (weiter bei **129**)?
Willst du den Kompass in die Quelle legen (weiter bei **163**)?
Willst du einen Tropfen Blut in die Quelle fallen lassen (weiter bei **119**)?
Oder willst du eine Harpyienfeder in die Quelle legen (weiter bei **193**)?

26 Nachdem du den wucherischen Preis gezahlt hast, nimmst du den Krug entgegen und trinkst einen tiefen Schluck. Das Bier schmeckt bitter und abgestanden, erfrischt aber trotzdem (Lebensenergie +5).
Bei deinem letzten Schluck merkst du, dass auf dem Grund des Kruges etwas liegt – eine grüne Glasperle, in die ein „M“ eingraviert ist. Du entscheidest, dass sie im Preis enthalten war, und steckst sie unbemerkt ein.
Danach geht es weiter bei **10**.

27 Du gehst zur Tür. Als du am Ring ziehst, der als Türgriff dient, schwingt sie auf. Die Türangeln verursachen ein Knarzen, das sich wie das gequälte Stöhnen einer alten Frau anhört. Du betrittst das Haus mit einem entschlossenen Schritt. Die Tür schlägt hinter dir zu. Obwohl es draußen schon düster war, brauchen deine Augen ein paar Augenblicke, um sich an die Dunkelheit im Haus zu gewöhnen. Nur durch ein paar Ritzen zwischen den Dachbalken dringen schwache Strahlen des Zwielichts der Lichtung. Allmählich kannst du erkennen, dass das Haus nur aus einem einzigen hohen Raum besteht. Von der Decke hängen die Kadaver toter Tiere, die einen stechenden Ge-

stank nach Verwesung und Verrottung verbreiten. Im hinteren Teil des Raumes steht ein Tisch, die Wand ist mit dunkler Farbe verschmiert. Auch der Boden weist ähnliche Spritzer auf. Verschiedene Werkzeuge liegen bereit. An den Wänden hängen Zangen, Hämmer, Nägel, Spieße und Beile. Auf dem Tisch stehen Schalen, Gläser, Krüge und andere Behältnisse. Einige sind leer, in ein paar befinden sich Pulver oder Flüssigkeiten.
Als du einen weiteren Schritt hinein in den Raum machst, bleibt dein Fuß an etwas hängen. Du schaust hinab und erblickst einen blutverschmierten Leichnam, der grotesk verdreht ist. Dann wird dir dein Irrtum klar: Die Farbe an den Wänden und auf dem Boden ist nicht dunkelbraun, sondern rot. Blutrot! Du streifst mit deiner Schulter eines der von der Decke hängenden Tiere – du schaust unwillkürlich hin – und blickst in das schlaffe Gesicht eines Zwerges. Du bist im berüchtigten Laboratorium des Nordwaldes gelandet! Hier experimentieren Kreaturen der Hölle mit Lebewesen, die sie vorher bei ihren Streifzügen gefangen genommen haben. Ihr Meister ist der gefürchtete Henker des Nordwaldes. Unzählige Wanderer vor dir mussten hier unter schrecklichen Qualen ihr Leben lassen.
Hinter dir wird die Tür aufgeworfen.
Weiter bei **161**.

28 Du beschließt, dass das der richtige Zeitpunkt ist, die Gaukler zu begrüßen. Du verbeugst dich und sagst: „Mein Gruß an das fahrende Volk."
Der Mann mit der Gitarre erhebt sich und tritt auf dich zu. Er ist kleiner als du und sehr drahtig. Schwarze Haare hängen ihm in sein wettergegerbtes Gesicht. Verschmitzt lächelnd sagt er: „Sei gegrüßt, Fremder. Du willst wohl kaum bei uns aufgenommen werden, richtig? Was führt dich stattdessen hierher?"
Du erklärst ihm, dass du ein Abenteurer bist und den Nordwald erforschen möchtest. Er stellt sich als Aedan vor. Auf deine Frage hin erzählt er dir, dass sie nie weiter nach Norden gehen und dir daher auch keine Ratschläge geben können.
Aedan mustert dich. „Ich habe einen Bruder. Auch er wollte Abenteuer erleben, so wie du. Ich konnte ihn nicht von seinen

Ausflügen in den Wald abhalten. Von seinem letzten ist er noch nicht zurückgekehrt. Wenn du auf deiner Reise eine Spur von ihm findest und ihm hilfst, werden wir dir auf ewig dankbar sein. Du erkennst ihn an der Tracht der Gaukler."
Wenn du auf deiner Reise bereits einen anderen Gaukler getroffen hast, der sein Bruder sein könnte, lies weiter bei **192**. Sonst lies hier weiter.
Du nickst und versprichst ihm, nach seinem Bruder Ausschau zu halten. Bevor ihr euch verabschiedet, kramt Aedan in einer Tasche und holt schließlich einen goldenen Ring hervor.
„Kaum einer geht freiwillig nach Norden. Vielleicht hat dich eine höhere Macht zu uns geführt, um meinem Bruder zu helfen."
Er reicht dir den Ring. „Gib ihm dies, dann weiß er, dass ich dich geschickt habe."
Er reicht dir einen Ring, der aus purem Gold besteht (Wert 12 Goldstücke). Du steckst ihn ein, verabschiedest dich und setzt deine Reise fort.
Willst du dem Weg nach Westen (weiter bei **101**) oder nach Osten (weiter bei **170**) folgen?

29 Der Jahrmarkt ist weitergezogen. Es wirkt fast so, als wäre hier seit Jahren niemand anderes als nur ein paar Kobolde vorbeigekommen.
Du kehrst zurück zur letzten Abzweigung. Weiter bei **31**.

30 Sie hat dir etwas geschenkt, und das ist dein Dank (Menschlichkeit -1). Weiter bei **77**.

31 Nach kurzer Wanderung gelangst du an eine Kreuzung. Ein Weg führt von Norden nach Süden, von dem ein weiterer Weg nach Westen abzweigt. Das ist **Wegpunkt 31**. Wenn du schon hier gewesen bist, lies weiter bei **160**. Sonst lies hier weiter.
Der silberne Kompass zeigt nach Norden.
Noch bevor du dich auf der Lichtung umsehen kannst, wirst du von hinten angesprungen und in den Schnee gestoßen. Instinktiv rollst du dich zur Seite, kommst auf die Füße und ziehst dei-

ne Waffe. Hinter dir steht – niemand. Im nächsten Augenblick beißt dich etwas in die Seite (Lebensenergie -8). Du wirbelst herum. Dieses Mal siehst du eine schemenhafte Gestalt unter einer Wurzel verschwinden, die einen Schritt von dir entfernt aus dem Boden ragt.
Kampfbereit trittst du auf die Wurzel zu. Du kannst Keuchen und Krächzen hören. Dann raschelt es und ein Wesen mit langen Zähnen und grün glimmenden Augen springt hervor, das dir nur bis zur Hüfte reicht. Es hat braune, ledrige Haut, ein Gesicht voller Warzen und ist hässlich wie die Harpyienbrut. Du stehst einem Wurzelgnom gegenüber – für eine Flucht ist es zu spät. Er greift an.

Wurzelgnom

Kampfkraft	Schaden	Rüstung	Lebensenergie
25	**20**	**2**	**45**

(Bogenschütze: Schuss möglich)

Wenn du das Wesen besiegst, lies hier weiter:
Der Wurzelgnom liegt erschlagen vor dir im Schnee. Da er keine Kleidung trägt, hat er nichts, was du gebrauchen könntest.
Erst jetzt kannst du dich auf der Lichtung umsehen. Wieder fällt dir auf, wie viele Baumgerippe und abgestorbene Sträucher es in diesem Wald gibt. Ein Geruch wie von verfaulenden Essenresten liegt in der Luft. Trotz der Kälte sitzen bereits jetzt dutzende Schmeißfliegen auf dem Kadaver des Gnoms. Der Wald ist krank, als würde ein Parasit den Lebenssaft aller Pflanzen aussaugen.
In der Mitte der Kreuzung findest du ein Schild. Darauf ist in schwarz das Wort „Jahrmarkt“ gemalt. Darunter steht in kleineren Buchstaben: „Nur jetzt – im Kalrir!“ Ein Pfeil deutet nach Süden.
Wohin geht es weiter?
Nach Süden (weiter bei **84**)?
Nach Westen (weiter bei **108**)?
Nach Norden durch immer tieferen Schnee (weiter bei **76**)?

32 Du gehst zum Boxring, der nur aus drei langen Seilen besteht, die um vier Holzpfosten herum gespannt sind. Er ist bereits von einer beträchtlichen Zuschauermenge umgeben. Du schnappst ein paar Gesprächsfetzen auf wie „der starke Hammalgar", „so kräftig wie ein Bär", „unbesiegbar" und „20 Goldstücke, wenn man ihn besiegt!".
Hammalgar kämpft momentan gegen einen Gegner, der fast doppelt so groß und sehr bullig ist. Doch der Zwerg zeigt, dass es nicht immer auf die Größe ankommt. Geschickt weicht er den Schlägen des anderen aus, bis er hinter ihm zum Stehen kommt. Dort springt er hoch und landet einen Handkantenschlag im Genick. Der Gegner des Zwerges geht zu Boden und bleibt dort regungslos liegen. Sieg mit einem einzigen Schlag!
Willst du es wagen, gegen den Zwerg anzutreten (weiter bei **87**)?
Oder willst du dir etwas anderes auf dem Jahrmarkt ansehen (weiter bei **10**)?

33 Mart tritt neben dich. „Du solltest das Wasser benutzen. Glaub mir, es tut gut."
Wenn du jetzt doch noch trinken willst, lies weiter bei **75**. Sonst geht es weiter bei **182**.

34 Die Brunnenwand ist nicht sehr genau gearbeitet. Viele herausstehende Steine erleichtern das Klettern, obwohl sie mit feuchtem Moos bewachsen sind. Als du ein gutes Stück unter der Brunnenöffnung an der Wand hängst, verlierst du beinahe den Halt, als du dich mit der Hand an einem losen Stein festhalten willst.
Willst du deinen Weg nach unten fortsetzen (weiter bei **114**) oder kurz innehalten und untersuchen, ob hinter dem losen Stein etwas verborgen ist (weiter bei **64**)?

35 Mit der Hand schöpfst du Wasser aus dem Fluss und trinkst. Es ist kühl und erfrischend – doch plötzlich wird dir schwarz vor Augen. Du strauchelst und fällst benommen auf den schneebedeckten Waldboden. Merkwürdige Bilder tauchen in deinem Kopf auf, bizarre Szenen eines ungleichen Kampfes. Fliegende Ungeheuer fallen über nur mit Mistgabeln bewaffnete Bauern her und metzeln sie nieder. Du siehst wehrlose und blutverschmierte Knechte, die durch den Nordwald gezerrt und schließlich in ein Haus im Nordosten des Waldes gebracht werden.

Du weißt nicht, wie lange du so auf dem Boden liegst. Als du wieder zu dir kommst, kannst du dich nur noch an Bruchstücke erinnern. Du spürst die Kälte bis auf die Knochen und hast Erfrierungen erlitten (Lebensenergie -21, außer du trägst eine Fellmütze).

Danach gehst du den Trampelpfad zurück. Weiter bei **58**.

36 Die Steine auf der Lichtung sind verkohlt, von dem unheimlichen Nebel aber ist keine Spur mehr zu sehen. Auf einer Art Altar entdeckst du Reste einer Inschrift:

„… Leichnam …
Verrat
Zwei S… Schicksals ….
Ungl...
D... Raben sind …
...“

Du kannst entweder nach Süden (weiter bei **31**) oder in Richtung Osten (weiter bei **58**) gehen.

37 Das Haus kauert sich am Rand der Lichtung unter die Bäume, so dass es gedrungen und verschlagen wirkt. Es hat zwar eine Tür, jedoch siehst du keine Fenster.

Wenn dir das Ganze zu unheimlich ist, kannst du dich stattdessen nach Süden (weiter bei **172**) oder nach Westen wenden (weiter bei **105**).

Du kannst auch das Haus betreten (weiter bei **27**) oder vorerst umrunden (weiter bei **90**).

38 Irritierend ist die ungewöhnliche Ankündigung des Direktors schon. Aber was soll's – jede Kreatur, die im Nordwald in die Falle gerät, hat es verdient, gefangen zu sein. Du greifst

dir eine Zange und gehst zu einem Käfig. Darin sitzen zwei Gargoyles – eigentümliche und stolze, aber keine bösen Wesen! Du fühlst die Blicke der Besucher in deinem Rücken.
Wenn du es dir doch anders überlegst und auf der Stelle aus dem Zelt stürmen willst, gehe zu **63** (das geht nicht, sofern deine Menschlichkeit -3 oder weniger beträgt).
Du hebst die Zange, um mit deiner grauenvollen Aufgabe zu beginnen. Als deine Zange zum ersten Mal die steinerne Haut eines der Gargoyles berührt, steigt ein unbändiger Zorn in dir auf. Du hast den ersten Schritt auf einem neuen Pfad eingeschlagen, den du nur in eine Richtung gehen kannst.
Später stehst du mit deiner Ausrüstung wieder vor dem Zelt, in der Hand 20 Goldstücke, die du vom Zirkusdirektor erhalten hast.
Du kannst dich nur bruchstückhaft an die Geschehnisse im Zelt erinnern. In deiner Erinnerung ist alles von roten Schlieren durchzogen. Du hörst noch die bluterstickten Schreie der elenden Kreaturen, die sich vor kurzem noch in deiner Gewalt befunden haben. Wo dein Clownskostüm hingekommen ist, weißt du nicht. Du brauchst es aber auch nicht mehr. Der böse Clown ist für immer Bestandteil deines Inneren geworden (Menschlichkeit -2). Wenn deine Menschlichkeit nun schlechter als -5 ist, vergiss nicht, direkt zu **66** in **Buch 1** zu gehen.
Sonst weiter bei **10**.

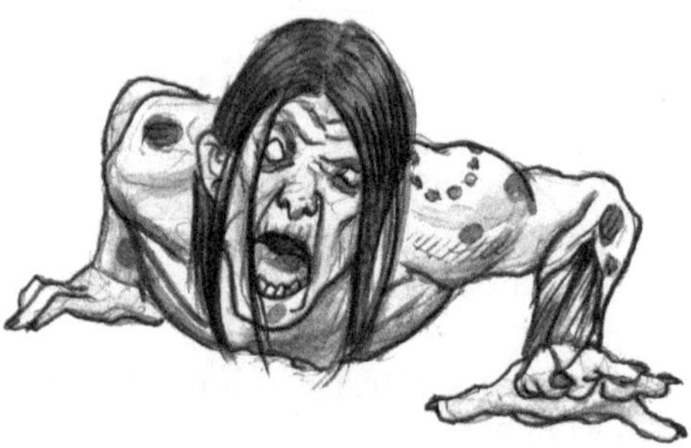

39 Du schiebst dich durch das Loch und betrittst einen Raum mit einer Decke, die so tief hängt, dass du kaum aufrecht stehen kannst. Der Boden ist noch matschiger als außerhalb der Öffnung.

Dann hörst du ein rasselndes Atmen neben dir. Du wirfst hektisch den Kopf zur Seite. Ein Wesen springt dich an, das fast so groß ist wie du, jedoch ausschaut wie eine Ratte.
Es kommt zum Kampf. Dein Gegner gewinnt die erste Kampfrunde automatisch.

Rattenmann

Kampfkraft	Schaden	Rüstung	Lebensenergie
25	**21**	**1**	**40**

(Bogenschütze: kein Schuss möglich)

Wenn du den Rattenmann besiegst, lies weiter bei **141**.

40 Der Weg ist breit und gerade, sodass du weit ausschreiten kannst. Schon bald gelangst du an den Rand einer Lichtung, an der einzelne Sonnenstrahlen durch die hohen Wipfel der Bäume den Waldboden erreichen. Das ist **Wegpunkt 40**. Wenn du schon mal hier gewesen bist, gehe weiter zu **102**.
Der silberne Kompass zeigt nach Nordwesten.
In der Mitte üben junge Männer Kunststücke. Einer jongliert, ein anderer läuft im Handstand, der nächste macht einen Rückwärtssalto aus dem Stand. Ein Mann sitzt im Gras und spielt Gitarre. Du hast eine Gruppe Gaukler gefunden. Um sie frontal anzugreifen, sind es zu viele. Was willst du stattdessen tun?
In die Mitte der Lichtung treten und die Männer ansprechen (weiter bei **28**)?
Ihnen zeigen, was du kannst, und dich akrobatisch in ihre Mitte schwingen (weiter bei **92**)?
An ihnen vorbeischleichen – sie sind so in ihre Übungen vertieft, dass sie dich nicht bemerken – und deinen Weg fortsetzen? Willst du in diesem Fall nach Westen (weiter bei **101**) oder in Richtung Osten weitergehen (weiter bei **170**)?

41 Zuerst versuchst du, an der Statue zu rütteln. Als das nichts bringt, nimmst du etwas Anlauf und rammst sie mit deiner Schulter. Sie kommt tatsächlich ins Wanken, fällt aber nicht. Dann dreht sie ihren Kopf.

In ihren vorher leeren Augenhöhlen flackert rotes Licht. Sie greift dich an.
Die Statue hat zwar keine Waffe, ist aber nur schwer verwundbar, da sie aus weißem Marmor besteht.

Weiße Statue			
Kampfkraft	Schaden	Rüstung	Lebensenergie
27	**18**	**5**	**20**

(Bogenschütze: Die Statue kann nicht laufen. Wenn du willst, halte ein paar Schritt Abstand und besiege sie aus der Ferne mit deinem Bogen).
*Flucht ist jederzeit möglich, da der Jüngling dich nicht verfolgen wird – er ist schließlich immer noch eine Statue. Du kannst in diesem Fall entweder nach Norden (***153***) oder nach Süden (weiter bei* **101***) rennen. Außerdem kannst du im Westen der Lichtung eine Stelle untersuchen, die wie der Beginn eines Pfades aussieht, wenn du dort noch nicht warst (weiter bei* **162***).*
Wenn du siegst, geht es weiter bei **195**.

42 Du holst das Damenkleid heraus, das du bei den Theaterleuten gefunden hast, und überreichst es der Nymphe. Ihre Augen leuchten. Sie liebkost mit den Händen den weichen Stoff und hat dich für einen Augenblick völlig vergessen. Dann blickt sie dich an. Du kannst in ihrem Gesicht echte Freude lesen. Sie sagt nur ein einziges Wort, ganz leise: „Danke."
Dann singt sie wieder. Gleichzeitig fängt sie an zu verblassen. Kurz darauf ist nicht nur sie, sondern auch der Turm vor deinen Augen verschwunden. Doch fällst du nicht, sondern wirst von magischer Kraft sanft auf den Erdboden getragen. Als du sicher unten angekommen bist, materialisiert sich aus dem Nichts eine dunkle Kiste neben dir.
Darin entdeckst du eine schwarze Kriegsaxt, die am Griff mit Goldfäden durchzogen ist. In das Axtblatt sind verschiedene Bäume eingraviert. Du hast die Waldaxt des Gnadenbringers gefunden, die legendäre Waffe der großen Kriegsfürsten. Wenn du mit dieser mächtigen Axt kämpfst, brauchst du beide Hände.

Du kannst daher kein Schild tragen (außer als Berserker) (Schaden 25).
Danach verlässt du die Lichtung und kehrst zurück zur letzten Kreuzung im Osten. Gehe zu **108**.

43 Kurz bevor die Frau bei dir ist, gewinnst du die Kontrolle über deinen Körper wieder.
Im Gesicht der Frau zeichnet sich Erstaunen ab. Sie faucht laut und greift dich an.

Baobhan-Sith

Kampfkraft	Schaden	Rüstung	Lebensenergie
28	**20**	**3**	**30**

(Bogenschütze: Schuss möglich)

Wenn du gegen die schwarze Fee gewinnst, geht es weiter bei **199**.

44 Dir gefällt, was du siehst. Die Mädels haben zarte und reine Stimmen. Du lehnst dich an einen Baum und schließt die Augen.
„Du schon wieder!"
Du reißt die Augen auf und blickst in das Gesicht des künstlerischen Leiters. Es schaut aber nicht wirklich böse aus, eher belustigt.
„Wohl Theaterliebhaber, was? Willst du den großen Henry Zarlar Oberthal in Aktion erleben?" Als er deinen fragenden Blick bemerkt, seufzt er und fügt leiser hinzu: „Das bin ich." Er blickt dich erwartungsvoll an. Als du nicht reagierst, sagt er: „Nun denn, solange du nicht wieder meine Schauspieler angreifst, kannst du gerne zusehen."
Nach der Szene mit den Mädchen schlenderst du umher. Dabei wirst du auf einen Koffer aufmerksam, der mit Sachen jeder Art gefüllt ist. Ein Mitarbeiter der Gruppe erklärt dir, dass sie immer auf der Suche nach neuen Requisiten sind. Du darfst dir daher – sofern du je entnommenem Gegenstand etwas aus deiner Ausrüstung hergibst – beliebig viele Sachen aussuchen.

- Ein Holzschwert (Schaden 4)
- Ein Damenkleid aus Leinen, Größe 42
- Ein Clownskostüm, Größe 102
- Einen Illusionszauberstab (erzeugt ein Scheinfeuer, das dich scheinbar wärmt und auch nur scheinbar Lebensenergie zurückgibt)

Danach gehst du zurück zur letzten Kreuzung im Osten (weiter bei **101**).

45 Der Rattenmann sinkt vor dir zu Boden.
In seinen Taschen findest du die Hälfte einer zerbrochenen Scheibe aus Metall, die etwa so groß ist wie deine Hand. Auf ihr sind sieben Löcher eingestanzt, die dich an Sterne erinnern. Wenn du möchtest, kannst du die halbe Scheibe an dich nehmen (und die Anzahl der Sterne notieren).
Du schaust dich im Raum um. Viel scheint es hier nicht zu geben. Überall liegen verrottendes Gemüse und schmutziges Stroh. Vereinzelt siehst du auch ein paar abgenagte Tierknochen.
Willst du im hinteren Bereich der Kammer suchen, ob dort noch etwas zu finden ist (weiter bei **194**)?
Oder möchtest du zwischen den Essensresten wühlen (weiter bei **81**)?
Wenn du willst, kannst du stattdessen an dem Seil aus dem Brunnen klettern und zur Lichtung mit der weißen Statue zurückkehren (weiter bei **183**).

46 Du probierst den letzten Schluck des Trankes. Die Flüssigkeit schmeckt scharf. Als du sie schluckst, breitet sich dennoch eine wohlige Wärme in deinem Körper aus. Dann explodiert in deinem Kopf ein goldener Blitz, der dir die Sicht raubt. Taumelnd greifst du um dich und bekommst nur einen Schössling zu fassen, der neben dir aus dem Boden ragt. Dann verlierst du das Bewusstsein.
Als du wieder zu dir kommst, liegst du neben der Falltür. Dein Blick fällt auf den Zweig, den du noch immer umklammert hältst.
Er ist aus purem Gold.

Du hast den Trank des Midas getrunken – für eine Sekunde hat sich jeder Gegenstand, den deine Hände berührten, in Gold verwandelt – zum Glück hast du keinen wertvollen Gegenstand in der Hand gehalten.
Da nur noch ein Schluck übrig war, war die Wirkung nicht von Dauer.
Der goldene Zweig hat einen Wert von 10 Goldstücken.
Gehe zurück zu **52** und lies weiter, um herauszufinden, was in der Schriftrolle steht.

47 Du streckst den kleinen, grünen Mann von hinten nieder. Er war vollkommen auf seinen Gegner fixiert. Dich hat er nicht kommen sehen und hatte daher keine Möglichkeit, sich zur Wehr zu setzen. Eine Aktion genügt – er sinkt tot in den Schnee. Du drehst dich zu seinem Gegner um, der kein Mensch ist, wie du nun erkennst: Auf der Stirn hat er ein glühendes Horn. Er ist ein Schabbock, eine Gestalt, die du bisher nur aus Sagen kanntest. Man sagt, dass er kleine Kinder frisst. „Stell dich nicht zwischen den Schabbock und seine Beute“, schießt dir ein Satz aus einer alten Geschichte deines Onkels durch den Kopf. Zu spät: Er greift dich an.

Schabbock			
Kampfkraft	Schaden	Rüstung	Lebensenergie
26	**21**	**3**	**40**
(Bogenschütze: kein Schuss möglich)			

Du hast jederzeit die Möglichkeit zu fliehen, da dich der Schabbock nicht verfolgen wird – er will nur seine Beute! Allerdings fügt er dir bei einer Flucht einen weiteren Treffer zu (Lebensenergie -13). Wenn du fliehst, kehrst du zurück zur letzten Kreuzung im Westen (weiter bei ***24****).*
Gewinnst du, dann lies weiter bei **189**.

48 Du holst tief Luft und sagst: „Seid gegrüßt, werte Kameraden! Ich freue mich, heute mit euch zu trinken! Wohlan, wohlan, bringt mir Wein!“

Gleichzeitig drehen sich alle Gäste zu dir um. Sie stehen auf und kommen mit schweren Schritten auf dich zu. Du blickst den Mann, der dir am nächsten ist, an: In seinem Gesicht bewegt sich etwas. Wo früher einmal das rechte Auge gewesen sein muss, ist nur noch eine leere Augenhöhle. Die grünlich-matschige Haut ist schrecklich vernarbt. Im weit aufgerissenen Mund stecken nur noch zwei oder drei schiefe Zähne. Auch die anderen Gäste sehen nicht besser aus – du bist im Wirtshaus der Zombies gelandet.
Die ersten zwei kommen in diesem Augenblick bei dir an. Sie sind weder geschickt noch stark, allerdings greifen sie dich gleichzeitig an.
(Bogenschütze: ein Schuss möglich).
Beträgt deine Menschlichkeit -4 oder -5, so erkennen sie dich nicht als Menschen und greifen nicht an. Springe in diesem Fall nach unten an das Ende der Nummer und entscheide, wo es weitergeht. Sonst kämpfst du gegen den Ersten nach den normalen Regeln. Gegen den Zweiten kannst du dich nur verteidigen. Du würfelst also immer abwechselnd eine Kampfrunde gegen den Ersten, dann gegen den Zweiten. Wenn deine Kampfkraft gegen den Zweiten höher ist, hast du dich erfolgreich verteidigt, ohne allerdings selbst Schaden anzurichten. Sonst hat er dich getroffen. Sobald der erste Zombie tot ist, geht der Kampf nach den normalen Regeln gegen Zombie 2 weiter.

Zombie 1

Kampfkraft	Schaden	Rüstung	Lebensenergie
25	**14**	**2**	**30**

Zombie 2

Kampfkraft	Schaden	Rüstung	Lebensenergie
25	**15**	**1**	**25**

Wirf jedes Mal, wenn dich einer der Zombies trifft, zwei Würfel. Wirfst du zwei Fünfer oder zwei Sechser, dann gehe sofort zu **95***. Sonst geht der Kampf weiter.*

Wenn du siegreich bleibst, lies hier weiter:
Die beiden Zombies sind tot. Das gibt dir eine Sekunde, um die weiteren Optionen abzuwägen. Willst du die Gelegenheit zur Flucht nutzen (weiter bei **175**) oder dich den verbleibenden Zombies zum Kampf stellen (weiter bei **144**)?

49 Du ziehst den goldenen Ring hervor, den du von dem Gaukler erhalten hast (vergiss nicht, ihn von deiner Inventarliste zu streichen!). Als du ihn der Nymphe überreichen möchtest, funkeln ihre Augen. Eine Sekunde zu spät erinnerst du dich an eine weitere Legende über Nymphen: Bekommen sie Schmuck geschenkt, wollen sie heiraten! Sie kommt mit ausgebreiteten Armen auf dich zu. Dir ist völlig klar, dass du sie nicht heiraten möchtest – sie gefällt dir einfach nicht! – daher weichst du zurück und stammelst etwas wie „einer anderen versprochen" und „schlechte Erfahrungen mit Nymphen".
Nach einer Weile erkennt sie, dass ein Irrtum vorliegt. Einen Augenblick schaut sie dich traurig an (Du hast ein Herz gebrochen: Menschlichkeit -1), dann beginnt sie wieder, ihr trauriges Lied zu singen. Dir werden die Augen schwer. Du setzt dich hin und schläfst schließlich ein, gefangen von der Nymphenmagie. Als du wieder erwachst, liegst du auf der Lichtung im Schnee. Der Turm und die Nymphe sind verschwunden.
Du gehst zurück zur letzten Kreuzung. Weiter bei **108**.

50 Du ziehst mit aller Kraft an den Haaren. Von oben kreischt eine Frauenstimme, dann werden die Haare nach oben gezogen. Du wartest noch eine Weile, doch nichts passiert. Auch der Gesang setzt nicht wieder ein. Die Mauern des Turms sind zu glatt, um ohne Hilfe nach oben zu klettern. Du kehrst daher zur letzten Lichtung im Osten zurück. Weiter bei **108**.

51 Du isst eine Hälfte sofort, um ihn nicht zu kränken (Lebensenergie +8), und verstaust den Rest im Rucksack (wenn du diese andere Hälfte isst, erhältst du ebenfalls Lebensenergie +8). Das Hühnchen schmeckt fantastisch. Du hast eine seltene Spezialität probiert!

Außerdem schenkt dir Gabhran einen alten Spieß: „Man weiß nie, wann man ein Hühnchen braten muss."
Er erzählt dir noch, dass er früher im Wirtshaus „Zum Wilden Eber" im Nordwesten gerne mal ein Bier trank. Leider floh der Wirt vor Monstern, die sein Wirtshaus überfielen. „Armer Kerl. Zieht jetzt mit dem Zirkus umher. Fristet sein Dasein am Bierausschank." Er schiebt den Strohhut in den Nacken, reibt sich die Stirn und blickt in Richtung seiner Tiere. „Eines Tages werden die Monster auch hier auftauchen. Und überhaupt ... Es wird kälter. Im Norden soll es eine Lichtung geben, wo der Nebel nicht mehr schwindet. Als würde er etwas verbergen. Wenn ich ein Abenteurer wäre", zwinkert er dir zu, „würde ich mich dort mal umsehen. Westlich der alten Brücke, nicht zu verfehlen." Er boxt dir gönnerhaft in die Seite. „Für 5 Goldstücke verrate ich dir etwas, das dir einmal das Leben retten kann!"
Wenn du akzeptierst, dann zahl den geforderten Preis und lies weiter bei **197**.
Sonst gehst du zurück zur Abzweigung im Westen (**177**).

52 Du greifst in das Loch und findest dort einen Lederbeutel. Er enthält eine Schriftrolle und eine Phiole mit einem Rest hellblauer, geruchsloser Flüssigkeit. Falls du von dem Trank kosten möchtest: weiter bei **46**.
Du rollst die Schriftrolle auf. Auf ihr sind bizarre Folterrituale und vermummte Männer abgebildet, die vor einem Mann knien, aus dessen Hand ein Blitz zuckt. Darunter steht nur ein Wort:

„Abaachtaba"

Du weißt nicht, was das bedeutet, steckst die Schriftrolle aber für alle Fälle ein (notiere dir das Wort).
Willst du nach Süden (weiter bei **101**) oder nach Norden (weiter bei **153**) weitergehen? Außerdem kannst du im Westen der Lichtung eine Stelle untersuchen, die wie der Beginn eines Pfades aussieht, wenn du dort noch nicht warst (weiter bei **162**).

53 Du ziehst den Ring hervor, den du von seinem Bruder erhalten hast, und berichtest von deiner ersten Begegnung mit

den Gauklern. Er ist hocherfreut, dass er jetzt in der Lage ist, seine Schuld zu begleichen: Er gibt dir den Ring zurück.
„Mein Freund, der Ring ist nicht nur wertvoll, weil er aus Gold ist; er ist ein Zauberring. Er heilt jede beliebige Wunde!"
Der Ring kann eine beliebige Verletzung ungeschehen machen, aber nur unmittelbar, nachdem du sie erlitten hast, unerheblich, wie viel Lebensenergie du verloren hast, auch im Kampf. Denke aber daran, dass der Ring nur einmal wirkt. Danach ist er nur noch ein normaler Goldring, den du verkaufen, aufheben oder wegwerfen kannst. Natürlich hilft er nicht gegen eine tödliche Wunde – denn wie solltest du den Ring einsetzen, wenn du tot bist?
Nach einer warmherzigen Verabschiedung macht sich der junge Gaukler auf den Weg zu seinen Leuten, „nicht ohne im Wirtshaus der Zombies ein Bier zu trinken", wie er dir augenzwinkernd versichert.
In welche Richtung willst du dich wenden?
Nach Süden (weiter bei **31**) oder nach Osten (weiter bei **58**)?

54 Du ziehst das halbe Hühnchen heraus, das du noch von der Hühnerfarm übrig hast. Als du es ihr anbietest, bleckt sie verächtlich die Zähne – Nymphen verachten Fleisch! Sie murmelt etwas und du wirst von einer unsichtbaren Faust im Bauch getroffen (Lebensenergie -10).
Die Nymphe greift dich an! Sie ist nicht sehr robust, jedoch äußerst geschickt im Umgang mit Magie.

Waldnymphe			
Kampfkraft	Schaden	Rüstung	Lebensenergie
27	**17**	**0**	**20**

(Bogenschütze: Schuss möglich)

Da du in ihrem Turm bist, kannst du nicht fliehen.
Wenn du gewinnst, geht es weiter bei **196**.

55 Der kleine, grün gekleidete Mann braucht deine Hilfe. Als du seinen Widersacher von hinten angreifst, springt dieser

zur Seite, rollt sich im Schnee ab und wendet sich dir zu. Sofort fällt dir das leuchtende Horn in der Mitte seiner Stirn auf. Du stehst einem Schabbock gegenüber, einer – wie du bisher dachtest – Sagengestalt, die Kinder frisst. „Stell dich nicht zwischen den Schabbock und seine Beute“, schießt dir ein Satz aus einer alten Geschichte deines Onkels durch den Kopf.
Es kommt zum Kampf.

Schabbock

Kampfkraft	Schaden	Rüstung	Lebensenergie
26	**21**	**3**	**40**

(Bogenschütze: kein Schuss möglich)

Du hast jederzeit die Möglichkeit zu fliehen. Der Schabbock wird dich nicht verfolgen – er will nur seine Beute. Allerdings fügt er dir bei einer Flucht einen weiteren Treffer zu. Wenn du fliehst, kehrst du zurück zur letzten Kreuzung im Westen (weiter bei **24***).*
Wenn du gewinnst, lies hier weiter:
Du streckst den Schabbock nieder. Sofort zerfällt sein Kadaver zu Staub. In seinem Beutel findest du eine silberne Krone, auf der eine Schutzrune eingraviert ist (Rüstung 1), und einen Morgenstern (Schaden 17).
Das grüne Männchen hat sich seit deinem Eingreifen aus dem Kampf herausgehalten. Er ist nur halb so groß wie du, hat einen langen, dunklen Bart und eine knollige Nase. „Danke mein Freund!“, spricht er dich an. „Ich dachte, meine letzte Stunde hat geschlagen!“ Er erklärt, dass er der Leprechaun ist, der Wächter des Schatzes am Fuße des Regenbogens. Du hast ihm das Leben gerettet (Menschlichkeit +1). Er wirkt schrullig, doch ist er freundlich und friedfertig. Dann geht der Kleine ein paar Schritte zur Seite und hebt einen Topf und eine Harfe auf. Er zwinkert dir zu und ist plötzlich verschwunden. An der Stelle, an der er stand, leuchtet kurz ein Regenbogen auf. Du schaust dir den Waldboden dort genauer an und entdeckst einen Beutel mit 50 Goldstücken.
Guten Mutes kehrst du zurück zur letzten Kreuzung. Lies weiter bei **24**.

56 Du siehst dich um, doch nimmt dir der Schneesturm jede Sicht. Allmählich fängst du an zu frieren. Nach kurzer Zeit fühlt sich dein Körper wie ein Eiszapfen an.
Du willst schon weitergehen, als du doch noch etwas entdeckst Im südwestlichen Teil der Lichtung steht unter einer morschen, blattlosen Eiche ein Hinweisschild aus Holz. Nachdem du den Schnee abgeklopft hast, erkennst du, dass es ein Wegweiser ist. Unter dem Wort „Kalrir" sind Pfeile abgebildet. Neben dem nach Norden zeigenden Pfeil steht das Wort „Baobhan-Sith". Der andere Pfeil zeigt nach Osten. Daneben steht das Wort „Leprechaun".
Neben einem dritten Pfeil ist ein Totenkopf abgebildet. Es zeigt an die Stelle, an der du stehst. Unwillkürlich machst du einen Schritt zur Seite. Der Pfeil folgt dir und zeigt weiterhin in deine Richtung – deine Wanderung durch diesen Wald ist nicht unbemerkt geblieben. Du trittst von dem Holzschild weg, um dich wieder auf den Weg zu machen. Die Kälte ist jedoch nicht ohne Spuren an dir vorübergegangen (Lebensenergie -18, außer du trägst eine Fellmütze).
In welche Richtung willst du weitergehen?
Nach Norden (weiter bei **58**) oder nach Osten (weiter bei **24**)?

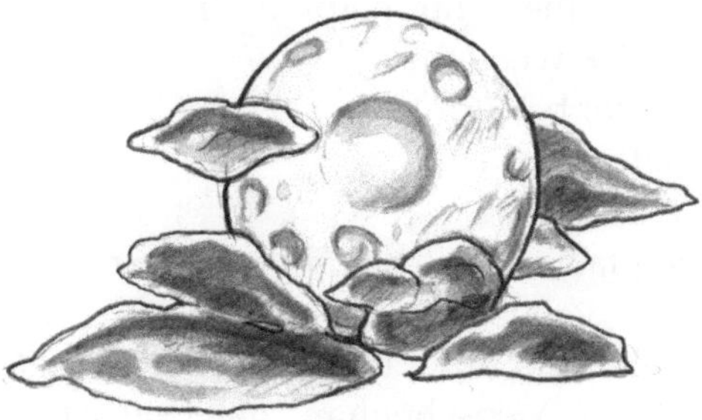

57 Du begibst dich zum Künstlereingang. Dahinter steht in einem glitzernden Anzug ein hagerer Mann. Er hat einen riesigen Schnurrbart, dessen Enden fast bis zum Boden hängen. Seine Gesichtshaut ist goldgelb und die Augen bestehen nur aus Schlitzen.
Er mustert dich kurz und winkt dich heran. Du erkundigst dich höflich, ob du dich als Schausteller verdingen könntest, und

zeigst ihm deinen Illusionszauberstab. Ihr einigt euch auf einen Preis von 12 Goldstücken für eine kurze Aufführung. Dann betrittst du die Zirkusarena.
Weiter bei **191**.

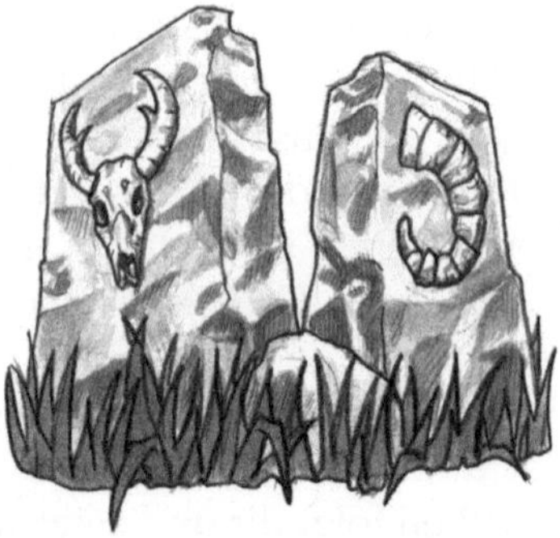

58 Nach einem kurzen Marsch gelangst du an eine Lichtung (**Wegpunkt 58**).
Der silberne Kompass zeigt nach Nordwesten.
Würfel ein Zufallsereignis.
Von hier gehen schneebedeckte Wege nach Westen, Süden und Osten ab. Außerdem führt in Richtung Norden ein Weg, der an einer Brücke endet, die schon vor langer Zeit eingefallen ist. Du erkennst allerdings einen Trampelpfad hinunter zum Wasser.
Wohin willst du dich wenden?
Nach Westen (weiter bei **76**)?
Nach Süden (weiter bei **151**)?
Nach Osten (weiter bei **4**)?
Auf den Trampelpfad runter zum Fluss (weiter **113**)?

59 In dem Hohlraum unter dem Waldboden findest du eine Bogensehne, die aus Menschenhaut gefertigt ist (nur Bogenschütze, Schaden eines jeden Bogens +3, mehrmals einsetzbar; bei erster Benutzung Menschlichkeit -1).
Außerdem liegt in dem Loch, ordentlich zusammengelegt, ein Kettenhemd. Es schimmert silbern im Zwielicht der Lichtung und sieht gleichzeitig filigran und dennoch robust aus.
Auf der Brustpartie ist das Wappen der drei Raben angebracht, das Wahrzeichen der Karben.

Willst du das Hemd anprobieren, dann lies weiter bei **93**. Willst du es in seinem Loch liegen lassen, kannst du dich nach Süden (weiter bei **172**) oder nach Westen wenden (weiter bei **105**). Du kannst aber auch das Haus betreten (weiter bei **27**).

60 Du näherst dich dem Jüngling. Mit den Fingerspitzen befühlst du den weißen Stein, der glatt und kühl ist. Dir fallen nicht viele Möglichkeiten ein.
Willst du:
Den Finger der Statue greifen, da es vielleicht einen versteckte Hebel gibt (weiter bei **164**)?
Die Statue umstoßen, weil möglicherweise in ihrem Inneren oder unter ihr etwas verborgen ist (weiter bei **41**)?
Oder entscheidest du dich für eine ungewöhnliche Maßnahme an einem ungewöhnlichen Ort und gibst dem Jüngling einen Kuss (weiter bei **70**)?

61 Auf der umzäunten Fläche stehen dutzende flache Käfige, in denen Küken und Hennen eingesperrt sind. Auf ihrem Rücken haben sie spitze, rote Stacheln. Einige der Tiere blähen sich auf, als sie dich sehen – es handelt sich um Kugelhühnchen, die eine beliebte Delikatesse sind, sofern richtig zubereitet. Du beschließt, die Finger von ihnen zu lassen.
Wenn du noch nicht bei dem schlafenden Mann warst, kannst du ihn jetzt wecken (weiter bei **132**) oder ihn angreifen (weiter bei **9**).
Anderenfalls gehst du zurück zu der letzten Abzweigung im Westen (weiter bei **177**).

62 Du durchsuchst deinen Rucksack nach dem Käse der Waldnymphe, und tatsächlich, ganz unten findest du ihn und ziehst ihn heraus.
Dann trittst du mit dem Käse in der Hand hinter dem Stein hervor. Im nächsten Augenblick schaust du in ein gleißendes Licht. Es ist so hell, dass du vor Schmerz auf die Knie sinkst und die Hände nach oben reißt. Du kannst aber nicht verhindern, dass ein Lichtstrahl deinen Körper trifft. Bevor du das Bewusstsein

verlierst, nimmt irgendein Teil von dir den Geruch verbrannter Haut und Haare wahr.
Als du wieder zu dir kommst, bist du alleine auf der Lichtung. Der Boden um dich herum ist verkohlt. Es gelingt dir kaum, dich aufzurichten. Dein Gesicht glüht. Als du es betastest, durchzuckt dich heißer Schmerz. Auch von deinen Haaren ist nicht viel übrig. Du bist entstellt, gezwungen, den Rest deiner Tage mit einem narbigen Gesicht zu verbringen. Menschen werden dir von jetzt an mit Vorsicht oder gar Abneigung begegnen (Menschlichkeit -1).
Deine Lebensenergie ist auf den Wert 1 gesunken (Lebensenergie =1).
Du bist nur knapp mit dem Leben davon gekommen. Irgendeine uralte Macht hatte kein Interesse, dich zu töten. Was sollte nur diese dumme Idee mit dem Käse?
Dir fällt der gefesselte Mann ein – wohl ein Gaukler, wie du dich erinnerst – sein Opfer muss genügt haben.
„Folglich hast du es bis hierher geschafft, Nachtwächter“, sagt da eine vertraute Stimme. Du fährst herum. Hinter dir steht ein weiterer Kuttenträger, den du bisher nicht bemerkt hast: ein hagerer Mann in weitem Umhang, die Kapuze tief in das Gesicht gezogen. Ein blaues Flackern umspielt sein Gewand und die Lederrüstung darunter. Seine Hände sind dürre Klauen, mit Krallen lang wie Messer und scharf wie Klingen aus Krelheim. Du erkennst die Stimme sofort.
Sie gehört dem Mann, den du mit eigenen Augen sterben sahst und der eigentlich in Waldheim begraben sein sollte: Vor dir steht Arumnas, der alte Bibliothekar. Sein Gesicht ist unter der Kapuze kaum zu erkennen. Nur undeutlich zeichnet sich die pergamentartige, verbrannte Haut ab, die sich eng um den Schädel spannt. Arumnas ist jetzt ein Schattendiener, ein Agent der Karben.
„Faron verfluchte mich, so wie dich, und ich erwachte zu neuem Leben. Ich bin hier, um dich zu meinesgleichen zu machen, Nachtwächter. Ein Geschenk, für das Manche ihren rechten Arm gäben.“

Mit diesen Worten beginnt er, Zeichen in der Luft zu schreiben, die für ein paar Augenblicke blau aufleuchten. Er versucht, einen Runenzauber zu weben. Du wirfst dich auf ihn.

Arumnas			
Kampfkraft	Schaden	Rüstung	Lebensenergie
26	**22**	**2**	**56**
(Bogenschütze: Schuss möglich)			

Arumnas versucht, seinen Zauber weiter zu weben. Wirf nach jeder Kampfrunde einen Würfel. Bei jeder 6 gelingt es ihm, einen weiteren Teil abzuschließen, und du verlierst einen Punkt deiner Menschlichkeit (denke daran, sofort bei **66** *in* **Buch 1** *weiterzulesen, wenn deine Menschlichkeit auf -6 sinkt).*
Bleibst du siegreich, lies hier weiter:
Der alte Mann sinkt keuchend zu Boden und zerfällt in hunderte Käfer, die sofort im Erdboden verschwinden. Der Kompass nimmt die Magie des Feuers des Mondes in sich auf und gibt einen Teil davon an dich ab (Lebensenergie +25). Du betrachtest die Kutte und das Lederwams des Bibliothekars noch eine Weile – es ist alles, was von ihm übrig ist. Du bist froh, Arumnas von dem Fluch erlöst zu haben (Menschlichkeit +1). Schließlich zieht Nebel auf, bis er wieder so dicht ist wie zuvor.
Weiter bei **152**.

63

Es ist vollkommen unerheblich, welche Kreaturen hier in den Käfigen gefangen sind: Sie haben es nicht verdient, gequält zu werden. Du wirbelst herum, reißt dir das Kostüm vom Körper, raffst deine Habe zusammen und stürmst aus dem Zelt. Du schwörst dir, nie wieder in diesen Zirkus zurückzukehren! Als du dein Gepäck sortierst, stellst du fest, dass in deiner Eile ein Gegenstand verloren gegangen ist. Streiche einen beliebigen Gegenstand aus deiner Liste.
Dennoch hast du richtig gehandelt, obwohl dir 20 Goldstücke und ein Gegenstand entgangen sind (Menschlichkeit +1).
Kehre zurück nach **10**.

64 Vorsichtig versuchst du, den Stein aus der Brunnenmauer zu lösen, jedoch zerrt deine schwere Ausrüstung an dir. Du wirst dich nicht mehr lange halten können. Willst du trotzdem weiter versuchen, den Stein herauszubekommen (weiter bei **118**)? Oder willst du deinen Rucksack nach unten in den dunklen Brunnen werfen, damit du nicht mitsamt deinem schweren Gepäck in die Tiefe stürzt (weiter bei **178**)? Wenn du doch sofort weiter nach unten steigen willst, ohne dich weiter um den losen Stein zu kümmern, lies weiter bei **114**.

65 Hier ist nichts mehr zu entdecken. Willst du nach Osten (weiter bei **177**) oder Süden (weiter bei **170**) weitergehen?

66 Du kletterst an den Haaren nach oben. Der Turm ist nicht sehr hoch, und so kannst du bald den ersten Fuß in das Fenster klemmen und schließlich deinen Körper nachziehen.

Du landest in einem Raum, der von einer steinernen Wand umgeben ist. Neben einem einfachen Holzbett steht nur ein wackliger Tisch, auf dem Obst und Käse liegen. Im Übrigen ist der Raum unmöbliert. Die Haare, die du zum Klettern benutzt hast, gehören zu einer schlanken Gestalt, die im hinteren Teil des Raums mit dem Rücken zu dir steht. Durch das hauchdünne Gewand zeichnen sich zarte Gliedmaßen ab. Ihre Körperhaltung zeugt von geradezu königlichem Stolz! Als du die Haare loslässt, dreht sich die Frau zu dir um. Ihr Gesicht besteht aus grüner, ledriger Haut. Zwischen narbenähnlichen Furchen befinden sich zahlreiche Warzen. Du stehst vor einer Waldnymphe.

Du kennst natürlich all die Legenden über diese mystischen Wesen. Man sagt, sie seien wankelmütig in ihrer Gunstzuweisung. Sie können einen Wanderer in die Irre locken und grausam seinem Untergang zuführen, sie können ihn aber auch auf das großzügigste belohnen. Sie lieben Geschenke und kleiden sich bevorzugt mit edlen Stoffen.

Was willst du tun?

Sie mit einem Geschenk umgarnen (weiter bei **149**)?

Angreifen (weiter bei **77**)?

Ein unverfängliches Gespräch beginnen (weiter bei **68**)?

67 Du stapfst weiter durch den tiefer werdenden Schnee nach Norden. Der Wald lichtet sich schließlich und du kommst an eine Waldschneise.

Am jenseitigen Ende steht eine Hütte, aus der eine Rauchfahne aufsteigt. Du kannst das Rauschen eines Flusses hören, der irgendwo in der Nähe vorbeifließt. Über der Eingangstür hängt ein Schild, auf dem „Zum Wilden Eber“ steht.

Das ist **Wegpunkt** 67. Wenn du schon mal im Wirtshaus gewesen bist, gehe zu **73**. Wenn nicht, lies weiter.

Der silberne Kompass deutet auf die Hütte.

Willst du sie betreten (weiter bei **138**) oder nach Süden zur letzten Kreuzung zurückkehren (weiter bei **108**)?

68 „Seien Sie gegrüßt, werte Dame! Kennen wir uns nicht irgendwoher? Ich könnte schwören, Sie schon einmal gesehen zu haben … War es nicht neulich bei … oder vielleicht an …? Ach nein, wie ärgerlich, ich weiß es nicht mehr!“

Leider ist die Nymphe von deinen eloquenten Ausführungen nicht besonders beeindruckt. Sie fragt nur mit einer erstaunlich tiefen Stimme: „Hast du ein Geschenk für mich?“ Falls ja, geh zu **149**, wenn nicht, lies hier weiter:

Verlegen schüttelst du den Kopf. Sie verzieht das Gesicht. Offensichtlich hatte sie gehofft, etwas Schönes von dir zu erhalten. Sie blickt dich einen Augenblick lang an. „Na“, sagt sie dann, „ganz verkehrt scheinst du wohl doch nicht zu sein!“ Du atmest durch, sie will dich zumindest nicht verhexen. Sie kramt eine Zeit lang in ihren Taschen. Dann nimmt sie ein Stück Käse vom Tisch.

„Hier“, sagt sie. „Wenn du Hunger hast.“ Wenn du willst, steck den Käse ein – um ihn zu essen, schaut er zu alt aus. Der Käse hat keinen Wert, du kannst ihn also nicht an einen Händler verkaufen.

Danach erlaubt dir die Nymphe, wieder an ihren Haaren den Turm zu verlassen.

Wenn du das Angebot nutzen willst, verlässt du den Turm und gehst zurück zur letzten Kreuzung (weiter bei **108**).

Wenn du sie doch noch angreifen willst, geht es weiter bei **30**.

69 Du kletterst zum schlammigen Grund des Brunnens hinab. Dort findest du deine Ausrüstung wieder, die unbehelligt und vollständig auf dem weichen Boden liegt. Das Seil, das du von oben gesehen hast, ist hier an einen Eisenring geknotet. Du beschließt, es später für den Rückweg zu benutzen.
Du blickst dich um. Der Brunnen hat unten einen Durchmesser von drei Schritt. An einer Stelle ist ein Loch in der Brunnenwand, das vom Boden bis zu deiner Hüfte reicht.
Da du schon mal im Brunnen bist, beschließt du, das Loch zu untersuchen.
Du zwängst dich durch die Öffnung in der Wand. Weiter bei **39**.

70 Du drückst dem Jüngling einen Kuss auf den Mund und bist erleichtert, als nichts passiert – was hast du dir eigentlich erhofft? Auf dem Gesicht der Statue meinst du ein spöttisches Grinsen zu erkennen.
Was willst du als Nächstes machen?
Den Finger des Jünglings greifen (weiter bei **164**)?
Die Statue umstoßen (weiter bei **41**)?
Weiter nach Norden (**153**) oder nach Süden gehen (weiter bei **101**)?

71 „Er müsste eigentlich jeden Augenblick zurückkommen. Ich habe ihn aus der Hand einer Sekte weit oben im Norden befreit."
Du kannst Aedan ansehen, dass er dir nur zu gerne Glauben schenken würde. Leider hast du nichts, um deine Aussage zu beweisen. Schließlich scheint seine Hoffnung zu siegen, weil er glauben möchte, dass sein Bruder lebt. Er legt die Hand auf deine Schulter. „Danke, mein Freund." Er besteht darauf, dir als Dank ein Geschenk zu machen.
Er zieht eine Phiole mit einer rotbraunen Flüssigkeit aus der Tasche. „Das ist ein Explosionswässerchen. Wirf es auf einen Gegner und es wird großen Schaden anrichten." Du wickelst das Gefäß in ein paar Lumpen ein und steckst es weg. Das Explosionswässerchen kann in jedem Kampf eingesetzt werden, der im Freien stattfindet. Du kannst es nur einmal verwenden.

Wenn du es wirfst, gewinnst du die aktuelle Kampfrunde automatisch (Schaden 15).
Du verabschiedest dich von deinen neuen Freunden und setzt deinen Weg fort.
Hast du Aedan belogen und seinen Bruder nicht gerettet: Menschlichkeit -1.
Willst du dem Pfad nach Westen (weiter bei **101**) oder nach Osten (weiter bei **170**) folgen?

72 Eine unbewaffnete Frau so weit im Nordwald kann nicht friedlich sein. Du willst dich auf sie werfen, doch kannst du dich kein Stück bewegen. Weiter bei **94**.

73 Du erinnerst dich an deine Erlebnisse im Wirtshaus. Du bist froh, das letzte Mal mit dem Leben davongekommen zu sein – willst du trotzdem ein zweites Mal hineingehen? Dann lies weiter bei **138**.
Sonst kehrst du zurück nach Süden zur letzten Kreuzung (weiter bei **108**).

74 Heldenmutig stocherst du mit einem Ast in dem Loch herum. Es knackt und klingt dann nach aufeinander reibendem Glas. Als du den Ast herausziehst, hängt daran ein Beutel – Du hast einen Ledersack erlegt! Du findest darin eine Schriftrolle und ein zerbrochenes Fläschchen, dessen blaue Flüssigkeit ausgelaufen ist, weil du es mit dem Ast zerstört hast.
Du rollst die Schriftrolle auf. Auf ihr sind verstörende Folterrituale und vermummte Männer abgebildet, die vor einem Mann knien, aus dessen Hand ein Blitz zuckt. In der Mitte steht nur ein Wort:

„Abaachtaba“

Du weißt zwar nicht, was das bedeutet, steckst die Schriftrolle aber für alle Fälle ein (notiere dir das Wort).
Willst du nach Süden (weiter bei **101**) oder nach Norden (weiter bei **153**) weitergehen? Außerdem kannst du im Westen der Lichtung eine Stelle untersuchen, die wie der Beginn eines Pfades aussieht, wenn du dort noch nicht warst (weiter bei **162**).

75 Mit einer Hand schöpfst du Wasser aus der Quelle. Es schmeckt wunderbar rein und klar und wärmt dich von innen. Du bist wie neu geboren (Gewandtheit +1, Menschlichkeit +1, deine Lebensenergie steigt auf ihren maximalen Wert).
Schnell reibst du ein paar Tropfen des Wassers auf das Zeichen des Raben, das du noch immer auf der Brust trägst. Deine Haut kribbelt leicht, sonst passiert jedoch nichts. Nicht einmal das Wasser der Reinen Quelle kann dir gegen den dunklen Fluch Farons helfen. Weiter bei **182**.

76 Du stapfst weiter durch den Wald. Der Schnee ist hier sehr tief. Du ziehst deinen Mantel enger, um Schutz vor der eisigen Kälte zu haben. Schließlich erreichst du den Rand einer Rodung. Direkt an der Stelle, an der du diese betrittst, führt ein weiterer Weg von ihr ab. Dies ist **Wegpunkt 76**; wenn du den Nebel auf der Rodung schon erkundet hast, lies weiter bei **36**. Wenn nicht, lies hier weiter:
Du kannst vor dir kaum etwas sehen: Hinter dem letzten Baum befindet sich eine dichte Nebelbank. Obwohl einige Schwaden wie Hände nach dir greifen, bildet sie hinter dem Rand der Rodung eine gespenstische Barriere wie eine feste Wand.
Der silberne Kompass zeigt in Richtung der Nebelwand.
Wenn du mit einem mutigen Schritt in den Nebel hineintreten willst, lies weiter bei **174**. Sonst kannst du die Lichtung auch in südlicher (weiter bei **31**) oder östlicher Richtung verlassen (weiter bei **58**).

77 Du lässt nichts anbrennen und stürzt dich auf die Nymphe. Sie ist nicht sehr robust, jedoch äußerst geschickt im Umgang mit Magie.

Waldnymphe			
Kampfkraft	Schaden	Rüstung	Lebensenergie
27	**17**	**0**	**20**

(Bogenschütze: Schuss möglich)

Da du in ihrem Turm bist, kannst du nicht fliehen.

Wenn du gewinnst, geht es hier weiter:
Als du der Nymphe die entscheidende Wunde versetzt, löst sie sich vor deinen Augen in Luft auf – und mit ihr der Turm! Du stürzt in die Tiefe. Wirf drei Würfel, um zu ermitteln, wie viel Lebensenergie dich der Aufprall kostet.
Wenn du noch lebst, gehst du zurück zur letzten Kreuzung im Osten (weiter bei **108**).

78 Du gräbst das Fell aus, wickelst das halbe Kugelhähnchen darin ein und verscharrst es wieder. Nach wenigen Augenblicken hörst du ein Kratzgeräusch. Eine Kralle taucht aus der Erde auf, dann eine weitere, und schließlich zieht sich eine abscheuliche kleine Kreatur aus dem Grab nach oben. Sie hat das Fell eines Kaninchens, doch die Form eines Hahns. Es schüttelt sich die Erde aus dem Fell und wendet sich dir zu.
Wenn deine Menschlichkeit -3 oder weniger beträgt, geht es weiter bei **96**. Ist der Wert +1 oder mehr, gehe zu **124**. Sonst gehe zu **80**.

79 Der Wald wird dichter, während die Temperatur allmählich fällt. Nach einer Meile verharrst du kurz, um deinen Mantel fester um dich zu wickeln. Weiter bei **23**.

80 Das untote Tier beschnuppert dich kurz, dann lässt es von dir ab und verschwindet in westlicher Richtung im Gestrüpp.
Du kannst entweder nach Norden (weiter bei **171**) oder Westen weitergehen (weiter bei **58**).

81 Du gehst zu einem Haufen alter Möhren, Kartoffeln, anderer Gemüsereste und ein paar Knochen in einer Ecke der Kammer. Du schiebst mit dem Fuß ein paar Gemüsestücke zur Seite. Plötzlich bewegt sich der Haufen und Ratten kommen aus den Essensresten hervorgekrochen. Ein paar davon versuchen, dich zu beißen. Wirf einen Würfel, um zu ermitteln, wie viele Bisse du abbekommst (Lebensenergie -3 je Biss). Danach verschwinden die Ratten in Ritzen im Boden.

Wenn dieser Ort dich bereits das Fürchten lehrt, kannst du an dem Seil aus dem Brunnen klettern und zur Lichtung mit der weißen Statue zurückkehren (weiter bei **183**).
Stattdessen kannst du aber auch den hinteren Bereich der Kammer durchsuchen, wenn du das noch nicht getan hast (weiter bei **194**).

82 Du kommst zu dir.
Du befindest dich noch auf der Lichtung, auf der du der Baobhan-Sith begegnet bist. Benommen blickst du dich um.
Vor dir hockt ein schwarzer Rabe.
Weiter bei **25**.

83 Nachdem du eine Zeitlang nach Westen gelaufen bist, gelangst du an eine Lichtung. Dies ist **Wegpunkt 83**. Wenn du schon mal hier gewesen bist, geht es weiter bei **97**. Wenn nicht, lies weiter.
Der silberne Kompass zeigt nach Nordosten.

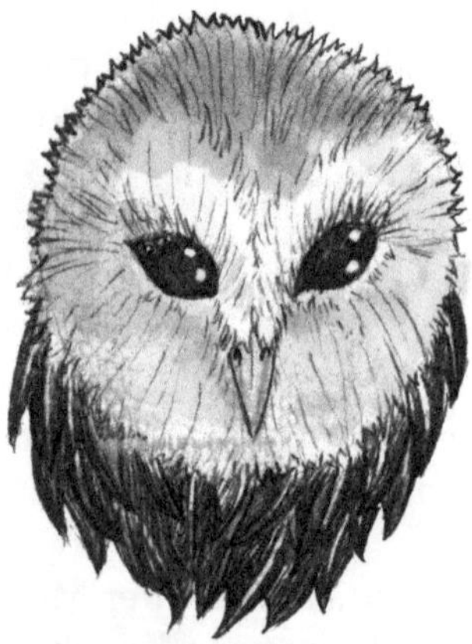

Du stehst am Rand einer weiten, schneebedeckten Lichtung. In der Mitte steht ein Steinturm. Du kannst weder eine Tür noch ein Fenster erkennen. Allerdings hörst du ganz leise eine Frau in einer fremden Sprache singen. Die Melodie ihrer Ballade ist so traurig, als stammte sie von einer in ihrer Hochzeitsnacht verlassenen Königstochter.

Willst du um den Turm herum schleichen, um zu sehen, ob es auf der anderen Seite einen Eingang gibt (weiter bei **154**)?
Oder willst du noch ein wenig länger dem Gesang lauschen (weiter bei **176**)?
Wenn du willst, kannst du auch zur letzten Kreuzung zurückkehren (weiter bei **108**).

84 Nach ein paar Hundert Schritt schaut zwischen dem Schnee vereinzelt der braune Waldboden hervor. Als du bei einer Lichtung ankommst, ist es bereits merklich wärmer und kaum noch Schnee zu sehen.
Dies ist **Wegpunkt 84**. Wenn du schon mal hier gewesen bist, geht es weiter bei **29**. Wenn nicht, lies weiter.
Der silberne Kompass zeigt nach Norden.
Auf der Lichtung herrscht buntes Treiben – Buden mit farbigen Wimpeln sind durch ein paar ausgetretene Wege miteinander verbunden. In der Mitte steht ein größeres Zelt.
Du bist auf dem Jahrmarkt der Bewohner des Nordwaldes gelandet. Kreaturen jeder denkbaren Art tummeln sich hier: Du siehst jonglierende Kobolde, drei junge Elfen singen Lieder aus Sagiriton, dazwischen sind Berggnome, Eistrolle, Schlangenmenschen, eine Familie Hagols aus dem Fei und sogar ein Steppenriese. Zwei riesige Oger (du kennst von Wilhelm natürlich die Legenden über die berühmte Ogerwache des Nordwaldes) behalten das Treiben im Auge, bereit, sofort einzuschreiten, wenn irgendwo ein Tumult losbricht. Weiter bei **10**.

85 „Ein Teil von jener Kraft, die stets das Gute will und stets das Böse schafft!", kläfft dich der hinter dir stehende Mann an. Er hat weiße Haare, einen weißen Kinnbart, trägt eine Mütze und hält ein Büchlein in der Hand. Er leitet die Proben eines Theaterstücks hier auf der Lichtung! Bevor du etwas sagen kannst, spricht er weiter: „Was denkst du denn, wer du bist? Schau, dass du Land gewinnst! Wie soll man arbeiten, wenn ständig irgendwelche blöden Abenteurer meine Schauspieler angreifen! Komm zur Generalprobe wieder, dann darfst du meinetwegen zuschauen!" Als du zögerst, sagt er nur: „Und ab",

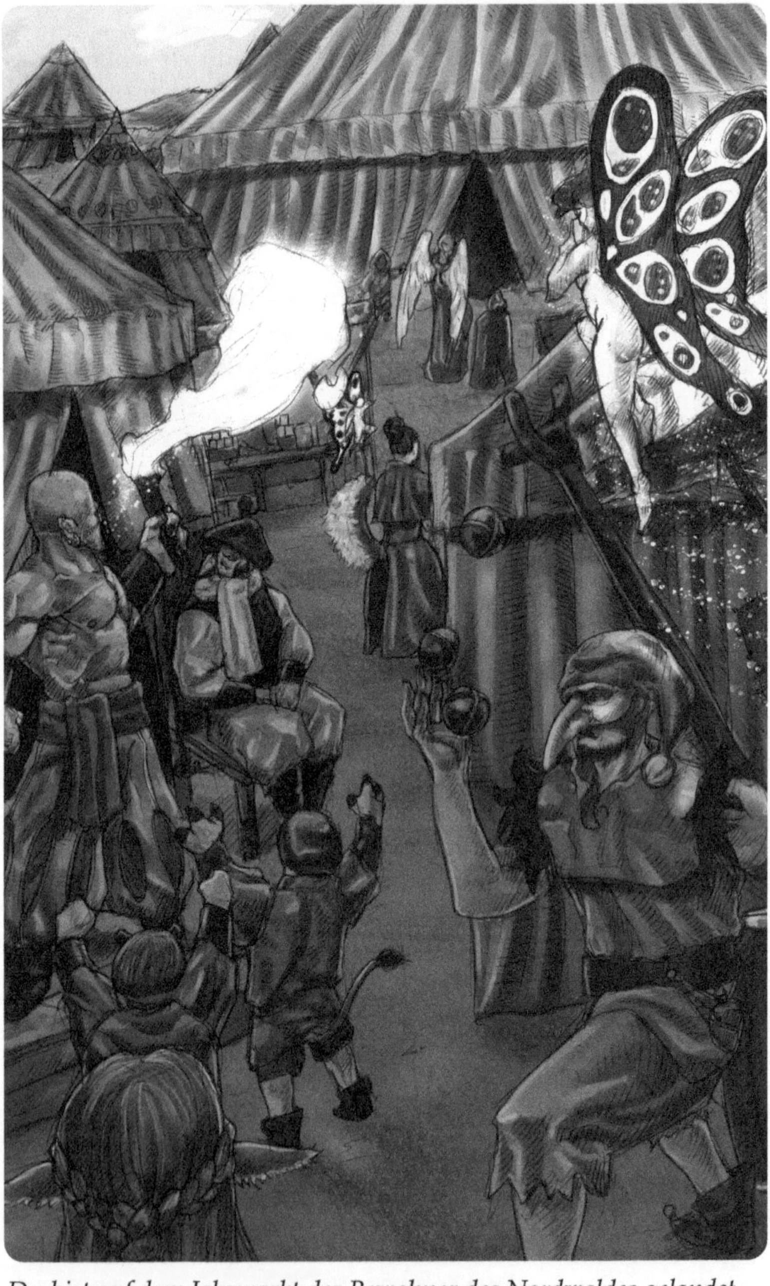

Du bist auf dem Jahrmarkt der Bewohner des Nordwaldes gelandet.

und dreht sich weg. Du nimmst dir vor, zu einem anderen Zeitpunkt wiederzukommen, und kehrst zurück zur letzten Kreuzung. Weiter bei **101**.

86 Du gelangst an den Rand einer sonnigen Lichtung. Im dichten Gras wachsen bunte Blumen; Schmetterlinge fliegen umher und die Vögel in den Bäumen zwitschern nach Herzenslust. Du bist überrascht, wie friedlich der Südrand des Waldes wirkt.
Das ist **Wegpunkt 86**. Wenn du schon mal hier gewesen bist, gehe zu **143**. Wenn nicht, lies weiter.
Der silberne Kompass zeigt nach Nordwesten.
In der Mitte der Lichtung sitzt ein Mann auf einem Fels, stemmt die Füße in den Untergrund und stützt das Kinn auf seine Hand. Dann fällt dir auf, dass der Fels mindestens so groß ist wie du. Du brauchst eine Weile, um das Bild richtig zu deuten: Du beobachtest einen Riesen. Du dachtest, das alte Volk wäre lange aus dieser Gegend der Welt verschwunden! Dir fällt eine der Lieblingsgeschichten deines Onkels ein. In ihr ging es um einen alten Riesenkönig, für den Häuser wie Schemel waren und Täler seine Betten. Aus den Geschichten ging nie wirklich hervor, ob es sich bei den Riesen nun um freundliche oder blutrünstige Wesen handelte.
Der Riese hat einen langen, zotteligen, dunkelroten Bart, buschige Augenbrauen über schwarzen, kleinen Augen und lange, wellige Haare. Neben ihm lehnt eine Axt am Felsen, eine mächtige Waffe. Die dunkle Stoffhose wird mit einem Seil um die Taille zusammengehalten. Er isst eine enorme Scheibe Brot, die mit einem ebenso großen Stück Fleisch belegt ist.
Was willst du tun?
Den Riesen angreifen (weiter bei **11**)?
Auf die Lichtung treten und ein ungezwungenes Gespräch anfangen (weiter bei **165**)?
Ein paar Schritte weiterschleichen, um mehr erkennen zu können (weiter bei **91**)?
Du kannst auch zur letzten Kreuzung im Norden zurückkehren (weiter bei **177**).

87 Du gehst zu einem kleinen Kerl, der wie der Anführer der Veranstaltung aussieht – auch ein Zwerg – und sagst mit kräftiger Stimme: „Es wird Zeit, dass Hammalgar einen richtigen Gegner kennenlernt! Ich fordere ihn heraus!" Der Anführerzwerg mustert dich kurz, dann schüttelt er grinsend deine Hand.

„Macht 10 Goldstücke Startgebühr!" Im ersten Augenblick bist du überrascht über diesen gesalzenen Betrag, dann fällt dir ein, dass dir bei einem Sieg 20 Goldstücke winken! Wenn du doch nicht zahlen willst, dann kehre zurück zu **10** und entscheide, was du stattdessen auf dem Jahrmarkt machen willst. Wenn nicht, lies weiter.

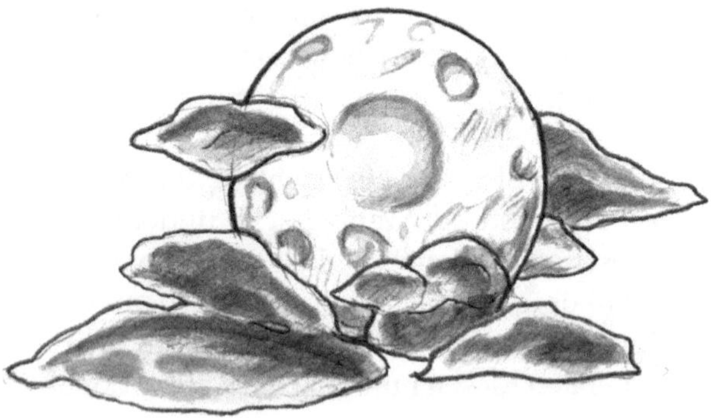

Du zahlst die 10 Goldstücke und steigst in den Ring. Der Anführerzwerg ergreift das Wort. „Sehr verehrtes Publikum. Jetzt ist der Augenblick gekommen, auf den Sie so lange und geduldig gewartet haben. Jetzt hier bei uns im Boxring, nach exklusiver Tournee durch den Südwald und die Subwälder: der Todesbruder!"

Dabei zeigt er auf dich. Für einen Augenblick fühlst du dich stark und gefährlich, doch dann wird dir klar, dass die meisten Zuschauer lachen. Als du zu einer kurzen Rede ansetzen willst, erklingt ein Gong – der Kampf beginnt! Du kannst deine Ausrüstung nicht benutzen (Schaden 2, Rüstung 0). Hammalgar IST bärenstark! Hätte er nicht schon mehrere Kämpfe hinter sich, wäre er mit bloßen Händen kaum zu besiegen.

Hammalgar			
Kampfkraft	Schaden	Rüstung	Lebensenergie
26	**3**	**0**	**20**

Der Kampf wird nicht bis zum Tod geführt, sondern bis einer von euch nur noch eine Lebensenergie von 7 oder weniger hat, in diesem Fall wird der andere Kämpfer zum Sieger erklärt. Wenn du schon zu Beginn des Kampfes nur noch eine Lebensenergie von 7 oder weniger hast, bekommst du weiche Knie und rennst voller Panik davon: weiter bei **10**.

Wenn du verlierst, wirst du unter dem Gejohle der Menge aus dem Ring getragen. Nachdem du wieder einigermaßen bei Bewusstsein bist und sogar aufstehen kannst, stellst du fest, dass zwei Gegenstände aus deiner Ausrüstung gestohlen wurden (Streiche eine Waffe und einen weiteren beliebigen Gegenstand). Dann geht es weiter bei **10**.

Wenn du gewinnst, geht es weiter bei **188**.

88

Der Hühnerfarmer ist nicht mehr da. Die Käfige in der Mitte der Lichtung sind leer. Du gehst zurück zur Kreuzung im Westen (**177**).

89

Du trittst auf den Mann zu und grüßt ihn.

Er antwortet nicht. Auch als du ihn direkt auf seine Worte ansprichst, schweigt er und zeigt keine Regung, blickt dich nur an. Du bleibst noch einen Augenblick vor ihm stehen, dann wendest du dich ab, um die Lichtung zu verlassen.

Nur einen Schritt bist du gegangen, da flüstert der Alte noch etwas, so leise, dass du es kaum verstehen kannst: „Der Wald hat mir alles genommen."

Der Klang seiner Stimme lässt dein Inneres zu Eis gefrieren.

Du drehst dich noch einmal um.

Aber dort, wo vorher der seltsame Kauz stand, ragt nun ein altes, knorriges Baumgerippe in den Himmel, das schon lange keine Blätter mehr trägt.

Eilig verlässt du die Kreuzung.

Gehe zu **170**.

90 Hinter dem Haus kannst du dich kaum bewegen, da das dichte schneebedeckte Gestrüpp des Waldes unmittelbar angrenzt.
Du machst einen Schritt und hörst plötzlich ein dumpfes, hohles Geräusch unter deinem Fuß. Wirf einen Würfel. Bei 1-3 geht es weiter bei **2**, bei 4-6 weiter bei **120**.

91 Du schleichst am Rande der Lichtung entlang. An einer Stelle am Rand siehst du Baumstümpfe. Hier wurden erst vor kurzem Bäume gefällt.
Sonst ist nicht viel zu sehen. Was willst du tun?
Den Riesen angreifen (weiter bei **11**)?
Ihn ansprechen (weiter bei **165**)?
Zur letzten Kreuzung im Norden zurückkehren (weiter bei **177**)?

92 Wirf drei Würfel und addiere 10. Ist der Wert kleiner oder gleich deiner Gewandtheit, gelingt dir ein schiefer Überschlag. Weiter bei **28**. Wenn nicht, lies hier weiter:
Du nimmst zwei Schritte Anlauf, um dich mit einer Reihe von Flickflacks in die Herzen der Gaukler zu turnen. Als du zum ersten Überschlag ansetzt, verheddert sich dein linker Fuß im Mantel. Du verlierst den Schwung und kurz darauf das Gleichgewicht, als du kopfüber in der Luft hängst. Krachend fällst du zu Boden (Lebensenergie -7).
Sofort sind alle Augen auf dich gerichtet. Ein johlendes Gelächter bricht los, das erst nach langer Zeit abebbt.
Mühsam rappelst du dich auf. Weiter bei **28**.

93 Du ziehst das Hemd über den Kopf. Es fühlt sich wunderbar an! Du hast das Gefühl, dass es sich hauteng an deine Körperkonturen anschmiegt. Tatsächlich ist es sogar fast ein wenig zu eng.
Als du es zurechtrücken willst, bewegt es sich keinen Deut. Du versuchst, es von deinem Körper zu streifen, doch auch das schaffst du nicht – im Gegenteil: Es wird noch enger und drück dir die Luft ab. Gleich wird es dich zerquetschen.

Wirf einen Würfel. Nur wenn du eine 6 wirfst, gelingt es dir, aus dem Hemd herauszukommen (weiter bei **111**). Bei jedem Wurf, der keine 6 ist, musst du die geworfene Augenzahl von deiner Lebensenergie abziehen.
Sinkt deine Lebensenergie auf einen Wert von 5 oder weniger, geht es weiter bei **180**.

94

Du bist völlig bewegungsunfähig. Nicht einmal sprechen kannst du.
Die fremde Frau erhebt sich und schwebt über den Waldboden auf dich zu. Als sie heran ist, entblößt sie lange Eckzähne, die spitz zwischen ihren Lippen hervorragen. Sie wird dich jeden Augenblick beißen.
Was willst du tun?
Wenn du ein Wort kennst, das einen Lebensbann löst, kannst du es jetzt denken – sprechen kannst du nicht (gehe in diesem Fall zu der Nummer, die von hinten gelesen dem Wort entspricht).
Trägst du ein Stück Stoff als Talisman, welches das Symbol der Wahrheitsfindung abbildet, kannst du auch versuchen, dich darauf zu konzentrieren (weiter bei der Nummer, die du mit dem Symbol in Verbindung bringen kannst).
Wenn du nichts davon machen willst oder kannst, gehe zu **139**.

95

Der Zombie beißt in deinen Arm. Die Wunde brennt wie Feuer! Im gleichen Augenblick lässt er von dir ab. Dir wird schwarz vor Augen und du fällst in eine tiefe Ohnmacht. Als du wieder zu dir kommst, kommt dir das Licht irgendwie greller vor.
Du stehst auf und gehst an die Theke. Dort bestellst du ein Hirnragout. Du wunderst dich über den seltsamen Rucksack, den du immer noch um die Schultern trägst – er enthält lauter wunderliche Sachen. Du schmeißt ihn ins Feuer, als Zombie hast du für Waffen oder Schilde keine Verwendung mehr.
Der Biss hat deine Mutation zum Untoten ausgelöst. Du gehörst nun zu den Verdammten des Wirtshauses. Du wirst es nie wieder verlassen – was du aber auch gar nicht mehr möchtest …

96 Ein Tier, das auf dem Friedhof der Tiere im Kalrir wiedergeboren wird, muss abgrundtief böse sein.
Es mustert dich eine Weile, dann trottet es zu dir herüber und schmiegt sich an deine Beine – es hat in dir einen Gleichgesinnten erkannt.
Das untote Tier wird dich eine Weile begleiten, und bei deinem nächsten Kampf wird es dich unterstützen. Du kannst daher in deinem nächsten Kampf +1 zu dem von dir angerichteten Schaden dazu zählen. Nach diesem Kampf verlässt es dich wieder.
Du kannst entweder nach Norden gehen (weiter bei **171**) oder in Richtung Westen (weiter bei **58**).

97 Du bist wieder an der Lichtung, auf der das letzte Mal der Steinturm gewesen ist. Jetzt ist sie leer – der Turm ist verschwunden. Du gehst zurück zur letzten Kreuzung (**108**).

98 Zwischenspiel
Sie ist wie der schweigende Bote, der dunkle Fährmann des ewigen Stromes. Sie macht dich zu einem Wanderer zwischen den Welten.
Du hörst einen Trauerwalzer für den Tod eines Menschen. Zuerst denkst du, es geht um deinen Tod, doch dann verstehst du. Dort liegt eine, die nicht mehr deinesgleichen, nicht mehr von dieser Welt ist, ein unbegreifliches, fremdes Wesen. Dir scheint, als sähest du das ironische Lächeln auf dem Antlitz des Weltgeistes, dem Leid und Trauer und Tod nichts ist als das vom Urbeginn der Zeiten an allstündlich und ewig sich Wiederholende. Dann erklingt die Mundharmonika von neuem, und diesmal ist es ein Marsch …
Weiter bei **82**.

99 Du durchtrennst den Strick. Sofort schwingt sich der Kobold über die Theke. Ein paar der Gäste stoßen ein Grunzen aus, erheben sich und schlurfen auf euch zu. Einem verrutscht die Kapuze, und darunter erkennst du eine Fratze, von Verwesung gezeichnet, wurmzerfressen. Es sind wirklich Zombies – und sie nehmen dir übel, dass du ihren Wirt befreien willst!

Du musst kämpfen. Der Kobold kann dir nicht helfen, da er keine Waffe hat und zu klein ist.
Die ersten zwei stürzen sich auf dich (Bogenschütze: ein Schuss möglich). Sie greifen dich gleichzeitig an. Gegen den Ersten kämpfst du nach den normalen Regeln. Gegen den Zweiten kannst du dich nur verteidigen. Du würfelst also immer abwechselnd eine Kampfrunde gegen den Ersten, dann gegen den Zweiten. Wenn deine Kampfkraft gegen den Zweiten höher ist, hast du dich erfolgreich verteidigt, ohne allerdings selbst Schaden anzurichten. Sonst hat er dich getroffen. Sobald der erste Zombie tot ist, geht der Kampf nach den normalen Regeln gegen Zombie 2 weiter.

Zombie 1

Kampfkraft	Schaden	Rüstung	Lebensenergie
26	**14**	**2**	**30**

Zombie 2

Kampfkraft	Schaden	Rüstung	Lebensenergie
26	**14**	**1**	**25**

Jedes Mal, wenn dich einer der Zombies trifft, musst du zwei Würfel werfen. Gehe bei zwei Fünfern oder zwei Sechsern sofort zu **95**. *Sonst geht der Kampf normal weiter.*
Wenn du beide Zombies tötest, lies weiter bei **5**.

100

Du stehst an einer Wegbiegung. Dies ist **Wegpunkt 100**. Wenn du hier schon gewesen bist, gehe direkt weiter zu **65**. Wenn nicht, lies weiter.
Das Blätterwerk der Bäume ist so dicht, dass es wie ein Dach über dir hängt. Plötzlich bemerkst du eine Bewegung. Du gehst einen Schritt in die Richtung, bis du – wie niedlich! – eine Schar weißer Kaninchen entdeckst. Sie kommen, die rosa Näschen in deine Richtung gestreckt, auf dich zu. Wie erfreulich, dass es in diesem unwegsamen Teil des Waldes so zarte Geschöpfe gibt. Milde lächelnd gehst du ihnen entgegen, um ihr weiches Fell zu streicheln, dich von ihren feuchten Näslein beschnuppern und

von ihren Zähnlein anknabbern zu lassen, die so scharf sind wie die Zähne eines Wolfes. Sie greifen an! Da du völlig unvorbereitet auf einen Kampf bist, gewinnen sie die erste Kampfrunde (ziehe den Schaden von deiner Lebensenergie ab). Bekämpfe die Kaninchen wie einen einzigen Gegner.

Kaninchen

Kampfkraft	Schaden	Rüstung	Lebensenergie
25	**22**	**1**	**35**

(Bogenschütze: kein Schuss möglich)

Du kannst nicht fliehen, da die Kaninchen zu zahlreich sind.
Wenn du gewinnst, wirfst du noch einen Blick in das Lager der Tiere. Leider ist dort nichts zu finden. Du kannst aber ein Kaninchenfell mitnehmen.
Erst jetzt bemerkst du, dass der silberne Kompass auf das Lager der Kaninchen deutet.
Du hast Kreaturen erschlagen, die nur durch die Kraft des Feuers des Mondes existieren konnten. Wer weiß, welche Experimente Faron mit ihnen durchgeführt hat. Der Kompass leuchtet blau, als er die Magie der Kaninchen in sich aufnimmt. Dann gibt er einen Teil der Kraft an dich ab (Lebensenergie +6).
Weiter geht es bei **65**.

101 Du befindest dich auf einem West-Ost-Pfad, von dem in Richtung Norden ein Weg abzweigt. Das ist **Wegpunkt 101**.
Der silberne Kompass zeigt nach Norden.
Würfel ein Zufallsereignis.
Wohin willst du gehen?
Nach Westen (weiter bei **106**)?
Nach Osten (weiter bei **40**)?
Nach Norden (weiter bei **79**)?

102 Die Lichtung ist verlassen. Die Gaukler sind weitergezogen. Welchem Weg willst du folgen?
Nach Westen (weiter bei **101**)?
Nach Osten (weiter bei **170**)?

103 Willst du an dem Seil in den Brunnen klettern (weiter bei **184**)? Oder möchtest du dein Glück an den glitschigen Steinen der Brunnenwand unterhalb der Gravur versuchen (weiter bei **34**)?

104 Du streckst das untote Tier nieder. Nie wieder wirst du auf diesem Friedhof etwas begraben!
Du kannst dich nun entweder nach Norden (weiter bei **171**) oder Westen (weiter bei **58**) wenden.

105 Du kommst an eine Kreuzung. Von einem West-Ost-Weg führt ein Weg nach Süden in Richtung des Flusses. Die Brücke, die dort über den Fluss führte, ist schon lange eingestürzt. Wegen des dichten Gestrüpps am Wegesrand kannst du nicht direkt zum Fluss gelangen.
Dies ist **Wegpunkt 105**.
Der silberne Kompass zeigt nach Westen.

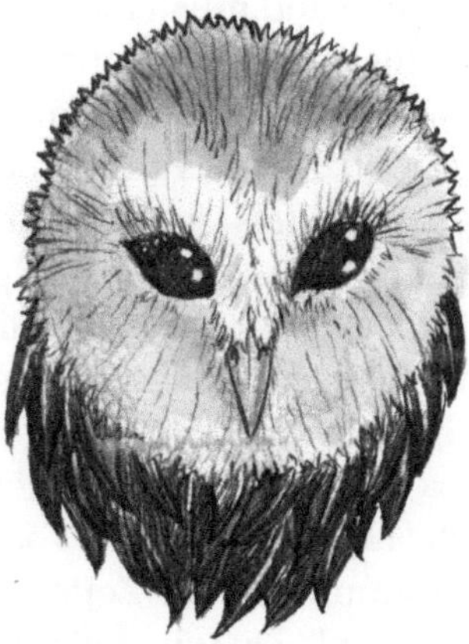

Würfel ein Zufallsereignis.
Wohin willst du dich wenden?
Nach Westen (weiter bei **179**)?
Nach Osten (weiter bei **109**)?

106 Du marschierst weiter und kommst an **Wegpunkt 106**. Wenn du schon hier gewesen bist, gehe zu **140**.

Wenn nicht, lies weiter.
Der silberne Kompass zeigt nach Nordosten.
Jemand ruft um Hilfe. Du hastest die letzten Schritte bis zu einer Lichtung. Ein blasser Mann mit einem langen, schwarzen Umhang und rotem Innenfutter beugt sich über eine rothaarige Frau in einem blütenweißen Kleid, die vor ihm auf dem Boden liegt. Es muss die Frau gewesen sein, die um Hilfe geschrien hat.
Kurz entschlossen brichst du aus dem Unterholz und wirfst dich dem Unhold entgegen. Als du zum Schlag ausholst, ruft schräg hinter dir jemand:
„Was zum …? NEEEIIINNN! Wo kommt der denn her?"
Was willst du tun?
Den Angriff des Mannes unterbinden, bevor der Frau etwas passiert (weiter bei **155**)?
Innehalten und schauen, wer hinter dir schreit (weiter bei **85**)?

107 Du gehst zur Theke und musterst den Wirt, einen Kobold. Er ist einen Kopf kleiner als du und hat riesige Ohren. Seine Haut hat eine schmutzige bräunliche Farbe. Die aschblonden Haare stehen in alle möglichen Richtungen von seinem Kopf ab. Ein dicker Strick um seinen Hals lässt ihm nur wenige Schritt Aktionsradius entlang der Theke. Er wird hier gefangen gehalten.
Er ist erstaunt, dich hier zu sehen. Verstohlen beugt er sich in deine Richtung und flüstert: „Hallo, Mensch. Warum du im Wirtshaus?"
Du erklärst ihm, dass du ein Abenteurer bist.
„Aufpassen, Mensch. Hier Tänzer des Todes! Dies Wirtshaus der Zombies. Sie verdammt, für alle Zeiten hier zu bleiben. Hilf fliehen, und dich belohnen!" Du wirfst einen Blick in die Runde. Unter den tief in das Gesicht gezogenen Kapuzen der anderen Gäste kannst du noch immer nichts erkennen.
Was willst du tun?
Ihn losbinden (weiter bei **99**)?
Das Wirtshaus verlassen (weiter bei **175**)?
Oder ignorierst du das Geschwätz des Kobolds und wendest dich wieder den anderen Gästen zu (weiter bei **157**)?

108 Du gelangst an eine Kreuzung. Dies ist **Wegpunkt 108.** Der silberne Kompass zeigt nach Norden.
Würfel ein Zufallsereignis.
In welche Richtung willst du weitergehen?
Nach Norden (weiter bei **67**)?
Nach Osten (weiter bei **31**)?
Nach Süden (weiter bei **158**)?
Nach Westen (weiter bei **83**)?

109 Du befindest dich an einer Lichtung, von der Wege nach Süden und Westen wegführen. Das ist **Wegpunkt 109**. Der Kompass deutet in Richtung Westen.
An einer von den Wegen abgewandten Stelle steht ein Haus, das aus Steinquadern gebaut ist.
Wenn du dir das Haus ansehen willst, gehe zu **37**.
Wenn du dich nach Süden wenden willst, lies weiter bei **172**.
Wenn du stattdessen nach Westen gehen willst, geht es weiter bei **105**.

110 Nahe dem Eingang sitzt an einem Tisch nur ein Gast, neben den du dich kurz entschlossen setzt. Er beachtet dich jedoch nicht. Die Gäste dieses Wirtshauses sind wirklich seltsam! Kaum jemand unterhält sich. Jeder sitzt für sich und trinkt oder löffelt etwas aus einer Schüssel.
Was willst du tun?
Doch erst mal zur Theke gehen und mit dem Wirt reden, der dich zu beobachten scheint (weiter bei **107**)?
Deinen Tischnachbarn ansprechen (weiter bei **198**)?

111 Mit einem Gewaltakt gelingt es dir, das verfluchte Hemd von deiner Brust zu ziehen. Schwitzend schleuderst du es zu Boden – wo es nicht liegen bleibt, sondern sich sofort wieder aufrichtet. Es scheint von einem unsichtbaren Körper ausgefüllt zu sein.
Eine Gestalt nimmt Konturen an, die dir vage bekannt vorkommen – und dann blickst du in ein vertrautes Gesicht (weiter bei **168**).

112 Die Wahrsagerin lacht laut auf. „Du bist mir ja ein schöner Abenteurer! Kaum aufgebrochen und denkt schon, ein Held zu sein." Gleichzeitig wirkt sie enttäuscht.
Sie schaut eine Zeit lang in das Wasser ihrer Wanne. „Hm ...", sagt sie. „Ich sehe schwere Stürme in deiner Zukunft. Da sind auch etliche Seifenblasen, denen du nachjagen wirst." In diesem Moment zerplatzt eine Seifenblase in der Wanne.
„Ich sehe nicht deinen Tod ... aber auch nicht dein Leben. Heldentaten ... das wird sich noch zeigen müssen. Entscheide weise und dir wird nichts widerfahren. Doch hüte dich vor der Dienerin des Mondes!"
„Aber du hast doch schon von mir gehört?", hakst du nach.
„Sicher!", sagt sie und versinkt im Wasser. Du gehst hinüber und schaust in die Wanne. Außer dem Wasser ist nichts mehr darin – die Wahrsagerin ist verschwunden. Du ärgerst dich, keine bessere Frage gefunden zu haben.
Du kehrst zurück zu **10**.

113 Du kletterst den Trampelpfad bis an das Ufer hinab. Der Fluss fließt schwarz und unheimlich durch den schneeweißen Wald. Wenn du von dem Wasser trinken willst, geht es weiter bei **35**.
Sonst kehrst du zurück zur letzten Lichtung (weiter bei **58**).

114 Vorsichtig legst du die letzten Schritt bis zum Grund des Brunnens zurück. Das Seil, das von oben in den Schacht hängt, ist hier an einen Eisenring im Boden geknotet. Du beschließt, auf dem Rückweg das herabhängende Seil zu benutzen. Weiter bei **133**.

115 Der Riese macht seinen letzten Atemzug und fällt tot vor dir ins Gras. Erst jetzt fällt dir auf, dass in der Nähe ein gefällter Baum liegt, von dem die meisten der Äste entfernt wurden. Der Riese war ein Holzfäller. Du hast einen unschuldigen Waldarbeiter getötet (Menschlichkeit -1).
Du durchsuchst die Habseligkeiten des Riesen. Die Axt ist so groß, dass du im Kampf beide Hände brauchst (außer als Ber-

serker) (Riesenaxt, Schaden 23). Falls es dich nicht ekelt, kannst du das halb verzehrte Brot des Riesen zu Ende essen (Lebensenergie +7).
Danach verlässt du die Lichtung auf dem Weg, den du gekommen bist, da kein anderer Weg von der Lichtung wegführt, und gehst zurück zur Kreuzung im Norden. Weiter bei **177**.

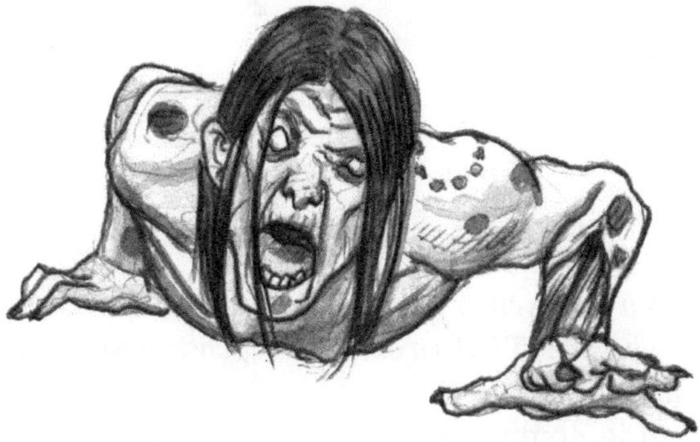

116 Nachdem ihr noch eine Weile geplaudert habt, kommt schließlich der Augenblick, sich zu verabschieden. Nach einem warmherzigen Handschlag macht sich der junge Gaukler auf den Weg zu seinen Leuten, „nicht ohne noch im Wirtshaus der Zombies ein Bier zu trinken“, wie er dir augenzwinkernd versichert. Du versprichst ihm, gelegentlich bei den Gauklern vorbeizuschauen. Er ist sicher, dass sich auch sein Bruder bei dir bedanken will.
In welche Richtung willst du dich nun wenden?
Nach Süden (weiter bei **31**) oder nach Osten (weiter bei **58**)?

117 Du greifst in die Hosentasche des toten Zombies und findest 2 Goldstücke.
Die ersten seiner stinkenden Wirtshauskumpanen kommen bei dir an und stürzen sich auf dich (Bogenschütze: Schuss auf den ersten Zombie möglich). Sie greifen dich gleichzeitig an. Gegen den Ersten kämpfst du nach den normalen Regeln. Gegen den Zweiten kannst du dich nur verteidigen. Du würfelst also immer abwechselnd eine Kampfrunde gegen den Ersten, dann gegen den Zweiten. Wenn deine Kampfkraft gegen den Zweiten höher ist, hast du dich erfolgreich ver-

teidigt, ohne allerdings selbst Schaden anzurichten. Sonst hat er dich getroffen. Sobald der erste Zombie tot ist, geht der Kampf nach den normalen Regeln gegen Zombie 2 weiter.

Zombie 1			
Kampfkraft	Schaden	Rüstung	Lebensenergie
25	**16**	**2**	**30**

Zombie 2			
Kampfkraft	Schaden	Rüstung	Lebensenergie
25	**15**	**1**	**25**

Jedes Mal, wenn dich einer der Zombies trifft, musst du zwei Würfel werfen. Gehe bei zwei Fünfern oder zwei Sechsern sofort zu **95**. *Sonst geht der Kampf normal weiter.*
Wenn du beide Zombies tötest, lies hier weiter:
Du hast nur eine Sekunde, um die weiteren Optionen abzuwägen. Willst du die Gelegenheit zur Flucht nutzen (weiter bei **175**) oder dich den verbleibenden Zombies zum Kampf stellen (weiter bei **144**)?

118 Du bist doch nicht verrückt und wirfst deine gesamte Ausrüstung in ein dunkles Loch! Obwohl dein Rucksack gewaltig an dir zieht, rüttelst du weiter an dem Stein. Deine Hand rutscht von einer schmierigen Stelle ab und du verlierst den Halt. Du stürzt in den Brunnen und hast Glück, dass dein Sturz durch weichen Schlammboden gedämpft wird (Lebensenergie -15).
Unten siehst du das in der Brunnenöffnung hängende Seil, das an einem Eisenring im Boden befestigt ist. Du beschließt, auf dem Rückweg das Seil zu benutzen.
Weiter bei **133**.

119 Du ritzt deine Handfläche auf und wartest, bis ein Tropfen deines Blutes in die Quelle fällt, und plötzlich ist alles anders ... und doch, ist es nicht so, wie es immer schon war? Selt-

sam ... was ist eben noch geschehen? Du siehst, dass deine Hand blutet, dunkel läuft es dickflüssig deine Hand herunter. Gierig saugst du daran ... Blut, so viel besser als Wein!
Du schaust dich auf der Lichtung um und entdeckst, dass zwei Wesen in einem Lebensbann gefangen sind, ein Mensch und ein Bär. Sie warten darauf, dass du dich ihrer annimmst, und du lässt sie nicht lange warten. Schon nach wenigen Tagen hast du beide bis auf den letzten Tropfen ausgesaugt. Doch dein Durst ist nur für den Augenblick gestillt.
Hoffentlich verirrt sich bald wieder ein Wanderer in deinen Wald, auf deine Lichtung. Der Mond wird schon dafür sorgen. Dann kannst du dich satt trinken, deine spitzen Zähne in den Hals des namenlosen Menschen hauen. Doch warten wirst du müssen. Seit dein Meister dir befahl, die Quelle zu bewachen, ist es dir verwehrt, diese Lichtung zu verlassen.
Durch den Tropfen Blut hast du deine Seele an die dunkle Magie verloren, mit der Faron das Feuer des Mondes erwecken konnte. Es ist nicht schlimm, dass die Baobhan-Sith vor kurzem starb, denn du bist der neue blutrünstige Diener des Mondes. Du bist der Hüter der Quelle, der Bewahrer der Macht Farons.

120 Das morsche Holz gibt unter deinen Füßen nach. Du stürzt in einen Hohlraum, der zum Glück nur einen halben Schritt tief ist. Du verdrehst dir leicht den Fuß (Lebensenergie -11).
Weiter bei **59**.

121 Mit jedem Schritt wird es kühler, zu kalt für diese Gegend. Am Wegesrand wächst vereinzelt Scharbockskraut, die gelben Kronblätter jedoch fest verschlossen. Viele Bäume sind abgestorben, die Sträucher blattlos. Die knochentrockenen Zweige der Nadelbäume flüstern in einer Sprache, die du noch nie gehört hast.
Dann entdeckst du ersten Schnee und schon bald liegt der Wald unter einer dichten weißen Decke. Den Himmel verbergen dunkle Wolken, die so tief hängen, als wollten sie neue Schrecken ankündigen. Weiter bei **24**.

122 Du sagst ein paar Worte zu einem anderen Gast an der Theke. Unvermittelt ergreift er deinen Arm und zieht ihn zu sich hin.
Willst du ihn gewähren lassen (weiter bei **16**)?
Oder möchtest du deinen Arm wegziehen (weiter bei **136**)?

123 Mit zitternden Händen stellst du die Kombination ein, die du von dem Gedicht auf der Lichtung der schwarzen Sekte kennst.
Ein Leichnam. Verrat. Zwei Schlangen. Unglück. Drei Raben. Tod. Als du den Hebel betätigst, klackt etwas. Dann rascheln die Zweige vor dir. Das Gestrüpp lichtet sich und gibt einen dunklen Weg nach Norden frei.
Weiter bei **125**.

124 Ein Tier, das auf dem Friedhof der Tiere im Kalrir wiedergeboren wird, muss abgrundtief böse sein.
Es scharrt mit der Vorderpfote im Schnee und mustert dich eine Weile, dann fletscht es die Zähne und springt dich an. Es hat erkannt, dass du ein gutherziger Mensch bist, und das macht es rasend.

Untote Kreatur

Kampfkraft	Schaden	Rüstung	Lebensenergie
25	**19**	**2**	**20**

(Bogenschütze: Schuss möglich)

Fliehen kannst du nicht, da das Tier zu schnell ist.
Wenn du den Kampf gewinnst, lies weiter bei **104**.

125 Starker Schneefall verhindert, dass du weiter blicken kannst als ein paar Schritt. Nur der sich weitende Weg deutet eine weitere Lichtung an. Du befindest dich sehr tief im Kalrir, vielleicht tiefer, als ein Mensch sein sollte.
Völlig unvermittelt hört es auf zu schneien. Nein, das stimmt nicht: Es hört nur vor dir auf zu schneien, hinter dir tobt weiterhin der Schneesturm.

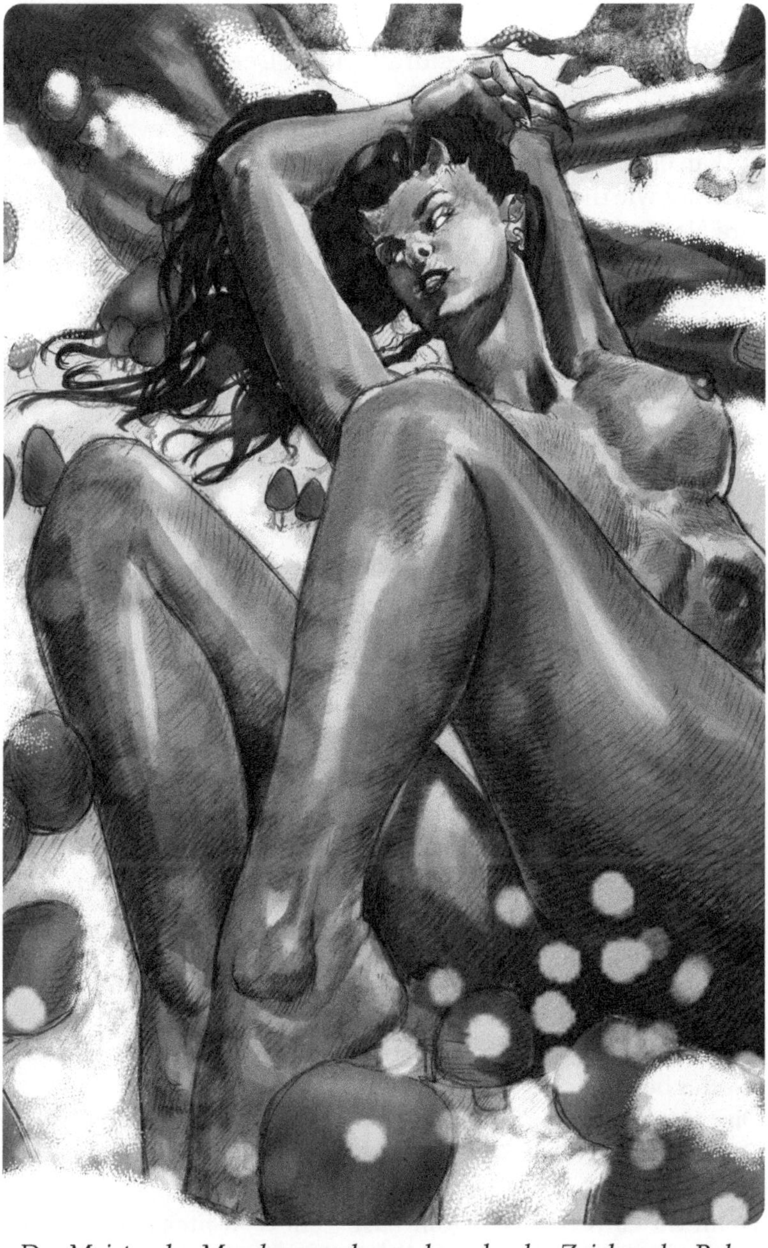

„Der Meister des Mondes sprach von dem, der das Zeichen des Raben auf der Brust trägt. Deine Ankunft wurde mit Ungeduld erwartet."

Du trittst aus dem Schneesturm heraus. Der Wald vor dir ist in silbernes Mondlicht getaucht.
Auf Wurzelwerk, das mit Schwefelkopfpilzen bewachsen ist und an ein Bett erinnert, liegt eine zierliche Frau. Ihr Haar ist so schwarz wie die Nacht, die über den Kalrir hereingebrochen ist, ihre Haut silbern wie der Mondschein ihrer Lichtung. Ihre Lippen sind blutrot. Sie mustert dich mit einem Lächeln. „Der Meister des Mondes sprach von dem, der das Zeichen des Raben auf der Brust trägt. Deine Ankunft wurde mit Ungeduld erwartet. Herrlich, wie weit es ein Nachtwächter aus Waldheim bringen kann. Endlich kann sich deine Bestimmung erfüllen."
Stürzt du dich sofort auf die Frau, bevor sie dich verhext (weiter bei **72**)?
Willst du ein Gespräch beginnen (weiter bei **22**)?
Oder möchtest du die Lichtung sofort verlassen (weiter bei **135**)?

126 Während die anderen Attraktionen in Buden und Verschlägen untergebracht sind, ist das Zirkuszelt mindestens so hoch wie zwei Männer und mehrere Dutzend Schritt breit. Es hat gelbe und rote Streifen, die zur Spitze des Zeltes hin zusammenlaufen. Eine Kapelle aus drei Gnomen spielt eine Zirkuspolka. Linker Hand ist ein Teil der Zeltplane zurückgeschlagen. Davor steht ein weiterer Gnom mit einem Klingelbeutel und verkündet lautstark, dass für nur drei Goldstücke jeder eingelassen werde. Hinter ihm hängt ein Plakat, auf dem der Kampf eines Einhorns mit einer Harpyie abgebildet ist.
Einige Schritt weiter rechts hat das Zelt noch einen weiteren Eingang. Auf einem Schild steht: „Nur für Schausteller".
Willst du:
Drei Goldstücke zahlen und das Zelt als Zuschauer betreten (weiter bei **142**)?
Dir etwas anderes auf den Jahrmarkt ansehen (weiter bei **10**)?
Oder dein Glück als Schausteller versuchen – jedoch nur, wenn du einen entsprechenden Gegenstand hast?
Wenn du ein Clownskostüm hast, geht es weiter bei **21**. Oder hast du einen Feuerzauberstab, mit dem du Illusionen erzeugen kannst? Dann gehe zu **57**.

127 Du willst deine Waffe ziehen, um der Alten zu verdeutlichen, dass du nicht so leicht auszunehmen bist – und greifst ins Leere. Deine Waffe ist weg! Die Alte verschwindet vor deinen Augen. Sie war nur eine Illusion. Du schaust dich noch kurz in dem Zelt um, kannst aber nichts von Interesse entdecken. Streiche die Waffe von deiner Liste.
Du musst zu **10** zurückkehren, um zu entscheiden, was du jetzt machen willst. Denke daran, dass du hierher nicht zurückkehren kannst.

128 Der Hebel lässt sich leicht bewegen, als wäre er erst vor Kurzem das letzte Mal betätigt worden. Aus der Tiefe des Schachtes hallt ein dumpfes Geräusch herauf, das sich wie das Schleifen von Stein auf Stein anhört. Der Hebel hat etwas im Inneren des Brunnens geöffnet.
Du beschließt, weiter hinabzusteigen (weiter bei **69**).

129 Du beugst dich zu der Quelle und schöpfst mit der Hand etwas Wasser zum Mund. Es schmeckt so rein, wie es aussieht, doch schon, als es deine Kehle hinab rinnt, brennt es wie Säure. In deinem Magen explodiert ein Feuerball. Du fällst auf die Knie und würgst. Schließlich erbrichst du eine rote Flüssigkeit in den Schnee – Blut (Lebensenergie -25). Du hast verfluchtes Wasser getrunken (Menschlichkeit -1). In deinen Adern vibriert es, als würde ein wilder Wespenschwarm hindurch jagen.
Plötzlich springt ein riesiger, weißer Bär aus dem Unterholz neben dir und drängt sich zwischen dich und die Quelle. Auf dem Rücken des Bären sitzt ein Krieger in silberner Rüstung. Er hat schneeweißes Haar. Auch seine Augen sind vollkommen weiß – er ist blind.
Er lässt ein gewaltiges Barbarenschwert über seinem Kopf kreisen und kommt auf dich zu.
Wenn du ein Amulett hast, das du ihm zeigen willst, so lies bei der Abschnittsnummer weiter, die auf dem Amulett eingraviert ist.
Wenn dir nichts Rettendes einfällt, musst du dich kampfbereit machen. Der Krieger und sein Bär greifen dich an.

Blinder Krieger

Kampfkraft	Schaden	Rüstung	Lebensenergie
28	**32**	**8**	**50**

(Bogenschütze: ein Schuss möglich)

Bär

Kampfkraft	Schaden	Rüstung	Lebensenergie
27	**20**	**4**	**40**

(Bogenschütze: ein Schuss möglich)

Beide Gegner attackieren gleichzeitig. Gegen den blinden Krieger kämpfst du nach den normalen Kampfregeln. Gegen den Bär kannst du dich verteidigen, richtest aber keinen Schaden an, wenn deine Kampfkraft höher als seine ist. Stirbt der blinde Krieger, setzt du den Kampf gegen den Bären nach den normalen Regeln fort.

Wenn du gewinnen solltest, lies hier weiter:

Deine Widersacher liegen erschlagen vor dir – sie waren fürwahr mächtige Gegner! Als du den Krieger untersuchst, erkennst du, dass er einen Ring mit dem Wappen der königlichen Familie trägt – er war ein Prinz! Dann trifft es dich wie ein Henkersbeil: Prinz Mart, der blinde Sohn des Königs. In diesem Augenblick wird dir auch klar, was ein Teil des Orakelspruchs zu bedeuten hatte: Kind der Macht dein Führer. Der Prinz. Er hätte dir verraten können, wie du Faron besiegen kannst. Nur er (Menschlichkeit -2).

Als du nach dem Kompass greifst, merkst du, dass er zerbrochen ist – ein Prankenschlag des Bären muss ihn getroffen haben. Ohne ihn kannst du Faron nicht besiegen. Zu Samos kannst du nicht zurückkehren, auch nicht nach Waldheim.

Ruckartig erhebst du dich. Vielleicht wirst du dich in Sagiriton als Söldner verdingen, vielleicht stirbst du zuvor am Fluch des Raben. Wer weiß, deine Zukunft ist so ungewiss wie das Schicksal des Landes, jetzt, nachdem du gescheitert bist.

Dieses Abenteuer endet hier und du bist mit dem Leben davongekommen.

Fürs Erste.

130 Du legst das Geld vor der Alten auf den Tisch. Sie nimmt es nicht, sondern löst sich vor deinen Augen in Luft auf – mitsamt den Goldstücken. Im selben Augenblick fällt eines der Tücher, das wie die hintere Rückwand aussah, zu Boden und gibt einen weiteren Raum frei. Das Innere des von außen so unscheinbaren Zeltes ist erstaunlich weitläufig.
Du trittst durch die Öffnung. Über dem Durchgang hängt ein weiteres Tuch, auf dem eine rosa Blüte eingestickt ist.
Der Hinterraum ist üppig mit weiteren Tüchern ausgehängt. In der Mitte steht eine Holzwanne, in der eine junge Frau badet. Ihre Haut ist bronzefarben, die Haare dunkelbraun. Auf ihrer Schulter hat sie eine Tätowierung mit demselben Symbol, das du bereits über dem Eingang gesehen hast.
Sie lächelt dich an.
„Sei gegrüßt Fremder! Mein Name ist Mintaka aus dem Volk der Domori. Wie es scheint, willst du mehr über deine Zukunft erfahren. Du darfst mir eine Frage stellen, die mit dem Nordwald zusammenhängt."
Was willst du machen?
Dich erkundigen, ob sie schon von deinen Heldentaten gehört hat (weiter bei **112**)?
Fragen, was sie von den Karben und dem Feuer des Mondes weiß (weiter bei **166**)?
Fragen, welcher der richtige Weg ist, um deine Aufgabe im Nordwald zu erfüllen (weiter bei **134**)?
Die Wahrsagerin angreifen (**186**)?
Doch das Zelt verlassen und an einen anderen Ort gehen (weiter bei **10**)?

131 Du rufst dir die Tigerstatue im Fei in das Gedächtnis und rezitierst die Zeilen in Gedanken. Als nichts geschieht, versuchst du sie zu fühlen, zu leben. Empfange und diene.
Das Licht des Mondes über der Lichtung scheint plötzlich zu pulsieren. Nimm und lebe. Mit einem Mal kannst du die Hand zur Faust ballen. Du fühlst das Blut in deinem Körper zirkulieren.
Gib und zerstöre. Unbändiger Hass.

Der Rabe auf deiner Brust pocht im Rhythmus deines Herzens. Beende ein Leben, hier und jetzt. Erfülle deine Bestimmung: TOD! (Menschlichkeit -2).
Weiter bei **43**.

132 Du rüttelst den Mann wach. Er kommt strampelnd zu sich. „Was … was ist denn? Meiner Treu, was ist denn hier los! Ja, spinnst du denn?" Er schlägt deine Hand weg und schaut dich grimmig an.
Wenn die unverschämte Art des Mannes dir überhaupt nicht passt, kannst du ihn angreifen (in jedem Fall, wenn deine Menschlichkeit -3 oder weniger beträgt): Gehe zu **9**.
Wenn nicht, lies weiter.
Der Mann reagiert unwirsch, weil du ihn aus dem Schlaf gerissen hast (und er möglicherweise verkatert ist). Du gibst ihm ein paar Augenblicke Zeit, zu sich zu kommen.
Der Mann streckt sich und reibt sich die geröteten Augen. „Ich sollte nicht immer im Wald einschlafen, irgendwann holt mich noch der Schabbock!"
Er blickt zu der leeren Flasche, als wäre das Erklärung genug. Dann mustert er dich.
„Soso, ein Abenteurer also! Was führt dich denn in diesen Teil des Waldes?"
Als du sagst, dass du den Nordwald erforschst, zieht er überrascht seine Brauen hoch: „Du willst also noch weiter nach Norden!" Er erzählt dir, dass es keinen sicheren Weg durch den Wald gibt. Nur hier in den Randgebieten ist es halbwegs ungefährlich.
Der Mann stellt sich als Gabhran vor und berichtet, dass er eine Hühnerfarm besitzt. Er bietet dir ein Grillhähnchen zum Preis von einem Goldstück an. Wenn du akzeptierst, gehe zu **51**.
Wenn nicht, verabschiedest du dich und gehst zurück zur letzten Abzweigung im Westen (weiter bei **177**).

133 Du stehst im Inneren des Brunnens. Er hat unten einen Durchmesser von drei Schritt. An einer Stelle ist ein Loch in der Brunnenwand, das vom Boden bis zu deiner Hüfte reicht.

Willst du das Loch untersuchen (weiter bei **3**)?
Oder willst du an dem Seil nach oben klettern und den Brunnen verlassen (weiter bei **183**)?

134 Du befragst die Wahrsagerin über den richtigen Weg: „Leicht: immer nach Norden, immer weiter! Überquere den Fluss Kal erst, wenn du stark genug bist. Dort findest du, was du brauchst. Aber vorsichtig – im Norden wird der Wald mit jedem Schritt gefährlicher! Hinter jedem Busch, jeder Wegbiegung lauert der Tod – oder Schlimmeres!"
Sie steht auf (sie trägt ein knappes Gewand aus Leinen), tritt aus der Wanne und reicht dir ein Stück Stoff. Darauf ist die Blüte genäht, die du schon am Eingang bemerkt hast.
„Das ist das Symbol der Wahrheitsfindung und bedeutet in meiner Welt ‚sieben' – hebe es gut auf, es kann dir einmal das Leben retten!" Nachdem du das Tuch eingesteckt hast, dreht sie sich um und springt kopfüber in ihre Wanne. Als du näher trittst, ist in dieser nur noch Wasser. Die Wahrsagerin ist verschwunden. Das Stoffstück solltest du als Talisman um den Hals tragen – merke dir, dass es „sieben" bedeutet.
Du verlässt ihr Zelt und kehrst zu **10** zurück.

135 Die Frau ist dir nicht geheuer.
Als du gehen willst, realisierst du, dass dich irgendeine Macht an jeder Bewegung hindert.
Weiter bei **94**.

136 Du reißt den Arm weg. Durch den Ruck verrutscht die Kapuze des Mannes – du schaust in das Gesicht eines Zombies! Er greift dich ohne weitere Verzögerung an. Du hast keine Zeit mehr, Schwert oder Bogen zu ziehen – in der ersten Kampfrunde musst du dich mit bloßen Händen (Schaden 2) wehren.
Beträgt deine Menschlichkeit -4 oder -5, so erkennt er dich nicht als Menschen und greift nicht an. Lies in diesen Fall gleich weiter bei **175**, um das Wirtshaus zu verlassen, oder bei **138**, um dich weiter umzusehen.

Zombie			
Kampfkraft	Schaden	Rüstung	Lebensenergie
26	**15**	**2**	**30**

Jedes Mal, wenn der Zombie dich trifft, musst du zwei Würfel werfen. Gehe bei zwei Fünfern oder zwei Sechsern sofort zu **95**. *Wenn es dir gelingt, ihn zu töten, lies hier weiter:*
Du siehst dich um. Alle Augenpaare sind auf dich gerichtet. Die anderen Gäste sind ebenfalls Zombies. Die ersten erheben sich bereits. Was willst du tun?
Die Gelegenheit zur Flucht nutzen (weiter bei **175**)?
Noch schnell die Taschen des toten Zombies durchsuchen (weiter bei **117**)?

137 Hier ist nichts Besonderes mehr zu entdecken. Über die Lichtung verteilt liegen ein paar weiße Steinbrocken.
Willst du weiter nach Norden (**153**) oder nach Süden (**101**) gehen? Außerdem kannst du im Westen der Lichtung eine Stelle untersuchen, die wie der Beginn eines Pfades aussieht, wenn du dort noch nicht warst (weiter bei **162**).

138 Du greifst nach der Türklinke und trittst ein. Das diffuse Licht und das Knistern des Feuers erinnern dich an alte Zeiten in den Gasthäusern von Waldheim. Der Rauch vermischt sich mit dem Geruch nach Schweiß und Bier. An der hinteren Wand erstreckt sich eine lange Theke fast über die gesamte Breite des Wirtshauses. Davor sind ein paar Tische und Stühle aufgestellt. Es ist voll, aber die Besucher essen oder trinken schweigend. Sie sitzen oder stehen mit dem Rücken zur Tür oder haben ihre Kapuzen tief in die Gesichter gezogen.
Was willst du tun?
Dich mit lauter Stimme vorstellen (weiter bei **48**)?
Nach hinten zur Theke gehen, um ein Getränk zu bestellen (weiter bei **107**)?
Dich an einen Tisch setzen, um mit einem der Gäste ins Gespräch zu kommen (weiter bei **110**)?

139 Mit aller Kraft versuchst du, dich gegen den Zauber zu sträuben.
Ist deine Menschlichkeit +3 oder höher, dann lies weiter bei **43**.
Kennst du den Wahlspruch der Schattendiener, kannst du in einer letzten, verzweifelten Aktion versuchen, ihn zu denken – vielleicht ist er das Einzige, was dich jetzt noch retten kann. Er widerspricht allen Idealen der Weißen Eule. Wäge gut ab, ob der Preis, den du für dein Leben zahlst, nicht möglicherweise zu hoch ist (weiter bei **131**).
Sonst geht es weiter bei **167**.

140 Wenn du bereits zum dritten Mal hier bist: Es ist niemand mehr hier. Gehe zurück zur letzten Kreuzung (bei **101**). Wenn nicht, lies weiter.
Die Proben sind immer noch voll im Gange. Dieses Mal springen ein paar elfenähnliche Mädchen kreuz und quer über das Gelände und singen.
Willst du zusehen (weiter bei **44**) oder zur letzten Lichtung zurückkehren (weiter bei **101**)?

141 Der Rattenmann sinkt erschlagen vor dir zu Boden.
In seinen Taschen findest du die Hälfte einer zerbrochenen Scheibe aus Metall, die etwa so groß ist wie deine Hand. Auf ihr sind sieben Löcher eingestanzt, die dich an Sterne erinnern. Wenn du möchtest, kannst du die halbe Scheibe an dich nehmen (und die Anzahl der Sterne notieren).
Überall liegen verrottendes Gemüse und schmutziges Stroh. Vereinzelt siehst du auch ein paar abgenagte Tierknochen.
Im hinteren Teil der Kammer führt ein weiterer Durchgang in einen kleinen Raum. Den Durchgang zu dieser Kammer musst du mit dem Hebel hinter dem losen Stein geöffnet haben. Sie ist bis auf ein Holzgestell leer. Darauf findest du eine fein gearbeitete Rüstung aus schwarzem Leder mit Messingbeschlägen (Rüstung 3).
Du verlässt den Brunnen und kletterst an dem Seil nach oben, bis du wieder auf der Lichtung stehst.
Weiter bei **183**.

142 Du händigst dem Gnom drei Goldstücke aus und betrittst das Zelt. Dort werden verschiedene Kuriositäten ausgestellt. In einem Käfig siehst du eine doppelköpfige Schlange. Daneben steht ein vergitterter Wagen, in dem ein Ghul eingesperrt ist. Du weißt, dass sich das untote Monster von Leichen ernährt, trotzdem kommst du ihm nicht zu nahe. Im nächsten Wagen sind steinerne Gargoyles gefangen. Sie schauen dich aus tiefen, starren Augen an.
Auf der anderen Seite des Zeltes siehst du noch verschiedene weitere Monster und seltene Geschöpfe. Dir ist unwohl zumute, diese ungewöhnliche Mischung magischer Wesen hier so dicht beieinander eingesperrt zu sehen.
Du beschließt, diesen Ort auf der Stelle zu verlassen und nicht wiederzukehren (weiter bei **10**).

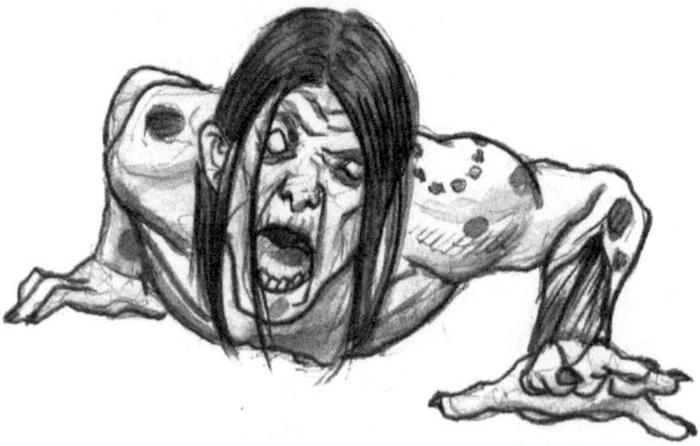

143 Du bist wieder auf der Lichtung, auf der du den Riesen getroffen hast. Sie ist nun leer. Du kehrst daher zur letzten Kreuzung zurück.
Weiter bei **177**.

144 Verzweifelt wirfst du dich den nächsten Zombies entgegen. Dieses Mal musst du es mit vier von ihnen aufnehmen.
*Es gelten wieder die gleichen Regeln wie im letzten Kampf. Bogenschütze: Schuss auf den ersten Zombie möglich. Beträgt deine Menschlichkeit -4 oder -5, so erkennen sie dich nicht als Menschen und greifen nicht an. Du kannst in diesem Fall entweder das Wirtshaus verlassen und zur letzten Kreuzung zurückkehren (***108***). Oder du kehrst zu* **138** *zurück und siehst dich weiter um.*

Zombie 1

Kampfkraft	Schaden	Rüstung	Lebensenergie
26	**13**	**2**	**25**

Zombie 2

Kampfkraft	Schaden	Rüstung	Lebensenergie
26	**15**	**1**	**35**

Zombie 3

Kampfkraft	Schaden	Rüstung	Lebensenergie
25	**17**	**1**	**40**

Zombie 4

Kampfkraft	Schaden	Rüstung	Lebensenergie
24	**16**	**1**	**30**

Wenn dich einer der Zombies trifft, dann wirf zwei Würfel. Wenn du zwei Fünfer oder zwei Sechser wirfst, gehe zu **95**. *Sonst geht der Kampf weiter.*
Wenn du gegen diese vier gewinnst, fliehst du endlich – es sind zu viele Zombies! Weiter bei **175**.

145 Als du an dem Hebel ziehst, knackt etwas, und er bewegt sich in deine Richtung. Kurz darauf knackt es wieder. Plötzlich springt der Hebel zurück in seine ursprüngliche Stellung. Gleichzeitig schnellt eine schmale Klinge nach oben und schneidet dir in die Hand (Lebensenergie -8).
Willst du den Hebel noch von dir wegdrücken (weiter bei **128**)? Oder fasst du nichts mehr an und kletterst nach unten (weiter bei **190**)?

146 Hastig ziehst du das Amulett hervor, welches dir der Pantherreiter im Südwald gegeben hat, und hältst es dem Mann entgegen. Obwohl er nichts sehen kann, streckt er die Hand aus und ergreift den Reißzahn. Er untersucht ihn einen Augenblick mit der Hand, dann lacht er auf. „Du hast Lut getroffen!“ Er steckt sein Schwert weg und springt vom Rücken des Bären, der zur Quelle trottet. Du berichtest ihm kurz, was der Pantherreiter dir aufgetragen hat. Der fremde Krieger umarmt dich überschwänglich. Du hast ihm nicht nur eine wichtige Botschaft überbracht, sondern auch eine Freude bereitet (Menschlichkeit +1).

Er stellt sich als Mart vor und erkundigt sich nach deiner Begegnung mit seinem Bruder. Du richtest aus, was Lut dir aufgetragen hat. Mart nickt.

„Auch ich habe gefunden, was ich gesucht habe. Hier ist die Reine Quelle des Kalrir. Sie bewahrte das Gleichgewicht im Nordwald, sodass trotz des Henkers auch gutartige Wesen hier überleben konnten. Dieser Wald war nicht immer böse, doch ist die Quelle seit einiger Zeit in der Gewalt von Dämonen. Leider hat der Tod der Baobhan-Sith den Fluch nicht besiegt. Während ich in einem Lebensbann gefangen war, sprach die Dämonin zu mir. Sie rechnete wohl nicht damit, dass ich jemals entkommen würde. Ich weiß, dass Faron, dieser Verräter, mit ihrer Hilfe das Feuer des Mondes entfachen konnte. Viele Menschen mussten sterben. Andere verwandelten sich in Ungeheuer oder in Stein, ehe er das Geheimnis des alten Königs entdeckte. Durch das Feuer kann Faron die Kraft des Mondes nutzen, um die Seelen der Menschen zu formen und zu brechen. Er musste seine eigene, verdorbene Zauberkraft mit dieser edlen Energie verbinden, um solch mächtige schwarze Magie zu entfesseln. Er fürchtet daher nur eines: das heilige Wasser dieser Quelle, denn nur dieses kann die Kraft des Feuers besiegen.“

Der Bär hinter Mart senkt den Kopf zum Wasser der Quelle, trinkt jedoch nicht davon.

„Wir müssen einen Weg finden, die Reine Quelle zu erlösen. Die böse Kraft des Feuers verhindert, dass die Quelle ihre Wirkung entfaltet. Die Baobhan-Sith sagte, dass nur ein Zauberer aus dem Fei über genügend Zauberkraft verfügt, die Magie des Feuers umzukehren und so den Bann zu brechen.“

In diesem Augenblick entsinnst du dich der rätselhaften Worte

Ténochs, des Jungen aus dem Fei. Du erzählst Mart davon, und dieser nickt nachdenklich.

„Kompass des Wassers Heilung", wiederholt er die letzte Zeile. „Das muss es sein: Der Kompass befreit das Wasser, dafür hat ihn dieser Ténoch mit Magie aufgeladen. Los, versuch es!"

Du trittst vor die Quelle, gibst dir einen Ruck und lässt den Kompass in die Quelle fallen. Er versinkt sofort.

Tief in der Quelle flackert ein Licht, das sich pulsierend ausbreitet und schließlich so stark strahlt, dass die Lichtung taghell erleuchtet ist. Du erwartest, dass das Leuchten nachlässt – doch merkst dann, dass es tatsächlich Tag geworden ist. Der tief hängende Mond ist verschwunden. Die Sonne steht hoch am dunkelblauen Himmel.

Am Rand der Quelle steht eine Buche, deren ausladende Äste tief über das Wasser hängen. Als ein Amselpärchen auf einem der Äste landet, hörst du Mart leise lachen.

„Du hast die Geißel des Nordwaldes besiegt!", ruft er ehrfürchtig. Du hast die Quelle von dem Fluch und den Kalrir von der schwarzen Magie befreit.

Der weiße Bär senkt erneut den Kopf und trinkt von der Quelle.

„Die Baobhan-Sith sagte mir auch, wie du das Feuer des Mondes besiegen kannst."

Mart tritt näher und senkt seine Stimme. „Faron muss von dem Quellwasser trinken – dann dämmt es für eine Stunde, nicht länger, die Energie des Feuers und somit seine schwarzen Kräfte. So wird er ein Gegner, der verwundbar ist. Nur wenn er vernichtet wird, erlischt auch das Feuer endgültig. Auf diese Weise kannst du den Fluch besiegen."

Du berichtest ihm kurz von deinen Abenteuern. Schließlich schilderst du, wie du die schwarze Fee besiegt hast.

Mart erzählt dir, dass er ihr vor Kurzem in die Falle gegangen ist und seither in einem Lebensbann gefangen war. Erst vor ein paar Augenblicken ist er wieder erwacht.

„Dann habe ich dich bemerkt und für einen Diener der Nacht, eine Ratte der Karben gehalten, wie dieser Wolf, der hier sein Unwesen treibt. Doch du bist alles andere als ein Halunke! Die

Sänger von Hettaria bis Wasserburg, zwischen den Szeltuz-Hügeln und dem Zornoris-Gebirge werden dich besingen!"
Du kannst stolz sein. Du hast deine Aufgabe im Nordwald erfüllt und die Reine Quelle gefunden.
Vorsichtig füllst du ein Fläschchen ab und verstaust es in deinem Reisegepäck.
Willst du selbst die Heilkraft der Quelle testen?
Dann lies weiter bei **75**.
Sonst geht es weiter bei **33**.

147 Du berichtest von deiner ersten Begegnung mit den Gauklern. Er ist hocherfreut, dass du bereits ein Bekannter seiner Familie bist. Leider ist er nicht in der Lage, seine Schuld zu begleichen.
Nach einer warmherzigen Verabschiedung macht sich der junge Gaukler auf den Weg zu seinen Leuten, „nicht ohne noch im Wirtshaus der Zombies ein Bier zu trinken", wie er dir augenzwinkernd versichert.
In welche Richtung willst du dich wenden?
Nach Süden (weiter bei **31**) oder nach Osten (weiter bei **58**)?

148 Du folgst dem schneebedeckten Waldweg weiter nach Norden. Er führt vor eine dichte Wand aus Zweigen und Gestrüpp (**Wegpunkt 148**).
Der silberne Kompass zeigt nach Norden, direkt auf die Wand.
Dir fällt am Rand des Weges eine kleine Tafel auf. In Augenhöhe sind drei Bilder eingeritzt – ein menschlicher Körper, der wahrscheinlich einen Toten darstellen soll, eine Schlange und ein Rabe. Neben jeder der Abbildungen sind Drehregler befestigt, an denen du Ziffern von 0 bis 9 einstellen kannst. Mit einem Hebel kann ein verborgener Mechanismus ausgelöst werden.
Wenn du meinst, die richtige Kombination zu kennen, kannst du diese jetzt eingeben. Gehe in diesem Fall zu der Nummer, die der von dir eingestellten Zahl entspricht (sie beginnt mit: „Mit zitternden ...")
Wenn du die richtige Kombination nicht kennst, kehrst du zu der Lichtung zurück, auf der du gegen den Werwolf gekämpft hast.

Von dort gehst du nach **Wegpunkt 105**, um deine Suche fortzusetzen (weiter bei **105**).

149 Was willst du ihr schenken (natürlich nur, wenn du es hast)?
Ein Damenkleid (gehe zu der Nummer, die der Größe des Kleides entspricht)?
Einen goldenen Ring (gehe zu **49**)?
Ein halbes Hühnchen (gehe zu **54**)?
Wenn du nichts davon hast, hast du noch folgende Möglichkeiten:
Angreifen (weiter bei **77**) oder ein unverfängliches Gespräch beginnen (weiter bei **68**).

150 Der Henker sinkt mit einem röchelnden Kreischen auf die Knie und zerfällt mitsamt seiner Peitsche zu Staub. Das Schwert fällt klirrend zu Boden und bleibt vor deinen Füßen liegen. Du hebst es schwankend auf.
Dann fährst du herum, wirfst dich gegen die Tür, die sofort aufspringt, und verlässt diesen Ort des Grauens. Hier gibt es keine Schätze zu holen – dies ist ein Ort, der außer Schrecken nichts kennt.
Plötzlich beginnt der Rabe auf deiner Brust zu brennen, als wollte er dich an den Fluch erinnern (Menschlichkeit -1).
Der silberne Kompass deutet noch immer ungerührt nach Westen. Der geflügelte Dämon, der berüchtigte Henker des Nordwaldes, ist älter als dieses Abenteuer, mit den Karben und dem Feuer des Mondes hat er nichts zu tun. Dein Gefühl sagt dir, dass du nur seine sterbliche Hülle getötet hast.
Du untersuchst das Schwert. Obwohl es sehr groß ist, ist es so leicht, dass du es mit einer Hand führen kannst. Das Metall blitzt silbern im Mondlicht, als du es einmal schwingst (Henkersschwert, Schaden 21).
Wohin willst du dich wenden?
Nach Süden (weiter bei **172**)?
Oder nach Westen (weiter bei **105**)?

151 Es fängt an zu schneien. Der Wind wirbelt die Schneeflocken herum, so dass du kaum weiter als ein paar Schritt sehen kannst. Die eisige Kälte lässt dein Gesicht taub werden. Die Böen gewinnen an Stärke, und schon bald steckst du inmitten eines ausgewachsenen Schneesturmes.
Du bist an **Wegpunkt 151** angekommen.
Der silberne Kompass zeigt nach Nordwesten.
Wenn du kurz stehen bleiben möchtest, gehe zu **56**.
Willst du zügig weiterstapfen, lies weiter bei **58**, falls du nach Norden willst, oder bei **24**, falls du dein Glück im Osten versuchst.

152 Dir ist nicht wohl dabei zumute, weiter in dem Nebel zu bleiben. Trotzdem tastest du dich in die Richtung, in der du den Altar vermutest. Nach kurzer Zeit stößt deine Hand auf kalten Stein.
Du erfühlst die Konturen des Altars und erkennst, dass auf seiner Oberfläche etwas eingraviert ist. Du setzt dich so dicht wie möglich vor den Altar, um die Schrift entziffern zu können. Mit Mühe kannst du ein paar Worte lesen:
„Ein L.....am an des ..... Rand
Verrat
Z... Schlangen .. des Schicksals ....
Ungl...
Drei ...en sind .ein U...rgang
Tod"
Diese Inschrift könnte wichtig sein. Du solltest dir wenigstens so viel merken, wie du lesen kannst.
Wohin willst du jetzt gehen?
Nach Süden (weiter bei **31**) oder nach Osten (weiter bei **58**)?

153 Im Wald wird es stiller, je weiter du nach Norden kommst. Nur selten hörst du ein Knacken oder Rascheln, Vögel scheint es hier überhaupt keine mehr zu geben.
Die Sträucher haben nur noch wenige Blätter. Auch die Bäume sind kahl und verdorrt. In der Ferne siehst du eine riesige tote Fichte, die wie ein mahnend erhobener Zeigefinger in den Him-

mel ragt. Die Luft ist klar wie am Abend vor einem Wintereinbruch.
Außerdem wird es kühler. Nach ein paar Hundert Schritt siehst du den ersten Schnee und schon bald ist alles von einer weißen Schneedecke überzogen. Weiter bei **108**.

154 Du pirschst dich an den Turm heran. Dort schleichst du nach links um ihn herum, doch kannst du auch an der hinteren Seite des Turms keine Tür finden. Als du nach oben blickst, erkennst du an der dem Weg abgewandten Seite ein Fenster, in dem eine Gestalt steht. Zum Verstecken ist es zu spät.
Da lässt die Gestalt ihr Haar herab. Was willst du tun?
An den Haaren nach oben klettern (weiter bei **66**)?
Kräftig an den Haaren ziehen (weiter bei **50**)?
Kein Risiko eingehen und zurück zur letzten Kreuzung gehen (weiter bei **108**)?

155 Beherzt springst du auf den blassen Widerling zu und führst den ersten Angriff aus. Du verpasst ihm eine hässliche Verletzung an der Seite. Er fällt ohne Gegenwehr zu Boden und hält die Hände vor das Gesicht, um weitere Angriffe abzuwehren. Lächelnd wendest du dich der Frau zu, um deinen wohlverdienten Dank abzuholen. Doch diese fängt an zu kreischen und fleht dich an, sie zu verschonen. Du willst sie beruhigen und ihr erklären, dass der Bösewicht ausgeschaltet sei und ihr Martyrium nun ein Ende habe, doch hört sie kaum auf dich.
Du drehst dich um. Hinter dir steht ein Mann mit über dem Kopf zusammengeschlagenen Händen. Du schaust dich weiter um. Weiter hinten stehen ein paar Frauen, die den Zwischenfall nicht bemerkt haben, und malen sich gegenseitig weiße Farbe ins Gesicht – sie schminken sich. Du bist mitten in die Probe zu einem Theaterstück geplatzt und hast einen harmlosen Schauspieler verletzt (Menschlichkeit -1). Du wendest dich dem Mann zu, der vorher etwas zu dir gesagt hatte. Weiter bei **85**.

156 Orientierungslos stapfst du ein, zwei Schritte vorwärts. Dein Schädel brummt. Dieser Portalsprung war mehr als unge-

wöhnlich und du zweifelst, ob du einzig durch den Raum deiner Welt, sondern vielleicht sogar weit über seine Grenzen hinweg geschleudert wurdest.
Dort, wo eben noch eine schneebedeckte Lichtung war, umgibt dich nun die unstete Dunkelheit eines Gemäuers. Fratzenartige Masken starren dich an. Der Geruch von verbranntem Öl liegt in der Luft.
Vorsichtig schleichst du von dem Standspiegel weg, durch den du offenbar in diesen Raum gereist bist. Sein Rahmen funkelt in purem Gold und ist verziert mit kunstvollen Sonnenornamenten und anarchischen Runen. Er wirkt wie ein Fremdkörper in diesem Raum mit all seinen Regalen voller düsterer Kunstwerke und Artefakte. Fasziniert greifst du nach ihnen …
Durch einen Vorhang aus schwarzer Seide, der diesen vom benachbarten Raum trennt, dringt die Unterhaltung zweier Männer in dein Ohr. Der raue, selbstsichere Klang ihrer Stimmen ist dir fremd. Sie scheinen nur unweit entfernt.
Mittlerweile haben sich deine Augen an die Dunkelheit gewöhnt und du kannst die Silhouetten der Fremden hinter dem Vorhang als verzerrte Schatten erahnen. Ihre unverständliche Sprache übt eine seltsame Faszination auf dich aus. Gelegentlich glaubst du ein Wort oder Satzfragmente zu verstehen, doch wahrscheinlich ist es nur der melodiöse Klang ihrer Sprache, der in dir Assoziationen weckt.
Gepackt von Neugier schlägst du eine Ecke des Vorhangs beiseite und spähst ins Unbekannte. Blaue Flammen tanzen in Eisenschalen, groß wie Wagenräder, und erleuchten den Saal. Endlich kannst du nun die beiden Gestalten erkennen, die sich am Ende einer langen Holztafel aufhalten.
An der Stirnseite des massiven Holztischs voller ausgebreiteter Dokumente sitzt ein glatzköpfiger Mann mit schwarzer Haut in feinstem Ornat. Sein Kinn stützt er nachdenklich auf den rechten Arm, der wiederum auf der Lehne eines mit purpurfarbenem Samt gepolsterten Stuhls ruht.
Sein Körper wirkt alt und gebrechlich, doch seine Bewegungen sind ruhig und bedacht. Das Gesicht des Alten ist zerfurcht von Falten und Narben, ist aber trotzdem umgeben von einer tief-

gründigen, ehrfurchtsgebietenden Aura. An seiner Seite steht, beide Hände in die Hüfte gestemmt, ein Hüne von einem Kerl. Seine ebenso nachtschwarze Haut steht im Kontrast zu seinem glatten, schneeweißen Haar, das ihm in dicken Strähnen über die Schulterplatten seiner beeindruckenden Rüstung fällt. Beide Männer gehören einer dir vollkommen unbekannten Rasse an.
Während du fasziniert weiter beobachtest, tippt der Kämpfer mit der längsten Kralle seiner rechten Klaue auf eine der Karten. Dabei wird sein Ton eindringlicher, schärfer. Offenbar will er den Anführer von irgendeinem Vorhaben überzeugen. Der jedoch schmettert plötzlich die Fäuste auf den Tisch. Sein Zorn lässt die Zinnbecher und Karaffen über das Holz hüpfen und bricht sich schließlich mit einem grellen Schrei Bahn: „Kyphi!"
Erschrocken lässt du den Stoff fallen und tapst einige Schritte zurück. Totenstille. Du zitterst, so sehr ist dir der Ausbruch des Herrschers in die Glieder gefahren. Gebannt starrst du auf die Umrisse der beiden Männer, deren Körper wieder scherenschnittartig an den feinen Stoff geworfen werden. Du glaubst geflüsterte Worte zu hören.
Der Hüne setzt sich langsam in Bewegung und zieht ein schier endloses Schwert. Dabei deutet er seinem Herrn, ruhig sitzen zu bleiben. Größer und größer wird sein Schatten, ebenso wie deine Furcht, als er sich katzengleich dem Vorhang nähert.
Getrieben von purem Fluchtinstinkt springst du zurück in den Spiegel und musst mit ansehen, wie der weißhaarige Recke sich jenseits der Scheibe aufbaut und sie verärgert abtastet. Während du zu den Göttern betest, sicher in deine Heimat zurückkehren zu dürfen, umgibt dich schon wieder die Umnachtung einer weiteren Portalreise.
Du landest kopfüber im Schnee und springst sofort auf. Voller Verzweiflung schaust du dich um. Dann stellst du erleichtert fest, dass du wieder auf der Lichtung im Nordwald gelandet bist. Du blickst zum Spiegel und siehst dein Gesicht. Die unheimliche Magie, die beide Spiegel verband, ist erloschen.
Erst jetzt bemerkst du, dass du in deiner Furcht die ganze Zeit eines der Artefakte aus dem Regal festgehalten hast. Es ist ein Ring aus Schwarzstahl, in dessen Fassung eine Kugel wie der

Mond in beruhigendem Silberschein glimmt. Notiere dir den Mondring auf dem Spielbogen. Seine dunkle magische Aura schützt dich (Rüstung 1).
Wohin willst du dich jetzt wenden?
Nach Süden (weiter bei **13**)?
Nach Westen (weiter bei **151**)?
Nach Osten (weiter bei **185**)?

157 Du drehst ihm den Rücken zu, ohne ihn eines weiteren Blickes zu würdigen oder etwas zu bestellen. Unwillkürlich nimmst du nun doch die Wirtshausgäste in Augenschein. Leider haben noch immer alle die Kapuzen tief ins Gesicht gezogen. Was willst du machen?
Doch noch dem Wirt helfen und ihn losbinden (weiter bei **99**)?
Einen Mann ansprechen, der nur zwei Schritte von dir entfernt steht (weiter bei **122**)?
Oder möchtest du das Wirtshaus verlassen (weiter bei **175**)?

158 Nach ein paar Schritten schimmern erste braune Flecken durch den Schnee. Dann bleibt die weiße Decke, die einige Zeit dein ständiger Begleiter war, hinter dir zurück. Schließlich kommst du an eine Lichtung. Weiter bei **23**.

159 Hastig ziehst du das Amulett hervor, das dir der Pantherreiter im Südwald gegeben hat, und hältst es dem Mann entgegen. Obwohl er nichts sehen kann, streckt er die Hand aus und ergreift den Reißzahn. Er untersucht ihn einen Augenblick mit der Hand, dann lacht er auf. „Du hast Lut getroffen!“ Er steckt sein Schwert weg und springt vom Rücken des Bären, der zur Quelle trottet. Du berichtest ihm kurz, was der Pantherreiter dir aufgetragen hat. Der fremde Krieger umarmt dich überschwänglich. Du hast ihm nicht nur eine wichtige Botschaft überbracht, sondern auch eine Freude bereitet (Menschlichkeit +1).
Danach stellt er sich als Mart vor und erkundigt sich nach deiner Begegnung mit seinem Bruder. Du richtest aus, was Lut dir aufgetragen hat. Er nickt.

„Hier ist die Reine Quelle des Kalrir. Dieser Wald war nicht immer böse, doch die Quelle war seit einiger Zeit in der Gewalt von Dämonen. Jedoch hat der Tod der Baobhan-Sith den Fluch nicht gebannt. Etwas anderes muss geschehen sein."
Der Bär hinter Mart senkt den Kopf zum Wasser der Quelle und trinkt davon.
„Die schwarze Fee sagte, dass nur ein magischer Gegenstand die Magie des Feuers umkehren und so den Bann brechen kann. Ich verstehe nicht ..."
Du erzählst Mart, dass du den Kompass in die Quelle gelegt hast und danach der Frühling wiederkehrte. Als ein Amselpärchen auf einem der Äste landet, hörst du Mart leise lachen.
Du hast die Quelle von dem Fluch und den Kalrir von der schwarzen Magie befreit. Jetzt erwacht auch Mart wieder zum Leben. „Du hast die Geißel des Nordwaldes besiegt!", ruft er ehrfürchtig.
Er blickt sich um. „Während ich in einem Lebensbann gefangen war, sprach die Dämonin zu mir. Sie rechnete wohl nicht damit, dass ich jemals aus ihrer Gewalt entkommen würde, genoss es, mit mir zu spielen. Ich weiß, dass Faron, dieser Verräter, mit ihrer Hilfe das Feuer des Mondes entfachen konnte. Durch das Feuer kann Faron die Kraft des Mondes nutzen, um die Seelen der Menschen zu formen und zu vernichten. Viele Menschen mussten sterben oder verwandelten sich in Ungeheuer oder in Stein, ehe er das Geheimnis entdeckte. Er musste seine eigene, verdorbene Zauberkraft mit dieser edlen Energie verbinden, um solch mächtige schwarze Magie zu entfesseln. Die böse Kraft des Feuers verhinderte, dass die Quelle ihre reine Wirkung entfaltete und so das Gleichgewicht im Kalrir wahren konnte. Die schwarze Fee sagte, dass nur ein magischer Gegenstand die Magie des Feuers umkehren und so den Bann brechen kann. Von der Baobhan-Sith erfuhr ich auch, wie du das Feuer des Mondes besiegen kannst."
Mart tritt näher und senkt seine Stimme. „Faron muss von dem Quellwasser trinken – dann dämmt es für eine Stunde, nicht länger, die Energie des Feuers und somit seine schwarzen Kräfte. So wird er ein Gegner, der verwundbar ist. Nur wenn er ver-

nichtet wird, erlischt auch das Feuer endgültig. Auf diese Weise kannst du den Fluch besiegen."
Du berichtest ihm kurz von deinen Abenteuern. Schließlich schilderst du, wie du die Baobhan-Sith besiegt hast.
Mart erzählt dir, dass er ihr vor Kurzem in die Falle gegangen ist und seither in ihrem Lebensbann gefangen war. Erst vor ein paar Augenblicken ist er wieder erwacht.
„Dann habe ich dich bemerkt und für einen Diener der Nacht, eine Ratte der Karben gehalten, wie dieser Wolf, der hier sein Unwesen treibt. Doch du bist alles andere als ein Halunke! Die Sänger von Hettaria bis Wasserburg, zwischen den Szeltuz-Hügeln und dem Zornoris-Gebirge werden dich besingen!"
Du kannst stolz sein. Du hast deine Aufgabe im Nordwald erfüllt und die Reine Quelle gefunden.
Vorsichtig füllst du ein Fläschchen ab und verstaust es sicher in deinem Reisegepäck.
Willst du selbst die Heilkraft der Quelle testen?
Dann lies weiter bei **75**.
Sonst geht es weiter bei **33**.

160 Das Schild, auf das mit schwarzen Buchstaben das Wort „Jahrmarkt" gemalt ist, liegt jetzt im Schnee. Du kannst aber die Schrift noch entziffern: „Nur jetzt – im Kalrir!"
Wohin willst du weitergehen?
Nach Süden (weiter bei **84**)?
Nach Westen (weiter bei **108**)?
Durch tiefen Schnee nach Norden (weiter bei **76**)?

161 Der Herr des Hauses kehrt in seine Henkersgrube zurück!
Du erkennst nur einen riesenhaften Schemen, der sich schwach gegen das durch die offene Tür scheinende Zwielicht des Nordwaldes abzeichnet.
Das Wesen bleibt regungslos stehen. Dann zieht es geräuschvoll die Luft ein und lässt sie mit einem Grunzen wieder entweichen. Es hört sich wie das Geräusch einer rostigen Säge auf einem morschen Stück Holz an.

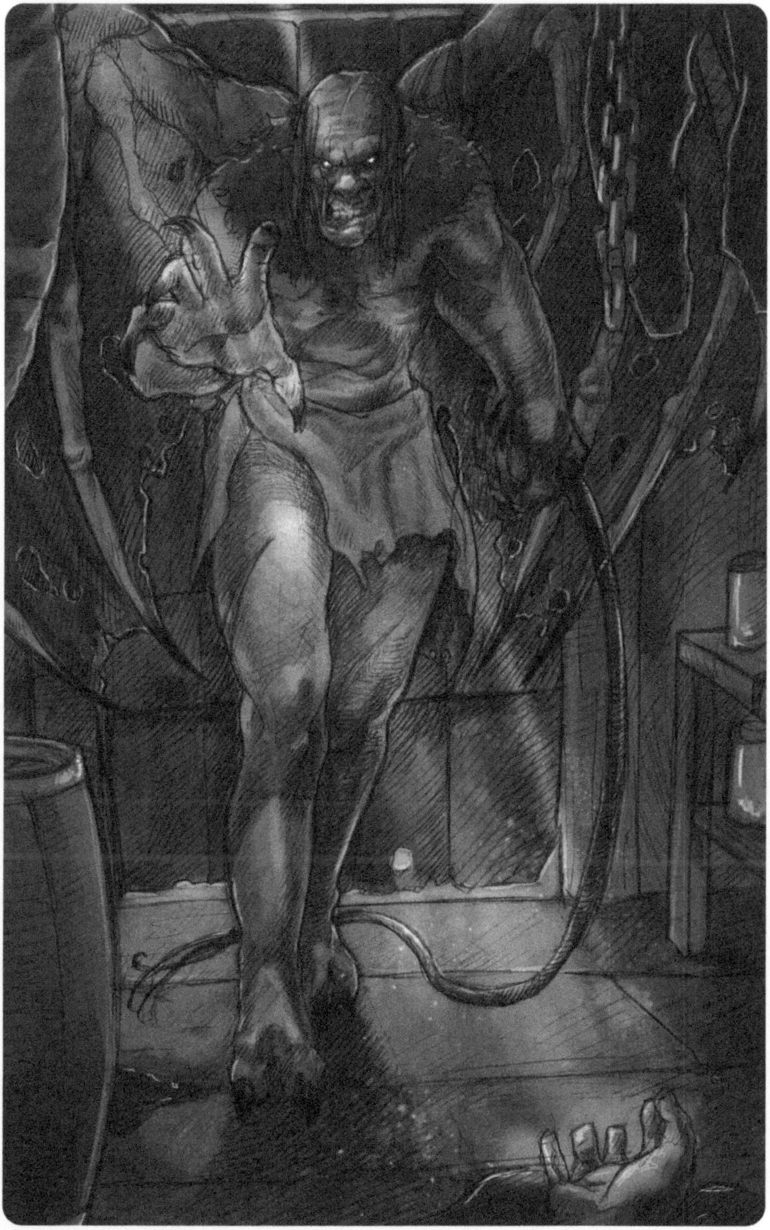

Das Wesen zieht geräuschvoll die Luft ein und lässt sie mit einem Grunzen wieder entweichen.

Es entfaltet seine Schwingen, ergreift ein großes Schwert und eine Peitsche mit vielen spitzen Enden – die du lediglich erahnen denn wirklich sehen kannst – und springt auf dich zu. Du musst dich verteidigen – und dieses Mal droht dir nicht nur der Tod.

Henker des Nordwaldes

Kampfkraft	Schaden	Rüstung	Lebensenergie
25	**35**	**3**	**40**

(Bogenschütze: Schuss möglich)

Wenn du siegreich bleibst, lies weiter bei **150**.

162 Im Westen scheint ein Pfad von der Lichtung abzugehen. Als du näherkommst, erkennst du jedoch, dass sie sich hier nur 10 Schritt weiter nach Westen ausdehnt. Kurz vor einer dichten Wand aus Bäumen und Sträuchern steht ein Brunnen aus Stein. Von einem Holzbalken, der über der Brunnenöffnung befestigt ist, hängt ein Seil in die Tiefe.

Neben der Befestigung des Seils ist das Bild einer Ratte in das morsche Holz eingeschnitzt. Das Seil ist straff gespannt und lässt sich nicht bewegen. Du blickst in den Brunnen, doch ist das Innere so schwarz wie das Vergessen, das sich über diesen Teil der Welt gelegt hat.

Die Steine an der Öffnung sind moosbewachsen und glitschig. An einer Stelle des Brunnens findest du eine Gravur, die wie eine Sonne und ein paar Sterne aussieht. Du wirfst einen Stein in die Tiefe, doch dringt kein Geräusch nach oben, das dir die Tiefe des Brunnens verraten würde.

Willst du in den glitschigen Brunnen hinabsteigen (weiter bei **103**)?

Oder willst du stattdessen – falls du es noch nicht getan hast – die weiße Steinstatue in der Mitte der Lichtung untersuchen (weiter bei **60**)?

Oder gehst du weiter nach Süden (**101**) oder nach Norden (**153**)?

163 Du gibst dir einen Ruck und lässt den Kompass, dieses wertvolle Artefakt, in das Wasser fallen.

Tief in der Quelle flackert ein Licht, das sich ausbreitet und schließlich so stark strahlt, dass die Lichtung taghell erleuchtet ist. Du erwartest, dass das Leuchten nachlässt – doch merkst dann, dass es tatsächlich Tag geworden ist. Der tief hängende Mond ist verschwunden. Die Sonne steht hoch am tiefblauen Himmel.

Am Rand der Quelle steht eine Buche, deren ausladende Äste tief über das Wasser hängen. Tauender Schnee tropft von dem Baum. Du hast die Reine Quelle von dem Fluch und den Kalrir von der schwarzen Magie befreit.

Plötzlich springt ein riesiger, weißer Bär aus dem Unterholz neben dir und drängt sich zwischen dich und die Quelle. Auf dem Rücken des Bären sitzt ein Krieger in silberner Rüstung. Er hat schneeweißes Haar. Auch seine Augen sind vollkommen weiß – er ist blind.

Er lässt ein gigantisches Barbarenschwert über seinem Kopf kreisen und kommt auf dich zu.

Wenn du ein Amulett hast, das du ihm zeigen willst, so addiere zu der Nummer, die auf dem Amulett eingraviert ist, die Zahl 13 und lies bei dem Abschnitt weiter, der dem Ergebnis entspricht. Wenn dir nichts Rettendes einfällt, machst du dich kampfbereit. Du hast so viele Schrecken hinter dich gebracht, da wird dich ein blinder Krieger nicht aufhalten!

Bevor es zur ersten Kampfrunde kommt, hält dein Widersacher unvermittelt inne.

Etwas irritiert ihn. Er lässt sein Schwert sinken und springt vom Bären. Du bleibst kampfbereit. „Genug“, sagt er. Mit einer blitzschnellen Bewegung greift er nach deiner Hand. Als er das Mal des Heiligtums der Fei in deiner Handfläche erkennt, zögert er kurz. Er geht jedoch nicht weiter darauf ein.

„Du bist kein Bewohner des Nordwaldes, richtig?“ Er scheint trotz seiner Blindheit – oder gerade deswegen – mehr zu erkennen als manch Sehender. Du bejahst seine Frage.

„Ich auch nicht. Mein Name ist Mart. Ich bin hergekommen, um den Wald von der schwarzen Fee zu befreien. Sie muss tot sein. Ihren Schoßhund konnte ich noch vertreiben, doch sie hielt mich in einem Lebensbann gefangen. Erst jetzt erwachte ich

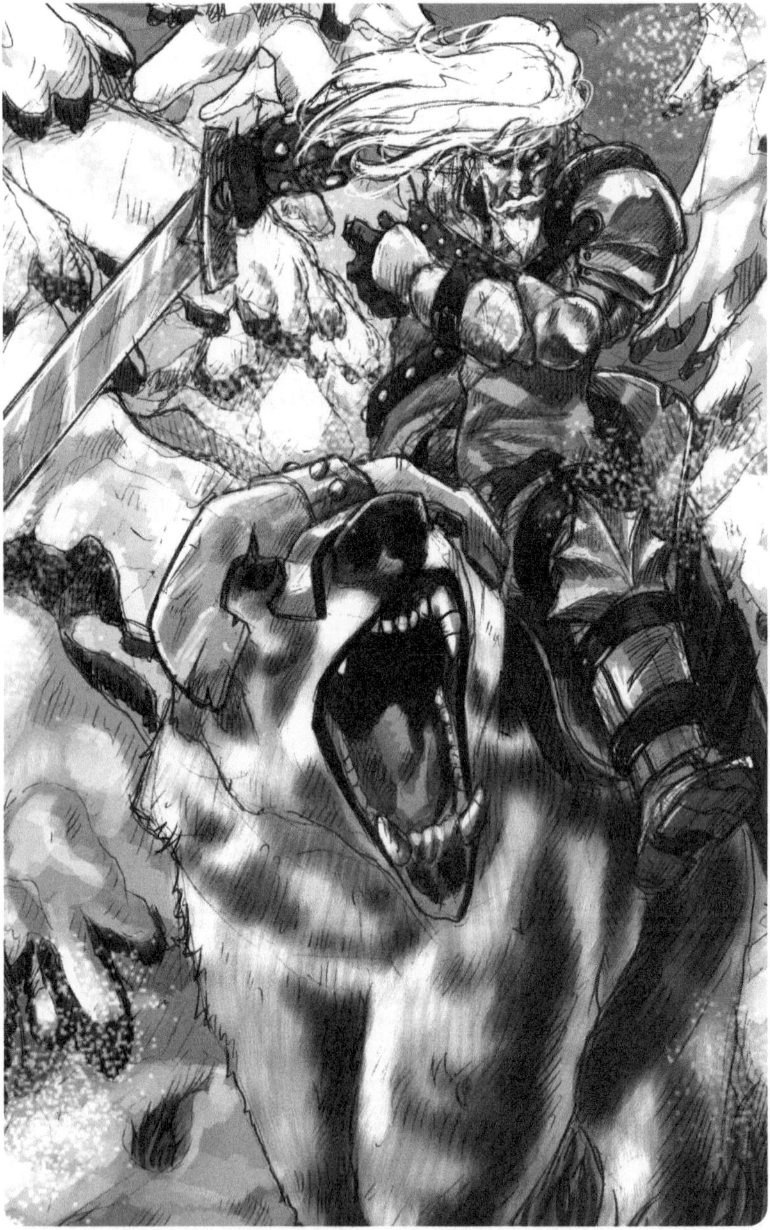

„Ich bin hergekommen, um den Wald von der schwarzen Fee zu befreien."

wieder. Und der Frühling ist plötzlich wiedergekehrt." Obwohl ihr gerade noch beinahe auf Leben und Tod miteinander gerungen hättet, will er dir nichts Böses. Du entspannst dich.
Du berichtest ihm kurz von deinen Abenteuern. Schließlich schilderst du, wie du die Baobhan-Sith besiegt hast.
„Die Sänger von Hettaria bis Wasserburg, zwischen den Szeltuz-Hügeln und dem Zornoris-Gebirge werden dich besingen!", ruft er, als du mit deiner Erzählung fertig bist.
Hinter Mart trottet der Bär zur Quelle.
„Hier ist die Reine Quelle des Kalrir. Dieser Wald war nicht immer böse, doch die Quelle war lange in der Gewalt von Dämonen. Der Tod der Baobhan-Sith allein konnte den Fluch nicht bannen. Etwas anderes muss geschehen sein."
Der Bär hinter Mart senkt den Kopf zum Wasser der Quelle und trinkt davon.
„Die schwarze Fee sagte, dass nur ein magischer Gegenstand die Magie des Feuers umkehren und so den Bann brechen kann. Ich verstehe nicht ..."
Er blickt sich irritiert um. Du erzählst ihm, wie du den Kompass in die Quelle gelegt hast und plötzlich der Winter verschwand. Als ein Amselpärchen auf einem der Äste landet, lacht Mart ungläubig. „Du hast die Welt von der Geißel des Nordwaldes erlöst!", ruft er ehrfürchtig. „Und du hast die Reine Quelle befreit."
„Während ich im Lebensbann gefangen war, sprach die Dämonin zu mir. Sie rechnete wohl nicht damit, dass ich jemals entkommen würde, sie genoss es, mit mir zu spielen. Ich weiß, dass Faron, dieser Verräter, mit ihrer Hilfe das Feuer des Mondes entfachen konnte. Viele Menschen mussten sterben oder verwandelten sich in Ungeheuer oder in Stein, ehe er das Geheimnis entdeckte. Durch das Feuer kann Faron die Kraft des Mondes nutzen, um die Seelen der Menschen zu formen und zu vernichten. Er musste seine eigene, verdorbene Zauberkraft mit dieser edlen Energie verbinden, um solch mächtige schwarze Magie zu entfesseln."
Mart macht eine kurze Pause und mustert dich lächelnd. „Die Baobhan-Sith sagte mir auch, wie du das Feuer des Mondes be-

siegen kannst.“ Er tritt näher und senkt seine Stimme. „Faron muss von dem Quellwasser trinken – dann dämmt es für eine Stunde, nicht länger, die Energie des Feuers und somit seine schwarzen Kräfte. So wird er ein Gegner, der verwundbar ist. Nur wenn er vernichtet wird, erlischt auch das Feuer endgültig. Auf diese Weise kannst du den Fluch besiegen.“
Du hast deine Aufgabe im Nordwald erfüllt und die Reine Quelle befreit. Vorsichtig füllst du Samos' Kristallfläschchen mit Wasser und verstaust es sicher in deinem Reisegepäck. Wenn du möchtest, kannst du auch an dir selbst die Kraft der Quelle erproben. Dann geht es weiter bei **75**. Wenn du nicht von der Quelle probieren willst, lies weiter bei **33**.

164 Als du den Finger des Jünglings nach unten drückst, bewegt sich der ganze Arm in diese Richtung. Schon ist die Bewegung vollständig ausgeführt und es passiert … nichts weiter.
Als du überlegst, was du als nächstes machen willst, hörst du das Geräusch einer Springfeder, und der Arm schnalzt mit hoher Geschwindigkeit zurück in seine Ausgangslage. Wirf einen Würfel:
1 oder 2: Der Arm verfehlt dich, du hast noch mal Glück gehabt.
3 oder 4: Der Arm streift dich an der Schulter (Lebensenergie -4).
5 oder 6: Volltreffer! Der Finger der Hand bohrt sich, als der Arm nach oben schnellt, in deine linke Achselhöhle (Lebensenergie -16). Du musst bei deinem nächsten Kampf 1 Punkt von deiner Kampfkraft abziehen.
Willst du dem Jüngling jetzt einen Kuss geben (weiter bei **70**)? Oder doch besser die Statue umstoßen (weiter bei **41**)?
Oder gehst du weiter nach Norden (weiter bei **153**) oder nach Süden (weiter bei **101**)? Außerdem kannst du im Westen der Lichtung eine Stelle untersuchen, die wie der Beginn eines Pfades aussieht, wenn du dort noch nicht warst (weiter bei **162**).

165 Du trittst auf die Lichtung und sagst mit jovialer Stimme: „Einen wunderschönen Tag, Herr Riese! Gestatten Sie, dass ich mich zu Ihnen setze?“

Der Riese schreckt hoch und greift reflexartig nach seiner Axt, lässt dann aber die Hand sinken und nickt zustimmend. Du setzt dich vor ihm ins Gras. Erst jetzt erblickst du einen gefällten Baum, von dem bereits die meisten Äste entfernt wurden. Der Riese ist also ein Holzfäller. Nachdem du ihm deinen Namen genannt hast, stellt er sich als Soudi Riesenschuh vor. Ihr plaudert eine Weile über dies und das, bis ihr schließlich auf die Gefahren des Waldes zu sprechen kommt.

Der Riese erklärt dir, dass du stets gut daran tust, keinem Waldbewohner zu vertrauen. Unter keinen Umständen solltest du vom Fluss trinken.

Nach einer Weile wird Soudi unruhig. Seine Pause ist vorbei und er möchte zurück an die Arbeit. Nach einem kurzen Lebewohl wendest du dich zum Gehen, als der Riese plötzlich noch etwas sagt:

„Warte, mein Freund. Ich danke dir für den Plausch. Hier ist es selten, dass jemand nicht gleich mit der Waffe in der Hand auf einen zuspringt. Ich verrate dir daher ein altes Riesengeheimnis: Wenn du den Namen des letzten Riesenkönigs laut aussprichst, kannst du dich von einem Lebensbann befreien. Sein Name war „Giz-Nawz"."

Du weißt zwar nicht, was ein Lebensbann ist, bedankst dich dennoch, merkst dir natürlich den Namen des Königs und bereitest dich vor, die Lichtung zu verlassen.

„Warte noch!", sagt der Riese. Dann greift er nach einem langen, knorrigen Stab und reicht ihn dir. „Ich habe im Wald mal gesehen, wie ein junger Kerl von einem wilden Eber auf die Hauer genommen wurde. Er hat diesen Stock verloren. Ich wollte ihn eigentlich behalten, weil er mir gut gefallen hat, doch taugt er nicht recht als Wanderstab. Wenn du ihn willst, kannst du ihn haben!"

Du bemerkst sofort, dass es sich um einen feinen Kampfstab handelt, dessen Enden mit einem dunklen Metall verstärkt sind (Stab der Stärke, zweihändig außer als Berserker, Schaden 22).

Danach verlässt du die Lichtung und gehst zurück zur letzten Kreuzung im Norden.

Weiter bei **177**.

166 Du erzählst der Wahrsagerin von deiner Begegnung mit Farons Schattendiener und wie du ihn besiegen konntest. Als du fertig bist, sagt sie für einige Zeit gar nichts, sondern konzentriert sich auf das Wasser in ihrer Wanne. Schließlich sagt sie: „Ich sehe in der Tat etwas. Die Karben suchen dich, und sie wollen dir mehr als nur deine Schätze nehmen. Doch sie sind nur die Diener – so wie du – und die eigentliche Gefahr geht vom Meister des Mondes aus! Ich kann nicht viel für dich tun, doch nimm dieses Stück Stoff. Es hat das Symbol der Wahrheitsfindung eingestickt, es steht für die Zahl ‚sieben' – möge es dir einmal von Nutzen sein!" Du willst dich bei der Wahrsagerin bedanken, doch sie ist – weg!
Das Symbol auf dem Stoff ist die Blüte, die du vorher schon im Zelt gesehen hast.
Wenn du willst, kannst du das Stück Stoff als Talisman um den Hals tragen – und dir natürlich die Ziffer merken. Du verlässt das Zelt und gehst zurück zu **10**.

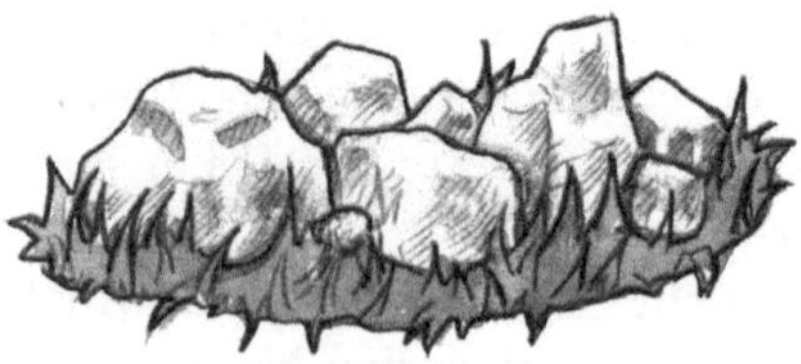

167 Dir gelingt es nicht, den Lebensbann zu lösen, in den dich die schwarze Fee des Kalrir versetzt hat. Als sie vor dir steht, breitet sie ihre Arme aus (und ihre Flügel), umschlingt dich, beißt sich in deinem Hals fest und trinkt sich satt.
Ob du danach ins Wirtshaus der Zombies kommst, im Laboratorium des Kalrir untersucht wirst oder das Glück hast, ihr Sklave zu werden, ist für dich in diesem Augenblick nicht wichtig – dein Leben als Mensch endet mit einem letzten qualvollen Atemzug.

168 Das Gesicht, in das du blickst, ist dein eigenes! Das Hemd hat deinen Körper nachgebildet. Das Geschöpf dunkler Magie vor dir im Schnee geht unmittelbar zum Angriff über. Dein Gegner ist exakt so stark, wie du im Augenblick bist, allerdings ohne Boni für Waffen oder Ausrüstung. Seine Kampfkraft ist deine Gewandtheit +7. Er greift mit einem Schwert an, welches aus demselben Material gefertigt ist wie das Hemd.

Spiegelbild			
Kampfkraft	Schaden	Rüstung	Lebensenergie
?	**17**	**0**	**?**

(Bogenschütze: Schuss möglich)

Ihr kämpft bis zum Ende – eine Flucht ist nicht möglich.
Wenn du gewinnst, lies hier weiter:
Endlich gelingt es dir, dein Ebenbild niederzustrecken. Danach setzt du dich einen Moment in den Schnee – nach dem Abenteuer mit dem Hemd und dem Kampf mit dir selbst fühlst du dich völlig kraftlos.
Du betrachtest eine Weile die düstere, schneebedeckte Lichtung. Hast du dir zu viel vorgenommen? Noch vor Kurzem warst du ein einfacher Nachtwächter, deine größten Probleme: betrunkene Raufbolde. Für einen Moment schließt du die Augen.
Dir ist, als hörtest du eine Mundharmonika, ganz leise, irgendwo im Norden.
Du öffnest die Augen wieder. Noch ist es nicht so weit. Noch hast du letzte Kraftreserven!
Mit neuem Mut rappelst du dich auf und streckst dich.
Was willst du tun?
Du kannst dich nach Süden (weiter bei **172**) oder nach Westen wenden (weiter bei **105**).
Du kannst aber auch noch das Haus betreten (weiter bei **27**).

169 Du spannst jeden Muskel an und springst kampfbereit hinter dem Stein hervor. Im nächsten Augenblick schaust du in ein gleißendes Licht.
Es ist so hell, dass du vor Schmerz auf die Knie sinkst und die Hände nach oben reißt. Du kannst aber nicht verhindern, dass ein Lichtstrahl deinen Körper trifft. Bevor du das Bewusstsein verlierst, nimmt irgendein Teil von dir den Geruch verbrannter

Haut und Haare wahr. Als du wieder zu dir kommst, bist du alleine auf der Lichtung. Der Boden um dich herum ist verkohlt. Es gelingt dir kaum, dich aufzurichten. Dein Gesicht glüht. Als du es betastest, durchzuckt dich heißer Schmerz. Auch von deinen Haaren ist nicht viel übrig. Du bist entstellt, gezwungen, den Rest deiner Tage mit einem narbigen Gesicht zu verbringen. Menschen werden dir von jetzt an mit Vorsicht oder gar Abneigung begegnen (Menschlichkeit -1).
Deine Lebensenergie ist auf den Wert 1 gesunken (Lebensenergie =1).
Du bist nur knapp mit dem Leben davon gekommen. Irgendeine uralte Macht hatte kein Interesse, dich zu töten.
Dir fällt der gefesselte Mann ein – wohl ein Gaukler, wie du dich erinnerst –, sein Opfer muss genügt haben.
„Folglich hast du es bis hierher geschafft, Nachtwächter“, sagt da eine vertraute Stimme. Du fährst herum. Hinter dir steht ein weiterer Kuttenträger, den du bisher nicht bemerkt hast: ein hagerer Mann in weitem Umhang, die Kapuze tief in das Gesicht gezogen. Ein blaues Flackern umspielt sein Gewand und die Lederrüstung darunter. Seine Hände sind dürre Klauen, mit Krallen lang wie Messer und scharf wie Klingen aus Krelheim.
Du erkennst die Stimme sofort. Sie gehört dem Mann, den du mit eigenen Augen sterben sahst und der eigentlich in Waldheim begraben sein sollte: Vor dir steht Arumnas, der alte Bibliothekar. Sein Gesicht ist unter der Kapuze kaum zu erkennen. Nur undeutlich zeichnet sich die pergamentartige, verbrannte Haut ab, die sich eng um den Schädel spannt. Arumnas ist jetzt ein Schattendiener, ein Agent der Karben.
„Faron verfluchte mich, so wie dich, und ich erwachte zu neuem Leben. Ich bin hier, um dich zu meinesgleichen zu machen, Nachtwächter. Ein Geschenk, für das manche ihren rechten Arm gäben.“
Mit diesen Worten beginnt er, Zeichen in der Luft zu schreiben, die für ein paar Augenblicke blau aufleuchten.
Er versucht, einen Runenzauber zu weben. Du wirfst dich auf ihn.

Arumnas			
Kampfkraft	Schaden	Rüstung	Lebensenergie
26	**22**	**2**	**56**

(Bogenschütze: Schuss möglich)

Arumnas versucht, seinen Zauber weiter zu weben. Wirf nach jeder Kampfrunde einen Würfel. Bei jeder 6 gelingt es ihm, einen weiteren Teil abzuschließen, und du verlierst einen Punkt deiner Menschlichkeit (denke daran, sofort bei **66** *in* **Buch 1** *weiterzulesen, wenn deine Menschlichkeit auf -6 sinkt).*

Bleibst du siegreich, lies hier weiter:

Der alte Mann sinkt keuchend zu Boden und zerfällt in hunderte Käfer, die sofort im Erdboden verschwinden. Der Kompass nimmt die Magie des Feuers des Mondes in sich auf und gibt einen Teil davon an dich ab (Lebensenergie +25). Du betrachtest die Kutte und das Lederwams des Bibliothekars noch eine Weile – es ist alles, was von ihm übrig ist. Du bist froh, Arumnas von dem Fluch erlöst zu haben (Menschlichkeit +1).

Allmählich zieht wieder Nebel auf, bis er so dicht ist wie zuvor. Weiter bei **152**.

170 Du bist an **Wegpunkt 170**. Es führen Wege nach Westen und nach Norden tiefer in den Wald hinein.

Der silberne Kompass zeigt nach Norden. Bedenke, dass du dort zwar etwas findest, das mit der Magie des Feuers zu tun hat. Ob in dieser Richtung die Reine Quelle liegt, oder ob du dort auf die Schergen Farons triffst, verrät der Kompass nicht.

Wohin willst du gehen?

Nach Norden: Gehe zu **14**.

Nach Westen: Gehe zu **40**.

171 Du hörst das Rauschen eines Flusses. Bald lichten sich die Blätter über dir und du gelangst an eine Brücke. Sie ist aus Holz und nicht sehr breit, macht jedoch einen soliden Eindruck. Der darunter fließende Fluss glitzert schwarz. Da es hier keine Abzweigung gibt, setzt du deinen Weg nach Norden über die Brücke fort.

Der Schnee ist hier sehr tief, was dein Vorankommen beschwerlich macht. Obwohl der Mond über dem Wald leuchtet, ist es unter den dichten Ästen der Bäume so dunkel, dass du nur ein paar Schritt weit sehen kannst. Dennoch erkennst du, dass keiner der kahlen Bäume ein Blatt oder eine Nadel trägt. Auch von Tieren siehst du keine Spur. Außer dem Knarzen der Baumleichen und dem Rauschen des Flusses gibt der Wald kein Geräusch mehr von sich. Selbst deine Schritte im Schnee erzeugen keinen Laut. Trotz der Kälte hängt der Geruch von verfaulenden Pflanzen wie ein Odem des Sterbens in der Luft.
Dieser Wald ist tot.
Kurz nach der Brücke geht der Weg nach Westen weiter. Doch hier ist noch mehr zu entdecken.
Weiter bei **109**.

172 Der Weg führt zu einer Brücke, die du bereits einmal überquert hast. Du setzt deinen Weg nach Süden fort. Weiter bei **4**.

173 Du beschließt, den Stand der Wahrsagerin zu besuchen. Es handelt sich um ein Zelt, das über vier aufrecht stehende Pfosten gespannt ist. Bunte Tücher sind so geschickt gespannt, dass man nicht in das Innere blicken kann. Als du das Tuch zur Seite schiebst, das du für den Eingang hältst, kommt dir eine dicke Rauchschwade entgegen. Sie duftet nach glimmendem Sandelholz. Entschlossen trittst du ein.
Du stehst in einem quadratischen Raum. Er wirkt größer, als du von außen erwartet hättest. In der hinteren Hälfte sitzt an einem Holztisch ein Mütterchen, das dich aus schwarzen, unergründlichen Augen anblickt. Ihre vergilbte, runzelige Haut hat eine grünliche Farbe – so hast du dir eine Wahrsagerin immer vorgestellt.
„Willst du mehr über deine Zukunft wissen? Kostet 2 Goldstücke!", krächzt die Alte.
Willst du das bezahlen (weiter bei **130**)?
Willst du die Alte bedrohen, um einen günstigeren Preis zu erhalten (weiter bei **127**)?
Oder willst du das Zelt verlassen (zurück zu **10**)?

174 Dieser Nebel kann nicht natürlich sein. Dennoch machst du einen Schritt hinein. Er riecht nach einer Mischung aus Efeu und verbranntem Schweinedung. Obwohl du kaum etwas erkennen kannst, tastest du dich vorwärts. Dir fällt auf, dass hier kein Schnee liegt.

Etwas streift deinen Arm. Du reagierst hektisch – und hältst einen abgebrochenen Zweig in der Hand. Auf einmal – eine Bewegung vor dir im Nebel! Du schaust genauer hin. Nichts. Deine Fantasie spielt dir Streiche.

Du hörst eine Stimme. Nein, nicht eine Stimme, sondern mehrere Stimmen, die im Chor sprechen. Du bleibst stehen und lauschst. Zuerst verstehst du nichts, dann – vielleicht hat der Wind unvermittelt gedreht? – schnappst du etwas auf:

„… Dienen wir … Um zu … Opfer! … Nimm unseren … Bruder …. Soll geschehen …“

Du bist in einer rituellen Opferung gelandet.

Du schleichst weiter. Nach ein paar Schritten stößt du fast mit einem mannshohen Stein zusammen, hinter dem du dich instinktiv zusammenkauerst. Unweit von dir tauchen vermummte Gestalten aus dem Nebel auf, die dunkelbraune Kutten tragen. Direkt hinter deinem Stein siehst du mindestens vier von ihnen, sie haben dir den Rücken zugewandt. Du bückst dich tiefer hinter den Stein.

Zwei Kuttenträger tragen einen gefesselten Mann heran. Wie auf ein geheimes Zeichen verstummen die Stimmen. Der Nebel, der dich bis dahin wie eine undurchdringliche Wand umhüllt hat, kommt nun in Bewegung. Erst sind es nur einzelne Nebelschwaden, die umher wabern. Dann beginnen diese, sich kreisförmig zu drehen, bis sich der Nebel in einem nach oben verjüngenden Strudel auflöst.

Erst jetzt kannst du die ganze Rodung überblicken: Sie wurde von Schnee befreit. Der Stein, hinter dem du dich versteckst, ist nur einer von mehreren, die kreisförmig angeordnet sind. Zwischen ihnen stehen 20 Kuttenträger. Sie haben die Augen geschlossen, halten sich an den Händen und wiegen hin und her. In der Mitte liegt der gefesselte Mann auf einem Steintisch. Er ist geknebelt. Neben ihm steht ein Mann, der als Einziger eine

schwarze Kutte trägt. Er ist der Anführer. In diesem Moment hebt er zu einer neuen Beschwörung an. Du verstehst die fremde Sprache nicht, doch ist dir klar, dass der gefesselte Mann geopfert werden soll.
Was willst du unternehmen?
Wenn du eine Schriftrolle gefunden hast, die eine Opferszene abbildet, kannst du das Wort ausprobieren, das auf ihr geschrieben steht. In diesem Fall streiche die Buchstaben „aba" jeweils am Anfang und am Ende des Wortes. So ermittelst du die Nummer des Abschnittes, an dem es weitergeht.
Wenn du keine Schriftrolle gefunden hast oder du das Wort nicht sagen willst, hast du noch diese Möglichkeiten:
Du kannst versuchen, durch eine überraschende Aktion die Kontrolle über die Situation an dich zu reißen (weiter bei **169**).
Oder willst du etwas Ungewöhnliches wagen? Wenn du einen Käse hast, kannst du diesen einsetzen (weiter bei **62**).
Oder willst du noch ein bisschen hinter dem Stein knien und zuschauen (weiter bei **6**)?

175 Zum Glück sind die Zombies nicht schnell. Du wirbelst herum, stürzt in Richtung Tür, reißt sie auf und stolperst ins Freie. Draußen hörst du erst auf zu rennen, als du am Waldrand bist.
Obwohl du außerhalb der Hütte bist, beginnt der silberne Kompass, die dunkle Magie, welche die Zombies zum Leben erweckt hat, aufzusaugen.
Er vibriert leicht, als er die Energie jedes toten Zombies aufnimmt und einen Teil davon an deinen Körper abgibt (Lebensenergie +2 je von dir getötetem Zombie).
Du gehst zurück zur letzten Kreuzung. Weiter bei **108**.

176 Obwohl die Melodie traurig ist, hilft sie dir, für eine Weile all die Gefahren der Reise zu vergessen. Vor deinem inneren Auge siehst du einen gurgelnden Gebirgsbach, der sich seinen Weg durch ein lichtdurchflutetes Waldgebiet sucht. Für diesen einen Augenblick bist du völlig entspannt (Lebensenergie +15).
Was willst du als Nächstes machen?

Um den Turm herum schleichen, um zu sehen, ob es auf der anderen Seite einen Eingang gibt (weiter bei **154**)?
Zurück zur letzten Kreuzung gehen (weiter bei **108**)?

177 Du erreichst eine Kreuzung (**Wegpunkt 177**), von der Wege in alle vier Himmelsrichtungen abgehen.
Der silberne Kompass zeigt nach Westen.
Wohin willst du gehen?
Nach Westen (**100**)?
Nach Osten (**19**)?
Nach Norden (**121**)?
Nach Süden (**86**)?

178 Schweren Herzens wirfst du deine Ausrüstung in den Brunnenschacht und hoffst, sie unten wiederzufinden.
Du stocherst weiter am Stein herum. Er lockert sich, bis du ihn schließlich greifen kannst und herausziehst. Hinter dem Stein verbirgt sich der Griff eines Hebels, der dicht von Spinnweben umgeben ist.
Daneben findest du eine weitere Gravur, die einen Baum zeigt – denselben Mammutbaum, den Ténoch in deine Handfläche eingebrannt hat.
Willst du an dem Hebel ziehen (weiter bei **145**) oder ihn von dir wegschieben (weiter bei **128**)?
Oder willst du nichts anfassen und nach unten klettern (weiter bei **190**)?

179 Durch tiefen Schnee stapfst du weiter nach Westen.
Du befindest dich an **Wegpunkt 179**. Wenn du schon einmal hier gewesen bist, folgst du sofort dem Mond nach Norden (weiter bei **148**).
Irgendwo im Wald knackt ein Zweig. Kurz darauf kommt aus der gleichen Richtung, nur näher, ein Schnaufen.
Der silberne Kompass zeigt in die Richtung, aus der du das Schnaufen gehört hast.
Und dann hörst du ein Brüllen, das selbst einen Eisriesen des Zornoris-Gebirges zusammenzucken ließe. Ein riesiger, schwar-

zer Wolf bricht durch das Unterholz und fällt über dich her. An seiner Flanke hat er eine verkrustete Wunde, die wie ein langer Schnitt aussieht.

	Wolf		
Kampfkraft	Schaden	Rüstung	Lebensenergie
27	**18**	**1**	**34**

(Bogenschütze: kein Schuss möglich)

Fliehen kannst du nicht, da der Wolf schneller ist als du.
Wenn du gewinnst, lies hier weiter:
Schwer atmend stehst du über dem zuckenden Wolf. Plötzlich verändert sich der Kadaver. Die Haare verschwinden und der Körper schrumpft. Nach einer Weile liegt da nicht mehr ein toter Wolf, sondern ein nackter Mensch vor dir. Er war ein Jünger des Vollmondes, ein Werwolf.
Dir fällt auf, dass auf seine Brust ein Zeichen aus drei Raben tätowiert ist – das Wappen der Karben. Er war einer ihrer Schergen, ausgesandt, dich zu töten.
Der silberne Kompass entzieht die Magie, die den Mann verwandelt hatte, was du dieses Mal nur an einer leichten Erwärmung erkennst. Danach gibt er einen Teil der Magie an dich ab (Lebensenergie +20).
Als du den Kerl betrachtest, fällt dir die Spur auf, die er im Schnee hinterlassen hat. Du folgst der Fährte bis an die Stelle im Dickicht, wo er auf die Lichtung herausgebrochen ist. Neben zerfetzter Kleidung findest du einen Beutel mit gepökeltem Hirschfleisch.
Hungrig verschlingst du es (Lebensenergie +15).
Die flackernde, silberne Scheibe des Vollmondes steht unnatürlich groß über einer Lücke im Dach des Waldes. Sie entfaltet eine eigentümliche Wirkung auf dich. Ohne weiteres Zögern gehst du weiter nach Norden (weiter bei **148**).

180 Das Hemd zieht sich noch enger zusammen. Deine Rippen knacken. Schon bald bekommst du keine Luft mehr, wenig später brichst du vor Erschöpfung zusammen.

Du bist weit in den Kalrir vorgedrungen, doch hier, vor dem Haus des Henkers des Nordwaldes, erstickst du. Seltsam? – aber vielleicht wurde dir dadurch Schlimmeres erspart.

181 Als du dich zur Flucht wendest, hört auch der Riese auf zu kämpfen und sieht dir kopfschüttelnd hinterher. Du rennst den Weg zurück, den du gekommen bist, bis du wieder an der Kreuzung im Norden bist.
Gehe zu **177**.

182 Dein neuer Freund greift in seine Tasche, murmelt ein paar fremde Worte und wirft grünen Staub in die Luft.
Die Lichtung wird von einem intensiven Leuchten erhellt. Unmittelbar vor dir hat sich ein Portal aus grüner Energie aufgetan.
„Der Weg nach Waldheim, mein Freund!“, sagt er und lächelt.
Du trittst durch das Stadtportal und bist im nächsten Augenblick in der Stadt. Weiter in **Buch 1** bei **152**.

183 Du kletterst an dem Seil aus dem Brunnen.
Willst du – falls du es noch nicht getan hast – die weiße Steinstatue in der Mitte der Lichtung untersuchen (weiter bei **60**), oder nach Süden (**101**) oder nach Norden (**153**) weitergehen?

184 Die Spannung des Seils macht es dir leicht, dich daran herunterzulassen. 20 Schritt unterhalb der Brunnenöffnung landest du auf schlammigem Boden. Das Seil ist hier an einem Eisenring verknotet. Weiter bei **133**.

185 Du gehst in Richtung Osten.
Dies ist **Wegpunkt 185**. Wenn du schon einmal hier gewesen bist, ist hier nichts mehr zu entdecken. Kehre zurück zur letzten Kreuzung (weiter bei **24**). Sonst lies weiter.
Der silberne Kompass zeigt nach Nordwesten.
Du bist noch nicht weit gelaufen, da hörst du ein Geräusch. Kampflärm! Der Weg endet nach nur ein paar Dutzend Schritten. Vor dir kämpft ein Männchen, das in Grün gekleidet ist und

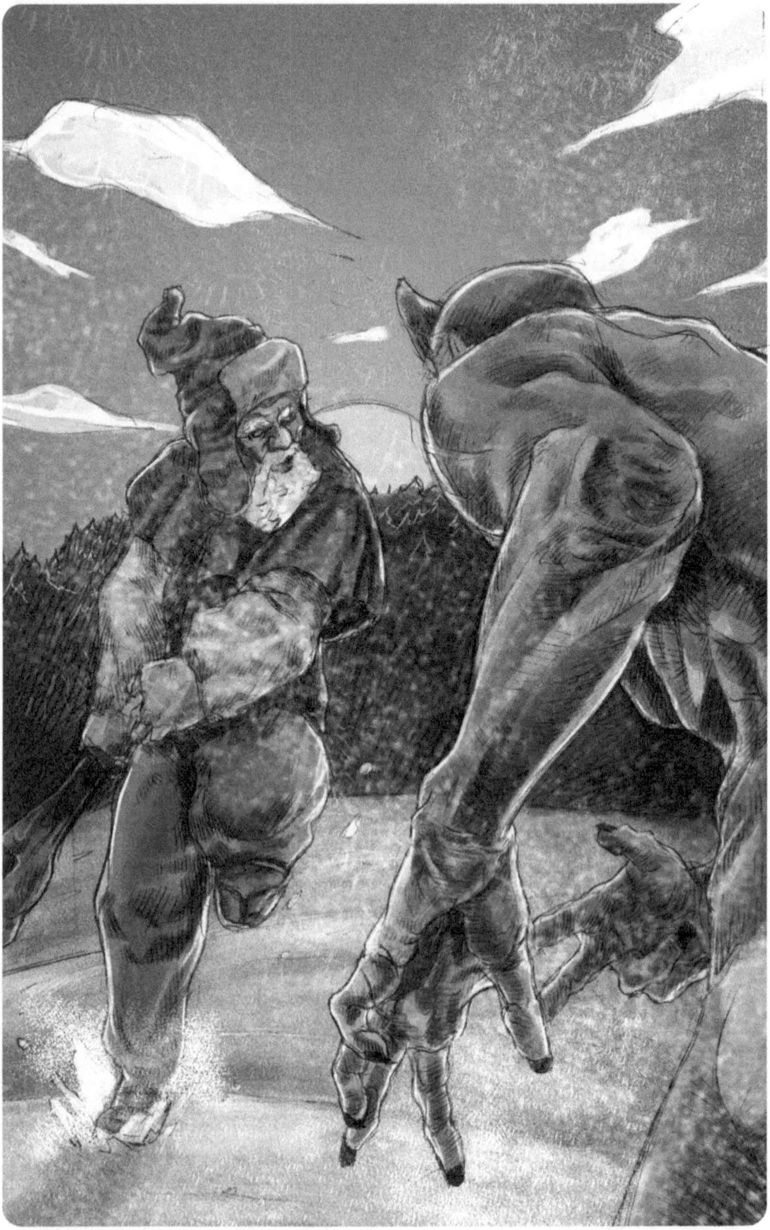

Vor dir tragen ein Männchen und ein schrumpeliger alter Kerl einen Kampf auf Leben und Tod aus.

einen dreieckigen Hut trägt, mit einem schrumpeligen, alten Kerl. Da die beiden einen Kampf auf Leben und Tod austragen, bemerken sie dich nicht.
Du kannst sie entweder sich selbst überlassen und zur letzten Kreuzung zurückkehren (weiter bei **24**); oder du kannst in den Kampf eingreifen, indem du dem Alten hilfst (weiter bei **47**) oder dem grünen Männchen (weiter bei **55**).

186 Ohne Vorwarnung stürzt du dich auf die Wahrsagerin, die sofort in der Wanne verschwindet. Als du am Rand ankommst, ist nur noch seifiges Wasser darin und keine Wahrsagerin mehr. Du ärgerst dich darüber, dass du so leichtfertig Goldstücke für nichts ausgegeben hast. Weiter bei **10**.

187 Es gelingt ihm, dir in den Arm zu beißen. Die Wunde brennt wie Feuer. Im gleichen Augenblick bemerkst du, dass er kein Mensch ist. Du bist im Wirtshaus der Zombies gelandet. Dir wird schwarz vor Augen und du fällst in eine tiefe Ohnmacht. Als du wieder zu dir kommst, erscheint dir das Licht irgendwie greller. Du stehst auf und gehst an die Theke. Dort bestellst du ein Hirschhirnragout. Du wunderst dich über den seltsamen Rucksack, den du immer noch auf dem Rücken trägst – da sind lauter unnütze Sachen drin. Du schmeißt ihn ins Feuer. Als Zombie hast du für Waffen oder Schilde keine Verwendung mehr.
Der Biss hat deine Mutation zum Untoten ausgelöst. Du gehörst nun zu den Verdammten des Wirtshauses. Du wirst es nie wieder verlassen – was du aber auch gar nicht mehr möchtest …

188 Dir gelingt ein Schlag direkt in die Magengrube des Zwerges. Er fällt vorn über und bleibt röchelnd liegen. Du bist der Sieger! Du badest noch einen Moment in deinem Erfolg und der Begeisterung der Zuschauer. Dann schnappst du dir den Anführerzwerg und forderst deinen Gewinn ein.
„Freilich, freilich …“, brummt er. Dann gibt er dir 18 Goldstücke. Als du dich beschwerst und darauf hinweist, dass 20 ausgemacht waren, murmelt er etwas von „Verwaltungsgebühren“.

Das lässt du dir zwar normalerweise nicht gefallen, allerdings sind die Jahrmarktswächter in der Nähe und blicken bereits zu euch herüber. Du beschließt, keinen Aufruhr zu starten – etwas sagt dir, dass sie nicht zufällig in der Nähe sind und zu den Zwergen halten würden. Vielleicht bekommen sie ein Goldstück dafür. Du verlässt den Kampfring (weiter bei **10**).

189 Du streckst den Schabbock nieder. Sofort zerfällt sein Kadaver zu Staub. Du entdeckst, dass er einen Beutel dabei hatte. Als du ihn öffnest, findest du darin eine silberne Krone, auf der eine Schutzrune eingraviert ist (Rüstung 1) und einen Morgenstern (Schaden 17).
Dann blickst du zu dem Männchen hinab, das im Tod friedlich aussieht. In der Nähe liegen ein Topf und eine Harfe. Als du danach greifst, lösen sich beide in Luft auf. Dir fallen alte Sagen ein von einem kleinen, grünen Mann, der am Ursprung des Regenbogens einen Schatz bewacht. Ob das dieser Mann war? Du wirst es nie herausfinden (Menschlichkeit -1).
Du kehrst zur letzten Kreuzung zurück (weiter bei **24**).

190 Du legst die letzten Schritt bis zum schlammigen Boden des Brunnens zurück. Unten findest du deine gesamte Ausrüstung vollständig und unbeschädigt wieder. Das Seil, das von der Brunnenöffnung nach unten hing, ist hier an einen Eisenring geknotet. Du beschließt, es nachher für den Rückweg zu benutzen. Weiter bei **133**.

191 Im Inneren des Zeltes stehen Käfige und vergitterte Wagen, in denen seltene Kreaturen zur Schau gestellt werden. Deine Aufgabe ist es, eine kurze Vorstellung zur Ablenkung der Zuschauer hinzulegen. Du zückst den Stab und lässt einen Feuerwirbel erleuchten. Danach zeigst du einen Sternenregen und schließlich eine Flamme, die über den Boden wandert. Du wirst kaum beachtet.
Nach der Vorstellung raffst du deine Ausrüstung zusammen, kassierst 12 Goldstücke vom Direktor (die er tatsächlich ohne weitere Diskussion aushändigt) und willst das Zelt verlassen.

Plötzlich winkt dich der Zirkusdirektor noch einmal zu sich: „Das war gut! Wir brauchen hier immer ein paar Schausteller, die für Abwechslung sorgen. Bleibe hier und ich kann einen gefeierten Mann aus dir machen, der bis weit über die Grenzen des Waldes hinaus bekannt sein wird!" Dir schmeicheln seine Worte, doch du bist dir nicht sicher, ob er es wirklich ernst meint. Da bemerkst du aus dem Augenwinkel einen der Gnome, der sich mit einem Knüppel in der Hand anschleicht und zum Schlag ausholt. Instinktiv duckst du dich.
Zu deinem Glück sind die Zirkusleute zwar skrupellos und kaltblütig, jedoch keine Kämpfer. Wirf einen Würfel:
Bei einer 1 oder 2 trifft dich der Knüppel an der linken Schulter (Lebensenergie -5). Bei allen anderen Würfelwerten gelingt es dir auszuweichen.
Als der Gnom merkt, dass sein Angriff nicht ausreicht, um dich zu betäuben, lässt er den Knüppel fallen und sucht das Weite. Du wendest dich zum Direktor um, der in diesem Augenblick in einer Nebelwolke verschwindet.
Du verlässt den Zirkus, bevor der Gnom Verstärkung holen kann. Weiter bei **10**.

192 Du erzählst Aedan von deiner Begegnung mit dem jungen Gaukler im Nordwald. Als du ihn beschreibst, leuchten seine Augen. „Das ist er!", ruft er begeistert. Welche Nachricht kannst du ihm überbringen?
Dass du ihn befreit hast (weiter bei **71**)?
Dass du gesehen hast, wie er gestorben ist (weiter bei **17**)?

193 Du lässt die Harpyienfeder in die Quelle fallen. Als sie das Wasser berührt, kommt Wind auf, der jede Sekunde stärker wird. Kurz darauf zuckt ein Blitz vom Himmel, gefolgt von einem Donnern, das direkt aus der Hölle zu kommen scheint. Dir scheint, als würde die Luft auf der Lichtung gefrieren. Dann lässt der Wind wieder nach, und plötzlich erhebt sich ein gefiedertes Wesen mit dem Körper einer alten Frau aus der Quelle – die Harpyie, die du im Fei besiegt hast. „Hab Dank, närrischer Held!", kreischt sie und flattert ein paar Mal mit den Flügeln.

„Niemals wirst du Faron besiegen, oh nein, du nicht!" Dann schwingt sie sich in die Lüfte und ist einen Augenblick später in der Dunkelheit des Kalrir verschwunden. Du hast den einzigen Weg gefunden, die Harpyie zum Leben zu erwecken – von jetzt an wird sie im Kalrir ihr Unwesen treiben. Du kannst nur vermuten, wie viele Wanderer ihr zum Opfer fallen werden (Menschlichkeit -1).

Plötzlich springt ein riesiger, weißer Bär aus dem Unterholz neben dir und drängt sich zwischen dich und die Quelle. Auf dem Rücken des Bären sitzt ein Krieger in silberner Rüstung. Er hat schneeweißes Haar. Auch seine Augen sind vollkommen weiß – er ist blind.

Er schreit: „Harpyienfreund!", lässt ein mächtiges Barbarenschwert über seinem Kopf kreisen und kommt auf dich zu.

Wenn du ein Amulett hast, das du ihm zeigen willst, so lies bei der Abschnittsnummer weiter, die auf dem Amulett eingraviert ist.

Wenn dir nichts Rettendes einfällt, musst du dich kampfbereit machen. Der Krieger und sein Bär greifen dich an.

Blinder Krieger

Kampfkraft	Schaden	Rüstung	Lebensenergie
32	**28**	**8**	**50**

(Bogenschütze: ein Schuss möglich)

Bär

Kampfkraft	Schaden	Rüstung	Lebensenergie
27	**20**	**4**	**40**

(Bogenschütze: ein Schuss möglich)

Beide Gegner attackieren gleichzeitig. Gegen den blinden Krieger kämpfst du nach den normalen Kampfregeln. Gegen den Bär kannst du dich nur verteidigen, richtest aber keinen Schaden an, wenn deine Kampfkraft höher als seine ist. Stirbt der blinde Krieger, setzt du den Kampf gegen den Bären nach den normalen Regeln fort.

Wenn du gewinnen solltest, lies hier weiter:
Deine Widersacher liegen erschlagen vor dir – es waren fürwahr mächtige Gegner! Als du den Krieger untersuchst, erkennst du, dass er einen Ring mit dem Wappen der königlichen Familie trägt – er war ein Prinz! Dann fällt es dir wie Schuppen von den Augen: Prinz Mart, der blinde Sohn des Königs. In diesem Augenblick wird dir auch klar, was ein Teil des Orakelspruchs zu bedeuten hatte: Kind der Macht dein Führer. Der Prinz. Er hätte dir verraten können, wie du Faron besiegen kannst. Nur er (Menschlichkeit -2).
Als du nach dem Kompass greifst, merkst du, dass er zerbrochen ist – ein Prankenschlag des Bären muss ihn getroffen haben. Du weißt, dass du gescheitert bist. Zu Samos kannst du nicht zurückkehren, auch nicht nach Waldheim.
Ruckartig erhebst du dich. Vielleicht wirst du dich in Sagiriton als Söldner verdingen, vielleicht stirbst du zuvor am Fluch des Raben. Wer weiß, deine Zukunft ist so ungewiss wie das Schicksal des Landes, jetzt, nachdem du gescheitert bist.
Dieses Abenteuer endet hier und du bist mit dem Leben davongekommen.
Fürs Erste.

194 Du untersuchst die rückwärtige Wand. An ihr hängt eine verbeulte, schmutzige Lederrüstung. Sie ist zwar nicht schön, doch schützt sie vor dem schlimmsten Schaden (Rüstung 2). Außerdem lehnt ein Bogen aus schwarzem Holz an der Wand. Als du ihn aufhebst, merkst du, dass er ungewöhnlich leicht ist. Du hast das Auge der Eule gefunden, einen legendären Bogen (Schaden 12).
Willst du – falls du es noch nicht getan hast – die Essensreste durchwühlen (weiter bei **81**)?
Du kannst auch die Kammer verlassen, zum Brunnenschacht zurückkehren und an dem Seil nach oben auf die Lichtung klettern (weiter bei **183**).

195 Du führst den entscheidenden Schlag und die Statue zerspringt in tausend Teile.

Sie konnte nur durch die dunkle Magie des Feuers existieren. Der silberne Kompass erwärmt sich leicht, als er die Reste der Magie in sich aufnimmt und gleich darauf frische Energie an dich abgibt (Lebensenergie +8).
Als du mit dem Fuß ein paar Steinbrocken zur Seite schiebst, findest du eine versteckte, mit Wurzeln überzogene Falltür. Du ziehst an dem Metallring, der an der Tür befestigt ist, und stemmst sie auf. Darunter befindet sich ein Hohlraum, der einen halben Schritt breit und einen Schritt tief ist. Willst du hineingreifen (weiter bei **52**) oder erst mit einem Ast darin herumstochern (weiter bei **74**)?

196 Nachdem du der Nymphe eine tödliche Wunde versetzt hast, löst sie sich vor deinen Augen in Luft auf – und mit ihr der Turm! Als der Turm nicht mehr existiert, stürzt du in die Tiefe. Wirf drei Würfel, um zu ermitteln, wie viel Lebensenergie du verlierst.
Wenn du noch lebst, gehst du zurück zur letzten Kreuzung im Osten. Es geht weiter bei **108**.

197 Er lässt deine Goldstücke mit einer geschickten Handbewegung in einem Ärmel verschwinden.
„Salz!“, schreit er, „Salz! Ist das Gold der Gastwirte! Du musst nur den Kugelhähnchenspieß ordentlich salzen, und schon verdreifacht sich dein Bierabsatz!“
Er lächelt dich zufrieden an.
Verärgert forderst du dein Gold zurück, doch er kichert nur. „Nicht aufregen.“ Er boxt dir noch einmal in die Seite. „In dem Brunnen im Westen gibt es einen Hebel, wenn du die Wand herunterkletterst. Schieb‘ ihn besser von dir weg, sonst geht es dir wie mir.“ Er hebt seine Hand und zeigt dir eine dicke Narbe. „Jetzt hab ich dir wirklich alles gesagt. Hüte dich vor dem Schabbock und dem Henker, dann wirst du schon davonkommen.“
Nach dem Abschied gehst du zurück zur Abzweigung im Westen (**177**).

198 Du wendest dich deinem Tischnachbarn zu. Auf einmal ergreift er deinen Arm und zieht ihn zu sich hin. Was willst du tun?
Ihn gewähren lassen (weiter bei **16**)?
Deinen Arm wegziehen (weiter bei **136**)?

199 Du führst einen letzten Streich gegen die Herrin der Nacht. Sie sinkt vor dir zu Boden und zerfällt sofort zu Staub. Darüber steigt Rauch auf und schwebt einen Augenblick über der Stelle, an der die Baobhan-Sith gestorben ist.
Dann verdichtet sich der Rauch. Die wabernden Schwaden erinnern dich an einen dunklen Kuttenträger. Für eine Sekunde geschieht gar nichts. Dann fällt der Rauch über dich her und dringt in alle deine Körperöffnungen ein.
Weiter bei **98**.

200 Du bläst in die Flöte, und tatsächlich steht im nächsten Augenblick Skritok Miltok vor dir.

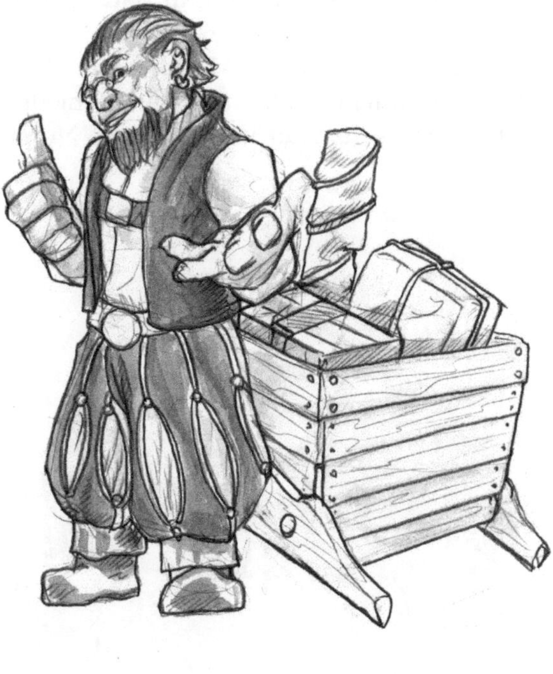

„Da für dich, Freund, Skritok Miltok lange warten! Sogar Skritok Miltok Handelsimperium ausgebaut, jetzt auch in Waldheim rufen. Aber nur draußen!“ (Wenn du ihn in Waldheim rufen willst, verfahre wie bisher und gehe zu **200** in **Buch 3: Blut**). Er räuspert sich, blickt über die Schulter und breitet dann auf einem fleckigen Tuch seine Waren aus.

- Eisenrüstung (50 Goldstücke, Rüstung 4)
- Perfekter Heiltrank (40 Goldstücke, regeneriert deine volle Lebensenergie)
- Trank der inneren Ruhe (20 Goldstücke, Menschlichkeit +1)
- Ring der Wiesen Holmingens (15 Goldstücke, Lebensenergie-Höchstwert +2)
- Eine grüne Glasperle, in die der Buchstabe „M“ eingraviert ist (5 Goldstücke)

Alle Waren sind jeweils einmal auf Lager. Wenn dir für einen Gegenstand ein konkreter Wert mitgeteilt wurde, kannst du ihn verkaufen. Davon abgesehen nimmt Skritok Miltok nur Waffen und Rüstungsgegenstände und zahlt dir dafür jeweils 1 Goldstück.

Andere Gegenstände wird Skritok Miltok dir nicht abkaufen. Wenn du deinen Handel beendet hast, verabschiedest du dich von dem Kobold und kehrst zurück zur letzten Nummer.

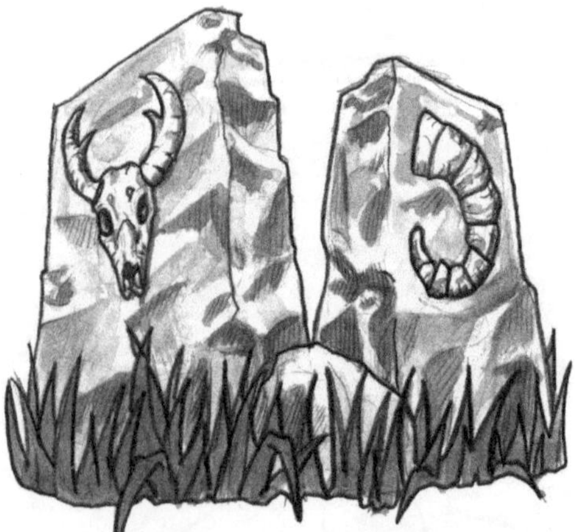

Bibliographische Hinweise sowie Hinweise und Lösungen zu den Ausbildungsrätseln

Angesichts diverser Plagiatsvorwürfe in wissenschaftlichen, aber auch belletristischen Werken der letzten Jahre haben wir uns entschlossen, alle Quellen anzugeben. In aller Regel dürfte für den kundigen Leser die Herkunft ohnehin klar sein. Es ist darüber hinaus durchaus gewollt, dass die Quellen vom Leser auch erkannt werden.
Das Buch als solches orientiert sich natürlich an den großen Spielbüchern der 80er Jahre, allen voran der Hexenmeister vom flammenden Berg und weitere Spielbücher der Fighting Fantasy-Reihe sowie die Spielbücher der Einsamer Wolf-Reihe. Die Idee zur Zeichnung der Karte ist diversen Rollenspielsystemen entnommen und beruht auch auf der praktischen Erfahrung, dass das Zeichnen einer Karte die Orientierung in der unbekannten Welt erleichtert. Unter den Spielbuchklassikern gibt es diverse, die das Zeichnen einer Karte erforderten, insbesondere Der Sumpf der Skorpione.
Zitiert werden jeweils die Bücher, die die Autoren tatsächlich gelesen haben (deswegen ist es zuweilen der englische Originaltitel, zuweilen die deutsche Übersetzung).

Bibliographische Hinweise:

Buch 1

85: Der Begriff „schöne neue Welt“ wurde geprägt von Aldous Huxley: *Schöne neue Welt*, Fischer Taschenbuch Verlag, 1995 (auch wenn es nicht er war, der ihn erfand).
114: Der Hexenmeister Zogar soll natürlich eine Hommage an einen bekannten Hexenmeister eines ähnlichen Namens sein. Wir glauben nicht, dass wir erklären müssen, wer Zagor ist. Schließlich wollen wir unsere Leser nicht beleidigen. Es ist uns eine Ehre, die Quelle dennoch zu belegen: Zagor ist der Hexenmeister vom flammenden Berg, den der Leser in drei Bänden besiegen muss. (*Steve Jackson/Ian Livingstone:* „The Warlock of Firetop Mountain“, Puffin Books, 9. Auflage 1983).
130: Der Pfeil der Gerechtigkeit stammt aus dem Film „Der Dieb von Bagdad“, *Tim Whelan, Ludwig Berger, Michael Powell,* Lon-

don Films, 1940. Abu der Dieb erschießt mit ihm den Tyrannen Jaffar, um seinen Freund Ahmad zu retten.

Buch 2

2: Der Lahme Dämon entstammt der griechischen Sagenwelt. Er wird beschrieben als „(...) der schlimmste, bösartigste, den Menschen feindseligste aller Dämonen" (vgl. *Bernhard Schmidt:* Das Volksleben Der Neugriechen Und Das Hellenische Alterthum, Bibliobazaar, 2008). Gerne legt er Dornen auf Wegen aus und ist hinter jungen Frauen her, denen er Gewalt antun will. Übrigens ist er auch auf der Insel Samos zu Hause.
13: „Gestaltwandler": vgl. *Christopher Vogler:* Die Odyssee des Drehbuchschreibers, Zweitausendeins, 6. Auflage 2010. Der Gestaltwandler ist einer der Archetypen, die dem Helden auf seiner Heldenreise begegnen. Nach Voglers Definition übernehmen in unserem Spielbuch sicherlich andere Figuren die Rolle des Gestaltwandlers (wer weiß wer?). Wir konnten trotzdem nicht widerstehen, auch einen Gestaltwandler aus Fleisch und Blut aufzunehmen.
22: Der Name der Fang-Schlucht ist der Stadt „Fang" entliehen, in der man sich den Gefahren im „Labyrinth des Todes" stellt, *Ian Livingstone,* Thienemann, 1985.
26: Der Zwerg mit dem Bart ist dem Berggeist des Amalienstollens im Film „Schneeweißchen und Rosenrot" (*Siegfried Hartmann,* DEFA, 1979) angelehnt; es gibt eine Szene, in der Schneeweißchen und Rosenrot den Bart des Berggeistes abschneiden.
37: Im Spielbuch „Der Sumpf der Skorpione" betritt man den Sumpf über die Stadt „Fenmarge". Der Sumpf im Fei heißt entsprechend „Fenmar". (*Steve Jackson/Ian Livingstone:* „Scorpion Swamp", Puffin Books, 5. Auflage 1985)
41: Die Harpyie ist, obwohl sie natürlich im Allgemeinen eine Sagengestalt ist, entlehnt aus „Das letzte Einhorn", *Jules Bass, Arthur Rankin Jr.,* Jensen Farley Pictures, 1982.
90: Wenn der Lahme Dämon „Ah, frisches Fleisch" schreit, dann hat er vorher wahrscheinlich in Diablo 1 (Blizzard Entertainment 1996/1997) gegen den Butcher gekämpft, der sich mit den Worten „Ah, fresh meat" auf den Spieler stürzt. Das Hackebeil,

das man nach dem Kampf mit dem Lahmen Dämon findet, könnte wie „Butcher's Cleaver" aussehen.
100 und 111: Die Rusalka und der Silenus wurden inspiriert durch Beschreibungen von Fabelwesen. Die Rusalka lebt an Seen Osteuropas und wird zumeist als sehr schön beschrieben, doch gibt es auch alte, hässliche Versionen. Manche sind dem Wanderer freundlich gesonnen, andere trachten ihm nach dem Leben und wollen ihn in die Tiefe herabziehen oder zu Tode kitzeln.
Der Silenus ist der Sage nach ein Mann, Halbgott oder Waldgeist mit dem Kopf eines Geißbockes, der dem Dionysos nahe steht.
(*Nancy Arrowsmith:* „Elben, Trolle, Hobgoblins", Piper Verlag, Sonderausgabe 2005)
Und um einer wüsten Behauptung entgegenzuwirken: Das Wort „Fei" ist keine Hommage an die Fränkische Heimat der Autoren. „Fei" ist dort ein allgemein gültiger Begriff.

Buch 3
4: Vorbild war möglicherweise *Stephen King* „Der Friedhof der Kuscheltiere", Hoffmann & Campe, 1985.
23: Die weiße Statue, der man begegnet, ist natürlich dem David von Michelangelo nachempfunden (auch wenn der unseres Wissens keine Reisenden angreift, aber vielleicht steht ja deswegen in Florenz nur noch eine Kopie).
83: Die Nymphe und ihr Turm sind natürlich Rapunzel (*Gebrüder Grimm*, Kinder- und Hausmärchen, Stelle 12) nachempfunden.
85: Frei nach Goethe „Faust I", Vers 1336 / Mephistopheles.
86: Angelehnt an den Riesen, dem der Leser ab Abschnitt 275 begegnet in *Steve Jackson* „Der Sumpf der Skorpione", in: „Das 4. große Fantasy Abenteuer Spielbuch", Thienemann Verlag, 1997
87: Die Ankündigung des Zwergenmanagers ist angelehnt an die Ankündigung des einzigartigen Cab Calloway vor dem letzten großen Konzert im Palace Hotel Ballroom im Film von *John Landis* „Blues Brothers", Universal Pictures 1980. (In der deutschen Fassung des Filmes lautet sie: *„Und nun, Ladies und Gent-*

lemen, ist es das große Vergnügen des Managements, Ihnen zu präsentieren, worauf Sie schon so lange und geduldig gewartet haben. Hier sind sie wieder nach ihrer exklusiven Drei-Jahres-Tournee durch Europa, Skandinavien und die Subkontinente. Wollen wir hier willkommen heißen, aus Calumet City, Illinois, die Showband des Jahres: Joliet Jake und Elwood Blues, die BLUES BROTHERS." (Wir hätten gerne noch die folgende Szene verwendet: *„Es sind 106 Meilen bis Chicago, wir haben genug Benzin im Tank, ein halbes Päckchen Zigaretten, es ist dunkel und wir tragen dunkle Sonnenbrillen. Hit it!"*, aber leider würde kein Held der Welt Sonnenbrillen im Kalrir tragen.)

98: Nach *Leo Perutz* „Der Meister des Jüngsten Tages" dtv-Verlag, 5. Aufl. 2008, S. 44.

126: Der auf dem Plakat abgebildete Kampf von Harpyie und Einhorn folgt der entsprechenden Szene aus dem Film „Das letzte Einhorn", *Jules Bass, Arthur Rankin Jr.*, Jensen Farley Pictures, 1982.

150: In dem Computerspiel „Diablo" (Blizzard Entertainment 1996/1997) konnte der Spieler eine „Executioner's Blade" finden, ein gezacktes Schwert mit hohem Schaden, das bei Benutzung einen Blutzoll forderte. Bei weitem nicht die beste Waffe des Spiels, aber trotzdem diamantenstark. Unser Henkersschwert sieht anders aus und fordert keinen Blutzoll, als Inspirationsquelle können wir die Executioner's Blade aber trotzdem nicht leugnen.

156: Verfasst von *Swen Harder*, dem Autor des Fantasy-Spielbuchs „Reiter der schwarzen Sonne" (unbedingt lesen), Mantikore Verlag 2012. Besten Dank dafür!

168: Der Kampf gegen das Spiegelbild entstand nach einer Partie *Mortal Kombat* (Midway Games, 1992), in dem es ein „Mirror Match" gibt.

180: In den fabelhaften *Gespenster Geschichten* (Bastei Verlag, 1974-2006) endete jede Geschichte mit den Worten „Seltsam? Aber so steht es geschrieben …" Das Ende der Sektion ist daran angelehnt.

Alle drei Bücher:
Die Zitate zu Beginn der Bücher 1 und 2 stammen aus: „Schattenflamme", Hakûn-Chronik, Stadtarchiv von Waldheim, Abschrift der Mönche der Flamme von Sagiriton; das Zitat zu Beginn des Kalrir stammt aus *Akashi Lamba:* „Schattenspiel: Der Weg des Ronahi", Stadtarchiv von Waldheim, aus „Schriften des Fei".
Samos und seine Freunde der Weißen Eule beziehen sich zuweilen auf eine Legende. Dessen Herzstück folgt hier (die sogenannte „Legende des Feuers"):

Er steigt in dunkle Tiefen ab, entfacht das Feuer ohne Licht
Das düster wie das feuchte Grab strahlt in des Mondes Angesicht
Des Dämons finstrer Plan gewährt, die Macht der Schatten zu entfachen
Durch scheußlich' Bestien Hass genährt – wird sie in seinem Leib erwachen
Benutzt das Elixier der Pein
Aus Blut, verdorben – und doch so rein.

Wenn der Schatten sich erhebt
Wütend nach dem sucht, der lebt,
Wird deine Seele dunkel brennen
Und in den schwarzen Abgrund drängen.
Fürchte dich! Lauf um dein Leben!
Rabenbrut kann nicht vergeben.

Entfacht das Feuer ohne Licht
Es droht das Dunkel ohne Sicht
Nur der reine Quell des Lebens
Löscht den Mond voll Hass – vergebens
windet sich voll Zorn das Böse
dass der Fluch der Nacht sich löse.

Die Figuren des Kalrir beruhen überwiegend auf nördlicher/britischer Mythologie oder sind Allgemeingut. Samos und Ino finden ihren Ursprung wohl am ehesten in der griechischen

Mythologie, auch wenn Ino dort eine ganz andere Figur war. Für den Fei gab es verschiedene Einflüsse unterschiedlichster Herkunft, neben der griechischen war das zum Beispiel die slawische Mythologie. Viele Wesen sind auch schlicht erfunden (Hagols, Chui, Fei-Krieger, Anansi etc.). All diese Einflüsse werden nicht eigens nachgewiesen. Im Übrigen ist natürlich der Einfluss zentraler Werke wie Herr der Ringe, Sword of Truth (Warum liegt eigentlich das böse Königreich immer im Osten?), aber auch anderer nicht von der Hand zu weisen, ohne dass dies bewusst Niederschlag in konkreten Szenen oder Figuren gefunden hat.
Die in dem Buch verwendeten Rätsel sind zum Teil von den Rätselbüchern geprägt, die *Heinrich Hemme* veröffentlicht hat (statt vieler sei nur genannt „Das Ei des Kolumbus: und weitere hinterhältige Knobeleien", rororo, 6. Auflage 2004, von dem etwa die Idee für das „Echo"-Rätsel stammt – dort ist das Wort „Hallo" gesucht); andere Rätsel finden sich bei vielen unterschiedlichen Quellen und auch im Internet an verschiedenen Stellen, so dass wir sie als „Allgemeingut" betrachten und auf eine Zitierung verzichten (etwa das Nachtwächterrätsel). Das eine oder andere Rätsel haben wir uns auch selbst ausgedacht (etwa das Rätsel von Ino und Silenus, das den Leser auf die Himmelsscheibe hinweisen soll – wer hat das überhaupt als Rätsel erkannt? Schreibe die vier Zeilen des Liedes untereinander und lies dann die Worte in senkrechter Reihenfolge).

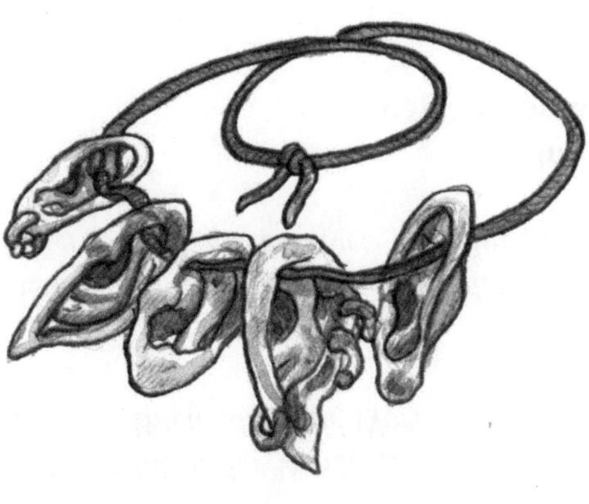

Hinweise und Lösungen zu den Ausbildungsrätseln

1. Teil: Waldheim

Auf dem Weg der Krallen

1. Rätsel:

Samos' Hinweis: *Wer sind die vier Personen? Wilhelm ist dein alter Onkel, Nachtwächter wie du und in Gefangenschaft wegen deiner Handlungsweise. Samos ist ein Teppichhändler und der Führer der Weißen Eule in Waldheim. Arumnas ist der Bibliothekar der Weißen Eule. Faron ist auch ein Händler und ebenfalls Mitglied der Weißen Eule.*

2. Rätsel:

Samos' Hinweis: *Nimm es wörtlich!*

Auf dem Weg der Schwingen

1. Rätsel:

Samos' Hinweis: *Wer sind die vier Personen? Wilhelm ist dein alter Onkel, Nachtwächter wie du und in Gefangenschaft wegen deiner Handlungsweise. Samos ist ein Teppichhändler und der Führer der Weißen Eule in Waldheim. Arumnas ist der Bibliothekar der Weißen Eule. Faron ist auch ein Händler und ebenfalls Mitglied der Weißen Eule.*

Auf dem Weg der Krallen

1. Rätsel Lösung:

Samos, Arumnas und Faron sind Mitglieder der Weißen Eule. Wilhelm nicht. Außerdem ist als einziger Wilhelm mit dir verwandt. Richtige Lösung: Wilhelm

2. Rätsel Lösung:

Streichst du die Buchstaben der Worte "Zwei Worte", so bilden sich aus den verbleibenden Buchstaben die Worte "Eine Waffe".

Auf dem Weg der Schwingen

1. Rätsel Lösung:

Samos, Arumnas und Faron sind Mitglieder der Weißen Eule. Wilhelm nicht. Außerdem ist als einziger Wilhelm mit dir verwandt. Richtige Lösung: Wilhelm

2. Rätsel Lösung:

Der Vampir. Er lebt an einem „unbemannten" Ort, da er selbst kein „Mann" im Sinne von Mensch ist. Er stiehlt natürlich Blut, das ihm auf ewig fehlen wird. Wäre er noch aus (Fleisch und) Blut, so wäre er noch ein Mensch und müsste dir dein Blut nicht stehlen.

2. Teil: Kornbach

Auf dem Weg der Krallen

Kudubars Hinweis: *Betrachte die Sache doch mal aus einem anderen Blickwinkel.*

Auf dem Weg der Schwingen

Marinas Hinweis: *Vielleicht wird es leichter, wenn du die Zahlen als Worte ausschreibst.*

Auf dem Weg der Krallen

Lösung:

Wenn du von unten, also aus einem flachen Winkel, auf die Seite blickst, kannst du das Wort „Echo" lesen. Das ist die Lösung des Rätsels.

Auf dem Weg der Schwingen

Lösung:

Der Nachtwächter will nicht die Hälfte der ersten Zahl hören, sondern wie viele Buchstaben sie hat.

Regeln

Regeln

BLOCK 1

Werte

Du spielst einen Abenteurer, dessen Namen du selbst auswählen kannst. Um die Stärken deines Helden zu bestimmen, gibt es die folgenden Werte, über die du im Spielbogen auf S. 16 Buch führen kannst:

Lebensenergie: Gibt den Gesundheitszustand deines Helden wieder. Sie wird sich während des Spiels häufig ändern, insbesondere wenn du verletzt wirst. Bei Lebensenergie =0 stirbt dein Held und das Spiel endet. Du beginnst mit einem Höchstwert von 60. Dieser Höchstwert ändert sich nur, wenn dies explizit im Text steht (z.B. Lebensenergie-Höchstwert +3). Dann ändert sich auch der aktuelle Wert um denselben Betrag. Dies gilt auch, wenn sich der Lebensenergie-Höchstwert durch einen Gegenstand erhöht. Verlierst du den Gegenstand, reduzieren sich entsprechend aktueller Wert und Höchstwert um den jeweiligen Betrag. Würdest du dadurch sterben, sinkt deine Lebensenergie nur auf 1.

Gewandtheit: Du startest mit Gewandtheit =15. Dieser Wert drückt die Beweglichkeit und Geschicklichkeit deines Helden aus. Er wird sich nur selten verändern (z.B. Gewandtheit +1).

Menschlichkeit: Dies beschreibt, ob dein Held ein guter Mensch oder ein fieser Halunke ist. Du beginnst mit Menschlichkeit =0, dein Wert kann zwischen 5 und -5 schwanken. Sollte während des Abenteuers der Wert auf -6 fallen, lies sofort bei **66** in **Buch 1** weiter.

Schaden: Der Schaden, den du im Kampf zufügen kannst, richtet sich nach der Waffe, die du führst (z.B. Schaden 6). Der Schaden ohne Waffe ist 2.

Rüstung: Die Waffe deines Gegners richtet weniger Schaden an, wenn du Rüstungsgegenstände trägst. Deren Gesamtwert (z.B. Rüstung 2 für Kettenhemd + Rüstung 1 für Helm = Rüstung 3) wird direkt vom Schaden abgezogen, den die Waffe des Geg-

ners zufügt. Du kannst nur einen Rüstungsgegenstand je Bereich (Helm auf dem Kopf, Hemd oder Rüstung am Körper, Schild in der Hand) tragen. Gegen Schaden außerhalb eines Kampfes hilft eine Rüstung nicht. Natürlich können auch deine Feinde Rüstungen tragen.
Kampfkraft: Im Kampf musst du deine Kampfkraft mit der des Gegners messen. Details dazu weiter unten im Abschnitt „Kampf".

BLOCK 2

Ausrüstung

Du wirst zahlreiche Ausrüstungsgegenstände finden. Folgendermaßen kannst du sie mitnehmen:
Aktive Ausrüstung: Die Waffe, der Schild und die Rüstungsgegenstände, die du im Augenblick führst, kannst du hier eintragen. Dabei gilt: Du kannst nur einen Helm, eine Rüstung, eine Waffe etc. gleichzeitig benutzen. Ringe und Amulette kannst du beliebig viele benutzen.
Kleingegenstände: Hier werden Gegenstände eingetragen, die du gerade nicht benutzt. Kleingegenstände in diesem Sinn sind alle Schmuckstücke, Perlen, Anhänger etc., die nicht größer als ein normaler Ring sind. Außerdem sonstige kleine Gegenstände, die in eine Hosentasche passen könnten (Schlüssel, kleine Scheiben etc.) Kleingegenstände sind mengenmäßig nicht beschränkt. Entscheide im Zweifel selbst, bei welchen Gegenständen es sich um Kleingegenstände handelt.
Nahrung und Heilmittel: Alles, was dich heilen kann, kann ebenfalls unbegrenzt mitgenommen werden. Du kannst Nahrung und Heilmittel grundsätzlich nur außerhalb eines Kampfes verwenden.
Rucksack: Sonstige Gegenstände, die du mitnimmst, auch nicht benutzte Waffen, kommen in den Rucksack. Mehr als 6 Gegenstände gleichzeitig passen nicht hinein.
Sieh dir den Spielbogen an. Du wirst feststellen, dass einige Gegenstände bereits eingetragen sind und du nur noch ein

Kreuz machen musst, wenn du sie erhältst (z.B. „Kristallfläschchen leer“ oder „Ronahi-Heilkräuter“).

Händler
Wenn du auf einen Händler triffst, kannst du Ausrüstungsgegenstände kaufen und verkaufen.

Die drei Bücher, das Erstellen einer Karte und die Wegpunkte
Dieses Spielbuch besteht aus drei Büchern. Wenn nicht anders angegeben, bleibst du während des Abenteuers immer in dem Buch, in dem du dich gerade befindest. Buch 1 ist dabei der Ausgangspunkt, zu dem du immer wieder zurückkehrst. In Buch 2 und 3 wirst du weitläufige Gebiete vorfinden.
Diese Gebiete in Buch 2 und 3 bestehen aus Lichtungen, die zur Orientierung mit Wegpunkten (z.B. „das ist Wegpunkt 35“) markiert sind. Den entsprechenden Wegpunkt erfährst du stets, wenn du zum ersten Mal auf eine Lichtung gelangst. Du kannst auf Lichtungen, auf denen du bereits warst, zurückkehren. Durch deinen Portalring, den du zu Beginn des Abenteuers erhältst, kannst du innerhalb eines Buches zu jedem Wegpunkt zurück, an dem du bereits gewesen bist. Benutze für die Orientierung in Buch 2 und 3 die Karten am Ende des Buches oder drucke sie auf DinA4 unter **www.dasfeuerdesmondes.de** aus. Trage dort die Wegpunkte ein. Trage nur dann einen Wegpunkt ein, wenn ein solcher im Text genannt wird.
Ein Wegpunkt kann sich nie verschieben. Er ist immer an der gleichen Stelle, egal welchem Weg du folgst. Es gibt keinen Wegpunkt doppelt.
Die Orientierung wird noch etwas leichter, wenn du außerdem Striche zwischen den Wegpunkten für mögliche Wege einträgst, auch wenn du diese Weg noch nicht gegangen bist.
Die Entfernung zwischen zwei Wegpunkten beträgt eine Anmar-Meile. Wenn nichts anderes erwähnt ist, sind zwei Wegpunkte immer eine Meile voneinander entfernt. Heißt es aber z.B. "du gehst 5 Meilen nach Süden", so musst du 5 Kästen nach unten zählen. Bei solchen weiteren Sprüngen ist der Zielwegpunkt in

der Karte voreingetragen. Auch alle anderen voreingetragenen Wegpunkte sollen bei der Orientierung helfen.

BLOCK 3

Kampf

Denke daran, Sonderfertigkeiten einzusetzen, falls du welche beherrschst. So läuft ein Kampf ab:

1. Würfel mit zwei Würfeln (Ergebnis z.B. 8).
2. Zähle das Ergebnis zu deiner Gewandtheit hinzu. Das Ergebnis ist deine Kampfkraft für diese Runde (z.B. 15 + 8 = 23).
3. Vergleiche deine Kampfkraft mit der deines Gegners (der hat z.B. 21). Die Kampfkraft deines Gegners ändert sich nie.
4. Derjenige, der die höhere Kampfkraft hat, fügt in dieser Runde Schaden zu (z.B. mit einem Schwert Schaden 7). Bei gleichhoher Kampfkraft treffen beide.
5. Der Andere zieht seinen Rüstungswert (z.B. 3) vom Schaden ab (z.B. 7 – 3 = 4).
6. Das Ergebnis wird von dessen Lebensenergie abgezogen (z.B. 20 – 4 = 16).
7. Sinkt deine Lebenskraft oder die deines Gegners auf 0 oder darunter, ist der Kampf vorüber.
   Wenn du der Unterlegene bist, bedeutet das den Tod deines Helden und das Ende des Abenteuers!
8. Ist der Kampf noch nicht vorüber, geht es wieder bei 1. weiter.

In manchen Kämpfen kannst du fliehen, andere werden durch ein anderes Ereignis unterbrochen. Alles Weitere ist im Text angegeben.

AUSBILDUNG

Der Weg der Krallen

Ausbildung

Der Weg der Krallen

TEIL 1: *Rätsel auf dem Weg der Krallen*
Um zu ermitteln, wie erfolgreich Samos' Zeremonie war, musst du die folgenden zwei Rätsel lösen (Die **Lösungen** zu den Rätseln findest du im Anhang zu Buch 3, kurz vor den Regeln). Welche Rätsel du gelöst hast, kannst du auf dem Bogen „Ausbildung auf dem Weg der Krallen" notieren.

Samos' 1. Rätsel:
Welcher Begriff passt nicht zu den anderen?

a) Arumnas
b) Samos
c) Wilhelm
d) Faron

Wenn du das Rätsel richtig löst, erhöht sich der Höchstwert deiner Lebensenergie um 20. Ist das Rätsel zu schwer, darfst du Samos nach einem Hinweis fragen (in der Lösung). Bist du dann in der Lage, das Rätsel zu lösen, erhöht sich der Höchstwert deiner Lebensenergie um 10.

Samos' 2. Rätsel:
Vor langer Zeit gab es in Waldheim einen bekannten Ritter und Veteran der königlichen Armee, der im Alter als Ausbilder junger Rekruten eingesetzt war. Über dem Tor seines Hauses fand sich die folgende Inschrift:

EZIWNEEIWWAOFRFTEE

Um die Klugheit seiner Recken zu testen, stellte er ihnen die folgende Aufgabe:
„Streiche aus der Inschrift zwei Worte, so dass eine Waffe übrig bleibt."
Kennst du die Lösung?
Wenn du das Rätsel richtig löst, erhöht sich der Höchstwert deiner Lebensenergie um 20. Musst du Samos nach einem Hinweis

fragen, kannst das Rätsel aber dann lösen, erhöht sich der Höchstwert deiner Lebensenergie um 10.
Kehre jetzt zurück nach **Buch 1, 167**.

TEIL 2: *Grundfertigkeiten auf dem Weg der Krallen*
Auf dem Weg der Krallen darfst du 1 dieser 3 Grundfertigkeiten lernen:

1) Angriff: Der Schaden jeder von dir geführten Waffe erhöht sich um 1. Ohne Waffe fügst du einen Schaden von 3 zu.
2) Verteidigung: Dein Rüstungswert erhöht sich um 1.
3) Bogen: Du bist in der Lage, vor jedem Kampf (außer, wenn anders angegeben) einen Pfeil abzuschießen. Wirf zwei Würfel und addiere deine Gewandtheit. Ist der Wert 22 oder höher, trifft der Pfeil. Vergiss nicht, den Rüstungswert des Gegners von dem Schadenswert deines Bogens abzuziehen. Zu Beginn erhältst du einen Kurzbogen, der einen Schaden von 8 anrichtet (notiere ihn unter „aktive Ausrüstung“).

Entscheide dich für eine und trage diese im Ausbildungsbogen ein. Kehre jetzt zurück nach **Buch 1, 167**.

TEIL 3: *Pfade auf dem Weg der Krallen*
Mit dem eingeschlagenen Pfad erlernst du neue Fertigkeiten.
Pfade auf dem Weg der Krallen:

1) Pfad des Berserkers (nur, wenn du Angriff oder Verteidigung beherrschst): Doppelhandwaffen können einhändig benutzt werden. Du kannst zusätzlich einen Schild führen.
2) Pfad des Kampfmönchs: Jedes Mal, wenn du innerhalb eines Abschnittes das Bild einer Eule findest, erhältst du Lebensenergie +10 (nur, wenn du den Abschnitt zum ersten Mal liest). Vor jedem Kampf feuerst du einen Bolzen auf den Gegner; einmalig Schaden von 10; vergiss nicht, den Rüstungsbonus des Gegners von dem Schaden abzuziehen; im Kampf gegen mehrere nur gegen den ersten Gegner. Kann vor jedem Kampf

eingesetzt werden (auch wenn bereits ein Bogen auf den Gegner geschossen wurde oder wenn Bogenschießen nicht möglich ist).

3) Pfad des Waldläufers (nur, wenn Bogenschießen beherrscht wird): Doppelschuss möglich: Du kannst vor jedem Kampf zwei Pfeile auf deinen Gegner abschießen, fügst also den doppelten Schaden zu.

Notiere deine Wahl auf dem Ausbildungsbogen. Kehre danach zurück zu **119** in **Buch 1**.

TEIL 4: *Rätsel auf dem Weg der Krallen*

Kudubar stellt dir ein Rätsel, um deinen Lernfortschritt zu testen:

Wer sehen kann was keiner sieht,
und sehen kann was jeder hört,
sieht das Dunkel das nicht stört,
und so das Wissen and'rer stiehlt:

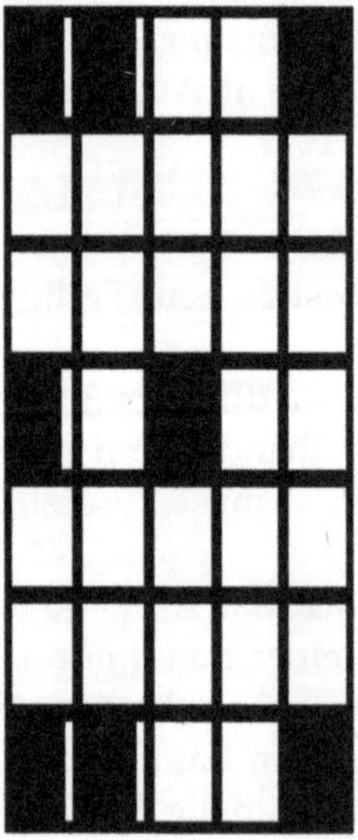

Wenn du das Rätsel richtig löst, erhöht sich der Höchstwert deiner Lebensenergie um 20. Musst du Kudubar nach einem Hin-

weis fragen, kannst das Rätsel aber dann lösen, erhöht sich der Höchstwert deiner Lebensenergie um 10.
Kehre danach zurück zu **119** in **Buch 1**.

TEIL 5: ***Verbesserungen auf dem Weg der Krallen***

Verbesserung der Fertigkeiten auf dem Weg der Krallen:

1) Pfad des Berserkers: Du kannst einmal pro Kampf die Kraft des Armreifs von Belric dem Berserker nutzen, um einen wilden Berserkerschlag durchzuführen, der auf jeden Fall trifft. Jedoch erleidest du selbst den halben Schaden, den dein Gegner dir zufügen kann (Wert abrunden).
2) Pfad des Kampfmönchs: Der Bolzen, den du vor jeder Kampfrunde abfeuerst, richtet nun Schaden 15 an; vergiss nicht, den Rüstungsbonus des Gegners von dem Schaden abzuziehen; im Kampf gegen mehrere nur gegen den ersten Gegner. Kann vor jedem Kampf eingesetzt werden (auch wenn bereits mit Bogen auf den Gegner geschossen wurde oder wenn Bogenschießen nicht möglich ist).
3) Pfad des Waldläufers: Den Ronahi-Meisterpfeil, den Pfeil der Gerechtigkeit, kannst du nur einmal einsetzen. Er verfehlt sein Ziel nie und richtet hohen Schaden an (einmalig Schaden 30 bei Bogenschuss.)

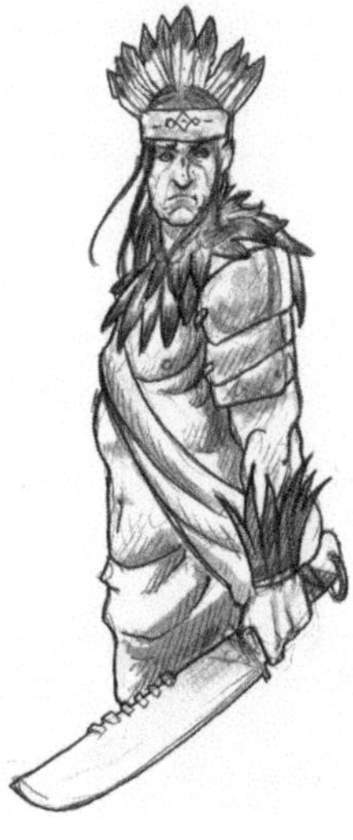

Ausbildung

Der Weg der Schwingen

Ausbildung

Der Weg der Schwingen

TEIL 1: *Grundfertigkeiten auf dem Weg der Schwingen*
Auf dem Weg der Schwingen lernst du 3 Grundfertigkeiten für den Kampf und 3 Grundfertigkeiten außerhalb des Kampfes. Du kannst alle diese Fertigkeiten nutzen, allerdings nur eingeschränkt einsetzen. Den aktuellen Stand dieser Fertigkeiten solltest Du auf dem Bogen „Ausbildung auf dem Weg der Schwingen" notieren.

1) Grundfertigkeiten Kampf:

Um eine Fertigkeit im Kampf zu aktivieren, musst du ein Opfer von 10 Punkten Lebensenergie bringen. Aktivierung ist jederzeit während eines Kampfes möglich. Die Fertigkeit schwindet nach Ende des Kampfes (Kampf gegen mehrere: nachdem der letzte Gegner besiegt ist)

a. Schlangenwendigkeit: Bis zum Ende des Kampfes steigt deine Gewandtheit um 2. Du darfst Schlangenwendigkeit 2 mal während des gesamten Abenteuers aktivieren.

b. Flammenwaffe: Setze deine Waffe bis zum Ende des Kampfes in Flammen. Ihr Schaden erhöht sich dadurch um 9. Du darfst diesen Zauber 2 mal während des gesamten Abenteuers einsetzen.

c. Schattenschild: Rüstung erhöht sich bis zum Ende des Kampfes um 5. Während des gesamten Abenteuers 2 mal aktivierbar.

Hinweis: Es können auch mehrere Grundfertigkeiten im selben Kampf eingesetzt werden; jede kostet jedoch zur Aktivierung das Opfer von 10 Punkten Lebensenergie.

2) Grundfertigkeiten außerhalb des Kampfes (diese Fertigkeiten kosten keine Lebensenergie):

a. Vision: nachsehen, was unter einer nächsten Nummer geschieht; 2 mal einsetzbar.

b. Innerer Frieden: einmalig Menschlichkeit +1; nur 1 mal einsetzbar.
c. Gegengift: Schlangen- oder Zombiebiss neutralisieren; 1 mal einsetzbar.

Kehre jetzt zu **195** in **Buch 1** zurück.

TEIL 2: *Rätsel auf dem Weg der Schwingen*

Um zu ermitteln, wie erfolgreich Samos' Zeremonie war, musst du die folgenden zwei Rätsel lösen (Die **Lösungen** zu den Rätseln findest du im Anhang zu Buch 3, kurz vor den Regeln):

Samos' 1. Rätsel:

Welcher Begriff passt nicht zu den anderen?

a) Arumnas
b) Samos
c) Wilhelm
d) Faron

Wenn du das Rätsel richtig löst, erhöht sich der Höchstwert deiner Lebensenergie um 20. Ist das Rätsel zu schwer, darfst du Samos nach einem Hinweis fragen (in der Lösung). Bist du dann in der Lage, das Rätsel zu lösen, erhöht sich der Höchstwert deiner Lebensenergie um 10.

Samos' 2. Rätsel:

Der Geselle unerkannt
an dem Orte unbemannt
es treibt ihn stets zu stillen
den Durst des Wahnsinns unbeschrankt
er stiehlt nur das im Stillen
was ihm wird ewig fehlen
gegen deinen Willen.

Wer ist der Geselle?

Wenn du das Rätsel richtig löst, erhöht sich der Höchstwert deiner Lebensenergie um 10.

Du kannst deine Ergebnisse auf dem Ausbildungsbogen notieren.

Kehre jetzt zu **195** in **Buch 1** zurück.

TEIL 3: ***Pfade auf dem Weg der Schwingen***

Mit dem eingeschlagenen Pfad erlernst du neue Fertigkeiten.

Pfade auf dem Weg der Schwingen:

Aktivierung wie bei den Grundfertigkeiten für den Kampf durch Opfer von 10 Punkten Lebensenergie!

1) Pfad der Geister: Schattenschild verbessert sich: statt Rüstung +5 nun Rüstung +8. Ab sofort noch 4 mal im gesamten Abenteuer einsetzbar. Bei den Grundfertigkeiten auf dem Ausbildungsbogen solltest du nun Schattenschild streichen.
2) Pfad der Natur (Nur, wenn du bereits Rusalkas Natursegen erhalten hast): Jedes Mal, wenn du innerhalb eines Abschnittes das Bild einer Eule findest, erhältst du Lebensenergie +12 (nur, wenn du den Abschnitt das erste Mal liest). Nutzung von Gold und Handel nicht mehr möglich. Verwandlung in einen Höhlenbären für den Rest eines Kampfes: Gewandtheit +2, Rüstung =10, Schaden =17; 4 mal im gesamten Abenteuer einsetzbar.
3) Pfad des Kampfmagiers: Schaden von Flammenwaffe erhöht sich: Addiere zu dem Schaden deiner Waffe 12 (statt bisher 9). Ab sofort noch 4 mal im gesamten Abenteuer einsetzbar. Streiche Flammenwaffe bei den Grundfertigkeiten auf dem Ausbildungsbogen.

Notiere deine Entscheidung auf dem Ausbildungsbogen. Kehre dann zu **194** in **Buch 1** zurück.

TEIL 4: ***Rätsel auf dem Weg der Schwingen***

Marina stellt dir ein Rätsel, um deinen Lernfortschritt zu ermitteln:

Nachts in Waldheim, der Nachtwächter versieht seinen Dienst in der bitteren Kälte einer Winternacht, wie du das in einem vergangenen Leben auch schon oft gemacht hast. Das Gesindel aus den Wäldern darf nicht in die Stadt gelangen. Daher benutzen die Nachtwächter Parolen. Ein einäugiger Kopfgeldjäger versucht, sich in Waldheim einzuschleichen und hat sich in der Nähe der Handelsstraße vor dem großen Tor versteckt. Er beobachtet mehrere nächtliche Reisende, die eingelassen werden wollen. Zuerst begehrt ein bulliger Waffenschmied Einlass. Der Nachtwächter fragt: „16?", worauf der Waffenschmied „8" antwortet und eingelassen wird. Dann kommt ein hagerer Waldläufer. Der Nachtwächter fragt: „28?", worauf der Waldläufer antwortet: „14". Auch er darf die Stadt betreten. Nach einiger Zeit klopft ein Bettler in zerrissener Kleidung an das Tor. Nachtwächter: „8?" Bettler: „4". Auch der Bettler darf die Stadt betreten.

Der Kopfgeldjäger ist sich sicher, das Geheimnis der Parole zu kennen und geht zum Tor. Als er klopft, fragt der Nachtwächter: „12?" worauf der Kopfgeldjäger „6" antwortet. Daraufhin verhaftet die Nachtwache den Kopfgeldjäger.

Was wäre die richtige Antwort gewesen?

Wenn du das Rätsel richtig löst, erhöht sich der Höchstwert deiner Lebensenergie um 20. Ist das Rätsel zu schwer, gibt dir Marina einen Hinweis. Bist du dann in der Lage, das Rätsel zu lösen, erhöht sich der Höchstwert deiner Lebensenergie um 10. Kehre dann zu **194** in **Buch 1** zurück.

TEIL 5: *Verbesserungen auf dem Weg der Schwingen*

Verbesserung der Fertigkeiten auf dem Weg der Schwingen:

1) Pfad der Geister: Schattenschild ist automatisch aktiviert, ohne dass Leben geopfert werden muss.
2) Pfad der Natur: Verwandlung in Mythenwesen möglich: Gewandtheit +2, Rüstung =10; Schaden =17; Menschlichkeit >=0: Phönix: Stirbt der Phönix im Kampf, so ersteht er einmalig wieder auf mit Lebensenergie =1; Menschlichkeit <0: Mantikor: nach jeder gewonnenen Kampfrunde Giftstachelangriff: Wirf einen Würfel, um den zusätzlich angerichteten Schaden zu bestimmen; **Verwandlung in Mythenwesen ist 1 mal im gesamten Abenteuer einsetzbar.**
3) Pfad des Kampfmagiers: Flammenwaffe ist automatisch aktiviert, ohne dass Leben geopfert werden muss.

ZUFALLS-
EREIGNISSE

Zufallsereignisse

Immer wenn im Text steht ***„Würfel ein Zufallsereignis“***, wirf einen Würfel zweimal. Der erste Wurf entspricht der 10er-Stelle, der zweite Wurf der 1er-Stelle. Wenn du also eine 2 und eine 4 würfelst, so ergibt dies 24. Wähle dann aus der Tabelle das entsprechende Ereignis aus. Wichtig: Kehrst du an einen Wegpunkt zurück, an dem du bereits ein Zufallsereignis erlebt hast, passiert nichts mehr: Kein weiteres Zufallsereignis. Würfelst du ein Zufallsereignis, das du bereits vorher gewürfelt hast, würfele noch Mal – so lange bis du ein Zufallsereignis wirfst, das du noch nicht kennst. Um den Überblick nicht zu verlieren, solltest du notieren, welche Zufallsereignisse du schon kennst.

11 Du entdeckst eine schlichte Schatulle. Darin findest du einen kurzen, kunstvoll verzierten Zauberstab – es ist der Stab des Gläubigen. Wenn du ihn im Kampf führst, umgibt dich ein kraftvolles Licht, das dich machtvoll gegen Verletzungen schützt (Rüstung 2; kann nur mitgenommen werden, wenn Menschlichkeit +1 oder höher; wird geführt wie ein Schild).

12 Was für ein seltsamer Strauch! Er trägt gelbe Beeren, die du noch nie gesehen hast. Du riechst an einer – sie duftet nach Ananas. Du steckst dir ein paar der Beeren in den Mund. Lebensenergie +5.

13 Zu deiner Linken entdeckst du auf dem Boden einen Beutel aus Leder. Er hängt an einem niedrigen Ast, fast als würde der Besitzer jeden Moment zurückkehren. Da sich nichts rührt, wirfst du einen Blick in den Beutel. Darin befindet sich ein funkelnder Bernstein. Hübsch, aber nicht besonders wertvoll. Ein Händler wird dir für den Stein 6 Goldstücke zahlen.

14 Plötzlich raschelt es vor dir. Ein Wesen, halb Eichhörnchen, halb Fuchs, springt hervor. Es blickt dich kurz mit runden, braunen Augen an, dann rast es zurück und geht in Deckung.

15 Schaut die Stelle da vorne nicht aus, als hätte die Erde eine dunklere Farbe? Du bückst dich und gräbst mit bloßen Händen ein Loch. Plötzlich stößt du auf etwas Hartes – Holz. Du zerrst daran, und schon holst du aus dem Erdreich eine Schatulle hervor. Du öffnest sie. In roten Samt eingeschlagen findest du einen milchigen Trank.
Es handelt sich um den Trank der Blinden. Du kannst ihn nur einmal benutzen (Lebensenergie-Höchstwert halbiert sich, Gewandtheit +1).

16 Ein plötzlicher Schmerz durchzuckt deinen Fuß. Als du nach unten blickst, siehst du eine handgroße, haarige Spinne im Unterholz verschwinden. Lebensenergie -15.

21 Ein tiefes und gleichmäßiges Schnaufen lässt dich innehalten. Du blickst in die Richtung des Geräusches, doch kannst du nichts Auffälliges entdecken. Dennoch wird es lauter, als käme es näher.
Eine Stimme direkt vor dir sagt: „Die Blinden werden kommen!"
Dein Gesicht wird von einem eisigen Hauch gestreift, als greife eine Hand aus dem Jenseits nach dir. Doch schon lässt die Kälte wieder nach, und auch das Schnaufen ist nicht mehr zu vernehmen. Kurz darauf bemerkst du, dass etwas aus deinem Rucksack fehlt. Streiche einen beliebigen Gegenstand.

22 Du kommst an einem Apfelbaum vorbei und steckst dir ein paar Äpfel als Proviant ein (bei Verzehr Lebensenergie +5).

23 Dein Blick fällt auf einen alten Oberschenkelknochen, der aus der Erde herausragt. Du bückst dich und beginnst zu graben. Vor dir liegt das Skelett eines Kriegers aus längst vergangener Zeit. Sein Fleisch, seine Haare und seine Kleidung sind längst zu Staub zerfallen, doch am linken Arm hängt ein Schild, der gut erhalten wirkt.
Du zerrst ihn vom Knochenarm. Er ist klein, aber aus dickem Eisen geschmiedet (Rüstung 2).

24 Zu deinen Füßen glitzert es. Du bückst dich und findest 4 Goldstücke.

25 Zu deinen Füßen glitzert es. Du bückst dich und wirst von einer Silbernatter gebissen. Das Gift kostet dich 8 Punkte Lebensenergie.

26 Der Weg schlängelt sich durch den Wald, der wie ein schlafendes Lebewesen zu atmen scheint. Nichts geschieht.

31 Du entdeckst die Überreste eines kleinen Feuers. Du bückst dich und befühlst kurz die verkohlten Zweige und die weiße Asche. Kalt. Doch da: ein Ring. Du entfernst die Asche und polierst ihn an deinem Gewand.
Es handelt sich um einen Wüstenring aus Hettaria. Wenn du ihn trägst, bist du widerstandsfähiger (Lebensenergie-Höchstwert +4, solange er am Finger steckt).

32 Du entdeckst die Überreste eines kleinen Feuers. Du bückst dich und befühlst kurz die verkohlten Zweige und die weiße Asche. Kalt. Doch da: ein Goldstück. Du wischst es an deinem Gewand ab und steckst es ein.

33 Von der Krone eines Baumes am Wegesrand baumelt etwas Stoff. Du ziehst daran und hältst ein grünes Kopftuch in der Hand, in das Runen eingestickt sind. Wenn du es trägst, verstärkt es deine Widerstandskraft (nicht in Verbindung mit einem Helm, Rüstung 1).

34 Auf dem Boden vor dir findest du einen Klumpen Gold – weiß der Schattendiener, wo der herkommt! Wert: 9 Goldstücke.

35 Dein alter Onkel Wilhelm hat dir einst eine Geschichte erzählt, von Beeren, die so grün wie das Gras in Holmingen sein sollen. Sie heißen Krötenbeeren, sind klein und rund, schmecken nach Honig und Sommer, wachsen an dem dornigen Strauch vor dir und regenerieren Lebenspunkte (Lebensenergie +6).

36 Am Stamm eines alten Baumes entdeckst du etwas Dunkelmoos. Du kratzt es ab. Wenn du Wunden damit versorgst, entwickelt das Moos seine leichte Heilkraft (Lebensenergie +7).

41 Du wirst ungewollt Zeuge eines Streites. Eine gedrungene Frau mit schmutziger grüner Schürze redet auf einen Jungen von vielleicht 10 Jahren ein: „Marn! Nimmst du dir Sachen aus der Küche, dann will ich sie ohne Schramme zurück! Jetzt schau den guten Topf an", sie hält einen Tontopf in die Luft, der einen langen Sprung hat: „Den kann ich wegwerfen!"
Der Junge schaut beleidigt und verschränkt die Arme. Dann sagt er: „Ich hatte den Topf nicht. Und ich habe ihn ganz zurückgegeben. Und außerdem hatte er den Sprung doch schon, als ich ihn genommen habe!"
Du schleichst an den beiden vorüber.

42 Du findest einen Beutel mit 12 Goldstücken.

43 Von der Krone eines Baumes am Wegesrand baumelt etwas Stoff. Du ziehst daran. Plötzlich bricht der Ast und trifft dich an der Schulter (Lebensenergie -8).

44 Du stürzt in ein Erdloch, das mehrere Schritt tief ist. Dir schaudert, als dir klar wird, dass es sich um ein Massengrab handeln muss. Dutzende halbverweste Leichen liegen hier. Um herauszuklettern, musst du mehrere Körper übereinander schichten (Menschlichkeit -1).

45 Am Wegesrand findest du einen Leinenbeutel, der einen Schlauch mit Wein enthält. Wenn du den Wein trinkst, erhältst du Lebensenergie +8.

46 Du findest einen Beutel mit 23 Goldstücken.

51 Am Rande der Lichtung liegt der Kadaver eines Bären. Als du ihn genauer untersuchst, entdeckst du, dass unter ihm der Leichnam eines Kriegers liegt. Seine Ausrüstung ist fast völlig unbrauchbar, bis auf einen Helm, der Schutz vor Verletzungen bieten kann (Rüstung 1).

52 Am Rande der Lichtung liegt der Kadaver eines Bären. Als du ihn genauer untersuchst, merkst du, dass er atmet – er schläft nur! Eilig schleichst du weiter.

53 Am Rande der Lichtung liegt der Kadaver eines Bären. Als du ihn genauer untersuchst, schlägt er plötzlich die Augen auf – er hat nur geschlafen. Der Bär beißt dich (Lebensenergie -12), bevor er murrend im Wald verschwindet.

54 Du entdeckst einen Strauch mit seltenen Buttbeeren. Wegen ihres intensiven blauen Farbtons sind sie besonders in Ma Kolka im Ostreich stark begehrt, um Stoffe zu färben. Bei einem Händler könntest du dafür einen stolzen Preis erzielen. Schade, dass du kein geeignetes Gefäß dabei hast, um sie zu transportieren. Du kannst sie aber essen (Lebensenergie +6).

55 Am Wegesrand liegt der Leichnam eines Mannes. Davor hocken zwei Schlangen, eine glitzert blau, die andere grün. Als du vorbeigehen willst, zischt die blaue Schlange: „Fürchte dich nicht, tapferer Abenteurer. Wir wollen dir nichts Böses." Als du stehen bleibst, fügt die zweite Schlange hinzu: „Raste mit uns. Wir wollen dir ein Geheimnis anvertrauen, das dir das Leben retten kann." Du machst nur einen Schritt auf die Schlangen zu, da entdeckst du eine Bisswunde am Hals des Leichnams. Schlangenbisse. Eilig gehst du weiter.

56 Am Wegesrand entdeckst du die Statue eines Zwerges, wie du sie aus manchem Garten reicher Bewohner Waldheims kennst. Der Zwerg hält ein Schild in der Hand. Darauf steht geschrieben: „Der starke Hammalgar – jetzt im Nordwald!"

61 Am Fuße eines alten Baumes findest du die Reste eines Lagers. Offensichtlich war jemand zu einer hastigen Flucht gezwungen. Die Feuerstelle ist längst kalt, die Decke löchrig und das Brot schimmlig. Nur eines ist noch brauchbar: ein hoher Turmschild mit einem Löwenwappen (Rüstung 3).

62 Unter einer Wurzel siehst du etwas blinken. Du bückst dich und findest 2 Goldstücke.

63 Auf dem Weg entdeckst du eine kleine grüne Glasperle. Wenn du schon mit Mansur geredet hast, fällt dir auf, dass sie den Perlen, die Mansur sucht, ähnlich sieht. Wenn du nicht alle drei Perlen findest, kannst du versuchen, Mansur zu täuschen, indem du ein „M" einritzt. Wirf in diesem Fall einen Würfel, wenn du versuchen willst, Mansur oder einem seiner Söhne die falsche Perle anzudrehen. Bei einer 1 durchschaut er dich und erteilt dir Hausverbot. Sonst gelingt dein Schwindel und er akzeptiert die Perle, als wäre sie eine der gesuchten (in jedem Fall für den Betrugsversuch Menschlichkeit -1).

64 Du pflückst ein paar Beeren, die am Wegesrand wachsen (Lebensenergie +8).

65 Zwischen hohem Gras findest du eine Schriftrolle, auf der Zahlen abgebildet sind:
1. 1-1. 2-1. 1-2-1-1. 1-1-1-2-2-1. 3-1-2-2-1-1. 1-3-1-1-2-2-2-1. 1-1-1-3-2-1-3-2-1-1.
Daneben hat jemand mit ungelenker Schrift gekritzelt: „Die Ziffern davor zählen!"

66 Du findest eine Schatztruhe. Sie enthält ein scharfes Zweihandschwert (Schaden 18, nur zweihändig benutzbar) und 30 Goldstücke.

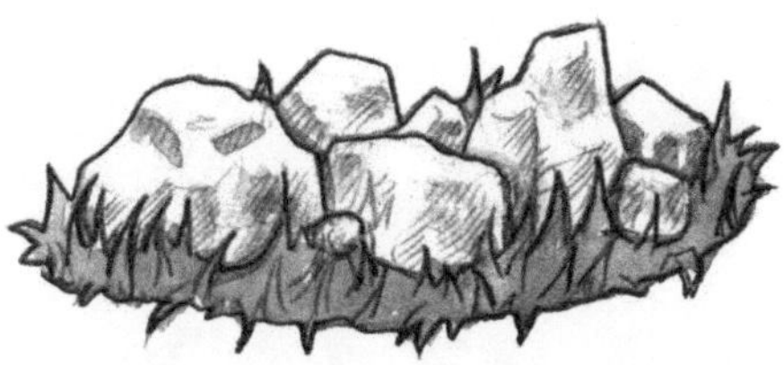

Karten

Alle Karten findest du auch als Download unter
www.dasfeuerdesmondes.de

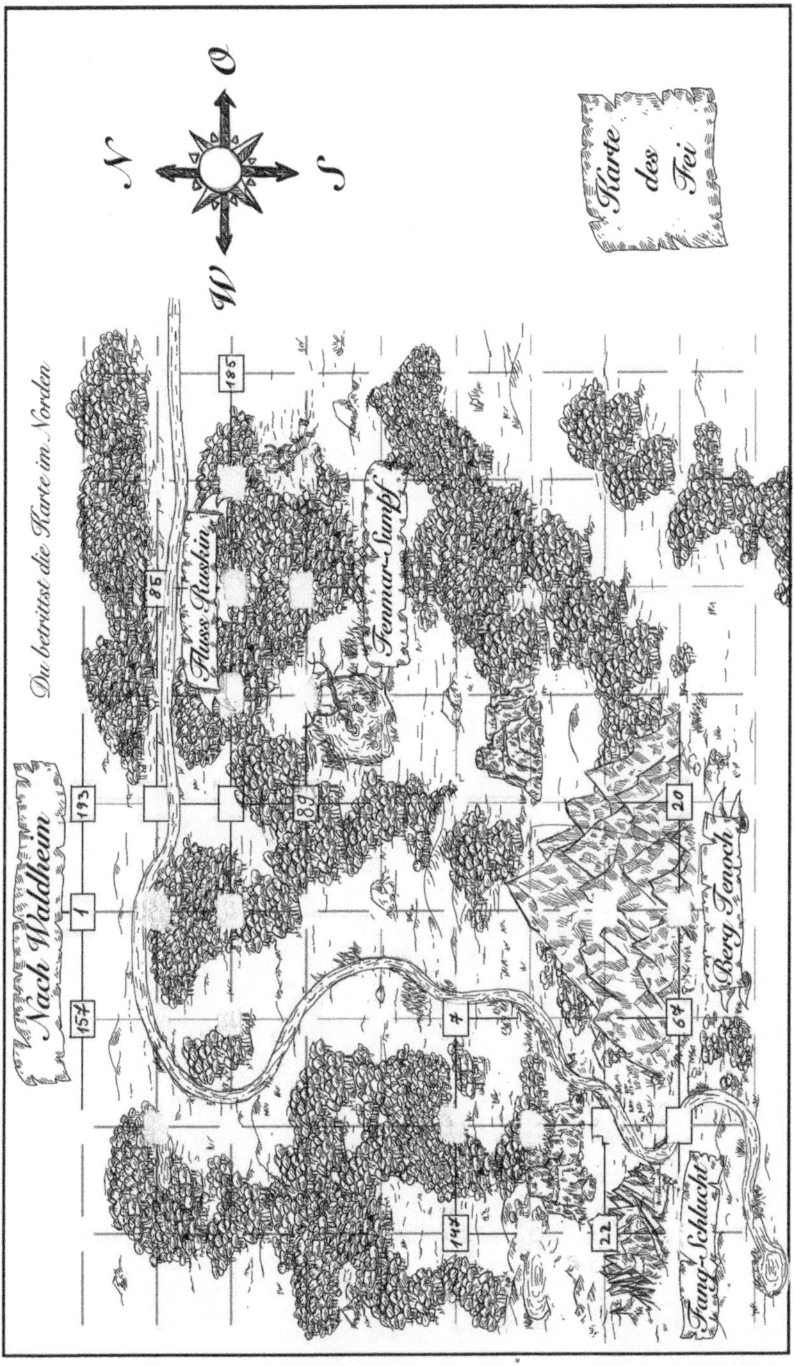

Diese Karte findest du als Download unter **www.dasfeuerdesmondes.de.**

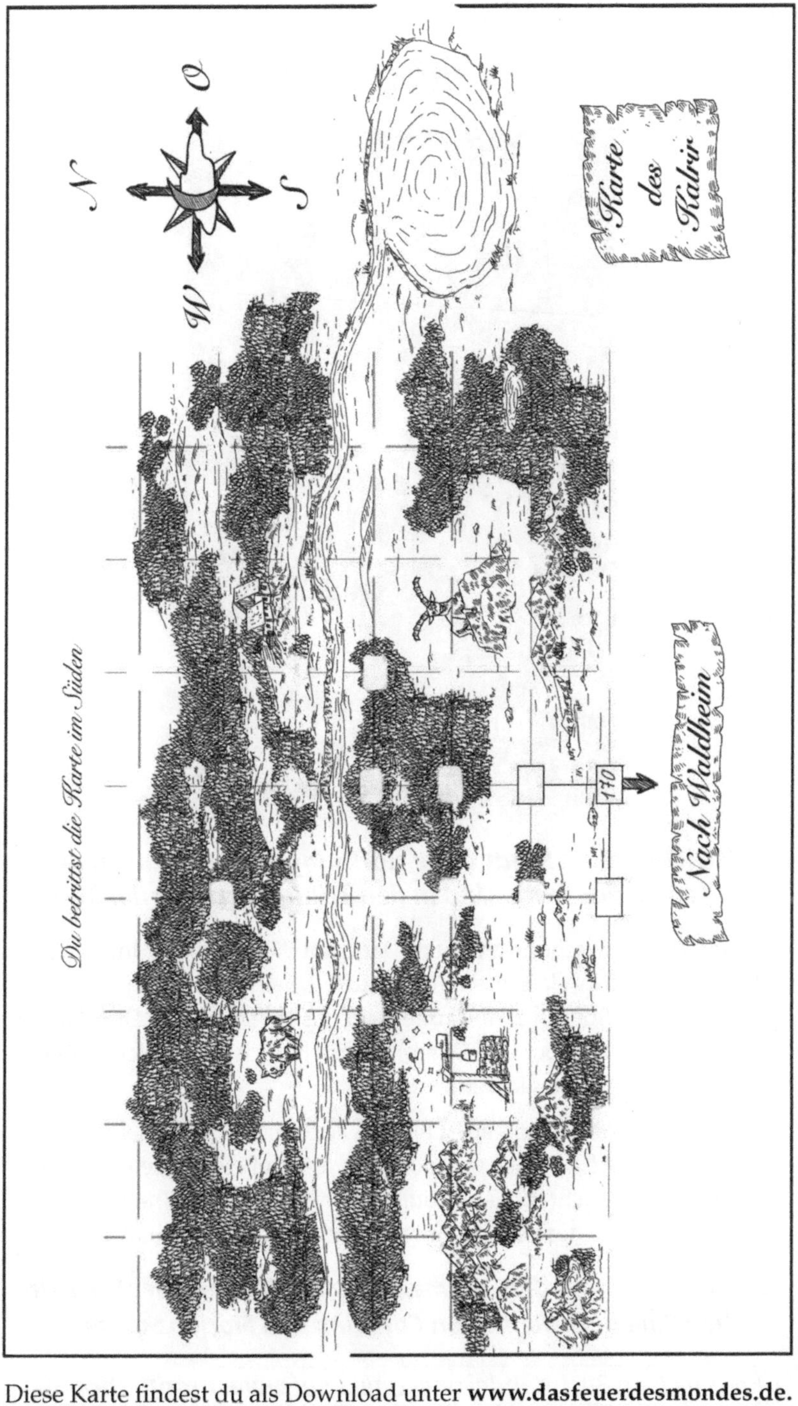

Diese Karte findest du als Download unter **www.dasfeuerdesmondes.de.**